日本思想大系22

中世政治社會思想 下

笠松宏至
佐藤進一
百瀬今朝雄

岩波書店刊行

目次

凡例……七

公家思想……笠松宏至・佐藤進一 校注

制符 事書他

建久二年三月廿二日 宣旨……三
弘長三年四月卅日 神祇官下文……二四
弘長三年八月十三日 宣旨……三三
弘安八年十一月十三日 宣旨……五七
元亨元年四月十七日 官宣旨……六三
建武新政の法……六七
暦応雑訴法……九七

明法勘文

明法条々勘録……一〇六

承元二年四月三日　明法勘文……………………一三三

奏　状

徳大寺実基政道奏状……………………一三八
吉田定房奏状……………………一四九
北畠顕家奏状……………………一五五

庶民思想……………………百瀬今朝雄　佐藤進一　校注

掟　書

一　近江奥島庄隠規文（一六四）
二　近江奥島百姓等掟（一六五）
三　近江奥島百姓等規文（一六五）
四　近江大島奥津島社神官・村人等起請文（一六六）
五　近江菅浦庄民案書（一六七）
六　近江奥島・津田両庄衆議置文（一六七）
七　近江菅浦惣置文（一六八）
八　近江菅浦惣置文（一六九）
九　紀伊粉河寺東村カミノイケ定文（一七〇）
一〇　紀伊粉河寺東村掟（一七一）
一一　近江今堀郷家鎮頭掟（一七一）
一二　紀伊粉河寺東村？馬頭料頭掟（一七二）
一三　近江今堀郷座公事掟（一七三）
一四　紀伊粉河寺寺内肥灰掟（一七三）
一五　紀伊粉河寺東村人ヤマトノレウトウ掟（一七四）
一六　近江今堀郷座主衆議掟（一七五）
一七　大和神戸四郷徳政碑銘文（一七六）
一八　近江奥島・北津田両庄徳政定文（一七六）
一九　近江今堀郷衆議掟（一七七）
二〇　近江今堀？村人掟（一七八）
二一　近江今堀掟（一七九）
二二　近江菅浦諸沙汰惣庄掟（一八〇）

二三　近江菅浦惣庄前田内徳掟（一八〇）
二四　近江菅浦庄百姓惣中置文（一八一）
二五　近江菅浦庄掟（一八二）
二六　近江菅浦惣庄公事掟（一八二）
二七　近江今堀地下掟（一八三）
二八　近江菅浦公文所務定文（一八四）
二九　近江菅浦地下掟（一八五）
三〇　紀伊粉河寺東村地下掟（一八六）
三一　近江奥島惣庄掟（一八七）
三二　紀伊粉河寺東村地下掟（一八七）
三三　紀伊粉河寺東村？頼母子講掟（一八八）
三四　近江今堀地下掟（一八八）
三五　紀伊粉河寺東村掟（一八九）
三六　近江今堀？直物掟（一九〇）
三七　近江今堀？地下掟（一九一）
三八　紀伊粉河寺東村？地下掟（一九二）
三九　紀伊粉河寺三ヶ村掟（一九三）
四〇　近江得珍保内？南郷諸商売掟（一九三）
四一　近江今堀？惣掟（一九四）
四二　近江山越商人衆中掟（一九五）
四三　近江今堀郷惣中置文（一九六）
四四　摂津尼崎墓所掟（一九六）
四五　相摸篠窪百姓中座敷定文（一九七）
四六　近江今堀惣分掟（一九八）
四七　近江今堀？地下掟（一九八）
四八　近江山越商人惣掟（一九九）
四九　近江菅浦惣定文（二〇〇）
五〇　近江山上村荒野年貢定文（二〇〇）
五一　近江守山？掟（二〇一）
五二　近江安治村家役掟（二〇二）
五三　近江安治村家役掟（二〇三）
五四　近江志那村掟（二〇三）
五五　近江安治村惣中掟（二〇四）
五六　近江今堀？年寄・若衆掟（二〇五）
五七　近江志那村座敷掟（二〇五）
五八　近江今堀惣中掟（二〇六）
五九　近江今堀惣分掟（二〇七）
六〇　近江大森惣中起請文（二〇八）
六一　近江今堀惣分定文（二〇八）
六二　京冷泉町掟（二〇九）
六三　近江上大森惣分掟（二〇九）
六四　京十四町組汁定文（二一〇）

六五 京冷泉町掟(三一二)
六六 近江今堀惣分掟(三一三)
六七 近江岩蔵・長福寺・鯰江三所石工定文(三一三)
六八 近江今堀惣分掟(三一四)
六九 近江今堀惣分掟(三一五)
七〇 近江宇田村惣起請文前書(三一六)
七一 近江岩倉惣掟(三一七)
七二 京本能寺前町掟(三一七)
七三 京本能寺前町掟(三一九)
七四 近江岩倉惣掟(三二〇)
七五 京鶏鉾町衆起請文(三二〇)
七六 近江今堀惣分掟(三二二)
七七 近江苗村惣中掟(三二三)
七八 京三条衣棚南町掟(三二四)
七九 近江宇治河原村惣掟(三二五)
八〇 近江宇治河原村惣掟(三二六)
八一 近江一色村惣中掟(三二七)
八二 近江高木地下掟(三二七)
八三 京冷泉町掟(三二八)
八四 近江堅田舟頭中掟(三三〇)
八五 近江今堀惣掟(三三一)
八六 京冷泉町火事掟(三三三)
八七 京本能寺前町中掟(三三三)
八八 近江一色村中掟(三三四)
八九 紀伊安楽川庄中掟(三三五)
九〇 近江三津屋郷?掟(三三六)
九一 伊勢山田主従作法定文(三三七)
九二 近江今堀掟(三三八)
九三 近江四郷定条目(三三九)
九四 近江菅浦惣掟(三三九)
九五 近江菅浦棟別掟(三四〇)

〔参　考〕

一 加賀軽海郷公文百姓等起請文(三四二)
二 山城久世庄百姓請文(三四三)
三 播磨矢野庄商人刑部大夫起請文(三四五)
四 東寺南大門茶売浄音請文(三四六)
五 左近太郎性金等連署起請文(三四七)
六 右衛門四郎起請文(三四八)

七 伊勢小倭百姓衆起請文（二四九）　八 京本能寺前町町中起請文（二五〇）
九 近江宇治河原村十五人衆誓文（二五一）

申　状

紀伊阿弖河庄百姓等申状……二五四
若狭太良庄百姓等申状……二五七
摂津阿理野庄百姓申状……二九七
播磨大部庄百姓申状……三〇五
播磨矢野庄例名内是藤名名主実長申状……三〇六
丹波大山庄市井谷百姓等申状……三一二
山城上久世庄名主百姓等目安……三一六
大和惣国百姓等申状……三一七
近江商人・職人等申状……三一八
近江菅浦・大浦両庄申状……三二四
孫太郎等三名連署申状……三二六

〔参　考〕
一 葛川訴論人申状（三二七）　二 うはたらう母質券（三二七）
三 馬借トヤ辞世歌（三二八）　四 深井坊盗人了行法師白状（三二八）

落書・祭文・盆踊唄

一　正元二年院落書（三四三）
二　二条河原落書（三四五）
三　永正元年東寺落書（三四八）
四　永正元年東寺落書（三四九）
五　東寺落書（三四九）
六　東寺落書（三四九）
七　中宮寺盗人沙汰落書起請定書（三五〇）
八　落書起請文（三五一）
九　落書起請文（三五二）
一〇　盗人罪科記録（三五二）
一一　盗人沙汰落書通数注文（三五三）
一二　大法師円印起請文（三五三）
一　夫妻和合祭文（三五五）
二　夫妻離別祭文（三五八）
一　盆踊唄（三六二）
二　盆踊唄（三六二）

補注……三六五

解説

本書の構成について……佐藤進一……三八七
公家法の特質とその背景……佐藤進一……三九五
鎌倉後期の公家法について……笠松宏至……四〇七
解題……佐藤進一　笠松宏至　百瀬今朝雄……四一七

凡例

一、本書は、中世における公家・庶民の思想史料のうち、法意識・規範意識をよくあらわすと考えられる史料を中心に類聚して、テーマごとに編年順に配列した。

一、底本は各史料末に示した。詳しくは解題を参照されたい。

＊　＊　＊

一、本文作成にあたって以下の方針をとった。

a　原文が漢文体であるものについては、訓み下し文をもって本文とし、原文を並べ掲げた。

b　適宜、句読点や並列点(・)を施した。原文には読点のみを付した。

c　漢字は原則として新字体及び通行の字体によった。

d　虫損及び判読不明の字は□[ ]で示した。

e　闕字・平出については、原文に示し、訓み下し文では省略した。

f　〈 〉内の小字一行は、小字割書であることを示す。

g　校訂者による振りがなは、現代かなづかい・平がなによった。但し「明法条々勘録」については、律令及びその注釈書の引用文のみ、紅葉山文庫本「律」「令義解」の訓点を参考にして、旧かなづかい・片かなで表記した。

h　庶民史料の和文のものについては、もとの形をできるだけ生かすことを旨とし、誤字・当て字などもそのままとした。かなの古体・変体・略体・合字などは通行の字体を用いた。和文中の漢文体には返り点を施し、適宜送りがなを平がなで付した。

i　「申状」など二段組本文のものについては、読解の便宜のため、以下の方針をとった。

1　適宜振り漢字などを施し、欠字・誤字箇所には適当する字を示して、該当部分の右傍に（　）に入れて記した。

2　原文が漢文体の場合は、原文の該当部分の下に（　）で括って補訂した。

＊　＊　＊

一、注解を施した語句には本文中に＊を付した。

一、頭注欄に収めきれない場合、また別に論ずべき事柄は、巻末の補注に一括し、「↓補」で示した。

一、本巻の性格上、『中世政治社会思想上』(日本思想大系21巻)の頭注・補注に関わることが多い。参照すべき事柄について、上巻の項目・頁数を掲記した。

一、一ツ書の体裁の文書については、参照の便宜のため適宜条文番号を付した。

一、典拠に用いた古辞書のうち、類聚名義抄は観智院本によった。また「邦訳日ポ」は「邦訳日葡辞書」(土井忠生・森田武・長南実編訳)を示す。

＊　＊　＊

一、収録史料の選定は、笠松・佐藤・百瀬の合議によりこれを行なった。

一、校注の主たる分担は次の通りである。

公家思想については、「制符　事書他」及び承元二年四月三日明法勘文・北畠顕家奏状を笠松が、明法条々勘録・徳大寺実基政道奏状・吉田定房奏状を佐藤がそれぞれ担当した。

庶民思想については「掟書」「申状」を百瀬が、「落書・祭文・盆踊唄」を佐藤がそれぞれ担当した。

一、校注・解説にあたっては、諸先学の編述論著に多大の学恩を受け、友人諸氏より直接の教示に与かることまた少なくなかった。ことに大曾根章介氏には漢籍について、後藤紀彦氏には公家新制の諸本等について、有益な示教を賜わったところがある。ここに深く謝意を表する。

一、本書の刊行にあたり、史料閲覧及び底本使用の便宜を与えられた諸研究機関に厚く御礼申し上げる。

公家思想 1

制符事書 他

笠松宏至
佐藤進一
校注

建久二年三月廿二日　宣旨

1 一　諸国司に下知して、神社・仏寺・*院宮・諸家の庄園、*本免のほか*加納余田ならびに*保元巳後新立の庄々、および国中の訴訟、庄民の濫行を注進せしむべき事

仰す、*風《ふう》を観て教を垂れ、或ひは革《あらた》め或ひは沿《したが》ふ。俗に制を立つるに、世々軽重あり。これを以て*明王政を布くに、理、時に適《かな》ふを貴び、哲后*邦を治むるに、法、物に便《したが》ふを知る。よつて諸々の新立の庄園、余田加納の多少、且は旧制に任せて新立を停めしめ、且は子細を勒して聖断に決すべきの由、*先格後符*稠畳厳峻《ちょうじょうげんしゅん》なり。しかるに土民各々庄家の威を仮り、*国宰殆ど*吏途の務に煩ふ。上和下睦の世、鎮《とこしなえ》に*皇綱を張る。春挙秋収の漸、あに*憲綱を弛めんや、早く諸々の国司等に下知して、神社・仏寺・院宮・諸家の庄園、本免のほか加納余田、ならびに保元以後新立の庄々、および国中の訴訟、庄民の濫行を注進せしめよ。国司もし容隠を成し、疎漏を致さしめば、慥《たし》かに炳誡《へいかい》を加へて、曾て寛宥せざれ。

建久二年三月廿二日　宣旨

一可令下知諸国司、注進神社仏寺院宮諸家庄園、本免外加納余田幷保元巳後新立庄々、及国中訴訟庄民濫行事

仰、観風垂教、或革或沿、俗立制、世軽重、是以明王布政、理貴適時、哲后治邦、法知便

1 **院宮**　上皇・法皇・女院・三后・東宮などの総称。

本免のほか　立庄時に不輸地たることを公認された本免地以外の。

加納余田　庄民の出作などによって庄園内に組み込まれた地。その領有や収益の配分は、平安中期以降国衙と庄園領主との紛争の大きな焦点となった。「号加納称出作、本免之外押領公田、暗減率法対捍官物」(保元元年令)。

保元巳後新立の庄々　本条に先行する最新の庄園整理令は保元元年閏九月十八日の新制第1条である。

風を観て…或ひは革め…　↓補

明王政を布くに…を知る　明王賢主は、施政の時世に適い、制法の事物に適合することを第一とする。↓補

邦　底本「郡」、意によって改む。

先格後符　いわゆる庄園整理令。↓補

稠畳厳峻　何回もの厳しい立法が行われている。

国宰　国司。

吏途の務　国司としての職務の執行。

皇綱を張る　国法を厳しくする。

憲綱　刑法。

物、仍諸新立之庄園、余田加納之多少、且任旧制令停新立、且勅子細可決聖断之由、先格後符稠畳厳峻、而土民各仮庄家之威、国宰殆煩吏途之務、上和下睦之世、鎮張　皇綱、春挙秋収之漸、豈弛憲綱、早下知諸国司等、令注進神社仏寺院宮諸家庄園本免外加納余田、幷保元以後新立庄々、及国中訴訟庄民濫行、国司若成容隠令致疎漏者、慥加炳誡不曾寛宥、

2 一　諸国司に下知して、神社・仏*寺および諸人の所領、上奏を経ず、*国免の庁宣を成すを停止《ちょうじ》せしむべき事

仰す、*寛徳以降、庄園新立の制行来尚《ひさ》し。しかるに近代の*宰吏、偏へに*阿容《あよう》の浅深によりて、上奏の有無を顧みず。*初任に停廃の宣旨を申すといへども、後年還つて免除の国判を成す。これを政道に論ずるに、あに吏途に合《かな》はんや。専ら制法を守り、停止に従はしめよ。姧謀の吏なほ*乖忤《かいご》あらば、交替の後、新司をして前司国免の所々を注進せしめ、且《かつがつ》その*状跡に随ひて、よろしくその科責を加ふべし。新司知りて*録せざれば、*与《よ》同罪《どうざい》。

一可令下知諸国司、停止神社仏寺及諸人所領、不経上奏、成国免庁宣事

仰、寛徳以降、庄園新立之制行来尚矣、而近代宰吏、偏依阿容之浅深、不顧　上奏之有無、初任雖申停廃之宣旨、後年還成免除之国判、論之政道、豈合吏途哉、専守制法令従停止、姧謀之吏猶有乖忤者、交替之後、令新司注進前司国免之所々、且随其状跡、宜加其科責、新司知不録、与同罪、

3 一　諸国の人民、私領を以て神人・悪僧ならびに武勇の輩に寄せ与ふるを停止すべき事

---

2 **寺**　底本「司」、意によって改む。

国免の庁宣　本来太政官符および民部省符によって不輸租の特権を公認されたが(官省符庄)、たんに国司の発給する国司庁宣を免判とする国免庄も次第に増加した。

寛徳　寛徳二年、関白藤原頼通の意見により発せられた庄園整理令。→前頁補「先格後符」

宰吏　国司。

阿容　おもねりゆるす。

初任　国司の初任に際して。

乖忤　違反。

状跡　証拠。

録せず　注進しない。

与同罪　名例律によれば、真犯ではないが、それと同罪の意で、唐律では罪は絞までと規定された(日本律遺文なし)。

3 **放濫**　自由勝手な。

己の威に募り　自分の実力を拠り所として。

皇憲　国法。

券契と称して…押領を成す　本条の先行法令たる治承二年七月十八日令11条は、

仰す、暗愚の民、*放濫の輩、各〻*己の威に募りて、*皇憲を憚らず。しかる間*券契と称して暗に非論を企つ。制符を知らず還りて押領を成す。奸濫の甚だしき、これより大なるはなし。殊に厳誡を含めて確禁を守らしめよ。もし制止に背かば、法に任せて*科せよ。兼てはまた*証文の虚実を決して、*偽書をして毀破《きは》に従はしめよ。

一可停止諸国人民以私領寄与神人悪僧幷武勇輩事

仰、暗愚之民放濫之輩、各募己威、不憚　皇憲、然間称券契暗企非論、不知制符還成押領、奸濫之甚莫大於斯、殊含厳誡令守確禁、若背制止任法科、兼亦決証文之虚実、令偽書従毀破、

4 一 *本社をして、諸国の一二宮および*宗《むね》たる霊社を修造せしむべき事

仰す、*祠官各〻*かの地利を貪《むさぼ》りて、その社用を知らず。ただに神の*鑑誡に背くのみならず、そもそも*また*世の憲法を忘る。自今已後、その本社をして神用ならびに造営の勤めを致さしめよ。もし符旨に背き、なほ制法に違はば、慥かに*釐務《りむ》を国宰に付して、修補を社家に営ましめよ。ただし国領内の霊社等に於ては、よろしく宰吏に仰せて、前格に任せてこれを修造せしむべし。明君よく法を生まば、臣民あに従はざらんや。固く*禁綱を張らば、あに厳機を弛《ゆる》めんや。兼てはまた社家の*全破を注進して、神事の興廃を尋捜せよ。

一可令本社修造諸国一二宮及為宗霊社事

仰、祠官各貪彼地利、不知其社用、非啻背神之鑑誡、抑亦忘世之憲法、自今已後令其本社致神用幷造営之勤、若背符旨尚違制法者、慥付釐務於国宰、令営修補於社家、但於国領内

本条とほぼ同文の事書をもち、本文に於ては「諸国人民以公田称私領、寄与神人悪僧等」とする。即ちここにいう寄進は不知行地もしくは正当なる権利をもたざる地の寄進、即ち一種の寄沙汰を意味するものである。

科せよ　文意・文章より推して「科責」「科罪」のごとき一字を脱しているであろう。

証文　寄進状とそれに付属する当該地の手継証文。

偽書を…しめよ　「兼又下勘記録所幷法家之文書内、於偽作露顕之証文者、任康和五年符、言上紕繆之趣、令注毀破之旨」(春日社記録二、文永十年九月廿七日官宣旨)のごとく証文の余白または裏面に謀書たることを注し、以後の証拠能力を否定すること。御成敗式目7条に「須以不実之子細被書載所帯証文」(上巻一二頁)。

4 **本社**　当事者たるその社。

宗たる　主要な。

祠官　神官。

かの地利　その神社の社領からの収益。

鑑誡　戒め。

また　「亦」は底本「只」につくる。異体字の類似による誤写であろう。

世の憲法　↓補

釐務を国宰に付し　社領等についての実務を国司の管轄として。

禁綱　法律。

全破　破損の有無。

5 **国分二寺**　国分寺と国分尼寺。

黎民　庶民。

霊社等者、宜仰宰吏任前格令修造之、明君能生法臣民豈不従哉、固張禁綱豈弛厳機、兼亦
注進社家之全破、尋捜神事之興廃、

5 一　諸国司をして、*国分二寺を修造せしむべき事

仰す、諸国安全の計は、誠に仏力による。二寺修造の勤めは、ただ宰吏にあり。宰吏の勤め空しく絶えて、仏力の験また疎なり。しかる間、旱水《かんすい》の災競ひ起りて、*黎民《れいみん》の*憂分ちがたし。*徒らにその豊饒《ふにょう》を祈らんよりは、その修造を致すにしかず。ただし、かの両寺もし*国司進止せざるの所あらば、その領家をしてこれを修補せしめよ。兼てはまた*寺用の陵遅を尋捜して、*仏事の退転を興行せよ。およそ造営の後、違犯《いぼん》の科は一に*先条のごとし。

一可令諸国司修造国分二寺事

仰、諸国安全之計誠依仏力、二寺修造之勤只在宰吏、々々之勤空絶、仏力之験亦疎、然間旱水之災競起、黎民之憂難分、徒与祈其豊饒、不如致其修造、但彼両寺若有国司不進止之所者、令其領家修補之、兼亦尋捜寺用之陵遅、興行仏事之退転、凡造営之後、違犯之科一如先条、

6 一　且《かつがつ》本社に下知して、*京畿・諸国所部の官司に仰せて、諸社神人の濫行を停止せしむべき事

仰す、伊勢已下の神民、濫行の人数加増す。*格条の制するところ罪科軽からず。しかるに近年諸社司等、*本神人といひ新加の輩といひ、賄賂を先となし多く以て加任す。しかる間、洛中に横行して、*出挙《すいこ》違法の責を致し、*城外に*経廻して、濫妨*不拘《ふこう》

憂分ちがたし　ともに憂えることが出来ない。「がたし(難)」は底本「雖」。傍書によって改めたが、なお他字の疑いあり。

徒らに…しかず　ただ豊作ならんことを祈っていても、二寺の修造をするのに及ばない。

国司進止せざるの所　国分寺は地方政治における政教の一致を目的とし、その保護修造はすべて国司の監督責任下にあり、ほとんどが国府の近傍におかれた。しかし本条当時はすでに国司の支配から離れ一般寺院化したものがあった。

寺用の陵遅　寺経済の衰退。

仏事の退転　仏法行事の中絶。

先条のごとし　4条「慥かに釐務を国宰に付して、修補を社家に営ましめよ」。

6 **京畿…の官司**　中央および各国における所轄の役所。

格条　保元元年新制3条では、伊勢・石清水・鴨御祖・賀茂別雷・春日・日吉・住吉・祇園の八社を名指して、「社司等偏誇神眷、不顧皇猷、恣耽賄路、猥補神人或号正員或称其掖、…社司等若致懈緩改補他人」旨を定めている。

本神人　前注所引法令に「往古神人員数有限」とあるように、定員内の神人。

出挙違法の責　建久二年三月廿八日令32条に「可停止私出挙利過一倍事」を定めるように、法定以上の高利を徴集し、或は田地を差し押える行為。

城外　洛外。

経廻　めぐり歩く。

不拘　制法を無視する。

の科を招く。或ひは棹を振りて*榊を立て、或ひは*券を質として*札を懸く。民の*弊を受くること、これより甚だしきはなし。各々その社の*総官等に仰せて、本神人に於ては*交名ならびに証文を注進せしめ、新加の輩に至りては、慥かにその職を解きて、よろしく禁遏を加ふべし。兼てはまた社司等もし違犯《いぼん》あらば、その人を改補して、処するに重科を以てせよ。

一可令且下知本社、仰京畿諸国所部官司、停止諸社神人濫行事

仰、伊勢已下神民濫行人数加増、格条所制罪科不軽、而近年諸社司等、云本神人云新加輩、為先賄賂多以加任、然間横行洛中、致出挙違法之責、経廻城外、招濫妨不拘之科、或振棹立榊或質券懸札、民之受弊無甚於此、各仰其社総官等、於本神人者令注進交名幷証文、至于新加輩者慥解其職、宜加禁遏、兼亦社司等若有違犯者、改補其人処以重科、

7 一 本寺ならびに京畿・諸国所部の官司に仰せて、諸寺諸山悪僧の濫行を停止せしむべき事

仰す、諸寺諸山の悪僧、ただ濫行を事とし、京畿・諸国の所部、いまだ禁制するを得ず。茲によりて出挙利分と称して、国郡に催し徴し、仏僧*供料と号して、人庶を責め煩はす。誠にこれ国の*蠹害《とがい》、民の*蟊賊《ぼうぞく》なり。*過ちて改めず、これ過となす。自今已後、慥かに停止に従へ。もしなほ制法に拘《かか》はらざれば、本寺・所司をして、父母・師主および所縁等を*注進せしめよ。知りて告言せざれば、罪条*また同じ。*もし愁訴*黙止《もだ》すべからずんば、よろしく寺司に付けて早く上奏を経べし。

一可令仰本寺幷京畿諸国所部官司、停止諸寺諸山悪僧濫行事

榊を立て　質物の差しおさえを示すために神木たる榊を立てる。
券　借用状およびそれに付随する手継証文。
札を懸く　榊と同じく、差しおさえを明示するための札を質物に付ける。
弊を受くること…　民が弊害を蒙ること。↓補
総官　一般に、職掌・芸能によって権門に奉仕する人的集団の統轄者であり、大神社の神人の統轄者。
交名　人名のリスト。

7 **供料**　供養の法会のための費用。
蠹害　害虫のごとき悪人。
蟊賊　蠹害に同じ。
過ちて…過となす　「過而不改是謂過」(論語、衛霊公)。
注進　底本「進」なし。鞍馬寺充太政官符(解題参照)により補う。
また　「亦」は底本「只」。同太政官符により改む。
もし…経べし　保元元年令にも「但愁訴不可黙止者、宜付本司経奏聞」とあるが、愁訴をなす主体が明瞭でない。㈠全文の除外規定とみれば、正当なる出挙利分や供料を求める僧侶の訴、㈡直前の文を受けるとみれば与同罪に問われた父母の訴。
黙止す…ば　根拠があると思われれば。

8 **諸司**　諸国司の「国」脱か。

仰、諸寺諸山之悪僧唯事濫行、京畿諸国之所部未得禁制、因玆称出挙利分催徴国郡、号仏僧供料責煩人庶、誠是国之蠹害民之蟊賊也、過而不改是為過、自今已後慥従停止、若尚不拘制法者、令本寺所司注進父母師主及所縁等、知不告言罪条亦同、若愁訴不可黙止者、宜付寺司早経上奏、

8
一　*諸司に下知して、国中社寺の濫行を停止せしむべき事

仰す、*諸国の社寺は*宰吏の進止なり。しかるに近来、本社・本寺の威に募らんがため、始めて寄進を企て、各〻末社・末寺の号を仮り、恣《ほしいまま》に*出作を好む。しかのみならず、或ひは権門の所領と称して、数輩の*寄人党を結び、或ひは豪家の相伝となして、百姓官物身にあり。しかる間各〻自由に任せて*吏務を濫妨す。格律制するところ罪科これ重し。永く禁遏を加へて、*更に然らしむるなかれ。もしなほ違勅あらば、交名を注進し、その所行に随ひて、よろしく科断を加ふべし。

一可令下知諸司、停止国中社寺濫行事

仰、諸国社寺者宰吏進止也、而近来為募本社本寺之威、始企寄進、各仮末社末寺之号、恣好出作、加之或称権門之所領、数輩寄人結党、或為豪家之相伝、百姓官物在身、然間各任自由濫妨吏務、格律所制罪科是重、永加禁遏莫令更然、若尚有違　勅者注進交名、随其所行宜加科断、

9
一　諸社司に下知して、*神領の子細ならびに*神事の用途を注進せしむべき事

仰す、*廿二社已下諸神のうち、庄領広博、*封戸数多《あまた》の所々に於ては、敬神の勤め*載《さい》籍《せき》これ詳《つまびら》かにして、*如在《によざい》の礼用途*限りあり。しかるに近代祠官の輩、ただに*旧領の

諸国　底本「諸司」とするが、事書との対応から訂正。
宰吏の進止　保元元年令5条では「部内寺社皆是国司之最也」と表現されるが、「進止」を通常の用法のごとく一元的な支配権とみることは不可能で、専ら行政的側面のみの意に解すべきであろう。
出作　国衙領への出作。
寄人党を結び　寄人は公領に出作しながら国衙には一定の官物を納めるだけで人身的には庄園領主に帰属する庄民の謂で、これらを集団化して国衙の支配に対抗せしめる行為か。
吏務　国司の行政。
更に…なかれ　再び同じ罪を犯させてはならない。
9 神領の子細　本条末尾に「庄々の田数・所当」とあるのに相当。
神事の用途　神事のための支出。
廿二社　永保元年制定された国家の重事・天変災異に際して特に朝廷の奉幣をうける伊勢・石清水・賀茂・松尾・平野・稲荷・春日・大原野・大神・石上・大倭・広瀬・竜田・住吉・梅宮・吉田・広田・祇園・北野・丹生・貴船・日吉の廿二社。
封戸　この当時では、国衙から与えられた社領の意。
載籍　古典に述べられて。
如在の礼　敬信の誠をもって神前にささげる供物。↓補
限りあり　厳重な、おろそかに出来ない。
旧領　本来の神領。

地利を貪るのみならず、兼てはまた新立の庄号を好む。なかんづく*最少の上分、供祭なほ乏しく、若干の神領、私用尤も多し。*神は非礼を享《う》けず、人の慎なからんがためなり。よつて各〻廿二社已下神領広博の社司等に仰せて、*符到る已後卅箇日の内、庄々の田数・所当ならびに神事の用途を注進せしめよ。もし日限を過ぎば、処するに科責を以てせよ。

一可令下知諸社司、注進神領子細幷神事用途事

仰、廿二社已下諸神之中、於庄領広博封戸数多之所々者、敬神之勤載籍是詳、如在之礼用途有限、而近代祠官之輩、非啻貪旧領之地利、兼亦好新立之庄号、就中最少之上分供祭猶乏、若干之神領私用尤多、神不享非礼、人之為無慎也、仍各仰廿二社已下神領広博之社司等、符到已後卅箇日内、令注進庄々田数所当幷神事用途、若過日限、処以科責、

10 一 諸寺司に下知して、寺領の子細ならびに仏事の用途を注進せしむべき事

仰す、*七大寺已下恒例・臨時の仏事、寺領*相折の員数、*本願の起請文更に疎漏なく、往古の*施入帳いまだ曽て増減せず。しかるに所司・大衆、或ひは寺田を好み立てて公地を奪ひ妨げ、或ひは*国判を語らひ取りて*人領を*虜掠《りょりゃく》す。奸濫の甚だしき、責めて余りあり、*慈悲室を忘れて、更に*嗜欲の源に住し、*練行《れんぎょう》*蹤《あと》を隔てて、いよいよ*典法の道に暗し。破戒の至り、違犯相兼ぬるものか。よつて*保元の制符に載するところの*十箇寺已下、*破壊無実の御願、庄園有数の諸寺、一寺を漏さず一庄を残さず、各〻かの寺司等に下知して、早く庄々の田数・所当ならびに仏事の用途を注進せしめ、具さに*指帰《しき》を勘して、よろしく裁断を待つべし、符到りて已後の日限ならびに

最少の…多し　わずかの上納物では供祭に充てる分すら足りず、多くもない神領の大半は神官らの私用に供されてしまう。

神は…ためなり　神は慎を守らぬ人が行う非礼の祭を受納しない。「神不享非礼」は論語、八佾、季氏旅於泰山、集解による。

符　この新制を諸国に伝達する太政官符。

10 **七大寺**　東大寺・興福寺・西大寺・元興寺・大安寺・薬師寺・法隆寺、以上七の奈良の大寺。
相折　年貢の配分や支出の決済。
本願の起請文　寺院もしくは法会の創立者が、仏神祖師の知見・証明を請う起請の形式をとって定めた規式・制戒。たとえば文治三年五月一日後白河法皇が高野山大塔長日不断供養法について立てた起請は備後太田庄を寄進してその用途に充てると同時に、法会に関する五ケ条の規式を定めている(高野山文書之一)。
施入帳　寄進された所領田畠物品のリスト。
国判を語らひ取りて　国衙の許可証をだまし取って。「国判」は国司が申請書の余白に書いてわたす許可文言。
人領　社寺領に対する俗人の所領。
虜掠　人をとりこにし財物をかすめ取る。住民・土地双方を寺有とする。
慈悲室を忘れ　慈悲室とは慈悲を如来の室にたとえた語で、慈悲の心を忘れるという意。
嗜欲の源に住し　ただ我欲を専らにして。
練行　仏法の習練。

緩怠の科、一に上条に同じ。

一可令下知諸寺司、注進寺領子細幷仏事用途事

仰、七大寺已下恒例臨時之仏事、寺領相折之員数、本願起請文更無疎漏、往古施入帳未曾増減、而所司大衆、或好立寺田奪妨公地、或語取国判虜掠人領、奸濫之甚責而有余、慈悲忘室更住嗜欲之源、練行隔蹤弥暗典法之道、破戒之至違犯相兼者歟、仍所載保元制符之十箇寺已下、破壊無実之御願、庄園有数之諸寺、不漏一寺不残一庄、各下知彼寺司等、早令注進庄々田数所当幷仏事用途、具勒指帰宜待裁断、符到已後日限幷緩怠之科、一同于上条、

11 一　諸国司に仰せて、本*の支配に任せて、内*裏殿舎の修理を催し勤めしむべき事

12 一　且は延*久の符に任せて、本の支配の国に充て催し、且は本*功の輩を尋ねて、その勤めを致さしむべき宮*城瓦垣の事

仰す、已上ともに本の支配に任せて、各〻その催しを加へ、且は先*符の旨を守りて、その勤めを致さしめよ。兼てまた諸国所課*の垣、輙く期*の状を用ひて*返抄《へんしょう》を放つなかれ。且は本功の輩の内、或ひはいまだ*覆勘《ふっかん》を請けず、或ひは覆勘を得るといへども、五*箇年の内たらば、各〻かの輩に仰せて、その功を終へしめよ。

一可令仰諸国司、任本支配催勤内裏殿舎修理事

一可令且任延久符充催本支配国、且尋本功輩致其勤宮城瓦垣事

仰、已上共任本支配、各加其催、且守先符旨令致其勤、兼亦諸国所課垣、輙用期状莫放返抄、且本功輩内、或未請覆勘、或雖得覆勘、為五箇年内者、各仰彼輩令終其功、

13 一　諸*司・所々に下知して、諸*国の済物、一*年の中に一任納物を催し済《な》すを停止せし

蹤を隔て　久しく途絶して。
典法　仏法。
保元の制符　保元元年令7条。
十箇寺　東大寺・興福寺・元興寺・大安寺・薬師寺・西大寺・法隆寺・延暦寺・園城寺・天王寺。
破壊無実の御願　寺塔の完全な御願寺の意味か。
指帰を勒し　趣旨を書きつけて。

11 **本の支配**　本来の割り充て。
内裏殿舎の修理　→補

12 **延久の符**　不明。延久二年三月より八月頃にかけて造内裏が行われている。
本功の輩を尋ねて　成功によってその部分の工事を担当した人間に命じて。
宮城瓦垣　内裏の築地。
先符　延久の符。
課　底本「謂」。意によって改む。
期の状　約束の状。請文のごときものか。
返抄　請取。
覆勘を請けず　工事完了の確認証書を下付されず。
五箇年の内　五年以内に破損すれば。

13 **諸司・所々**　中央の諸官衙。
諸国済物　諸国から諸司・所々に納入される貢物。平安時代以降、官衙は直接在地に済物使を派遣してその徴集を図った。
一年の…催し済す　治承二年七月令を参照すると、納期を無視し新任国司の初年に四ケ年分の済物を催促するの意。

むべき事

仰す、*久安・保元の制、*渙汗《かんかん》出でて返らず。しかるに諸司ややもすれば*綸綍《りんふつ》に乖《そむ》き、更に催促を致す。*吏民の愁、宗として此にあり、今この新制を立つるにあらざれば、いかでかその旧弊を救ふを得んや。ただし諸国司をして毎年*勘文《かんもん》を造進せしめ、もしその勤めなくば、その*裁を聴《ゆる》すなかれ。

一可令下知諸司所々、停止諸国済物一年中催済一任納物事

仰、久安保元之制渙汗出而不返、而諸司動乖綸綍、更致催促、吏民之愁為宗在此、今非立此新制、争得救其旧弊、但令諸国司毎年造進勘文、若無其勤莫聴其裁、

14 一　諸司・諸国の不当を誡め仰すべき事

仰す、*諸司は事を諸国の対捍に寄せ、諸国は訴を諸司の苛責に致す。*年預の非法寔《まこと》に繁く、*雑掌の不当尤も多し。これを格条に論ずるに、*罪宥《ゆる》さざるにあり。しかる間、彼此*相譲りて公事を闕怠し、*長官*習を積みて*朝章を*狎慢《こうまん》す。しかのみならず諸司各〻公物あり、年預ややもすれば*己用を致す。また一度の公事、成功を給ふといへども、更に*後日の用を経ず。諸国また済物あり、雑掌私用を先となす。また*重色の所済、偏へに以て不法、いまだ全く式数の勤めを致さず。彼といひ是といひ誡めずんばあるべからず。自今已後、専ら公用を経、己利を貪るなかれ。諸司、年預の非法を誡めず、諸国、雑掌の不当を禁ぜず、もしなほ私を以て公を妨げ、制に違ひ法を害さば、よろしく長官ならびに宰吏をして違勅の罪に処せしむべし。

久安・保元の制　↓補

渙汗…返らず　一度出た汗のように、王命は取り消すことはできない。「渙」は底本「漁」につくる。

綸綍　詔勅。

吏民　国司や人民。

勘文　計算書。

裁を聴す　不明。

14諸司は…に致す　済物の紛争の原因を諸司は国が故意に済めないことを言い立て、国は諸司の不当な請求を非難する。

年預　この場合官衙の事務担当官。

雑掌　国雑掌。国衙の事務担当者。

罪…あり　宥免しがたい罪に当たる。

相譲りて　責任を押しつけ合って。

長官　官衙四等官のうちの最上位者。

習を積みて　久しい間の悪習となって。

朝章　国法。

狎慢す　あなどり無視する。

己用を致す　公物を私用につかう。「用」は底本「一周」につくる。後文「私用」との対応及び意によって改める。

後日の用を経ず　後日の費用を支えることができない。

重色の所済…勤めを致さず　大事な年貢の納入に、不法をのみはたらいて、一度として定められた数量を完納したことがない。「色」は続々群書類従・大日本史料はいずれも「允」につくり「凡ヵ」と注す。

一可誡仰諸司諸国不当事
仰、諸司者寄事於諸国之対捍、諸国者致訴於諸司之苛責、年預非法寔繁、雑掌不当尤多、論之格条罪在不宥、然間彼此相譲闕怠公事、長官積習狎慢朝章、加以諸司各有公物、年預動致己用、亦一度公事雖給成功、更不経後日之用、諸国亦有済物、雑掌為先私用、亦重色所済偏以不法、未全致式数之勤、云彼云是不可不誡、自今已後専経公用、莫貪己利、諸司不誡年預之非法、諸国不禁雑掌之不当、若尚以私妨公違制害法者、宜令長官弁宰吏処違勅之罪、

15 **重遷任の成功**　同一国の重任、他国への遷任を条件として上納される成功銭。
異損　天災などによる大減収。
熟国　豊作の国。
亡国　不作の国。
納官封家　官衙や院家などに上納する。
令格治国の…名を留む　国司がその任を終えた時、任中の穀稲その他の数量を計算して誤りのないことを新司に確認させた上で引きつぐのが法の定めであるのに、それを実行しないままに任を去る。
勘　底本「勤」につくる。
未勘　未決済。
公平に乖く　正当を失する。
造作　造内裏・造寺等の工事。
懲粛　然るべき刑罰。
叙用　国司に任用する。

15 一　諸国司*重遷任の成功、事を*異損に寄せて任限の中に覆勘を得ざるを科責すべき事

仰す、近代の宰吏、*熟国は自ら*亡国と称し、亡国は各〻異損を申す。しかる間、*納官・封家の済物、ほとんど所済の勤めを忘れ、*令格治国の*勘会、永く未勘の名を留む。これを政途に論ずるに、事*公平に乖く。なかんづく重遷任の功に募りて、*造作覆勘を申し請ふの輩、あまつさへ済物免除の恩に誇るといへども、いまだ全く造営覆勘の文を得ず。任限の内に、自今已後、もしなほその功を終へざれば、殊に*懲粛《ちょうしゅく》を加へて、永く*叙用するなかれ。覆勘の諸司もしまた容隠を致さば、与同罪。

一可科責諸国司重遷任成功、寄事於異損任限中不得覆勘事
仰、近代宰吏熟国者自称亡国、々々者各申異損、然間納官封家之済物、殆忘所済之勤、令格治国之勘会、永留未勘之名、論之政途事乖公平、就中募重遷任功申請造作之輩、剰雖誇済物免除之恩、未全得造営覆勘之文、任限之内、自今已後若尚不終其功者、殊加懲粛永莫叙用、覆勘諸司若亦致容隠、与同罪、

16 一　京畿・諸国の所部の官司をして、海陸の盗賊ならびに放火を搦め進めしむべき事

仰す、海陸の盗賊、*閭里《ろり》の放火、法律罪を設け*格殺悪を懲す。しかるに頃者《このごろ》、奸濫なほ繁く、厳禁に拘はらず、水浮陸行*往々にして、縦横の犯頻《しき》りに聞え、掠物放火*比々として、賊害の制いまだ止まず。ただに強竊の科を成すのみならず、兼てはまた闘殺の辜《つみ》に渉る。これ*法官緩《おこた》りて糺さず、凶徒習ひて畏れなきの致すところなり。自今已後、慥かに*前右近衛大将源朝臣ならびに京畿・諸国の所部の官司等に仰せて、件《くだん》の輩を搦め進めしめよ。そもそも度々使庁に仰せらるるといへども、*有司怠慢して*糺弾に心なし。もしなほ懈緩《げかん》せば、処するに科責を以てせよ。もしまた*殊功あらば、状に随って抽賞せよ。

一可令京畿諸国所部官司、搦進海陸盗賊幷放火事

仰、海陸盗賊閭里放火、法律設罪格殺懲悪、而頃者奸濫尚繁厳禁不拘、水浮陸行往々縦横之犯頻聞、掠物放火比々賊害之制未止、非啻成強竊之科、兼亦渉闘殺之辜、斯法官緩而不糺、凶徒習而無畏之所致也、自今已後、慥仰前右近衛大将源朝臣幷京畿諸国所部官司等、令搦進件輩、抑度々雖被仰使庁、有司怠慢無心糺弾、若尚懈緩処以科責、若亦有殊功者随状抽賞、

17 一 都鄙の諸人、猥りに*五位・諸国の権守・*斎宮の助と号するを停止すべき事

仰す、*位記・*任符偽造の制、行来尚し。しかるに近年愚昧の輩、禁法を顧みず、ややもすれば違犯を致す。ただ*直物《じきもつ》を貪婪《どんらん》して、*要人に沽却す。これを*憲章に訪ふに、尤も科断するに足る。よろしく京畿・諸国の所部の官司に仰せて、非違を糺弾し、奸詐を粛清すべし。自今已後、慥かにその号を停止して、かの位記ならびに任符等

16 **閭里**　むらさと。
格殺　捕縛に抵抗する犯人を殺すこと。一定の条件下では犯罪人をなぐり殺すことが、捕亡律によって法定されていた。
往々　しばしば。
比々　しきりに。底本「元々」につくる。
法官　具体的には検非違使庁の官人などをさすか。
前右近衛大将源朝臣　頼朝。
有司　役人。検断有司などと称して警察関係の役人に使用する例が多い。
糺弾に心なし　文治二年正月、在京中の北条時政が逮捕した「洛中群盗十八人」を「経数日者、似寛刑之間、不及召渡使庁、直致沙汰」と称して「梟首」に処し、翌年十月下河辺行平が「任北条殿之例」と称して同様の処置をとったこと等の例(いずれも吾妻鏡)が幕府側からの検非違使への不信感の表明として有名である。
殊功　特別の功績。
17 **五位**　「五位以上謂之通貴」(令義解)といわれ、殿上を許される基準とされたように六位以下とは格段の差があった。
斎宮の助　斎宮寮の次官。正六位下相当。
位記　位階を授与するための文書で、五位以上の勅授、六位以下の奏授、外八位および内外初位の判授の三様式が公式令に定められている。
任符　官職の任命書。
直物を貪婪し　代価をむさぼって。
要人　位記・任符を欲しがる人間。
憲章　官文書偽造の罪は「杖一百、準所規避徒罪以上各加本罪二等」、また偽造

を召し進めしめよ。知りて糺さざれば、与同罪。

蔵人頭大蔵卿兼中宮亮藤原宗頼* 奉はる

一可停止都鄙諸人猥号五位諸国権守斉宮助事

仰、位記任符偽造之制行来尚矣、而近年愚昧之輩不顧禁法、動致違犯、只貪婪直物沽却要人、訪之憲章尤足科断、宜仰京畿諸国所部官司、糺弾非違粛清姧詐、自今已後慥停止其号、令召進彼位記幷任符等、知而不糺、与同罪、

蔵人頭大蔵卿兼中宮亮藤原宗頼奉

【国会図書館　三代制符】

して財賞を求めんとした者には「准盗論」が、詐偽律に定められている。

藤原宗頼　葉室光頼の子。のちに大納言。

弘長三年四月卅日　神祇官下文

*神祇《じんぎ》官《かん》下す　*広田社

定め置く　社内住人*検断《けんだん》の式条

1 一　謀叛・殺害・強盗・海賊・山賊等の事

已上*五箇の大犯《だいぼん》は、*慥かなる説を聞かば、時剋を廻《めぐら》さず、その身を搦め進むべし。所犯の多少によるべからざるなり。*資財の追捕《ついぶ》、異議に及ぶべからず。また*□□・*供僧《ぐそう》を*嫌ふべからず。*□その説不実たらば、申し出すの仁罪科に処すべし。*余事これに准ぜよ。およそ*一方の訴訟に就きて、理不尽の沙汰を致すべからず。*政所に於て両方を召し問ひ、軽重を勘判して成敗せしむべし。*□下*この式を守るべきなり。

神祇官下　広田社

定置社内住人検断式条

一謀叛殺害強盗海賊山賊等事

已上五箇大犯者、聞慥説者、不廻時剋可搦進其身、不可依所犯多少也、資財追捕不可及異議、又不可嫌□□供僧、□其説為不実者、申出之仁可処罪科、余事准之、凡就一方之訴訟、不可致理不尽沙汰、於政所召問両方、勘判軽重可令成敗、□下可守此式也、

2 一　*謀書の事

*法意に任せて、その沙汰を致すべし。ただし社内に於ては、事の躰に随ひ浅深ある

神祇官・広田社　両者の関係については解説参照。

検断の式条　警察および刑事裁判に関する法規。

1 五箇の大犯　守護の職権として御成敗式目3条に定められたのは、大番催促・謀叛・殺害人の所謂大犯三ヶ条であるが(上巻九頁)、ここでは大番催促を除き、式目に付則として掲げられていた強盗ら三項目を加えて五箇の大犯とする。

慥かなる説　当事者主義を原則とする中世の刑事裁判手続きでは、一般に容疑者・犯罪時日などを特定した訴によって、はじめて検断権が発動されるのが普通。

資財の追捕　動産不動産の差押え。

□□　「神官」の可能性が大。

供僧　中世の神社は多く神宮寺をもち、神事とならんで仏事も行われた。これに従事する僧侶を供僧とよび、一つの身分的呼称になっていた。

嫌ふべからず　神官供僧でも容赦すべきではない。

□　「若(し)」か。

余事　五箇の大犯以外の犯人の逮捕、資財の追捕を指すか。

一方の訴訟に就きて　訴人の申し立てのみによって、論人の陳弁等を一切省略する中世的な裁判手続き。

政所　社家の政所。

□　「已」か。

この式を　2条以下の犯罪についても、政所における対決を必要なる手続きと定めたこの法令を。

べきなり。この条に至りては、*子細を言上して御計らひを相待つべきなり。

一謀書事

任法意可致其沙汰、但於社内者、随事躰可有浅深也、至于此条者、言上子細可相待御計也、

3 一 窃盗の事

*所犯の財物、悉く*銭に准ずべし。その直法《じきほう》百文以下は、本物を本主に還し、断罪すべからず。弐百文已上に及ばば、*一倍を以てこれを弁ずべし。本物は主に還し、半分は*両方に弁ずる事先例のごとし。所犯一貫已上に及ばば、その身を禁遏せしめ資財を没収すべし。ただし別の科料を贖《あがな》ふべきの由申さば、□資財の追捕に及ぶべからざるか。科料の員数一倍たるべくば、所犯五貫已上は、その価十貫以上に及び、*その力に堪へざれば、或ひは半倍、或ひは斟酌《しんしゃく》、子細を申し上ぐべきなり。本物に於ては、沽却すといへども社内を出でざれば、失ふべからず。必ず本主に還すべきなり。*弁ずるところ不足の時は、百文充て一日、政所に禁じ置くべし。*□その恥を顧みず、所犯両度に及ばば、社内を追却せしむべし。ただし*貧賤孤露《ひんせんころ》の者、恣《ほしいまま》に悪行を致しながら、過料に於ては、その力に堪へずと称し、下劣の輩は、*恥辱を痛まざれば、狼藉断絶しがたきか。しからば*縁者・主人等、かの分限を勘へ、広田社破損の修理等の用途を充て置かしむべし。主人といひ縁者といひ、*口入《くにゅう》すべからざるに於ては、この沙汰の限りにあらず。所詮、時宜に随ひ事躰を計ふべきなり。

一窃盗事

2 謀書　偽造文書、または偽作行為。

法意　どのような公家法が具体的に意識されていたのか不明。たとえば法曹至要抄は、詐偽律をひいてこれに准ぜよ、とするのみで実質的な規範となり得ない。御成敗式目15条補注(上巻四三三頁)参照。

子細を…べきなり　社家政所の裁定を止め、神祇官の処置を仰げ。何故謀書がこれほど重大視されたかは不明だが、或いは謀実を定める裁判能力上の問題か。

3 所犯の財物　贓物。贓物の多少によって刑の大小を定める仕方は賊盗律以来の伝統をもつが、建長五年の幕府追加法284条(上巻七一頁)では、三百文以下一倍弁、三百～五百文は科料弐貫文、六百文以上は一身の咎に行うべしとする。

銭に准ず　銭貨に換算する。

一倍　現在の二倍。

両方　後出4・13条等によれば社司・惣追捕使の両者。検断権の保有者(社司)と実行者(惣追捕使)が、検断没収物を折半する方法として注目される。

その力…べきなり　過料の支払い能力のない者については、罰則の軽減について神祇官に上申せよ。

弁ずるところ　一貫以下、および一貫以上で科料によって贖うことを申請した者の科料銭。

□　「若(も)」か。

貧賤孤露　貧しくたよる身寄りのない者。

恥辱を痛まず　刑罰を受けることを恥辱とも何とも思わないで、罪を犯す。

縁者主人　犯人の縁者・主人に対して、

所犯財物悉可准銭、其直法百文以下者、還本物於本主不可断罪、及弐百文已上者、以一倍可弁之、本物者還主、半分者弁両方事如先例、所犯及一貫已上者、令禁遏其身可没収資財、但可贖別科料之由申者、□不可及資財之追捕歟、科料員数可為一倍者、所犯五貫已上者、其価及十貫以上、其力不堪者或半倍或斟酌、可申上子細也、於本物者、雖沽却不出社内者、不可失、必可還本主也、所弁不足之時、百文充一日可禁置政所、□不顧其恥所犯及両度者、可令追却社内、但貧賤孤露者、恣乍致悪行、於過料者、称不堪其力、下劣之輩者、不痛恥辱者、狼藉難断絶歟、然者縁者主人等勘彼分限、可令充置広田社破損修理等用途、云主人云縁者、於不可口入者、非此沙汰之限、所詮随時宜可計事躰也、

4 一 *夜田を苅る輩の事

苅るところ壱束に満たざれば、本物を糺し還し、強ひて*断罪に及ぶべからず。壱束に満たば、三束を以てこれを弁じ、一束は主に還し、一束は社司に済《すま》し、一束は*惣《そう》追捕使《ついぶし》に済すべし。ただし弐束已上ならびに犯両度に及ばば、その身を禁遏せしむべきの子細前条に准ずといへども、夜田を苅る事に至りては、田舎の習、殊にこれを禁ずるか。よつて*別段に載せらるるところなり。苅畠これに准ぜよ。

一苅夜田輩事

所苅不満壱束者、紀還本物不可及強断罪、満壱束者以三束弁之、一束還主、一束者済社司、一束者可済惣追捕使、但弐束已上并犯及両度者、可令禁遏其身子細雖准前条、至苅夜田事者、田舎之習殊禁之歟、仍所被載別段也、苅畠准之、

5 一 *容隠《よういん》の科の事

*五箇の犯のほかは、*自ら身上《しんじょう》の事容隠せば、罪科の沙汰に及ぶべからず。ただし証

犯人の拘禁刑とは別に。

口入すべからず 主人・縁者が犯人を救済しようとしない、の意か。或は口入を許すべきでないと広田社側が判断したとき、の意か不明。

4 夜田を苅る 本文に「田舎の習…」とあるごとく村落内部の慣習法の成文化とみられる。解説参照。

断罪に及ぶべからず 断罪はこの場合人身の禁遏。3条にも見え、罪に問わないの意に用いている。

惣追捕使 伊勢神宮など一部の大神社に警察機関として惣追捕使がおかれていたが、広田社の組織は不明。

別段 普通一ヶ条の条文中、いくつかの項目に分れるときこれを段と称するが、この場合前条とは別の一ヶ条に載せる、の意。

5 容隠 犯人を隠匿すること。

五箇の犯 →二四頁注「五箇の大犯」

自ら身上…せば 被害者が犯罪の事実を隠蔽して出訴しないこと。その理由は被害者と加害者の間の力関係その他種々であろうが、とくに公的な権力の関与しない当事者間の内済の慣行が大きな要因ではなかったろうか。

6 手足を以て人を打つ 建長五年の幕府追加法288条(上巻七二頁)は「土民之習、雖令拏攫、於無其疵者、不可処罪科」とし、「殴人之科甚以不軽」とした御成敗式目13条(上巻一五頁)と対蹠的な規範をおくが、この条文もいずれかといえば「土民之習」に近い法理といえる。本条との

人慥かならば、穏かにこれを落居せしむべし。

一容隠科事

五箇犯之外者、自身上事容隠者、不可及罪科之沙汰、但証人慥者穏可令落居之、

6 一　喧嘩の事

*手足を以て人を打たば、その身を禁ずべからず。*有司・神官の*中、科酒を贖ふべし。もし出血の事あらば、供僧相加へ、*仁王講《にんのうこう》一座を勤行すべし。*内損《ないそん》・吐血に及ばば神人相加ふべし。*死門《しもん》に及ばば*八女《やおとめ》相加へ、*戎御神楽《えびすみかぐら》一座を勤仕すべし。杖および他物を以てこれを打たば、社司・惣追捕使の沙汰として、*敵人に預けて救療《きゅうりょう》すべし。*その日限を計ひ、過料一日充て二百文〈*一方百文〉を徴すべし。もし六日已後ならば百文〈一方五十文〉、十日已後は五十文〈一方廿五文〉、十五日已後は十文〈一方五文〉、二十日已後百日に至るは六文、百日已後長病に及ばば、これを徴すべからず。また本宅に還すべし。百日の内、*一両日といへどもその仁復本せば、*実検を加へ本宅に還し、過料を止むべし。百ケ日相幷《あわ》せて過料*二貫二百八十文か。ただし*喧嘩事発《じほつ》の最前、敵人和平に於ては、殊なる沙汰に及ぶべからず。過料一貫文〈一方五百文〉を償ふべし。*放言に至りては、科酒、*品秩《ほんちつ》の上下に随ひて、増減あるべし。社家修造の時に於ては、工《たくみ》等に与ふべきなり。

一喧嘩事

以手足打人者、不可禁其身、有司神官中可贖科酒、若有出血事者、供僧相加可勤行仁王講

比較のため闘訟律、闘殴人条の規定を抄記すれば、

以手足撃人　笞三十

傷及以他物殴人(非手足者皆他物)杖六十

傷及抜髪方寸以上　杖八十

血従耳目出、及内損吐血　各加二等

有司　検断有司などとよばれ、恐らく他条にみえる惣追捕使と同じか。

の中　に対して。

仁王講一座…　仁王般若経を読誦する法会を行なって、その費用を弁済させる。

内損　外傷でなく内臓の傷害。

死門に及ぶ　死に至る。

八女　神楽の演奏などによって神に仕える少女。

戎御神楽　広田社には祭神の一つとして戎神があり、現在の西宮神社に及んでいる。

敵人に預け　負傷者を加害者に預け、その負担において治療させる。他に類のない事例。

その日限　敵人に預けられている期間。

一方　過料を双方から徴収した両成敗法的な法理。

一両日といへども　短期間でも回復すれば。

実検を加へ　社司らが実地検分のうえ。

二貫二百八十文　200×5・100×5・50×5・10×5・6×80を総計した数字か。

喧嘩事発…及ぶべからず　事件後直ちに当事者間に和議が成立すれば、上記の処置をとらない。事発は養老獄令に「凡犯罪皆於事発処官司推断」「凡犯罪事発、有

一座、及内損吐血者神人可相加、及死門者八女相加、可勤仕戎御神楽一座、以杖及他物打之者、為社司惣追捕使之沙汰、預敵人可救療、計其日限可徴過料一日充二百文〈一方百文〉、若六日已後者百文〈一方五十文〉、十日已後者五十文〈一方廿五文〉、十五日已後者十文〈一方五文〉、二十日已後至于百日六文、百日已後及長病者不可徴之、又可還本宅、百日内雖一両日其仁復本者、加実検還本宅可止過料、百ヶ日相幷過料二貫二百八十文歟、但喧嘩事発最前、敵人於和平者、不可及殊沙汰、可償過料一貫文〈一方五百文〉、至放言者科酒随品秩之上下、可有増減、於社家修造之時者、可与工等也、

7 一　刃傷の事

まづ*その身を召し置き*敵人に預けて、*縁者を以て救療すべし。*日□□法は*条に准ぜよ。過料に至りては、*日別十文を増し、寛宥の儀前のごとし。ただし三ケ日の内に死去せば殺害に准じ、廿日已後死去せば刃傷となし、*中央《ちゅうおう》はこれを斟酌すべし。

一刃傷事

先召置其身預敵人、以縁者可救療、日□□法准条、至過料者日別増十文、寛宥之儀如前、但三ヶ日内死去者准殺害、廿日已後死去者為刃傷、中央可斟酌之、

8 一　神官・供僧・八女・神人罪科の事

五箇の大犯のほか自余の事は、*本官に申し上げず*自由の沙汰を致すべからず。*御定《ごじょう》を相待ちて左右《とこう》せしむべし。ただし*政所の評定落居せば勿論か。

一神官供僧八女神人罪科事

五箇大犯之外自余事、不申上本官不可致自由之沙汰、相待御定可令左右、但政所評定落居者勿論歟、

贓状露験者云々」などとあって、事件の発生もしくは発覚の意（滝川政次郎氏著『律令諸制及び令外官の研究』所収「事発日記と問注状」参照）。

放言　いわゆる「悪口」と同じか。

品秩　身分。

7 **その身**　加害者。

敵人に預け　前条と同じく被害者を加害者方に預け。

縁者を以て　加害者は拘禁されているから、その縁者の負担で。

日□□法　日「限之」法であろう。

条　この上「前」もしくは「先」脱か。

日別…ごとし　前条の規定に十文を加え、日数が経過するに従って減免する法も前条に准ずる。

中央　三日と廿日の間で死去すれば。

8 **本官**　神祇官。

自由の沙汰　刑事裁判権のみならず警察権をも含むものか不明。

御定　神祇官の裁定。

政所の…勿論か　政所は1条にもみえ、広田社の政所であることは疑いない。とすれば「政所評定」と「本官御定」のいずれが神官らに対する最終的な刑事裁判権をもつのか不明。

9 一 *社家沙汰人の下人の事
*出納《しゆつのう》・召仕のごときの者、各々両三人、兼てその仁を定め、神人に准じて、*優恕《ゆうじょ》せしむべし。

一社家沙汰人下人事
如出納召仕之者、各両三人兼定其仁、准神人可令優恕、

10 一 *番頭・*廻船人の内、*有官《うかん》の輩の事
*中官《ちゆうかん》に准じて、優恕すべし。

一番頭廻船人内有官輩事
准中官可優恕、

11 一 *経所《きようじよ》の承仕《しようじ》・*非番衆の事
神人に准じて、優恕すべし。

一経所承仕非番衆事
准神人可優恕、

12 一 廻船人の事
遠国の所犯の事に於ては、*訴人なきのほか沙汰を致すべからず。

一廻船人事
於遠国之所犯事者、無訴人之外不可致沙汰、

13 一 他人の妻を奸犯《かんぱん》する事
訴人なくば、沙汰を致すべからず。訴人ありて*落居せしめば、過料弐貫〈男一貫、社司、

9 **社家沙汰人** 社家の俗的な経営に当る神官。
出納 金銭や什器・文書等の保管と出し入れの事務を扱う者。
優恕 検断に際して、神人と同様の特権を認める。

10 **番頭** 公事徴集のために編成された社領の番のキャップたる有力農民。
廻船人 海上運送業者。この附近の名主秦永久の正応五年の譲状(大徳寺文書)によれば彼は船三艘をもつ廻船人であった(『西宮市史第一巻』五四二頁)。
有官 律令制度上の官職をもつもの。
中官 不明。8条に列挙された神官より神人に至るランクのうちの中官、即ち供僧・八女らに准じて、の意か。

11 **経所の承仕** 写経所・読経所の管理にあたる下級の役僧。
非番衆 不明。

12 **訴人なきのほか** 訴人がなければ。

13 **落居せしめば** 犯罪の事実が確定されれば。

女一貫、追捕使〉を徴すべし。ただし*□奸は、男二貫これを済し、女これを出すべからず。女もしこれを*遮《さえぎ》れば、女二貫これを済し、男これを出すべからず。兼てまた、夫の欝念《うつねん》散ぜざれば、*上裁を経て、*旧例に任せて各々三貫これを済すべし。男女ともに過料に堪へざれば、禁遏*先条のごとし。

一奸犯他人妻事

無訴人者不可致沙汰、有訴人令落居者、可徴過料弐貫〈男一貫社司、女一貫追捕使〉、但□奸者男二貫済之、女不可出之、女若遮之者女二貫済之、男不可出之、兼又夫之欝念不散者、経上裁任旧例各三貫可済之、男女倶不堪過料者、禁遏如先条、

14 一 *追捕《ついぶ》の輩の事

所犯を聞かば、社司といへども惣追捕使といへども、聞き出さしむるの仁、まづ下人両三を遣し、資財・住宅を守護せしむべきなり。その後、*四隣五保の神官一人・神人一人・沙汰人等のうち使一人、*下□□□を率《い》て、穏かに資財を注し置き、*本主の判を加へしめ、裁定を待ちて沙汰致す*べし。本主文盲ならば、縁者を以てこれを書かしむべし。縁者なくば、四隣五保の証人を得て、加判すべし。

一追捕輩事

聞所犯者、雖社司雖惣追捕使、令聞出之仁、先遣下人両三、可令守護資財住宅也、其後四隣五保神官一人神人一人沙汰人等中使一人、率下□□□穏注置資財、令加本主判、待裁定可致沙汰、本主文盲者、以縁者可令書之、無縁者得四隣五保証人可加判、

15 一 *起請文の事

□奸 「強」姦。養老雑律では、和姦の男女同罪、強姦の場合、女は無罪とする。また御成敗式目34条では強和姦を問わず、男女とも所領半分収公(上巻二七頁)。この条は養老律の原則を継承している。

遮れば 女の方から誘惑したのであれば。「遮る」は「何か物事が起こるのに先立ってする、あるいは、先回りしてする」意(邦訳日ポ)。

上裁 神祇官の裁定。

旧例 18条にみえるように、この条も旧例に比べて過料を減免した撫民法であるが、「夫の欝念散ぜ」ざるときはなお旧例の効力を認めた注目すべき例。

先条 3条の一日百文の単純計算か。

14追捕の輩 1条等にみえる犯人財産の差し押えに向う人間。

四隣五保 中国の律令(戸令)では四家を隣(四隣)、五家を保(五保)として相互に検察しあう制度としたが、日本律令では五保の制のみ継受したので四隣には実質的な意味はない。しかし、ここでは単に近隣に本居をもつ、の意か。

下□□□ 下「人両三」か。

本主 容疑者。

べし 底本「下」につくる。

15起請文 検断権者が被疑者に対し、自分が無実たることを宣誓するための起請文を書かせ、その際何らかの名目で費用を徴集した。建長五年の幕府追加法294条(上巻七三頁)では「称祭物料、令責取絹布巳下物」る事が禁ぜられている。

*打敷《うちしき》と*号する用途、一向停止すべし。*失《しつ》あるの時、例に任せてこれを済すべし。ただし*南宮の御幣一帖・*膝突《ひざつき》代百文、*公人《くにん》等に与ふべき*間食《かんじき》沙汰致すべきなり。

一起請文事

号打敷用途一向可停止、有失之時任例可済之、但南宮御幣一帖膝突代百文可与公人等間食可致沙汰也、

16 一　*越訴《おつそ》の事

*所行この式に背かば、不日参洛を企て、*高声《こうしょう》子細を言上すべきなり。

一越訴事

所行背此式者不日企参洛、高声可言上子細也、

17 一　他庄より逃げ来る犯科人、或ひは他所の輩社内に於て犯科の事

各〻先例に任せて、その沙汰あるべし。軽重斟酌の旨、大略*前条のごとし。始終の煩ひなく、社家の*陵遅《りょうち》なきの様、相計らはしむべし。新儀あるべからず。大事に至りては、忩《いそ》ぎ子細を言上せしむべきなり。

一自他庄逃来犯科人、或他所輩於社内犯科事

各任先例可有其沙汰、軽重斟酌之旨大略如前条、無始終之煩無社家之陵遅之様、可令相計、不可有新儀、至于大事者、忩可令言上子細也、

18 一　式条を守らず、成敗を*叙用《じょよう》せざる輩の事

式条を造り、定め下さるるの趣、且は社家静謐のため、且は人民安堵のためなり。しかるに土民等*過料の軽微たるによりて、猛悪の所行を止めず、ただ寛宥の慈恩に

打敷　装飾用の敷物。起請文は神仏に対する誓言であり、そのための祭壇に用いる敷物であろう。

号する用途　そういう名目での費用。

失　起請文を書いた者は一定期間神社などに参籠し、その間身辺に異常が生じなければ宣誓の真実が神によって証明されたことになる。起請の失とはその異常をさし、文暦二年の幕府追加法73条(上巻一二四頁)では「鼻血出事」「為鼠被喰衣裳事」など九項目の失が定められている。失があれば起請の内容は否定される(上巻一二四頁頭注「起請文の失」参照)。

南宮　広田社の末社。起請人が参籠を命ぜられる社だったのか。

膝突　神事などでひざまずいたとき、汚れぬように膝の下に敷く布。

公人　この場合、起請失の有無を看視する役人。

間食　点心。今の間食と同意。

16 **越訴**　この場合、社家を越えて神祇官に出訴すること。上巻一一頁頭注参照。

所行この式に背かば　社家の成敗がこの法令に違うならば。

高声　訴状ではなく、音声による出訴を規定したきわめて珍しい例。

17 **前条**　これまでの各条文。

陵遅　衰微。

18 **叙用**　遵守する。

過料の軽微　13条に明瞭に示されているように、従来の慣習法に比べて刑の軽減が行われており、鎌倉後期の一つの特徴たる撫民法の性格をもつといえよう。

誇りて、*限りあるの下知に従はず。故なくして定め置かるるの□*を難渋せしめば、別してその科を招くに似たり。しからば神のため人のため、禁ぜざるべからざるものか。

一不守式条不叙用成敗輩事
造式条被定下之趣、且為社家静謐、且為人民安堵也、而土民等依為過料之軽微、不止猛悪之所行、只誇寛有之慈恩、不従有限之下知、無故令難渋被定置之□者、別似招其科、然者為神為人不可不禁者歟、

右十八箇条、告知件のごとし。そもそも*上宮《じょうぐう》太子十七条の憲法、寛宥*原免《げんめん》の文、*蓋《おおむ》ね備はり、*天長年中数ヶ巻の律令、*勧誡《かんかい》*懲粛《ちょうしゅく》の旨これ具《つぶ》さなり。しかるに降りて*澆《ぎょう》醨《り》に及び、人*正条を守らず、*悩ますに人倫を以てす。録して数章を得たり。社この式に随ふべし。祈るに社家を以てせよ。敢て違失すべからず。故に下す。

弘長三年四月卅日　*少史斎部宿禰《いんべのすくね》

*伯《はく》兼因幡権守　在御判

右十八箇条告知如件、抑上宮太子十七条憲法、寛宥原免之文蓋備、天長年中数ヶ巻律令、勧誡懲粛之旨是具也、然降而及澆醨、人不守正条、悩以人倫、録而得数章、社可随此式、祈以社家、敢不可違失、故下、

弘長三年四月卅日　少史斎部宿禰

伯兼因幡権守　在御判

【狩野亨吉蒐集文書八】

限りある　厳重なる。
□　「旨」もしくは「法」か。

上宮太子　聖徳太子。
原免　罪を赦すこと。
蓋　「オホムネ」(類聚名義抄)。
天長年中…の律令　天長七年藤原三守らによって選進された格式。
勧誡　善をすすめ悪をいましめる。
懲粛　底本「懲書」につくる。こらしいましめる。承和七年四月二十三日の太政官符に「右検案内、太政官去天長七年閏十二月七日下諸司符偁、太政官去十一月十七日符偁…律令之興蓋始大宝、懲粛既具、勧誡亦甄」(三代格)とあるのの引用。
澆醨　あさましく軽薄な世相。
正条　法令。
悩ますに…　人々を悩ますの意。
少史斎部宿禰　実名未詳。少史は神祇官の下級官僚。
伯兼因幡権守　資緒王。康元元年十二月遷任神祇伯、正元元年正月兼因幡権守。伯は神祇官の長官。

弘長三年八月十三日　宣旨

1 一　*伊勢の幣《ぬさ》を興行すべき事

仰す、*宗廟《そうびょう》の*礼奠《れいてん》は我朝の*粛祇《しゅくし》するところなり。自今以後に於ては、兼て諸国の司に仰せられ、*率分所《そつぶんしょ》に進納すべし。*臨時の奉幣度々に及ぶの時、*往季相残らば、充て催すべし。徒《いたず》らに未済の国を閣きて、来季を徴するなかれ。

一可興行伊勢幣事

仰、宗廟之礼奠者我朝所粛祇也、於自今以後者、兼被仰諸国司、可進納率分所、臨時奉幣及度々之時、往季相残者、可充催之、徒閣未済国、莫徴来季、

2 一　早速*同じき訴訟を裁断すべき事

仰す、神宮の奏状は*一宿を経ず、また機嫌を顧みず、早く奏聞すべし。*□先規に*□、*上卿《しょうけい》・弁官を定むべし。また近例に随ひ*職事一人を定めらる。これ則ち崇重他に異なるによりて、早速裁断のためなり。*宮中の違例、*式内の神領は、委しく*陵遅《りょうち》の運を尋ね、沙汰を致せ。ただし*この行に誇り、恣《ほしいまま》に濫訴を致すなかれ。兼てまた*諸人の越訴《おっそ》は一切停止《ちょうじ》せよ。

一可早速裁断同訴訟事

仰、神宮奏状不経一宿、亦不顧機嫌、早可奏聞、□□先規、可定上卿弁官、亦随近例被定

1 **伊勢の幣**　伊勢神宮に捧げる供物。伊勢奉幣の興行令は公家新制史上初出。
宗廟　皇室の祖先をまつるみたまや。即ち伊勢神宮。
礼奠　供物。
粛祇　つつしみ敬う。
率分所　大蔵省に納められる租税の二割を非常の用に供するため蓄積した役所。
臨時の奉幣　毎年神嘗祭に遣わされる例幣使に対して、臨時の。
往季相残らば　既に納期を過ぎた季充の未済があれば。
2 **同じき訴訟**　伊勢神宮よりの提訴。
一宿を…すべし　日をおかず、時期を顧慮することなく披露すべし。
□　「且(かつうは)」か。
□　「任(まかせ)」か。
上卿　朝廷の諸行事に個別に任ぜられる担当責任者たる公卿。
職事　蔵人頭及び五位・六位の蔵人。弁官とともに当該訴訟の実務処理にあたる。
宮中の違例　伊勢神宮内部における諸々の違法行為をさすか。
式内の神領　延喜式には伊勢三十二町一段、大和・伊賀各二町の神田、度会・多気・飯野の神三郡を中心とした封戸が載せられている。
陵遅の運　すたれるに至った原因。
この行に誇り　この法によって付与された特権を利して。
諸人の越訴　神宮訴訟によって敗訴した当事者による越訴の意か。或いは太神宮権禰宜らの越訴を禁じた嘉禄元年十月新

職事一人、是則依崇重異他、為早速裁断也、宮中違例式内神領、委尋陵遅遷、致沙汰、但誇此行、恣莫致濫訴、兼又諸人越訴一切停止、

3 一 同じく*権任の禰宜《ねぎ》已下他国に*経廻《けいかい》し、京都に常住し、ならびに同じく*氏人《うじびと》等*京官に任ずるを停止すべき事

一可停止同権任禰宜已下経廻他国、常住京都、幷同氏人等任京官事

4 一 *炳誡《へいかい》を加ふべき太神宮已下諸社の氏人等、*番直《ばんちょく》を勤めざる事

仰す、已上*二所太神宮司等、正禰宜に於ては*長番をなし、*権官に於ては皆*結番《けちばん》あるか。しかるに正禰宜*式条ならびに承暦の符に背きて、*私に結番し、権官已下偏へにその役を勤めず、或ひは他国に移住し或ひは*上都《じょうと》に経廻す。或ひは*本姓を改めず或ひは異姓を称す。各〻禁制に拘はらず、恣に京官を濫望す。自今以後停止に従へ。もしなほこの制に拘はらざれば、*宝亀八年の符に任せて、その*位記を□、よろしく神事に従ふを停むべし。そのほか諸社の司、各〻本社に直《とのい》すべき事ならびに違犯の科、また同じ。

一可加炳誡太神宮已下諸社氏人等、不勤番直事

仰、已上二所太神宮司等、於正禰宜者為長番、於権官者皆有結番歟、而正禰宜背式条幷承暦符、私結番、権官已下偏不勤其役、或移住他国或経廻上都、或不改本姓或称異姓、各不拘禁制、恣濫望京官、自今以後従停止、若尚不拘此制者、任宝亀八年符、□其位記、宜停従神事、其外諸社司各可直本社事幷違犯之科、亦同、

5 一 *諸社の奉幣使、*公卿・四位・五位等をして結番せしむべき事

制のごとく、神宮側から違法なる「越訴」を主な対象としたものか。越訴の二種については上巻一一頁頭注参照。

3 **権任の禰宜** →補

経廻し へめぐる。

氏人 荒木田・渡会ら神官の氏族の人。

京官 京都常住の官即ち内官をさすが、ここでは俗官の意か。

4 **炳誡** いましめ。

番直 番に従って宿直すること。

二所太神宮 内宮および外宮。

長番 交替なしに勤務すること。

権官 権禰宜。

結番 禰宜の長番に対して、交替勤務の番を定めること。

式条ならびに承暦の符 未詳。

私に結番し 長番を免れるために番を結ぶ。

上都 京都。

本姓を改めず…称す 神官としての本姓(荒木田・度会など)のまま、或いは勝手に異姓を名乗る。

宝亀八年の符 同年三月十日の太政官符に「若諸社祝等不勤掃修、神社損穢、宜収其位記」とあるのをさすか(三代格)。

位記を□ 前注に拠り、ここの□は「収」であろう。俗官としての叙位を剝奪し。

5 **諸社** 太神宮以外の諸社。石清水・松尾・賀茂・平野・春日・日吉等々に定例

仰す、慥《たし》かに結番に任せて怠慢すべからず。四位・五位に於ては、故なく懈怠を致さば、*一階を貶《おと》さしむべし。

一可令諸社奉幣使公卿四位五位等結番事
仰、慥任結番不可怠慢、於四位五位者、無故致懈怠者、可令貶一階、

6 一 慥かに本社に参着せしむべき同じき使ならびに幣物の事
*荷前《のざき》・*山陵使《さんりょうし》の結番ならびに参着の幣物等同前
仰す、或ひは直《じき》に*私廬《しろ》に帰りてその社に参ぜず、或ひは偸《ひそ》かに*衛士《えじ》を以て*宣命《せんみょう》を付けしむと云々。なかんづく荷前使に於ては、*禁闕《きんけつ》に参ずといへども陵戸《りょうこ》に向はず。かれこれ*如泥《にょでい》、よろしく制禁せしむべし。

一可令慥参着本社同使并幣物事、荷前山陵使結番并参着幣物等同前
仰、或直帰私廬不参其社、或偸以衛士令付宣命云々、就中於荷前使者、雖参禁闕不向陵戸、彼是如泥、宜令制禁、

7 一 *祇園の御《ご》霊会《りょうえ》の*馬長《ばちょう》、*人数を定められ、殿上人結番して騎《の》り進めしむべき事
仰す、馬長の所役は、*鶴侶《かくりょ》の存するところなり。しかるに近年、頻りに沙汰ありといへども、ややもすれば闕如《けつにょ》に及ばんと欲す。自今以後に於ては、永く結番を守り、*擁怠《ようたい》せしむるなかれ。

一可令祇園御霊会馬長被定人数、殿上人結番騎進事
仰、馬長之所役者、鶴侶之攸存也、而近年頻雖有沙汰、動欲及闕如、於自今以後者、永守結番、莫令擁怠、

もしくは臨時に奉幣使が派遣された。
公卿　三位以上。
一階を貶す　四位五位は正従上下四階ずつあり、そのランクを一つおとす。

6 荷前(使)　毎年十二月諸国から貢進される調絹綿のうち初物を太神宮をはじめ、歴代の陵墓に捧げるための使。
山陵使　即位などの国家的大事を諸陵墓に報ずるための使。
私廬　廷内の私室。
衛士　衛門府に属して宮廷の警備、行幸の供奉などを勤める兵士。
宣命　奉幣使が持参すべき天皇の詔書。本来はすべて所謂宣命体で書かれていたが、次第に純漢文体のものが多くなり、宣命体は伊勢以下の神社に宣詔される場合に限られるようになり、これを文書様式上とくに宣命と称するようになった。
禁闕　皇居。
如泥　正体なく怠慢をきわむ。

7 祇園の御霊会　陰暦六月十四日祇園社(現八坂社)で行われた疫病災厄をはらうための斎会。祇園会。
馬長　朝廷から社に引進められる馬に騎乗する役。うまおさ。
人数　「今日御霊会也、馬長纔八騎云々」(吉記、寿永二年六月十四日条)のごとく当時実際に騎馬した人数は数名にすぎなかったようである。
鶴侶　高雅な友人。殿上人の謂か。
擁怠　とどこおり。

8 一 諸社の司をして任限を定め、修造せしむべき事

仰す、神主の任限は載せて*格条に存す。しかるに頃年《としごろ》以来、飽《あ》くまで*重任の恩に浴すといへども、更に以て*殊功《しゅこう》の聞《きこえ》なし。そのうへ恣《ほしいまま》に神領を以て各々子孫に譲り、*別相伝《べっそうでん》と称して社務に従はず。これによりて神税減少す。冥慮恐れあり。自今以後、永く停止すべし。兼てまた一任の中、殊功あらば、評議ありて延任すべし。

一可令諸社司定任限修造事

仰、神主任限載存格条、而頃年以来、飽雖浴重任之恩、更以無殊功之聞、其上恣以神領各譲子孫、称別相伝不従社務、依之神税減少、冥慮有恐、自今以後永可停止、兼又一任中、有殊功者、有評議可延任、

9 一 同じき司をして賄賂《わいろ》を止めしむべき事

仰す、近代かの司等、本社を忘れて*権門に趨《はし》る。ただ賄賂《わいろ》の聞《きこえ》ありて、偏へに修治の勤めなし。小破より大破に及び、*公務に於て*公平《くびょう》に背く。*恣《なまじい》に*別功を申して、忽ち*天聴に達す。自今以後、炳誡あるべし。

一可令同司止賄賂事

仰、近代彼司等、忘本社趨権門、只有賄賂之聞、偏無修治之勤、自小破及大破、於公務背公平、恣申別功、忽達天聴、自今以後可有炳誡、

10 一 慥かに諸国に*最勝王経を*転読《てんどく》せしむべき事

仰す、早く*如説如法《にょせつにょぼう》の転読を致し、よろしく無弐無三の*丹祈《たんき》を抽《ぬき》んづべし。しかるに近来《ちかごろ》、*国分二寺の*礎《そ》石全《せきまった》からざれば、便宜《びんぎ》の堂舎を*点じて、その*梵席《ぼんせき》を展《の》ぶべし。

8 **格条** →補

重任の恩 任限を過ぎて再任されること。

殊功 社の修理についての特別の功績。

別相伝 格別の相伝領。上級者からの干渉を排除して完全な進止権を行使できる私領の謂。この頃から一般化する用語。

9 **権門に趨る** 恐らく前条別相伝領の確保などの政治的被護を目的とするものであろう。

公務 社司としての義務である修造。

公平に背く 正当を失する。

恣に それどころか、かえって。

別功 成功。

天聴に達す 官職の望みをとげる。

10 **最勝王経** 金光明最勝王経。国家鎮護天下泰平の祈願に用いられる。

転読 ㈠単なる読経、㈡ていねいに読経する、㈢重要部のみをぬき読みする等の意があるが、ここでは㈡か。

如説如法の 教法にかない形式をととのえた。

丹祈 丹誠こめた祈り。

国分二寺 国分僧寺・国分尼寺。

礎石全からず 荒廃に帰す。

点じて 強制的に借用して。

梵席を展ぶ 法会を挙行する。

兼てまたその国の正税を以て、その施供《せぐ》に充《あ》てしむべし。天下の静謐、国中の豊稔《ほうねん》、*もととして斯《これ》による。更に失墜せしむるなかれ。

一可令慥転読諸国最勝王経事
仰、早致如説如法之転読、宜抽無弐無三之丹祈、而近来国分二寺礎石不全者、点便宜之堂舎、可展其梵席、兼又以其国正税、可令充其施供、天下静謐、国中豊稔、職而斯由、更莫令失墜、

11一　諸寺の執務*をして任限を定め、本寺を修造せしむべき事
仰す、その任限*は式条に載す。任中の四ヶ年にもし殊功あらば、向後なんぞ抽賞《ちゅうしょう》なからん。これ則ち任限を延ばして優恤《ゆうじゅつ》すべし。しかるに諸御願寺執務の輩、多くはこれ*公請《くじょう》の労と称して、偏へにただ俸禄の由を存ず。茲によつて*庭除《ていじょ》空しく荒れて、春花*閼伽《あか》の具を忘れ《そなえ》、棟甍《とうぼう》なかば破れて、秋霧不断*の香に代る*。もし*衣鉢《えはつ》の資を忍びて、土木の営を励まさしめば、区々*の勤め、漸々《ぜんぜん》成るべし。

一可令諸寺執務定任限、修造本寺事
仰、其任限載式条、任中四ヶ年若有殊功者、向後何無抽賞、是則延任限可優恤、而諸御願寺執務輩、多是称公請之労、偏只存俸禄之由、因茲庭除空荒、春花忘閼伽之具、棟甍半破、秋霧代不断之香、若忍衣鉢之資、令励土木之営、区々之勤漸々可成、

12一　諸寺諸山顕密*の僧侶、戒法を守るべき事
仰す、仏法の*紹隆《しょうりゅう》は偏へに*僧宝《そうぼう》にあり、僧宝の住持*は偏へに徳行*にあり。徳行のうち持戒《じかい》を先《せん》となす。しかるに近来、頻りに宴飲を好み、剰《あまつさ》へ妻妾を蓄《たくわ》ふ。*四重《しじゅう》なほ

もととして　全面的に。

11 執務　普通別当とよばれ、寺の経済的側面を担当した僧職。次項補注参照。
任限は式条に載す　→補
公請の労と称し　執務に任ぜられたのは、朝廷の法会などを務めた当然の報酬だと称し。
庭除　にわさき、境内をさす。下句「棟甍」と対句。
閼伽の具　仏前に供える清水。
不断の香　仏前に絶やすことのない香煙。
代る　「化す」の誤写か。
衣鉢の資を忍び　日常の経費を節して。
区々の勤め…べし　つもりつもって大なる修復をとげることができる。

12 顕密　顕教と密教をいうが、当時国家的体制に組込まれた諸宗派の総称に用いられた。
紹隆　継承しさらに盛んにすること。
僧宝　仏法僧三宝の一。僧尼。
住持　守り保つこと。
徳行　功徳と行法。
四重　殺生・偸盗・邪婬・妄語の四重禁戒。

全《まった》からず、*十戒敢て禁ぜず。ただに*真諦《しんたい》を*黷乱《とくらん》するのみならず、固《もと》よりまた*国典に違犯す。早く*延暦・弘仁・貞観の符に任せ、偏へに諸寺諸山に仰せて、*放逸無慙《ほういつむざん》を禁ずべし。ただしその身は戒律を闕くといへども、*能言は国師なり、これを棄《す》つべからず。およそ*僧綱召《そうごうめし》ならびに*別請《べつしょう》のごときの時、*浄行を採用して後輩を励ますべし。

一可諸寺諸山顕密僧侶守戒法事

仰、仏法之紹隆者偏在僧宝、僧宝之住持者偏在徳行、徳行之中持戒為先、而近来頻好宴飲、剰蓄妻妾、四重猶不全、十戒敢不禁、非只黷乱真諦、固亦違犯国典、早任延暦弘仁貞観符、偏仰諸寺諸山、可禁放逸無慙、但其身雖闕戒律、能言者国師也、不可棄之、凡如僧綱召幷別請之時、採用浄行可励後輩、

13 一 諸社・諸寺の*造国、徒らに年序を送るべからざる事

仰す、経営の名ありといへども、更に土木の実なし。寺社の無益、宰吏の不忠、ただ徒らに一州の土貢を貪《むさぼ》り、*多年の国務を致す。自今以後、新造といひ修理といひ、早く不日の勤めを致し、よろしく*成風の功を終ふべし。毎年朝使を遣はし、実検を加へよ。

一不可諸社諸寺造国徒送年序事

仰、雖有経営之名、更無土木之実、寺社無益、宰吏不忠、只徒貪一州之土貢、致多年之国務、自今以後、云新造云修理、早致不日之勤、宜終成風之功、毎年遣朝使、加実検、

14 一 *諸院宮叙位《じょい》の御給、*叙爵《じょしゃく》たるべき事

仰す、階級の恩、流例《るれい》すでに存す。しかれども近代の人の昇進、すこぶる遄《はや》く□

十戒　俗人のまもるべき十の禁戒。殺生・偸盗・邪婬・妄語・綺語・悪口・両舌・貪欲・瞋恚・愚痴。
真諦　仏法の真義。
黷乱　汚しみだす。
国典　国法。真諦に対して俗法。
延暦・弘仁・貞観の符　↓補
放逸無慙　自由勝手にふるまい自らを恥じざること。
能言は国師なり　↓補
僧綱召　僧綱(僧正・僧都・律師)に任ずること。↓補
別請　俗家(この場合朝廷か)が特定の徳行ある僧を法事に招請すること。
浄行　持戒の僧。
13 **造国**　平安中期以後、窮迫した中央政府の財政を緩和するため、宮殿や寺社の造営修理を特定の一国に請負わせ、その国を造国、責任者の守を造国司と称した。
多年の国務　造国司は成功として延任重任などの賞を与えられた。
成風の功　普請が巧みに完成すること。
14 **諸院宮叙位の御給**　上皇・法皇・女院の推挙する者を五位以上に叙し、その任料を院宮に年給として給与する制度。
叙爵　従五位下に任ぜられること。
叙爵たるべし　底本この上に「何」字がある。誤写であろう。
15 **諸道儒士**　諸道とは明経・紀伝(文章)・明法・算の四道をいう。このうち平安朝以降最も栄えた紀伝道を儒林ともいい、この道の学者を儒士といった。
課試　大学寮の紀伝道は、文章博士の下

□、叙爵*たるべし。

一可諸院宮叙位御給為叙爵事

仰、階級之恩、流例已存、然而近代人之昇進、頗濫於□□□、何可為叙爵、

15 一　諸*道儒士《じゅし》の課*試《かし》を行ふべき事

仰す、家*累葉《るいよう》の学を稟《う》くといへども、もし良*材にあらざれば、徒らに課試の名ありて、更に及第の実なし。令*条に任せて行はれがたくば、早く折*中《せっちゅう》の法ありて、向後の誡を行ふべし。灯*燭料《とうそくりょう》は、一*史を終へざるの輩、その恩に浴すべからず。同じき輩の献*策《けんさく》は、九*流百家《きゅうりゅうひゃっか》に疎《うと》しといへども、二史・文*選《もんぜん》を終へざれば、年*限を拘《おさ》へらるべし。自余諸道の輩は、近例に就きて課試なしといへども、稽古の優劣により、登用の差別あるべし。

一可行諸道儒士課試事

仰、家雖稟累葉之学、若非良材、徒有課試之名、更無及第之実、任令条難被行者、早有折中之法、可行向後之誡、灯燭料、不終一史之輩、不可浴其恩、同輩献策、雖疎九流百家、不終二史文選者、可被拘年限、自余諸道輩、就近例雖無課試、依稽古之優劣、可有登用之差別、

16 一　譜*代の輩といへども、十歳以前の任官を輒《たやす》く聴《ゆる》さるべからざる事

仰す、近代襁*褓《むつき》の中を出でて、栄望の官に任ず。即ち文武の職を帯びて、徒らに拝*趨《はいすう》の節を忘る。勤王の道、奉公すでに闕く。叙爵は元*服の後たるべし。任官は出*仕の期《ご》たるべし。

に、文章得業生・文章生・擬文章生があり、一般学生から擬文章生になるための寮試、擬文章生から文章生に進むための省試などの試験が行われた。なお得業生は文章生の中から闕によって補されたが、試験を課することもあった。

家…いへども　出身の家が代々紀伝道を家学とするものであっても。

良材　素質に恵まれた者。

令条　学令。

折中の法　↓補

灯燭料　文章生に対し給与される学問料。

一史　史記・漢書・後漢書を三史と称した。このうちの一史。

献策　文章得業生から官吏に登用されるための国家試験。

九流百家に…いへども　多種多様な学問には通じていなくとも。

文選　梁の昭明太子蕭統の編にかかる詩文集。推古朝に伝来した後、我国漢文学に大きな影響を与えた。

年限　得業生となってから、献策を受験する資格を得るまでの修学期間。延喜式で七年以上と定められ、寛治元年に五年と改められた(本朝世紀)。

16譜代の輩　特定の官職に世襲的に任ぜられる者。

襁褓の中を出でて　やっと襁褓を離れたばかりの年齢で。

拝趨の節を忘る　任官者の義務たる出仕の責任を果さない。

元服　当時十五歳前後が普通。

出仕の期　実際に出仕し得るとき。

一不可被輙聴雖譜代輩十歳以前任官事

仰、近代出襁褓之中、任栄望之官、即帯文武之職、徒忘拝趨之節、勤王之道、奉公已闕、叙爵可為元服之後、任官可為出仕之期、

17 一 *地下《じげ》の大夫《たゆう》輙く*八省の輔《すけ》に任じ、ならびに四位に叙するを停止すべき事

仰す、八省の輔は、*月卿《げっけい》の子・*雲客《うんかく》のほか、地下の大夫輙くこれに任ずべからず。ただし*大蔵の輔は制の限りにあらず。兼てまた同じき大夫、いまだ*五旬に及ばざるを、*四品《しほん》に叙するを停めよ。

一可停止地下大夫輙任八省輔并叙四位事

仰、八省輔、月卿之子雲客之外、地下大夫輙不可任之、但大蔵輔非制限、兼又同大夫未及五旬、停叙四品、

18 一 *同じき輩、*蔵人に補せずして叙爵するを停止せしむべき事

仰す、*侍中《じちゅう》の登用は、*象外《しょうがい》の栄望なり。しかるにその職を経ず、輙くその爵を望む。自今以後、一切停止せよ。

一可令停止同輩不補蔵人叙爵事

仰、侍中之登用者、象外之栄望也、而不経其職、輙望其爵、自今以後一切停止、

19 一 その人を撰び、諸国の守《かみ》に任ずべき事

仰す、頃年以降、*封戸《ふご》・職田《しきでん》の禄、すでに陵遅《りょうち》によりて、*維月仙雲の客、*偏へに国務を致し、その宰吏に申し任じて、これを名国司《みょうこくし》と称す。或ひは家僕を挙《きょ》して*品秩《ほんちつ》を撰ばず、或ひは*任料によりて凡卑《ぼんぴ》を嫌はず。自今以後、その仁を撰びてこれを挙

17地下の大夫　大夫は五位の通称。五位は通常、清涼殿に昇殿を許される資格であるが、地下の家格の者には、それが認められなかった。

八省の輔　太政官に属する中務・式部・治部・民部・兵部・刑部・大蔵・宮内省の次官で、官位相当上は大輔少輔とも五位が相当する。

月卿　公卿、すなわち大臣・大中納言・参議および三位以上の美称。

雲客　殿上人、すなわち四位五位で昇殿をゆるされた者の美称。

大蔵の輔　その職務上家格にとらわれぬ練達の者を登用する必要があったためか、大蔵省には低い家格の出身者の任用が認められた(職原抄)。

五旬　五十歳。

四品　四位。

18同じき輩　前条をうけて地下の大夫とすると「叙爵云々」と矛盾する。六位以下の地下の意か。

蔵人に補せず　五位の蔵人・六位の蔵人があり、後者の最先任者たる極臈を六年勤めると五位に叙爵された。ただし五位の蔵人の欠員がないときは、蔵人をやめなければならない。

侍中　蔵人の唐名。

象外の　界を越えた。蔵人は六位でも殿上をゆるされたから、生涯地下たることを運命づけられた家の出身者にとり蔵人は正に象外(夢まぼろし)の栄望であった。

19封戸職田　いずれも上級貴族に与えられる律令制上の特権的給与であるが、本

すべし。また一*任の中、改任することなかれ。

一可撰其人任諸国守事

仰、頃年以降、封戸職田之禄、已依陵遅、維月仙雲之客、偏致国務、中任其宰吏、称之名国司、或挙家僕不撰品秩、或依任料不嫌凡卑、自今以後、撰其仁可挙之、又一任之中、莫改任之、

20 一　*正員《しょういん》の僧綱《そうごう》はその人を撰ぶべき事

仰す、僧綱は徳行を抽んづべし。なんぞ況んや正員に於てをや。しかるに近来官*・蔵人方の公事・行事所、恣に律*師の任料を納めて、頻りに吹挙《すいきょ》を致すと云々。自今以後、永く停止せしめよ。

一可正員僧綱撰其人事

仰、僧綱可抽徳行、何況於正員哉、而近来官蔵人方公事行事所、恣納律師任料、頻致吹挙云々、自今以後永令停止、

21 一　上下訴人の賄賂を停止すべき事

仰す、甲*乙の訴訟、裁*報あに私あらんや。しかるに理致《りち》に任せて成敗ありといへども、訴人或ひは*奥竈《おうそう》の媚《こび》を求め、或ひは賄賂の思に住す。財に六欲ありて、*枉法《おうほう》を憚らず、*金に四知《しち》ありて、天地に慙《は》ぢず。古《いにしえ》なほ爾《しか》り、今よろしく禁ずべし。訴人もし賄《まいない》を致さば、理訴を抱くといへども、*まづ上裁を抑《おさ》へて、*後昆《こうこん》を誡むべし。そ*の事いかでか天聴に及ばんや。しかれども厳密の制を立てば、誰か敢《あえ》て己《おのれ》の財を費《つい》やして、天命に背くものか。

文にみるごとく当時すでに有名無実に化していた。

維月仙雲の客　「維月」は書経、洪範「卿士惟月」より出で(維は惟に通ずる)、執政の臣、公卿をいう。月卿に同じ。「仙雲之客」は雲客、雲上人に同じく、四位五位の殿上人をいう。

偏へに…致し　いわゆる知行国の制。国の行政および収益を手中にしながら、家司や血縁者を名ばかりの国守、即ち名国司に任ずる制度で平安期以降一般的に行われた。

品秩を撰ばず　国守の官位相当は大国で従五位上、上国で従五位下、中国で正六位下、下国で従六位下であるが、これを無視して、の意。

任料　この場合名国司に任ぜられたものが知行国主に支払う任官料。

一任　名国司の任期四年。

20正員の僧綱　僧正・僧都・律師の三官、法師・法眼・法橋の三階を僧綱といい、これら最上位の僧官にはもと少数の定員があったが次第に増加し、とくに権官の急増がみられた。正員は権官に対する語。

官蔵人方の公事行事所　弁官局を主体とする官方の公事所および蔵人方の行事所の意か。朝廷の儀式行事の実務を担当し、その財政的責任を負っていたために、下文のごとき売官の推挙を行なったものと思われる。

律師の任料　「僧綱には正員の律師百五十人になりぬるにや」(愚管抄)。

21甲乙　(一)上下貴賤を通じて一般、(二)凡

一可停止上下訴人賄賂事

仰、甲乙之訴訟、裁報豈有私、而任理致雖有成敗、訴人或求奥竈之媚、或住賄賂之思、財有六欲、不憚枉法、金有四知、不憖天地、古猶爾、今宜禁、訴人若致賄者、雖抱理訴、先抑上裁、可誡後昆、其事争及天聴哉、然而立厳密之制者、誰敢費己財、背天命者乎、

22 一 理に任せて成敗あるべき、本家領家不和の庄園の事

仰す、庄園に本家あり、領家あり。或ひは*寄附異他の地たり、或ひは由緒相伝の所たり。しかるに故なく*押領せんと欲す。近代この訴多し。まづ*本家に触れて、指《さ》したる子細なくば、殊に道理を尋ね究めて、*庄務を返付すべし。もしまた権勢の領*家、本家を*忽緒《こつしょ》せば、その理しかるべからず。殊に誡め仰せらるべし。

一可有任理成敗本家領家不和庄園事

仰、庄園有本家有領家、或為寄附異他之地、或為由緒相伝之所、而無故欲押領、近代多此訴、先触本家、無指子細者、殊尋究道理、可返付庄務、若又権勢領家忽緒本家者、其理不可然、殊可被誡仰、

23 一 *甲乙緇素《しそ》の*寄沙汰《よせざた》・点定物《てんじようぶつ》を停止すべき事

仰す、或ひは寄沙汰を好み、或ひは点定物を致す。理非の有無を論ぜず、一切停止せしめよ。なほ制旨《せいし》に拘はらざれば、*本主《ほんしゅ》ならびに容納《ようのう》の仁、堅く厳刑に処すべし。

一可停止甲乙緇素寄沙汰点定物事

仰、或好寄沙汰、或致点定物、不論理非之有無一切令停止、猶不拘制旨者、本主幷容納之仁、堅可処厳刑、

下百姓、㈢ある権利に対して本来的に無権利の者、などの用法があるが、ここでは事書「上下」と対応して㈠の意。

裁報 裁決。

奥竈の…住す 朝廷側が道理に従って裁判する方針を堅持しても、訴人の方はひたすら宮廷内のコネを求め賄賂の力に頼ろうとする。

枉法 不正不法。

金に四知あり 昌邑の令王密が後漢の楊震に金十斤を贈り「暮夜知る人なし」といったとき、震が「天知り地知り我知り汝知る」といってこれを受けなかった故事。

まづ上裁を抑へ 裁決を保留して。

後昆 後の人々。

その事 当該訴訟。

22 **寄附異他の地** 特別な事情から寄進された地で、通常の寄進地が寄進者の悔返し等の危険を伴うのに対し、被寄進者の権益が特に保護さるべき地。下の由緒相伝とならんで、領家職が本家職に従属せず独立性を保持する。

押領せんと欲す 本家が職の最高たる本家職の威によって、領家職を押領しようとする。

本家に触れ 領家からの提訴を被告たる本家に通達しその陳弁を求める。

庄務 本家領家のいずれか、現実に庄園の経営管理を果している側。本条の場合は領家が庄務権保持者たる場合を想定している。

家 底本なし。

24 一 諸国正税《しょうぜい》の減失を興行すべき事

仰す、*宰吏内に在任の間、*煩ひの契約なく、外に*後司に与ふるの時、減の証文あり。これによつて正税官物《かんもつ》、故なく減失す。近代の*吏務太《はなは》だ公平に背く。*西収《せいしゅ》の勤め、*秋毫《しゅうごう》も私するなかれ。*以前の沙汰なほ改正すべし。向後の国損また停止すべし。

一可興行諸国正税減失事

仰、宰吏内在任之間、無煩之契約、外与後司之時、有減之証文、依之正税官物、無故減失、近代吏務太背公平、西収之勤、秋毫莫私、以前之沙汰猶可改正、向後之国損又可停止、

25 一 同じき*公田の減失を興行すべき事

仰す、聖主の政は人心に因《よ》り、宰吏の務は民望に叶ふ。しかるに近来の法、誠にその宜《ぎ》にあらず。任中*国検《こっけん》の時、偏へに地頭土民の*隠容によりて、*万頃《ばんけい》百畝の町数を全《まっと》うせず。或ひはまた神威を仮り、或ひはまた権勢に寄す。国の凋弊《ちょうへい》、もととして斯による。前司*たとひ違犯すといへども、後司よろしく改直すべし。*民を安んずるは君の恵なり、非を悔ゆるは*人の廉《かど》なり。兼てまた前司任を去るの後といへども、*売買ともにその科あるべし。

一可興行同公田減失事

仰、聖主之政者因人心、宰吏之務者叶民望、而近来之法、誠非其宜、任中国検之時、偏依地頭土民之隠容、不全万頃百畝之町数、或又仮神威、或又寄権勢、国之凋弊職而斯由、前司縦雖違犯、後司宜改直、安民者君之恵也、悔非者人之廉也、兼又雖前司去任之後、売買共可有其科、

忽緒 ないがしろにする。現実には本家に納むべき上分を対捍することなどであろう。
23甲乙緇素 上下、真俗を問わず。
寄沙汰・点定物 →補
本主ならびに容納の仁 寄沙汰の依頼者及び依頼をうけて寄沙汰を実行するもの。前項補注参照。
24宰吏 国司。
煩ひの契約なく 正税を減免するような契約を結ぶことなく、の意か。
後司に…あり 新任の国司にひきつぐ時は、正税の減失を正当化するための証文を捏造して、の意か。「あり(有)」は底本「可」につくる。
吏務 国司の執政。
西収 秋の収穫、正税をさす。
秋毫 ごく僅か。
以前の沙汰 これまで国司が行なってきた不正行為。
25公田 この場合、国司の支配下にある田地。
国検 国司が行う一国検注。
隠容 検注使の眼を逃れ公田たることを免れる。
万頃 広大な土地。
たとひ 「縦」は底本「従」につくる。
民を…恵なり 「安民則君恵」(礼記、曲礼上)。
人の廉 人間に特に備わった能力。
売買 公田の売買の意か。上文「仮神威」「寄権勢」が、事実上は国司の公田売却を意味するものと考えられる。

26 一 同じき土民、安堵せざらんを*優恤《ゆうじゅつ》すべき事

仰す、善を甄《あらわ》し非を疾《にく》むは、*太守の行なり。弊衣《へいい》薄食《はくしょく》は百姓の憂なり。しかるに近来、国の力*羸敗《るいはい》して、民の肩息《やすん》じがたし。*宰吏の代官、昨《きのう》に補し今に改む、*情理の枢《とぼそ》、開塞《かいそく》忘るるがごとし。或ひは妻子眷属《けんぞく》を搦《から》め取り、或ひは牛馬資財を奪ひ取る。これによつて土民逃脱《ちょうだつ》して、田地荒廃す。*一夫耕《たがや》さざれば、民間その飢を受け、一婦織らざれば、天下その寒を受く。国衙の衰弊《すいへい》もととして斯による。治国の要は□□にあり。自今以後、この事を停止せよ。

一可優恤同土民不安堵事

仰、甄善疾非者、太守之行也、弊衣薄食者、百姓之憂也、而近来国力羸敗、民肩難息、宰吏代官、昨補今改、情理之枢、開塞如忘、或搦取妻子眷属、或奪取牛馬資財、依之土民逃脱、田地荒廃、一夫不耕者、民間受其飢、一婦不織者、天下受其寒、国衙衰弊職而斯由、治国之要在於□□、自今以後停止此事、

27 一 *役夫工《やくぶく》・*造内裏《ぞうだいり》以下、先例限りある*勅院事のほか、*同じき臨時の*徴下《ちょうげ》を停止すべき事

仰す、その人役を*省愛《しょうあい》するは国宰の恤《あわれ》むところなり。早く節倹の義*あり、清平の政を致すべし。この上、国吏*符旨に背きて、もし徴下せば、土民*官底《かんてい》に参りて、よろしく言上すべし。

一可停止役夫工造内裏以下、先例有限勅院事外、同臨時徴下事

仰、省愛其人役者国宰之所恤也、早在節倹之義可致清平之政、此上国吏背符旨、若徴下者、

26優恤 あわれみはぐくむこと。
太守 親王任国三ケ国の国守をさすが、ここでは国司一般をいう。
羸敗 窮迫すること。
宰吏の代官 国司の私的な代官で目代とよばれ、遙任の国司に代って国内の実政を行う。
情理の…ごとし 「情理之枢、亦有開塞之感焉」(後漢書、龐范伝)。情と理を適当に取捨し撫民の実をあげることを忘れる。
一夫耕さざれば…寒を受く 「一夫不耕、天下受其饑、一婦不織、天下受其寒」(後漢書、王符伝)。農耕と機織の大切なことをいう。

27役夫工 伊勢神宮の式年造営料として一国平均に課される租税。役夫工米。
造内裏 内裏造営のための段銭段米。
勅院事 勅事院事。勅令院旨によって全国的に課せられる賦税。
同じき 諸国の。
徴下 賦課徴収。
省愛 惜しみ省く。軽減する。
あり 底本「在」、恐らくは「存」の誤りか。
符 この法令を施行する太政官符。
官底 平安以後、司法に関する官衙を表現するときに用いる公家法上の用語。

土民参官底、宣言上之

28 一　緇素上下諸人の服飾以下、過差《かさ》を停止すべき事

正月中、禁中の女房の装束、改着すべからず。*一具を以て通用すべし。諸院宮の女房、これに准ぜよ。

*最勝講の間、同じく改着すべからず。

五月五日以前に、*生衣《すずしのきぬ》は着用すべからず。

七月七日、禁中・院宮の女房・*半物《はしたもの》・*上童《しょうとう》・*雑仕《ぞうじ》等、装束を改着すべからず。

*九月九日、なほ改着すべからず。

金銀錦《にしき》等を裁《た》ちし衣服は、貴賤を論ぜず、一切停止せよ。

*二倍の織物・二倍の綾は、一切停止せよ。

*唐《から》織物は、*后宮・院宮を除くのほか、停止すべし。

和《やまと》・*呉《くれ》の綾は、一切停止せよ。

*織物は、*禁色《きんじき》の人を除くのほか、着用すべからず。男・女房の織物の小袖に於ては、禁色の人といへども、一切停止せよ。

男の生衣は、一向に停止すべし。

*浮線綾《ふせんりょう》は、*晴《はれ》の時のほか、着用すべからず。

濃き*襖《あお》・狩衣《かりぎぬ》は、上下を論ぜず、一切停止せよ。

禁中・院宮以下の女房、綾袴《あやばかま》は着用すべからず。

弘長三年八月十三日　宣旨

28 **一具**　一組、一そろい。

最勝講　毎年五月の五日間、宮中清涼殿において東大・興福・延暦・園城四寺の僧に、金光明最勝王経を講じさせる法会。

生衣　練らない生糸で織った薄く軽い衣。

半物　中程度の召仕。

上童　貴族の子供で宮中の作法に慣れるために昇殿をゆるされて、側近に奉仕する童。

雑仕　雑役に従事する最下級の女官。

九月九日　重陽の節句。宮中で菊花の宴がある。

二倍の織物　地文のある上に、別の糸で上文を織り出したもの。

唐織物　地は生糸で五色の練糸金糸を交ぜて浮織にした中国風の織物。

后宮　皇后の御所。

呉の綾　中国産の綾。

織物　文様を織り出した厚い織物。錦・綾など。

禁色の人　青・赤・黄赤色・くちなし色・深紫色・深緋色・深蘇芳色の七色の袍は天皇皇族以外に着用を禁ぜられ、これを特に許されていた人を禁色の人という。

浮線綾　織紋の糸を浮かせて織った浮織。

晴の時　公式の場。

襖　左右の袖下を縫い合わせず腋のあいている武官の制服。

同じき女房の上童は、尋常の時、袴を着すべからず。

殿上の侍臣以下は、*織《おり》・生《すずし》ならびに*志々良《しじら》を着用すべからず。

*奴袴《さしぬき》は、*平絹《ひらぎぬ》を用ゐるべし。

*打衣《うちぎぬ》・奴袴等の類、*薄綠《うすだん》は停止せよ。

服に繡《ぬいとり》するは、一切停止せよ。

*平裹《ひらづつみ》は、上下を論ぜず、織物を停止せよ。

僧侶の表*袴《うえのはかま》は、僧正以下綾を用ゐるべし、織物を用ふべからず。

同じき*平袈裟《ひらけさ》・五重袈裟ならびに*椎鈍《しいにぶ》の衣は、織絹ならびに美絹を停止すべし。

同じき裳は、*生絹《すずしのきぬ》を用ゐるべからず、練絹《ねりぎぬ》を用ゐるべし。

院宮巳下の*打出《うちで》は、一切停止せよ、*押出《おしいだし》たるべし。

院宮雑仕の帷《かたびら》は、布を用ゐるべし、ただし裏あるべし。*懸閉《かけとじ》・*絡等糸に於ては、晴の時にあらざるのほか、停止せよ。*懸帯《かけおび》・*裳《も》の腰《こし》は、常の時を守り、*置物すべからず。半物《はしたもの》の袴腰は、これに同じ。

院宮の半物・雑仕巳下の*小袖は、四領に過ぐべからず。

僧侶の中童子の衣は、紅・紫二色を停止すべし。雑色《ぞうしき》・大童子は、綾・唐綾・*練貫《ねりぬき》ならびに紺・紅・紫の衣を着用すべからず。

院宮・*王臣家の下部は、*当色《とうじき》を賜ふの日といへども、紅・山吹の打衣《うちぎぬ》・*引倍木《ひきへぎ》を着すべからず。

織　織物。
志々良　縅おり。綾糸の経緯を不均衡に練り表面を小波状に縮ませたもの。
奴袴　指貫の袴。袴のすそ口に括緒を通してしめるようにしたくくり袴。
平絹　綾織などではなく、平常の織り方をした絹織物。
打衣　砧で打って光を出した衣。女房装束の表着の下に着用。
薄綠　薄紫と白との段ぼかしに染めた平緒。
平裹　ふくさ風呂敷のごとく物をつつむ絹の布。
表袴　四幅(よの)仕立ての白の袴。下袴の上に着ける。
平袈裟　錦などで作り一色で仕立てた七条の袈裟。
椎鈍の衣　椎の樹皮を原料とした染料で染めた墨色の衣。
生絹　練っていない絹。
打出　晴の儀のとき、寝殿や牛車の御簾の下から女房の衣服の裾を出してみせること。
押出　褻のとき、同じく御簾の下から裾を出さずに袖を出すこと。
懸閉　ししゅう。
絡　くくり染め(現在の絞り染)の意か。
懸帯　裳に付けた紐で、肩から越して前で結ぶ。
裳の腰　裳につけている紐。
置物　衣服につける飾物。
小袖　袖口の狭い筒袖形の衣服で、大袖の下衣に用いられ、平安鎌倉時代では公

*諸司・諸衛の輩以下の狩衣の裏は、厚引の*襦《わたぎぬ》を停止すべし。

同じき輩の僕従已下の狩衣・*水干《すいかん》は、*木蘭地《もくらんじ》を用ゐるべからず。

*凡下《ぼんげ》の輩の*大口《おおぐち》は、一切停止せよ。

当色以下の*風流《ふりゆう》は、金・銅・珠・鏡・錦の類を停止すべし。*紙薄に於ては、制の限りにあらず。

*使庁の放囚は、絁《あしぎぬ》の類を着すべからず。また風流過差の制は、当色に同じ。紺の*目《め》結《ゆい》ならびに二陪・三陪の紺の布は、一切停止せよ。

猿楽・田楽の法師装束の制は、*当色の所に見ゆ。

公卿以下の*水干鞍《すいかんぐら》、*沃懸地《いかけじ》・*村濃《むらご》・*蒔・*金銀伏輪《ふくりん》、ならびに銀地の轡・鐙等は、停止せよ。*梨子地《なしじ》ならびに*散物《ちらしもの》の伏輪《ふくりん》に於ては、*遠文《とおもん》は制の限りにあらず。

院宮已下新造の所々、自今以後、*帳台《ちょうだい》は蒔絵を停止すべし。同じく障子・屛風ならびに*色紙形《しきしがた》等は、金銀の薄《はく》を停止すべし。画図《えず》に於ては、*麁品《そひん》を以て先となせ。

*薄様《うすよう》ならびに*檀紙《だんし》は、薄を停止すべし。

*蝙蝠扇《かわほりおうぎ》ならびに*檜《ひ》破子《わりご》以下は、薄を停止すべし。画図に於ては、麁品を以て先となせ。

仰す、風俗の奢倹《しゃけん》は*明時の要捨なり。賢王・聖主*行来尚《ぎょうらいひさ》し。早く*国華の美に随ひ、よろしく*政李《せいり》の実を守るべし。自今以後、各々この制を守り、敢て違犯するなかれ。

弘長三年八月十三日　宣旨

家の日常着であった。

練貫　経糸を生糸に、緯糸を練糸で織った絹織物。

王臣家　王（親王宣下のない皇族の男子）及び大臣になり得るほどの家格の上級貴族の家。

当色　公事の際、その役を勤める者に賜わった、きまりの色の衣服。

引倍木　袷の裏を除いて表地だけにした夏装束。

諸司諸衛　律令制上の中央諸官衙。

襦　底本「襦」につくる。「襦ワタキヌ」（字鏡集）。

水干　狩衣の一種で下級の官人や従者の衣服に用いられ、地質は初め布であったが、後には平絹・紗・綾などを使用。

木蘭地　「木」は寛喜令等により補入。うめやしぶに明ばんをまぜて染めた赤黄色の布地。

凡下　一般には庶民を意味する語であるが、ここでは無位無官のものをさすか。

大口　裾の口が広い袴で表袴の下に着用する下袴。

風流　装飾品。

紙薄　金・銀などを紙のように延ばした箔の飾り。

使庁の放囚　放免(ほうめん・ほうべん)と同じ。囚人の刑を終えた者で、検非違使庁の下部となり、逮捕・拷問・罪人の押送などに当る。

目結　目のような形を散らした絞り染。

当色の所　前々項をさす。「猿楽田楽法師等、綾羅打物等服、金銀風流可停止之」（寛喜三年十一月三日新制）。

水干鞍　水干装束のような略装に用いる鞍。
沃懸地　漆塗りに金・銀粉を流したもの。
村濃　同色で濃いところと薄いところのある染もの。
蒔　蒔絵。
伏輪　覆輪。器物の周囲を金属などでふちどって補強と装飾をかねたもの。
梨子地　蒔絵の一種。
散物　金物・塗物に金粉を蒔いて焼きつけたもの。
遠文　文様と文様との間隔をはなして配列した文様。
帳台　寝殿造の母屋に床を高くしてその上に畳を敷き、四隅に柱を立て帳を垂らし寝所としたところ。
色紙形　和歌・詩などを書した色紙を貼ったり、画いたりした屏風・障子。
麁品　粗末な品。
薄様　雁皮で薄くすいた鳥の子紙。
檀紙　檀（まゆみ）の皮の繊維でつくられた上質の和紙。
蝙蝠扇　ひらいた形が蝙蝠に似た紙ばりの扇。
檜破子　檜の薄板を曲げて造った弁当箱。
明時　政治のいきとどいた太平の世。
行来尚し　度々の倹約令をさすか。この上脱字あるか。
国華の美に随ひ　国の伝統的な美風にのっとって。
政李　政治と法律。李は法官の意。

一可停止緇素上下諸人服飾以下過差事
正月中、禁中女房装束不可改着、以一具可通用、諸院宮女房准之、最勝講間、同不可改着、五月五日以前、生衣不可着用、七月七日、禁中院宮女房半物上童雑仕等、不可改着装束、九月九日、猶不可改着、裁金銀錦等衣服、不論貴賤一切停止之、二倍織物二倍綾、一切停止之、唐織物除后宮院宮外、可停止之、和呉綾一切停止之、織物除禁色人外、不可着用、男女房於織物小袖者、雖禁色人一切停止之、男生衣一向可停止之、浮線綾、晴時之外不可着用之、濃襖狩衣、不論上下一切停止之、禁中院宮以下女房、綾袴不可着用之、同女房之上童、尋常時不可着袴、殿上侍臣以下、不可着用織生幷志々良、奴袴可用平絹、打衣奴袴等類、薄緂停止之、繍於服者、一切停止之、平裏不論上下停止織物、僧侶表袴、僧正以下可用綾、不可用織物、同平袈裟五重袈裟幷椎鈍衣、可停止織絹幷美絹、同裳不可用生絹、可用練絹、院宮已下打出、一切停止、可為押出、院宮雑仕帷可用布、但可有裏、於懸閉絡等糸者、非晴時之外停止之、懸帯裳腰、守常時不可置物、半物袴腰同之、院宮半物雑仕已下小袖、不可過四領、僧侶中童子衣、可停止紅紫二色、雑色大童子、不可着用綾唐綾練貫幷紺紅紫衣、院宮王臣家下部雖賜当色之日、不可着紅山吹打衣引倍木、諸司諸衛輩以下狩衣裏、可停止厚引襦、同輩僕従已下狩衣水干、不可用木蘭地、凡下輩大口一切停止之、当色以下風流、可停止金銅珠鏡錦之類、於紙薄者非制限、使庁放囚不可着絁類、又風流過差之制同于当色、紺目結幷二倍三倍紺布一切停止之、猿楽田楽法師装束之制、見当色所、公卿以下水干鞍、沃懸地、村濃、蒔、金銀伏輪、幷銀地轡鐙等停止之、於梨子地幷散物之伏輪者、遠文非制限、院宮已下新造所々、自今以後、帳台可停止蒔絵、同障子屏風幷色紙形等、可停止金銀薄、於画図者以麁品為先、薄様幷檀紙可停止薄、蝙蝠扇幷檜破子以下、可停止薄、於画図者以麁品為先、
仰、風俗之奢倹者、明時之要捨也、賢王聖主行来尚矣、早随国華之美、宜守政李之実、自

今以後、各守茲制敢勿違犯、

29 一　賀茂祭使以下の過差を停止すべき事

簦《おおがさ》・車、金・銀・珠・鏡・錦・繡・銅薄は、一切停止すべし。近衛使および諸宮の使のほか、簦・車を渡すべからず。

*引馬《ひきうま》は、近衛使已下一切停止せよ。

*攏《くちとり》官人は、諸使一切停止せよ。ただし大臣の息、別に申請ふは制の限りにあらず。馬副《うまぞい》は、六人を過ぐべからず。その装束のうち、打衣《うちぎぬ》を止め、*張単《はりひとえ》を着し、*伏組《ふせぐみ》は停止すべし。

*手振《てぶり》は、八人を過ぐべからず。

*練童《ねりわらわ》は、四人を過ぐべからず。*走童《はしりわらわ》に於ては、一切停止せよ。

雑色は、四位五位を論ぜず、*取物舎人《とりものとねり》を除くのほか、四人を過ぐべからず。その装束の制は右に載す*。

傅《かしずき》官人は一切停止せよ。

厩舎人《うまやとねり》・牛飼の装束は、雑色の制に同じ。

馬寮《めりょう》使の雑色は、取物を除くのほか、二人を過ぐべからず。童は二人、馬副は四人、手振は四人。

検非違使、限りあるの下部等のほか、五位尉*といへども雑色は二人を過ぐべからず。桙持《ほこもち》・放囚《ほうしゅう》の衣服・風流は、その制右に見ゆ。

弘長三年八月十三日　宣旨

29 簦　従者が後からさしかける長柄のかさ。
車　牛車。
引馬　行列の装飾用に鞍覆をかけてかざった馬。
攏官人…　攏は馬の轡や手綱をひく役。近衛府の官人がこれを勤める。この項は、賀茂祭の諸使に攏官人をつけること(但し、大臣の子息が使者となる場合は別)の禁。
張単　板引きにしてこわくはった単衣。
伏組　合せ目を上にして左右から色糸で伏せ縫いにしたもの。
手振　供をする人。
練童　行列に扈従する童。
走童　車の両側に従う女童。
取物舎人　神楽のとき榊・幣などの採物を手にして舞う舎人。
右に載す　28条「雑色」の項をさす。
五位尉　検非違使尉の本官である衛門尉は六位相当官であるが、坂上・中原両氏は特に五位に昇進した後も検非違使の尉に叙留した。大夫判官とよばれるのがこれである。

*女使の*屐子《けいし》・*糸鞋《しかい》の人数、典侍《ないしのすけ》は、屐子二人・糸鞋二人、*命婦《みょうぶ》・*蔵人は、屐子一人・糸鞋一人。

一可停止賀茂祭使以下過差事
簦車、金銀珠鏡錦繡銅薄一切可停止之、近衛使及諸宮使外不可渡簦車、引馬、近衛使已下一切停止之、襱官人、諸使一切停止之、但大臣息別申請者非制限、馬副不可過六人、其装束之中、止打衣、着張単、伏組可停止之、手振不可過八人、練童不可過四人、於走童者一切停止之、雑色、不論四位五位、除取物舎人之外不可過四人、其装束之制載右、傅官人一切停止之、厩舎人牛飼装束、同雑色制、馬寮使雑色、除取物之外不可過二人、童二人、馬副四人、手振四人、検非違使、有限之下部等之外、雖五位尉雑色不可過二人、桙持放囚衣服風流、其制見右、女使屐子糸鞋人数、典侍屐子二人糸鞋二人、命婦蔵人屐子一人糸鞋一人、

30 一　*五節《ごせち》の過差を停止すべき事
*櫛棚は、一切停止せよ。

参入の*傅女房《かしずきめ》、公卿は六人、受領は四人、装束は色々に随ひ着用すべし。

御院の童女《わらわめ》・下仕《しもづかえ》は、装束を着改むべからず。

童女・下仕の扇は、金・銅・珠・玉の風流を停止すべし。

*五節所《ごせちどころ》の打出《うちで》は、停止せよ。押出《おしいだし》たるべし。

*出火《ひ》桶《おけ》は、金銀の風流を停止すべし。

殿上人の袿《うちかけ》は、禁色の人を除くのほか、綾を用ゐるべし、織物を着すべからず。ただし打衣・唐物の類は、制の限りにあらず。

女使　春日・賀茂両社の祭に勅使として遣わされる内侍。
屐子　足駄。ここではそれをもって従う従者。
糸鞋　またはシアイ。糸でつくった一種のくつ。
命婦　中臈の女房。
蔵人　女蔵人(にょくろうど)の略。下臈の女房。
30 **五節**　五節の舞の略。豊明節会に行われる少女の舞。
櫛棚　たとえば建久二年三月廿八日の新制に「櫛棚之美無尽、金銀之制不拘、近年以降逐日過差、加之皿盤之儲殆費万銭、海陸之珍其直千金、外背禁奢之法、内渉殺生之罪、縦非停止之儀、莫違過差之制、其法一如治承之先符」とあるように新制発布の度に禁制の対象となっているが、どのように用いられたものか未詳。
傅女房　世話役の女房。
五節所　宮中常寧殿内にある舞姫の控所。
出火桶　寛元元年十月廿四日の五節倹約令(百練抄)にも「出火桶」あり、ただし一本は出を「於」につくる。或いは「書」火桶か。

仰す、已上の子細先段*に同じ。条々の禁遏《きんあつ》、一々朝議に随へ。

　一可停止五節過差事

櫛棚一切停止之、参入傅女房、公卿六人、受領四人、装束随色々可着用、御院童女下仕、不可着改装束、童女下仕扇、可停止金銅珠玉風流、五節所打出停止之、可為押出、出火桶、可停止金銀風流、殿上人袙、除禁色人之外可用綾、不可着織物、但打衣唐物之類、非制限、

仰、已上子細同先段、条々之禁遏一々随朝議、

31 一 *灌仏《かんぶつ》の女房の布施、過差を停止すべきの事

仰す、金・銀・珠・鏡の飾、錦・繡・織物の類、打抜*・打物*は、彼といひ是といひ、一切停止せよ。麁品を先とすべし。

　一可停止灌仏女房布施過差事

仰、金銀珠鏡之飾、錦繡織物之類、打抜打物、云彼云是、一切停止之、麁品可為先、

32 一 緇素の従類の員数を糺定すべき事

*放生会《ほうじょうえ》の*上卿《しょうけい》已下、ならびに賀茂・春日祭の使、*維摩会《ゆいまえ》・*六月会の勅使等の共侍《ともざむらい》は、五人を過ぐべからず。諸社の臨時祭の使これに同じ。殿上人の共侍は、晴の時といへども、一人を過ぐべからず。

*上達部《かんだちめ》の前駈、太政大臣は八人、左右大臣は六人、大納言は四人、中納言已下は一向停止せよ。

騎馬供奉の日、上達部といへども、当色舎人二人を召し具すべからず。院宮のほか、雑仕は停止せよ。

先段　28条の「仰…」をさすか。

31灌仏　灌仏会。釈迦の誕生日にあたる四月八日の法会。朝廷をはじめ院そのほか各所で行われた。

打抜　未詳。

打物　28条「打衣」と同じ。→四六頁注

32放生会　八月十五日、魚鳥を放す法会。ここでは石清水八幡宮のそれをさす。

上卿　行事の責任担当者となる公卿。

維摩会　十月十一日から十六日まで興福寺に於て維摩経を講ずる法会。

六月会　長講会の異称。六月四日最澄忌日に比叡山東塔浄土院で行う法華経を講ずる法会。

上達部　公卿、即ち大臣・大中納言・参議及び三位以上の者。

将曹　近衛府の主典(さかん)。
府生　近衛舎人中より任ぜられ左右六人。
番長　府生より下級の近衛官人。左右六人。
近衛　近衛舎人。
法務　僧綱のほかにおかれた僧官の最高の地位。東寺長者の中から任ぜられるのが例。
凡僧　僧綱、即ち僧正・僧都・律師・法印・法眼・法橋以外の僧。
証義　最勝講などの論義に際して問答の可否を判定する役の僧。
先綸　→補

33 **兵仗**　武具武装。

行幸・御幸供奉《くぶ》の輩の郎従は、諸衛尉は二人、近衛尉・随身・*将曹《しょうそう》・*府生《ふしょう》・*番長《ばんちょう》は各〻二人、*近衛は一人、以上この人数を過ぐべからず。

僧正は、従僧四人・中童子二人・大童子四人。*法務・興福寺別当・延暦寺座主等これに准ぜよ。

僧都は、従僧一人・大童子二人。法印これに准ぜよ。

律師は、従僧一人・大童子一人。法眼・法橋・*凡僧《ぼんそう》等これに准ぜよ。

僧正ならびに*証義以下は、上童一切停止せよ。

仰す、従類の制禁、永く倹省に随ふべし。早く*先綸《せんりん》を守り、よろしく停止せしむべし。

一可糺定緇素従類員数事
放生会上卿已下、弁賀茂春日祭使、維摩会六月会勅使等共侍、不可過五人、諸社臨時祭使同之、殿上人共侍、雖晴時不可過一人、上達部前駈、太政大臣八人、左右大臣六人、大納言四人、中納言已下一向停止之、騎馬供奉日、雖上達部不可召具当色舎人二人、院宮外、雑仕停止之、行幸御幸供奉輩郎従、諸衛尉二人、近衛尉随身将曹府生番長各二人、近衛一人、以上不可過此人数、僧正、従僧四人中童子二人大童子四人、法務興福寺別当延暦寺座主等准之、僧都、従僧一人大童子二人、法印准之、律師、従僧一人大童子一人、法眼法橋凡僧等准之、僧正幷証義以下、上童一切停止之、
仰、従類之制禁、永可随倹省、早守先綸、宜令停止、

33 **一**　僧徒の*兵仗《ひょうじょう》を禁制すべき事

仰す、僧宝の身として兵仗の芸*を好む、罪霜《ざいしょう》これ深くして、偏へに三尺の剣を横へ、*観行空に抛ちて、恣《ほしいまま》に一張の弓を携《たずさ》ふ。東大・興福・延暦・園城等以下諸寺*の寺務に仰せて、もし違犯の輩あらば、早く*交名《きょうみょう》を注進せしめ、よろしく武家*に仰せて炳誡を加ふべし。

　一可禁制僧徒兵仗事

仰、為僧宝之身好兵仗之芸、罪霜惟深、偏横三尺之剣、観行空抛、恣携一張之弓、仰東大興福延暦園城等以下諸寺々務、若有違犯之輩、早令注進交名、宜仰武家加炳誡、

34 一　諸人の奴婢を人勾引《ひとかどい》して、*要人に売買する輩を搦め禁ずべきの事

35 一　*獄囚米《ごくしゅうまい》を催勤すべき事

仰す、已上両条旧符*に任せて、遵行《じゅんぎょう》すべし。

　一可搦禁人勾引諸人奴婢売買要人輩事

　一可催勤獄囚米事

仰、已上両条任旧符、可遵行之、

36 一　博奕《ばくえき》を停止すべき事

仰す、諸悪の源、博奕より起る。使庁・武家禁遏《きんあつ》を加へば、なんぞ遵行せざらんや。犯をなす輩は法に任せてその身を召取り、その宅を破却し、*所犯の居処に限らず、両方の隣家に懸くべし。たとひ*下手《げしゅ》せずとも、もし*阿容《あよう》せしめば、同罪に処せ。

　一可停止博奕事

仰、諸悪之源起自博奕、使庁武家加禁遏者、盍遵行乎、成犯輩任法召取其身、破却其宅、

芸　いわゆる芸能にとどまらず、職人や博奕打ちも芸であり武芸もその一つに数えられていた。

観行空に抛ちて　観心の修行を放擲して。「行」は底本「月」、草体の類似による誤写か。

諸寺　弘長三年八月廿六日付の神護寺年預等連署の請文に「当寺兵具禁制事、院宣謹以令拝見候畢、…若違犯之輩候者、任被仰下之旨、可令注進交名之由、住侶一同謹所請如件」(神護寺文書)とあり、神護寺に本条が施行されたことがわかる。

交名　違犯者のリスト。

武家　六波羅探題。

34 要人　必要とする人間。

35 獄囚米　囚人の飯米。

旧符　人身売買の禁は平安以降、枚挙に遑ないほどであるが、獄囚米については建久二年三月廿八日令に「可令催勤獄囚米井官田地子事」として「兼亦獄囚米官米幷官田地子任元暦符慥令遵行」とあるのをあげうる程度である。

36 所犯の…べし　博奕人の宅のみならず隣家をも連座として破却せよ。宅の破却・焼失は中世の一般的刑事罰。

下手せずとも　実際に罪を犯さなくとも。

阿容　一味として犯人を庇護する。

不限所犯之居処、可懸両方之隣家、縦不下手、若令阿容者、処同罪、

37 一 犯科ありと称して、左右なく*住宅を切るを停止すべき事

仰す、刃傷殺害のごとき、その罪科遁れがたき者は、使庁に相触るべし。しかるに*直《じき》に住宅を破却す。すでに政道に相背く。*狼唳《ろうれい》の至り、梟悪《きょうあく》軽からず。その仁に於ては、禁獄せらるべし、その宅に於ては、*縁者に懸けて造り返すべきなり。

一可停止称有犯科、無左右切住宅事

仰、如刃傷殺害、其罪科難遁者、可相触使庁、而直破却住宅、已相背政道、狼唳之至、梟悪不軽、於其仁者可被禁獄、於其宅者懸縁者可造返也、

38 一 馬の*麦草《むぎくさ》を停止すべき事

仰す、麦は*穀の始、民の命なり。しかるに麦草と称して*華厩《かきゅう》に貢じ、偏へに*驊騮《かりゅう》・*騄駬《りょくじ》の飼となす。あに耕夫・農父の費《ついえ》にあらずや。自今以後、永く停止に従へ。

一可停止馬麦草事

仰、麦者穀之始、民之命也、而称麦草貢華厩、偏為驊騮騄駬之飼、豈非耕夫農父之費、自今以後永従停止、

39 一 京畿諸社の祭の過差狼藉を停止すべき事

仰す、諸社の祭の供奉人、*綾羅錦繡《りょうらきんしゅう》の装束、金銀珠玉の風流は停止すべし。なかんづく*道祖神《さえのかみ》已下辻の祭の幣帛のほか、風流の過差・*飛礫《ひれき》は一向に停止に従へ。また*白河の薬院田の辺、*印地《いんじ》と称し結党の悪徒あり。まづ件の輩を誡め、その上制法に拘はらずば、主人ならびに縁者に懸けて、交名を注進すべし。よろしく使庁・武家

37 住宅を切る　いわゆる宅切狼藉とよばれる行為で、犯人や借銭借米の未返弁に際して、当事者もしくはその代行人(寄沙汰)が、公権力によらず自ら相手の住宅を点定(差押え)する、苅田狼藉などと同様の中世的自力救済の一種。

直に　使庁を経ず自ら直接。

狼唳　狼藉。

縁者に…なり　宅切犯人の血縁者の責任として再造させる。

38 麦草　未成熟の青麦。

穀の始民の命　二毛作の裏作たる麦に所当を課すことは、少くもこの当時慣習的に認められていない。文永元年の幕府法追加420条(上巻一〇五頁)は「号田麦、領主等徴取件麦之所当」ことを禁じているが、「麦草」「田麦」など種々の名目で、次第に領主側の収奪が始っていたと思われる。

華厩　美しい厩、権門のうまやをさす。

驊騮・騄駬　良馬。

39 綾羅錦繡　服装の華美なることを形容する慣用語。

道祖神　サエはさえぎるの意で、疫神や悪霊を村境や峠・辻などで防ぐ神であるといわれている。東日本では正月十四・五日の祭が多い。

飛礫　→補

白河の薬院田・印地　→前項補

に仰せて、禁遏せしむべし。

一可停止京畿諸社祭過差狼藉事

仰、諸社祭供奉人、綾羅錦繡装束、金銀珠玉風流可停止之、就中道祖神已下辻祭幣帛外、風流過差飛礫一向従停止、又白河薬院田辺、称印地有結党之悪徒、先誡件輩、其上不拘制法者、懸主人幷縁者、可注進交名、宜仰使庁武家、可令禁遏、

40 一 *六斎日《ろくさいにち》の殺生を禁断すべき事

仰す、永く月六の殺生を止め、よろしく*第四の懺悔を修すべし、*しかるに細民の拙、ややもすれば法に拘はらず、仏戒の誡むるところ、*聖沢《せいたく》また同じ。これを*内外に訪ふに、罪科軽からず。よろしく五畿諸国をして、*代々の禁遏に任せて、所々の釣漁を止むべし。

一可禁断六斎日殺生事

仰、永止月六之殺生、宜修第四之懺悔、而細民之拙、動不拘法、仏戒所誡、聖沢亦同、訪之内外、罪科不軽、宜令五畿諸国、任代々之禁遏止所々之釣漁、

41 一 永く*流毒ならびに*焼狩《やきがり》を禁断すべき事

仰す、流毒・焼狩の制は、*先綸後符の誡むるところなり。早く*寛元の制符に任せて、よろしく厳密の禁網に従ふべし。五畿七道一向に停止せよ。

蔵人頭大蔵卿*藤原光国 奉はる

一可永禁断流毒幷焼狩事

仰、流毒焼狩之制者、先綸後符所誡也、早任寛元之制符、宜従厳密之禁網、五畿七道一向

40 六斎日 月の八・十四・十五・二十三・二十九・三十日の六日。在家においても持戒すべき日とされた。

第四の懺悔 五種懺悔法のうち、六斎日に殺生を行わざるを第四懺悔とした。「懺悔」は底本欠字、田中本制符により補う。

しかるに細 「而細」は底本欠字。田中本制符により補う。

聖沢 天子の恩沢。ここでは仏戒に対して俗法をさす。

内外 内法外法、即ち仏法俗法。

代々の禁遏 奈良時代以来、多くの禁令が発布されたが、新制の条文としては最古の治承二年七月十八日令を掲出する。「一応禁制六斎日殺生事　右同宣、奉勅、禁断殺生厳制重畳、違犯之科格条已明、而今如聞、遊手浮食之輩、多当彼日殊成此犯云々、内破仏戒外忘皇憲、重加下知、慥令禁断者」。

41 流毒 毒を流して川魚をとる漁法。

焼狩 山野の草木に放火して逃げ出した動物を捕える狩猟法。

先綸後符 建久二年三月廿八日令「可禁断殺生幷京中寺社近辺飼鷹鶏事」条に「凡厥流毒為漁、焼野猟鹿、非用殺生、永足禁断」とみえるが、後文にいう「寛元の制符」は徴証がない。

寛元の制符 未詳。

藤原光国 日野。権中納言資実の子。弘長二年十二月蔵人頭、同三年正月大蔵卿補任。

停止之、

蔵人頭大蔵卿藤原光国奉

【内閣文庫 公家新制】

1 人領　俗人領。仏神領と対立的に用いる。
軽忽　かるはずみ。
かの領主　庄務権をもち寺領を実質的に知行している領主。
その得分…いへども　自分の得分の内を割いて寄進することは許されたとしても。
他社他寺の号　寄進所領に「A社領B領」「C寺領D荘」のごとき名称を冠すること。
制を…あるか　土地土地の慣習を参酌して法を制定すれば、この新令の効果を減殺することになる、の意と思われるが、何故このような弁解を法文化したか不明。
土風　「早任土風之例、可致加地子幷雑役之勤」(東大寺文書之十、承暦四年三月五日、東大寺政所下文案)、「或任土風、可斟酌之」(高野山文書之二、延応元年六

弘安八年十一月十三日　宣旨

弘安八年十一月十三日　宣旨　一通

1 一　寺社領を以て、他社他寺および*人領に寄附するを停止すべき事

仰す、元より由緒ある寺領を以て、恣《ほしいまま》に他社他寺に寄附す。綷《こと》の*軽忽《きょうこつ》甚だ然るべからず。たとひ*かの領主、別の敬神帰仏によりて、*その得分の内を以て割分の事ありといへども、更に*他社他寺の号を成すべからず。*制を*土風《どふう》に取らば、還りてまた新符に*煩ひあるか。近くは*寛元已後を以て、よろしくその鑑誡《かんかい》となすべし。

弘安八年十一月十三日　宣旨　一通

一可停止以寺社領寄附他社他寺及人領事

仰、以自元有由緒之寺領、恣寄附他社他寺、綷之軽忽甚不可然、縦彼領主依別敬神帰仏、以其得分内雖有割分事、更不可成他社他寺之号、取制於土風者還有煩新符歟、近以寛元已後宜為其鑑誡、

2 一　諸社諸寺*一旦執務の人、*かの領を以て*別相伝と称し、*不慮の伝領に及ぶ。かくのごときの地、*訴訟出来せば、尋ね究められ寺社に返付せらるべき事

一諸社諸寺一旦執務人、以彼領称別相伝、及不慮之伝領、如此之地訴訟出来者、被尋究可被返付寺社事

被返付寺社事

3 一　*相論未断の地を以て、寺社ならびに権門に寄附するを停止すべき事

月五日高野山制禁）などの用例がある。

煩　大日本古文書、石清水文書之一は「煙」を宛てる。他の文字の誤写の可能性が大きい。

寛元已後　4条にみえるように、この頃後嵯峨院政の治世に対する尊重視が一般的に認められ、具体的な立法があったかどうかは不明ながら、同院政の開始（寛元四年正月）已後を「鑑誡」のめどにしたことは考えられる。

2 **一旦執務の人**　寺務・院主・坊主等々の諸職は、当時既に「師資相承」の「相伝の職」という認識が教団内部では成立していたが、これを否定してあくまで「一旦」「遷代」の職とみなそうとする公家法の主張。

かの領　社領寺領。

別相伝　→三六頁注

不慮の伝領　思いがけない方に伝領されていく。即ち寺領社領からの流出。

訴訟出来せば　流出した社寺領の返付を求める寺社の訴。本条が弘安公家徳政の根幹をなす法令。

3 **相論未断の地**　係争中の論所。これを有力者に寄進し、訴訟を有利に進行させようとする一種の寄沙汰。

4 **重ねて…ざる事**　越訴の申し立てを禁止したもので、幕府の不易法の影響によるものと考えられる。

当時の勅裁　後嵯峨院政を継承した現在の亀山院政によってなされた判決。

一二に覃ぶ　上文「淵源を究め」と同様に充分の審理を遂げて、の意。なお枳園

一可停止以相論未断之地寄附寺社幷権門事

4 一 勅裁の地、*重ねて沙汰あるべからざる事

仰す、後嵯峨院の聖断淵源を究め、*当時の勅裁*一二《つまびらか》に覃《およ》ぶ事、殊なる子細なくば、輙く*改判すべからず。

一勅裁地重不可有沙汰事

仰、後嵯峨院　聖断究淵源、当時　勅裁覃一二事、無殊子細者輙不可改判、

5 一 父祖の譲、*後状を用ゐるべし。*時宜《じぎ》また上に同じ。

一父祖譲可用後状、時宜又同上、

6 一 *子孫相伝すべきの由、本家もしくは領家、契状《けいじょう》を預所に賜ふ事

仰す、預所かの契状を帯びながら、忽ちその芳志を忘れて、本家領家を*蔑如《べつじょ》し、*不調向背《こうはい》の事あらば、*本領主の進止となすべし。ただしこの*如汗の制に*誇りて、*吹毛《すいもう》の咎を求むるなかれ。かくのごときの類は、殊に誡沙汰あるべし。

一可子孫相伝由、本家若領家賜契状於預所事

仰、預所乍帯彼契状、忽忘其芳志、有蔑如本家領家不調向背事者、可為本領主之進止、但誇此如汗之制、莫求吹毛之咎、於如此之類者、殊可有誡沙汰、

7 一 子孫相伝すべきの由、宣旨*庁符を成し下さるるの地、左右《そう》なく召し放つべからざる事

一可子孫相伝之由、被成下　宣旨庁符之地、無左右不可召放事

本節用集「一二 ツマヒラカ」。

改判　前判決の訂正。

5後状を用ゐるべし　↓補

時宜…同じ　現実の相続においても、後状が用いられている。

6子孫相伝　預所職は本来的には一代限りの遷代の職であり、これに子孫相伝、即ち永代の補任を行うことは、本家領家側の格別の恩顧である。

蔑如　あなどること。

不調向背　契約を守らず命に背く。

本領主の進止　本家領家が預所職を没収し或いは他人に充て行うことを認める。

如汗の制　一旦流れ出た汗が再び帰らないように、取り消されることない勅令。

誇り　それを笠にきて。

吹毛の咎を…なかれ　本家領家が預所のごくわずかの咎をとらえて職を改替することは許さない。

7庁符　国司が被管に下す公式文書は国符であるが、国司制度の変様に対応して在京の国守から留守所に充てられる文書がこれに代り、国司庁宣とよばれた。庁符とは恐らく国符と庁宣の混用で、実態的には庁宣と同義であろう。

8朝恩の地　武家社会ではいわゆる恩領と私領の法的な弁別は早くからみられるが、公家法では先行法見当らず注目される。

身　自分自身。

恩顧　この間「預(あずかる)」のごとき文字脱落か。

寺　底本「事」につくる。

8 一　*朝恩の地、自由すべからざる事
仰す、或ひは父の功により、或ひは*身の労を以て、*恩顧の地、偏へに私領の思を成し、恣に神社仏寺に*寄附し、猥りに女子・*僧侶に譲る。*奏請を経ず、*只に雅意に任す。その理然るべからず。*訴訟競《きそ》ひ起らば、根元を尋ね捜して、聖断あるべし。

一朝恩地不可自由事
仰、或依父之功或以身之労、恩顧之地、偏成私領之思、恣寄附神社仏寺、猥譲女子僧侶、不経　奏請、只任雅意、其理不可然、訴訟競起者、尋捜根元、可有聖断、

9 一　*相伝を全うせんがために、寄進せし所領の事
仰す、*本家の号に就きて是非なく収公す。その恩を知らざるを思ふに、*岐下《きか》の野人に異ならず。*かの領主申すところあらば、*まづ件の*余流に返付せらるべし。ただし*数十代中絶の文書、手継《てつぎ》を帯びず、不慮伝領の仁は、欝訴《うつそ》を貽《のこ》すといへども、裁断の限りにあらず。

一為全相伝寄進所領事
仰、就本家之号無是非収公、思其不知恩、不異岐下野人、彼領主有所申者、先可被返付件余流、但数十代中絶文書、不帯手継、不慮伝領之仁者、雖貽欝訴非裁断之限、

10 一　家領由緒の地を以て、或ひは*放券《ほうけん》を致し、或ひは*他人に譲るの時、*上奏を経て、よろしく向後の争論を断つべし。

一以家領由緒之地、或致放券或譲他人之時、経　上奏、宜断向後争論、

11 一　*僧を以て、有夫となすべからざる事

僧侶　子弟のうちの僧。
奏請を経ず　幕府法上の寄進地安堵・継目安堵の申請に相応する行為であるが、公家法上の安堵については研究がない。
只　底本「召」、意によって改めた。
訴訟　寄進・譲与者の相続人から提起される返還訴訟を予想したものであろう。
9 相伝を…せし所領　いわゆる権門の威に募るための寄進であり、被寄進者の側に本家職が設定される。
本家の号に就きて　本家職の権限であると称して。
岐下の野人　岐下は周の大王古公亶父が都した岐山の下。善政に馴れて、その恩を自覚しない意。
かの領主　寄進者。
まづ　根本の理非の裁定は後にし、当知行(占有)そのものはとりあえず。
余流　子孫。
数十代…不慮伝領の仁　数十代昔の本券を、その間の手継をもつことなく何らかの理由で取得した者。
10 放券　売却。
他人に譲る　他人への無償贈与。他人和与とよばれ悔返すことができないのが法的な特徴であり、幕府法では次第に制限が強化されつつあった。
上奏を経　8条と同じく、売却地・和与地の安堵を意味する。
11 僧を以て…　この条、次条とともに10条の相続に関連する条文で、僧を夫として家領を相続することを許さない旨を規定したものであろう。「有」は恐らく衍字。

12 **密夫を…**　密夫がその相手の女性所領を相続する権利を否定したものであろう。
13 **両方**　訴論両人。
券契　証文。
14 **非拠の文書**　たとえば虚偽の申請によって下付されたものや、文書を発行する権限をもたない者の下付した文書。
棄捐　破棄すること。たんにその効力を認めない意味ではなく、その文書に何等かの具体的処置(たとえば次条「裏書」のごとき)を加え、以後の使用を防止する。
15 **訴陳の時**　原判決の訴陳。
参謁　底本はほぼ楷書に近い書体をもつが、書写のとき判読困難な文字は草体で類似の字形を模しているようである。この二字も恐らくその例で、かりにこの二字を充てておく。
参差　この場合、主に手続上の不満をさすと考えられる。
文殿　院文殿。鎌倉時代では天皇親政のときは記録所、院政のときは文殿において裁判の実質上の審理が行われ、この頃から裁判機関としての整備がなされたといわれる。
追訴　越訴と同じ。
裏書　→一四頁注「偽書を…しめよ」
16 **訴訟の年記**　原判決以後、越訴の申し立てが許される期間。
虞芮の獄　周代の初、虞・芮両国主が田の境界を争って周の国内に行ったとき、その国民が田地の畔を譲り、行く道を譲り合うのをみて訴訟をやめたという故事。ここでは正当な訴訟の意か。

一以僧不可為有夫事

12 一　*密夫《みつぷ》を以て、夫に用ゐるべからざる事

一以密夫不可用夫事

13 一　*両方の文書・*券契《けんけい》分明ならざれば、根元を尋ね究めて、聖断あるべき事

一両方文書券契不分明者、尋究根元、可有聖断事

14 一　*非拠の文書ならびに謀書、*棄捐《きえん》せらるべき事

一非拠文書并謀書、可被棄捐事

15 一　越訴の事

仰す、*訴陳の時、叡覧に備へざるの文書ならびに*参謁に達せざるの子細等、*参差《しんし》の事あらば、*文殿《ふどの》執奏すべし。差したる拠り所なく*追訴を致さば、文書正文を召し出し、*裏書を加へらるべし。

一越訴事

仰、訴陳之時不備　叡覧之文書并不達参謁之子細等、有参差事者、文殿可執奏、無差所拠致追訴者、召出文書正文、可被加裏書、

16 一　*訴訟の年記を定めらるべき事

仰す、*虞芮《ぐぜい》の獄、*年限を差すべからずといへども、*魏卲《ぎしよう》の類なほ*商量《しようりよう》に煩ひあり。*寛元已前の事、暫く改正すべからず。

一可被定訴訟年記事

仰、虞芮之獄雖不可差年限、魏卲之類猶有煩商量、寛元已前事暫不可改正、

17 一　*権門ならびに女房の*口入《くにゅう》・*寄沙汰《よせざた》を停止すべき事

一可停止権門幷女房口入寄沙汰事

18 一　*聖断已前、使者を相論の地に差し遣はして、濫妨を致さば、理訴たりといへども、*沙汰に及ぶべからざる事

一聖断已前差遣使者於相論地、致濫妨者、雖為理訴不可及沙汰事

19 一　*雑*訴陳状の日数の事

仰す、三十ヶ日を過ぐべからざるの由、*厳制さきに訖《おわ》んぬ。ややもすれば*居諸《きょしょ》を送り、徒らに紙筆を費す。自今以後、かくのごときの輩に於ては、*知行を止めらるべき事。

一雑訴陳状日数事

仰、不可過三十ヶ日之由、厳制先訖、動送居諸徒費紙筆、自今以後、於如此之輩者可被止知行事

20 一　*坐《ざ》贓《ぞう》・枉法《おうほう》の事

仰す、*不《ふ》牟《ぼう》不《ふ》貪《たん》の宝、*楊震四知《ようしんしち》の思、*先哲《せんてつ》の廉潔《れんけつ》は、後日の*明鑑《めいかん》なり。上下諸人尤もこれに倣《なら》ふべきか。坐贓といひ枉法といひ、その罪載せて*律条にあり。かれこれもしその聞《きこえ》あらば、詳《つまびら》かに糺決せしめ、よろしく炳誡《へいかい》を加ふべし。ただし不実たらば、*反坐《はんざ》の罪に行はるべし。

年限を差す　年紀を定める。

魏卲　後漢の人。誣告により死刑に処せられようとした主人史弼を、賄によって救ったといわれる人。「卲」は底本「邵」。

商量に煩ひあり　容易に判断を下すことができない。

寛元已前　4条において、後嵯峨院政以後、即ち寛元以後の勅裁地が不易化されたが、この条は寛元以前は勅裁に限らず改めないの意か。

17 権門　公武真俗を問わず政治的有勢者をいう。

口入　弘長三年令21条「訴人或求奥竈之媚」、内奏といわれる制度外のコネ。

寄沙汰　→四二頁補「寄沙汰・点定物」

18 聖断已前…濫妨　いわゆる「中間狼藉」とよばれる行為で、裁判中の論所を実力で占有しようとする一種の自力救済。

沙汰に…　こうした実力行為に出るのは当然論所の非占有者、即ち訴人であるから、訴訟を棄却されることは敗訴を意味する。

19 雑訴　公家法では一般の民事訴訟を「政事」に対する卑称として雑訴とよんだ。

陳状の日数　陳状の提出を命ずる問状を受けとってから陳状を提出するまでの法定の日数。

厳制　陳状日数についての先行公家法は全く知られていない。弘安以後のものでは「応陳状日限、過廿箇日者止所務事…止所務之後、至十五箇日猶不献陳状者、可裁許訴人」(正応五年七月廿七日法)。

一坐贓枉法事

仰、不牟不貪之宝、楊震四知之思、先哲之廉潔者、後日之明鑑也、上下諸人尤可倣之歟、云坐贓云枉法、其罪載而在律条、彼是若有其聞者、詳令糺決、宜加炳誡、但為不実者、可被行反坐之罪、

【石清水文書之一】

暦応雑訴法2条(九七頁)もほぼ同じ。

居諸　日月。

知行を…　論人の占有を停止させること。右に掲げた後続の諸法のごとく、訴人裁許の項を含んでいないことに注意。

20 坐贓・枉法　いずれも律令上の六贓《ろくぞう》(不正な手段で財物を手中にすること)の一つで、この条ではともに官吏の収賄をさす。

不牟不貪の宝　利をむさぼらないことを主義とする。「我以不貪爲宝」(左伝、襄公十五年)。「牟」は底本「窂」につくる。

楊震四知の思　→四二頁注「金に四知あり」

先哲　昔の賢人。

明鑑　立派な手本。

律条　「凡受人財而為請求者、坐贓論、加二等」「凡監臨之官、受財而枉法者、一尺杖八十、二端加一等、卅端絞」(職制律)。

反坐の罪　誣告罪。律では告言が事実のとき被告が受くべき罪と同等の罪。

元亨元年四月十七日　官宣旨

左弁官下す　*感神院
*雑事陸箇条
1 *一　まさに伊勢太神宮已下諸社の祭幣物《さいへいもつ》を興行すべき事
右、*左大臣宣す。勅を奉はるに、神は克《よ》く国を護り、国は克く神を敬《うやま》ふ。茲によつて代代の祭奠《さいてん》、*敬粛《けいしゅく》を専らにせしめ、*度度の制符殊に*陵怠《りょうたい》を誡む。しかるに宰吏ややもすれば難渋を致し、諸司式条を存ぜず。よつて幣料といひ祭物といひ、先綸を忘れ旧符を忘る。神事の違例もととして斯による。*祈年《きねん》・*月次《つきなみ》・*新嘗《にいなめ》の祭ならびに諸社の幣物は、文永・弘安の*済例《せいれい》に任せて興行の沙汰あるべし。*伊勢の幣物に於ては、恒例臨時の季充てを守り、兼て率分所《そつぶんしょ》に検納すべし。余社の幣物等、国司*擁怠《ようたい》すべからず。もし対捍に及ばば、或ひは郷保を召し放たれ、或ひは吏務を改替すべし。諸国社社の幣物は、慥《たし》かに本社に付くべし、てへり。

左弁官下　感神院
雑事陸箇条
一応興行伊勢太神宮已下諸社祭幣物事
右、左大臣宣、奉　勅、神克護国国克敬神、因茲代代祭奠令専敬粛、度度制符殊誡陵怠、而宰吏動致難渋、諸司不存式条、仍云幣料云祭物、忘先綸忘旧符、神事違例職而斯由、祈

感神院　京都市東山区にある。祇園社ともいう。貞観十八年僧円如が播磨国広峰より祭神を山城国八坂の地に遷したのに始まる。元慶初年感神院と号し、天禄元年はじめて御霊会(祇園会)を行う。やがて、叡山の別院、日吉社の末社となり、古代末から中世にかけて教俗両界に勢威を振った。明治元年排仏毀釈とともに八坂神社と改称。
雑事　雑訴(六一頁注)と同じく「政事」に対する卑称。
1一　底本なし。
左大臣　洞院実泰。
敬粛　うやまいつつしむ。
度度の制符　鎌倉以降でも建久二年三月廿八日・建暦二年三月廿二日・寛喜三年十一月三日の新制に条文がある。
陵怠　次第におとろえ怠けること。底本「淩怠」につくる。
祈年　豊作を祈って毎年二月十七日に行われる宮中の祭り。
月次　六月・十二月の十一日に、国家安泰と天皇福運を祈って行われる神事。
新嘗　十一月廿三日、天皇が新穀を神に捧げ自らも食する儀式。
済例　弁済の先例。具体的な内容は不明。
伊勢の幣物　弘長三年令1条(三三三頁)参照。
擁怠　とどこおらす。

年月次新嘗祭幷諸社幣物、任文永弘安済例可有興行沙汰、於伊勢幣物者、守恒例臨時季充、兼可検納率分所、余社幣物等国司不可擁怠、若及対捍者、或被召放郷保、或可改替吏務、
諸国社社幣物慥可付本社者、

2 一 まさに神社の訴を急速沙汰あるべき事

右、同じく宣す。勅を奉はるに、*太神宮の訴、*次第の解は、*宿《しゅく》を経ず奏聞すべし。もし晩陰に到来せば、翌朝必ず奏すべし。自余の*雑訴ならびに余社の訴は、十箇日の内に同じく奏すべし。*南都北嶺の訴訟、急速殊に沙汰あるべし。諸社すでに以て*嗷訴を止めらる。奉行人更に緩怠《かんたい》を存ずべからず、てへり。

一応有急速沙汰神社訴事
右、同宣、奉 勅、太神宮訴次第解、不経宿可奏聞、若晩陰到来者、翌朝必可奏、自余雑訴幷余社訴、十箇日内同可奏、南都北嶺訴訟、急速殊可有沙汰、諸社已以被止嗷訴、奉行人更不可存緩怠者、

3 一 まさに*訴陳の日限を定むべき事

右、同じく宣す。勅を奉はるに、訴状を下すの後、廿箇日の中に陳状を進めざれば、*所務を止《とど》めらるべし。所務を止むるの後、十五箇日を過ぎてなほ陳答に及ばざれば、訴人に裁許せらるべし。*重訴状三十箇日を過ぐれば、訴訟を停止すべし。*本解《ほんげ》を召さるるの時は、五箇日の中に返献すべし。もし件の日限を過ぐれば、*案文を以てその沙汰あるべし、てへり。

一応定訴陳日限事

---

2 太神宮の訴 弘長三年令1条(三三三頁)参照。
次第の解 正しい手続きをふんだ解。
宿を経ず 一夜をおかずその日に。
雑訴 →六一頁注
南都北嶺 興福寺・延暦寺。
嗷訴を止めらる 「縦雖為理訴、致嗷々沙汰者、不可有裁許之由、被定其法」(高野山文書之二、乾元二年六月九日、後宇多院院宣)のごとく、嗷訴禁止令が発令され、同時にその見返りとして、寺社訴訟の急速審理がうたわれた。

3 訴陳の日限 弘安八年法19条(六一頁)参照。
所務を止めらるべし 陳状提出人＝論人は当然論所の当知行人であるから、所務(収益を確保するための経営・管理)の停止は論人に対する処罰を意味する。
重訴状… 以下は訴人に対する規定。
本解 最初の訴状。この正文は論人のもとにおくられ、さらに陳状とともに一旦訴人の手もとに返っている。幕府裁判では「究三問三答訴陳状之後、返進訴陳状之正文於奉行所」(沙汰未練書)のごとく結審以前に訴陳状正文を裁判所に集合せしめた。
案文 提出された訴状から裁判所側が作成した案文。もし案文に誤りがあり不利益を生じても、それは本解の提出を怠った訴人の責任とされる。

右、同宣、奉　勅、下訴状之後、廿箇日中不進陳状者、可被止所務、止所務之後、過十五箇日猶不及陳答者、可被裁許訴人、重訴状過三十箇日者、可停止訴訟、被召本解之時、五箇日中可返献、若過件日限者、以案文可有其沙汰者、

4 一　まさに諸庄園寄進*の本主を収公するを停止すべき事

右、同じく宣す。勅を奉はるに、寄附の本意を忘れて、ややもすれば収公に及ぶの条、理あに然るべけんや。停止に従ふべし、てへり。

一応停止諸庄園収公寄進本主事

右、同宣、奉　勅、忘寄附之本意、動及収公之条、理豈可然乎、可従停止者、

5 一　まさに相論*の地を以て権門に寄進するを停止すべき事

6 一　まさに不知行の地を他人に譲るを停止すべき事

右*、同じく宣す。勅を奉はるに、世*澆醨《ぎょうり》に覃《およ》び、人姧曲を挾《さしはさ》む。*訴訟を達せんがために、不知行の地を以て、或ひは権門ならびに寺社に寄附し、或ひは他人に譲与す。太《はなは》だ然るべからず。固く禁遏すべし、てへり。

一応停止以相論地寄進権門事
一応停止譲不知行地於他人事

右、同宣、奉　勅、世覃澆醨人挟姧曲、為達訴訟、以不知行之地、或寄附権門幷寺社、或譲与他人、太不可然、固可禁遏者、

以前の条事、下知件のごとし。院*よろしく承知し、宣によってこれを行へ。綍《こと》勅語よ

4 **寄進の本主を収公**　被寄進者が、寄進者もしくはその子孫が保有するより下級の職を没収すること。弘安八年法9条(五九頁)参照。

5 **相論の地**　弘安八年法3条(五七頁)参照。

6 **右同じく…**　以下は5・6両条にかかる。

澆醨　軽薄。

訴訟を達せんがため　寄進、譲与した有勢者を訴訟の当事者として行う一種の寄沙汰。

院　感神院。

り起る。敢て違失するなかれ。

元亨元年四月十七日　*大史小槻宿禰（花押）

*右中弁平朝臣（花押）

以前条事、下知如件、院宣承知依宣行之、縡起勅語、敢勿違失、

元亨元年四月十七日　大史小槻宿禰（花押）

右中弁平朝臣（花押）

【古文書集】

大史小槻宿禰　左大史小槻匡遠。

右中弁平朝臣　行高。

建武新政の法

一

元弘参年六月十五日宣旨、近日凶悪の輩、綷《こと》を兵革に寄せて濫妨し、民庶愁ひ多し。ここに*軍旅すでに平《たいら》ぎ、聖化あまねく及ぶ。自今以後、*綸旨を帯《たい》せざれば、自由の妨を致すなかれ。もし法*令に違犯する族あらば、国司および守護人ら勅断を待たず、その身を召し捕り、よろしく奏聞を経《ふ》べし。

蔵人右衛門権佐　*藤原光守奉はる

元弘参年六月十五日　宣旨、近日凶悪輩寄綷於兵革濫妨、民庶多愁、爰軍旅已平、聖化普及、自今以後不帯　綸旨者、莫致自由之妨、若有違犯法令族者、国司及守護人等不待　勅断、召捕其身、宜経　奏聞、

蔵人右衛門権佐　藤原光守奉

【金剛寺文書】

二　左弁官下す　*安芸国

まさに*士卒民庶《しそつみんしょ》をして、当知行の地、依違《いい》あるべからざらしむべきの事

右、大納言藤原朝臣*宣房《のぶふさ》宣す。勅を奉はるに、兵革の後、士卒民庶いまだ安堵せず。よつて*糸綸《しりん》を降して牢籠《ろうろう》を救はる。しかるに万機こと繁く、施行に煩ひあり。しかの

〔一〕

軍旅すでに平ぎ　六月五日、後醍醐天皇伯耆より帰京。

綸旨　〔三〕の七月廿五日令「この法」との関連から、旧領回復のための綸旨とみる佐藤進一説(『南北朝の動乱』一七頁)、両法を切り離して「新恩補任」などを含めた一般的なものとする黒田俊雄氏の説(『日本中世の国家と宗教』一七三頁)がある。

令　底本「全」につくる。

藤原光守　高倉光守。

〔二〕

安芸国　熊谷家文書を底本としたためにこの国の名がある。全国各国(九州は太宰府経由)に充てられた。

士卒民庶　黒田俊雄氏によれば「建武政権にしてはじめて用いることのできた概念で…個々の権門の人格的服従・隷属関係を否定し超越した次元で把握しようとする立場を反映」したものとされる(『日本中世の国家と宗教』一八六頁)。

宣房　万里小路宣房。

糸綸を降して牢籠を救はる　糸綸は綸旨。牢籠は困窮。↓補

みならず、諸国の輩、遠近を論ぜず悉く以て京上し、徒《いたず》らに農業を妨ぐるの条、還りて撫民の義に背く。自今以後、*この法を閣《さしお》かるるところなり。*然らば*高時法師の党類以下朝敵与同の輩を除くのほか、当時知行の地、依違あるべからざるの由、よろしく五畿七道諸国に仰すべし。敢て違失するなかれ。ただし臨時の勅断に於ては、この限りにあらず。てへれば国よろしく承知し、宣によりてこれを行へ。

元弘三年七月*廿五日　大史*小槻宿禰（花押）

少弁*藤原朝臣（花押）

左弁官下　安芸国

応令士卒民庶当知行地不可有依違事

右、大納言藤原朝臣宣房宣、奉　勅、兵革之後、士卒民庶未安堵、仍降糸綸被救牢籠、而万機事繁、施行有煩、加之、諸国之輩不論遠近悉以京上、徒妨農業之条、還背撫民之義、自今以後、所被閣此法也、然者除高時法師党類以下　朝敵与同輩之外、当時知行之地不可有依違之由、宜仰五畿七道諸国、勿敢違失、但於臨時勅断者、非此限、者国宜承知、依宣行之、

元弘三年七月廿五日　大史小槻宿禰（花押）

少弁藤原朝臣（花押）

【熊谷家文書】

三　条々　*建武二

1 一　*本領安堵の事

*開発余流《かいほつよりゅう》ならびに*累代《るいだい》相伝の仁、故なく収公せられば、文書の道理を尋ね究められ、勅裁あるべし。*根本の券契を帯ぶるといへども、*相承分明ならざれば、沙汰に及ぶ

この法を閣く　→前頁注「綸旨」・前項補

然らば　底本は「然而」とあり、これに従えば「然れども」とよむが、他の史料及び文意によって「然者」と改めてよむ。

高時法師　北条高時。嘉暦元年出家して崇鑑。元弘三年五月二十二日自殺。

廿五日　史料によって廿三日、廿六日の日付をもつものがあり、数的には廿六日のものが最も多いようである。

小槻宿禰　左大史匡遠。

藤原朝臣　中御門宣明。

〔三〕

建武二　本条の立法時日については解題参照。

本領安堵　本文の内容からみて、この場合旧領の回復を意味する。

開発余流　開発領主の子孫。

累代相伝　何代にも及ぶ相続。相伝は血縁的な相続のみを意味しないが、この場合は相続に限定される。

根本の券契　当該所領の取得要因となった補任状・売券など。

相承　現在までの手継券文。

べからず。*文治・建久以来恩給の地、知行中絶せしめば、同じく沙汰の限りにあらず。ただしその人もし*要須《ようしゅ》たらば、よろしく臨時の聖断あるべし。

条々　建武二

一本領安堵事

開発余流幷累代相伝之仁、無故被収公者、被尋究文書道理、可有　勅裁、雖帯根本券契、相承不分明者、不可及沙汰、文治建久以来恩給之地、知行令中絶者、同非沙汰之限、但其人若為要須者、宜在臨時　聖断、

2 一　当知行地安堵の事

一*同の法を以て宣旨を下さるるの上は、重ねてその沙汰に及ばず。ただし非分の妨により管領を全《まっと》うせざるの由、愁《うれ》ひ申さば、*当知行の所見を尋ね究め、文書正文を披覧《ひらん》せられ、申すところ相違なくば、*その所の名字を載せて裁許あるべし。もし段歩といへども、不知行の地を以て事を安堵に寄せて、掠領せしめば、支証出来に随ひて、*本領を召し放《はな》たるべし。所帯なくば、その身を断罪せらるべし。

一当知行地安堵事

以一同之法被下　宣旨之上者、重不及其沙汰、但依非分之妨不全管領之由、愁申者、尋究当知行之所見、被披覧文書正文、所申無相違者、載其所名字可有裁許、若雖段歩、以不知行之地寄事於安堵、令掠領者、随支証出来、可被召放本領、無所帯者可被断罪其身、

3 一　罪科にあらざる輩当知行の地、他人に充て行はるる事

相伝の支証*黙《もだ》止されがたくば、たとひ恩賞たりといへども返付せらるべし。*ただ当

文治建久以来恩給の地　鎌倉幕府から与えられた新恩。

要須　（建武政府にとって）大切な人間。

一同の法　〔三〕の法令をさす。

当知行の所見　近隣の武士などに「当知行の有無」を報告させるのが通常の方法。

その所…あるべし　申請者の所領を一括して安堵するのではなくて、適格と認められた所領の名を特定して安堵する。

本領　1条の本領とは異なり、当知行中の私領をさす。もちろん「掠領」した所領ではない。

黙止す　無視する。

ただ…なく　占有の事実の主張があるだけで、裏づけとなる権利の証明はない。

知行の号ありて由緒なく、その身*朝要《ちょうよう》の仁にあらざれば、事によりて用捨あるべし。

一非罪科輩当知行地被充行他人事

相伝之支証雖被黙止者、縦雖為恩賞可被返付之、只有当知行之号無由緒、其身非朝要之仁者、依事可有用捨、

4 一 今度没官地《もっかんち》の代官職安堵の事

*本人すでに朝敵たり。代官なんぞ*安堵の号あらんや。ただし別の子細あらば、臨時の恩給たるべし。

一今度没官地代官職安堵事

本人已為　朝敵、代官何有安堵之号哉、但別有子細者、可為臨時恩給、

5 一 没官地等の内、一村一名を以て、或ひは寺社に寄附し、或ひは諸人に譲与し、*各《かく》別相伝《べっそうでん》と称する事

高時法師の一族以下朝敵の輩知行の地、悉く没官の上は、*与奪の遠近によるべからず、没官の内たるべし。ただし*件の族相伝以前の領主の子孫、※各別相承の所見を帯せば、*本領安堵の法に同じ。

一没官地等内以一村一名、或寄附寺社、或譲与諸人、称各別相伝事

高時法師一族以下朝敵之輩知行之地、悉没官之上者、不可依与奪之遠近、可為没官之内、但件族相伝以前之領主子孫、帯各別相承之所見者、同本領安堵之法、

6 一 *朝恩地等混乱の事

*一庄一郷の内数輩知行の仁、本領主の名字を綸旨に載せられば、給主《きゅうしゅ》各別の地を混

朝要の仁　1条「要須」に同じ。

本人　没官地の正員。

安堵の号　安堵を主張する根拠。

各別相伝　→三六頁注「別相伝」。寄進者・譲与者たる被没収者とは無関係の、独立の進止所領。

与奪…べからず　与奪は与のみに意味のある語。寄進や譲与の時期の如何に拘わらず。

件の族…の子孫　北条氏以前に該地を知行していた者の子孫。北条氏は諸々の手段によって大量の所領を集積したが、その没落と同時に、闕所地に対する本主権を根拠とする旧領回復請求がいっせいにおきた。

各別相承の所見　たとえば肥後人吉庄北方に対する相良氏のごときは、旧領回復を本訴と称して代々の譲状に書きついできた。

本領安堵の法　1条。

朝恩地等混乱　この後南北朝期を通じて所領給与の混乱がつづき、たとえば室町幕府では、二重に給与された恩賞地は、他の事を一切考慮せず、先に下文を得た者の権利を認める立法を行なっている(室町追加法59条)。

一庄一郷の内…混領すべからず　一庄一郷を数人の給主が分割知行するような場合、被没収者たる旧主の名を某跡として、朝恩の綸旨に書き載せられていれば、それを厳守して、同庄同郷内の他の部分を侵害してはならない。

領すべからず。

一朝恩地等混乱事

一庄一郷内数輩知行之仁、被載本領主名字於　綸旨者、不可混領給主各別之地、

7 一　領家地頭*所務の事

領家といひ地頭といひ、近年所務の例に違《たが》ふべからず。子細あらば各〻奏聞を経《ふ》べし。近日威勢を以て恣《ほしいまま》に濫妨を致すの類、その聞《きこえ》あり。諸国の擾乱《じょうらん》、もととして玆による。*先例に背き*雅意《がい》に任せて、その沙汰を致さば、たとひ理訴たりといへども、永く後訴を*棄捐《きえん》せらるべし。

一領家地頭所務事

云領家云地頭、不可違近年所務之例、有子細者各可経　奏聞、近日以威勢恣致濫妨之類、有其聞、諸国擾乱職而由玆、背先例任雅意、致其沙汰者、縦雖為理訴、永可被棄捐後訴、

8 一　*綸旨遵行《じゅんぎょう》の事

*建武以後の綸旨に於ては、輙《たやす》く改動の儀あるべからず。もし子細ありて改めらるべくんば、*その趣を綸旨に載せられ、国司・守護等に仰せらるべし。それに就きて遵行の沙汰を致すべし。*兼てまた、*同所異名を以て、綸旨を掠め給ふの類あらば、子細を注進すべし。よろしく罪科に処せらるべし。

一綸旨遵行事

於建武以後　綸旨者、輙不可有改動之儀、若有子細可被改者、被載其趣於　綸旨、可被仰国司守護等、就其可致遵行之沙汰、兼又以同所異名、有掠給　綸旨之類者、可注進子細、

所務　庄郷からの収益、およびそれを確保するための経営。この場合は領家と地頭との間の得分の分配をさす。

先　比志島文書「近」。

雅意　我意。ほしいままに。

棄捐　棄却。

綸旨遵行　綸旨の命令内容を現地に執行させること。国司・守護のいずれか、或いは双方に命じて行われるのが普通。本条は綸旨の誤給、改変、もしくはその詐称によって遵行が不可能となり、ひいては綸旨の権威の失墜となっていることへの対応策。

建武以後　建武は元弘四年正月廿九日改元であり、本条は逆に元弘三年発給綸旨効力の相対化を意味する。

その趣を…　以前の綸旨を改めた旨を。即ち綸旨の改変は新たな綸旨によってのみ可能であることを示す。

兼てまた　同一法文内での大きな段落を示す慣用句。

同所異名を以て　他人が得た綸旨に対抗するために、他の場所であるかのごとくその土地の別名を用い、綸旨を申請して、その下付にあずかる。

宜被処罪科、

9 一 勅裁を遵行せず、濫妨を致す事

或ひは本領と号し、或ひは新給と称して、聖断を*忽緒《こつしよ》せば、たとひ*勲功に募《つの》りて恩賞を望み、証文を帯びて相伝を*立つるといへども、永く訴訟を棄捐《きえん》せられ、その身を召し上げ*罪科に処せらるべし。

一不遵行　勅裁、致濫妨事

或号本領、或称新給、忽緒　聖断者、縦雖募勲功望恩賞、帯証文立相伝、永被棄捐訴訟、召上其身可被処罪科、

【内閣文庫　建武記】

四 *諸国・諸庄園の狼藉、国司・守護注進の事

注進状到来せば、則ち*決断所に*付すべし。かの所の*上卿《しようけい》、*奉行人を差し定め、急速に評定を加へ、奏聞を経、勅答の趣に任せて、国司・守護に召し仰すべし。勅裁を叙用《じよよう》せず、城墎を構へ合戦に及ばば、国司・守護等の注進に就きて、*濫妨の本人に*懸けて、厳密にその沙汰あるべし。在京の輩に於ては、決断所に召され、在国の輩に於ては、使節を差し、各〻日限を定めて、当給人を下地に沙汰し付け、*下手《げしゆ》人に至りては、法に任せて断罪すべきの由、*仰せ含めらるべし。この上なほ遵行《じゆんぎよう》せず、また*知意の条所見あらば、所領を収公せられ、その身を断罪せらるべし。*悪党人に於ては、注進到来のとき、法に任せてその沙汰あるべし。もし国司・守護の注進不実の条露顕せしめば、

忽緒　ないがしろにする。
勲功に募りて　勲功があることを根拠にして。
立　底本は「之」に近いが、比志島文書によって訂す。
罪科　この上に比志島文書「所当」の二字あり。

〔四〕比志島文書によれば〔四〕は〔三〕と一連の立法。解題参照。
諸国　国衙領。
決断所　雑訴決断所。↓補
付　底本「伺」、比志島文書によって訂す。
上卿　朝廷の諸行事の進行運営をとりしきるための責任者として、各行事ごとに指名される公卿をいうが、ここでは決断所各番の頭人をさすと思われる。
奉行人　担当の奉行。
濫妨の本人　その地の領有権を主張して、現地での濫妨を指示した責任者。下にみえる「下手人」と対比。
懸け　その責任として。
下手人　賊盗律(「下手者」)・闘訟律(「下手重者」「雖不下手」)に用いられた「下手」に由来する語で、暴力を用いて人を殺傷した者をいう。
仰せ含め　濫妨の本人に対して。
知意…あらば　現地での反抗を蔭であやつっているとの証拠があれば。
悪党人　前文「下手人」に同じ。

所職を改めらるるの上、所領を召さるべし。ただし*正員《しょういん》在国せざれば、代官を召し上げ、所当の罪科に行はるべし。その身在国せずといへども、知意の条所見あらば、ともに罪科に処せらるべし。また国中の狼藉存知しながら、注進せざれば、*罪同前。

諸国諸庄園狼藉国司守護注進事

注進状到来者、則可付決断所、彼所上卿差定奉行人、急速加評定、経　奏聞、任　勅答之趣、可召仰国司守護、不叙用　勅裁、構城墎及合戦者、就国司守護等注進、懸濫妨之本人、厳密可有其沙汰、於在京之輩者被召決断所、於在国之輩者差使節、各定日限沙汰付当給人於下地、至下手人者任法可断罪之由、可被仰含、此上猶不遵行、又知意之条有所見者、被収公所領可被断罪其身、於悪党人者、注進到来之時、任法可有其沙汰、若国司守護注進不実之条令露顕者、被改所職之上、可被召所領、但正員不在国者、召上代官可被行所当罪科、其身雖不在国、知意之条有所見者、共可被処罪科、又国中狼藉乍存知不注進者、罪同前、

【内閣文庫　建武記】

五　*決断所に於て沙汰あるべき条々

1 一　所務濫妨の事

2 一　領家地頭の所務相論ならびに年貢難済《なんせい》以下の事

3 一　*下職《げしき》以下の開発《かいほつ》余流ならびに代々の*上裁を帯びて欝訴の事

自余は本所の成敗たるべし。

4 一　本領安堵の事〈当所ならびに記録所、*訴人の心に任すべし〉

5 一　*諸国国司・守護注進の事

正員　国司・守護本人。代官に対して、本人を正員という。

罪　この下に比志島文書「科」あり。

〔五〕

決断所にて　1〜5条の事項はすべて決断所の専決、6・7条の事項は、それが関東の事件であれば関東の管轄。

下職　下司職。預所職(上司職)など本所の進止権の強い職に対して、相伝性の強い在地領主の代表的な職として下司職をあげたものであろう。

上裁　恐らく朝廷のみならず幕府を含めた補任・安堵などをさすと考えられる。

訴人の…べし　「建武政府ただ一つの裁決機関である決断所の権限を抑制するための措置」(佐藤進一『南北朝の動乱』五七頁)。

諸国…の事　具体的には〔四〕の内容をさす。

*関東十ヶ国成敗の事

6 一 所務の相論ならびに年貢以下の沙汰、*一向に成敗あるべき事

7 一 所領ならびに遺跡の相論、*異なる重事は*訴陳を執り整へて注進なすべき事

8 一 訴論人、或ひは在京し或ひは在国せば、*訴人の在所に就きて沙汰あるべき事

已上、*決断所に押さるるなり。

於決断所可有沙汰条々

一所務濫妨事

一領家地頭所務相論幷年貢難済以下事

一下職以下開発余流幷帯代々上裁欝訴事

自余者可為本所成敗、

一本領安堵事〈当所幷記録所可任訴人之心〉

一諸国々司守護注進事

関東十ヶ国成敗事

一所務相論幷年貢以下沙汰一向可有成敗事

一所領幷遺跡相論、異重事者執整訴陳、可為注進事

一訴論人或在京或在国者、就訴人之在所可有沙汰事

已上被押決断所也、

【内閣文庫　建武記】

六　左弁官　五畿七道諸国

まさに今明の両年*その節を閣くべき、*諸国諸庄園検注の事

関東十ケ国　元弘三年十二月、成良親王を奉じて鎌倉に下って以来、相模・武蔵・安房・上総・下総・常陸・上野・下野・甲斐・伊豆の十ケ国は足利直義の管轄下にあった。

一向に　判決を含めた訴訟の全過程を。

異なる重事　所領・遺跡相論のうちの特別の重事。恐らく当事者の身分地位などによるものであろう。

訴陳　訴陳状。

訴人の在所に就きて　訴人が在京すれば決断所、在国すれば関東において。

決断所に押さる　決断所の壁面に掲示される。

〔六〕

その節を閣く　延期する。

諸国諸庄園検注　関連史料なく、この中止された検注の実態はわからない。↓補

右、大納言藤原朝臣宣房*宣す、勅を奉はるに、諸国諸庄園検注の事、*給主《きゅうしゅ》等の請に就きて、綸旨を下さるるといへども、州郡いまだ静謐《せいひつ》せず、民庶《みんしょ》なほ疲労すと云々。今明の両年その節を閣くべきの由、よろしく五畿七道に仰すべし。てへれば諸国承知し、宣によりてこれを行へ。

建武元年三月十七日　大史*小槻宿禰 判

中弁*藤原朝臣 在判

左弁官　五畿七道諸国

応今明両年閣其節、諸国諸庄園検注事

右大納言藤原朝臣宣房宣、奉　勅諸国諸庄園検注事、就給主等請雖被下　綸旨、州郡未静謐、民庶猶疲労云々、今明両年可閣其節之由、宜仰五畿七道、者諸国承知、依宣行之

建武元年三月十七日　大史小槻宿禰判

中弁藤原朝臣在判

【内閣文庫　建武記】

七　*改銭の事　建武元年三月廿八日御沙汰ありと云々

詔す、聖人の*大宝に居する、理究まりて*変通す。天地の*洪規、*事沿革あり。時を察して法を制す、なんぞ*一途に拘《かか》らんや。国家の銭をたもつ、その来ること尚し。周の武、基を闢《ひら》き、*九府の圜法《えんぽう》肇めて興る。漢の文、業を隆め、*四銖《しゅ》の形製さらに彰《あらわ》る。金鉄の品、*亀竜の類、*象物区々《しょうぶつまちまち》といへども、*同じく節用に帰す。本朝の垂範、上世以来

宣房　万里小路宣房。

給主等の請に就き　知行人の申請に従って。→補「諸国諸庄園検注」

小槻宿禰　実名不詳。

藤原朝臣　洞院実夏。

〔七〕

改銭　→補

大宝　帝位。「天地之大徳曰生、聖人之大宝曰位」(易、繫辞下)。

変通　臨機応変に事に処す。

洪規　大きな計画。

事沿革あり…を制す　→一二頁補「風を観て…或ひは革め…」

一途に拘らんや　一つの方法に固執する必要はない。

九府の圜法　九府は周代において財幣を管轄する九つの官衙。圜法は円滑に貨幣を運用する法。「太公立九府圜法」(漢書、食貨志)。

四銖　四種の貨幣。

亀竜　めでたい模様。

象物　かたちや品質。

同じく節用に帰す　便利さという点で変りはない。

しばしば官*文を改め、載せて*簡牘《かんとく》に伝ふ。いはゆる天*平宝字より天徳に至る十有余度、*綿歴《めんれき》最も詳し。降りて近古に及び、*これを外*国に求めて、擅《ほしいまま》に*俗間に敷き、官法忘るるがごとし。すこぶる*彝典《いてん》に違ひ、また政令を枉《ま》ぐ。今*新化を以て旧幣を除かんがため、始めて官銭を造る。すべからく天下に頒《わか》つべし。世を済《すく》ひ民に便すること、孰《た》れか爾《しか》らずといはんや。よりて文《なづ》けて乾坤通宝《けんこんつうほう》といふ。*銅楮《ちょ》並び用ゐて、交易滞ることなかれ。仁義原《おこ》るところ、定めてその成るを楽しむ。*告ぐるに宸衷《しんちゅう》を以てし、天理を稽《いただ》くごとくせよ。主者執行せよ。

建武元年三月　日

改銭事　建武元年三月廿八日有御沙汰云々、

詔、居聖人之大宝、理究変通、天地之洪規、事沿革、察時制法、奚拘一途、国家有銭其来尚矣、周武闢基、九府之圜法肇興、漢文隆業、四銖之形製更彰、金鉄之品、亀竜之類、象物雖区、同帰節用、本朝垂範、上世以来、屢改官文、載伝簡牘、所謂自天平宝字至于天徳十有余度、綿歴最詳、降及近古求之外国、擅敷俗間、官法如忘、頗違彝典、復枉政令、今以新化為除旧幣、始造官銭、須頒天下、済世便民、孰謂不爾、仍文曰乾坤通宝、銅楮並用、交易莫滞、仁義所原、定楽厥成、告以宸衷、若稽天理、主者施行、

建武元年三月　日

【内閣文庫　建武記】

八

1 検非違使庁牒す　諸国衙

官文を改め　貨幣制度を改正し。
簡牘に伝ふ　史籍に伝えられている。
天平宝字より　↓前頁補「改銭」
綿歴　長い経過。
これ　銭。
国　底本「聞」につくる。
俗間に敷き　民間に通用する。
彝典　大法。
新化…がため　新しい貨幣を発行して旧貨を排除する意。「化」は「貨」に通ずる。
銅楮　銅銭と紙幣。
告ぐるに…　天皇の意向を告げ知らせて天理を拝するごとく、これを服膺せしめよ。

〔八〕本項目の校定については解題参照。
負物　借銭借物。
本物返　売買価格(本物)と同じ銭貨を一定期間内に返却すれば、売却した田地を取りもどし得ることを特約した売買。
質券　質物。
格制　利率の上限については雑令以来多くの公家法が立法されたが、鎌倉以降では建久二年三月廿八日の新制、およびこれをうけた嘉禄二年正月廿六日の幕府追加法17条によって、金銭の貸借については半倍を上限とすることが公武の原則とされている(上巻一〇九頁)。
半倍　倍。
本銭返　本物返に同じ。
その…返すべし　この部分については黒田俊雄氏の読解によった。「結解してみて返却分(「所務」による得分なども含

当国住人等申す、*負物《おいもの》ならびに*本物返《ほんもつがえし》・*質券《しちけん》の田畠の事

右、国に於て、*格制《きゃくせい》に任せて計ひ成敗せしめ、子細あらば、これを注進せらるべし、てへり。以て牒す。

建武元年五月三日　　右衛門尉中原　在判

検非違使庁牒諸国衙

当国住人等中、負物幷本物返質券田畠事

右、於国任格制令計成敗、有子細者、可被注進之者、以牒、

建武元年五月三日　　右衛門尉中原　在判

*負物半倍、*本銭返半倍、その*結解《けちげ》をなして、半倍を過ぎば、田畠を取返すのみにあらず、過ぐるところの*用途は、本主これを返すべし。質券沽却・*年記沽却同前。*買主得分を取らずといへども、十ヶ年を過ぎば、沙汰の限りにあらず。

負物半倍、本銭返半倍、為其結解、過半倍者、非取返田畠、所過用途本主可返之、質券沽却年記沽却同前、買主雖不取得分、過十ヶ年者非沙汰之限、

2

*沽却地の事

*承久以来の沽却、*下文によるべからず。買主滅亡せば、本主これを進退すべし。両方共に御方に参じ軍忠を致さば、*且《かつがつ》その沙汰あるべし。*元弘元年以後、殊に以て本主進退すべし。

沽却地事

承久以来沽却、不可依下文、買主滅亡者、本主可進退之、両方共参御方致軍忠者、且可有其

む)が半倍を超過しているならば、田畠を取り返すだけでなく超過した分の用途も本主が取り返すべきである」(『日本中世の国家と宗教』一七九頁)。

結解　勘定。

用途　金銭。

年記沽却　一定期間を限って田地を売却し、期間経過後は自動的に本主に返却される売買。

買主…限りにあらず　↓補

沽却地　永代沽却地。

承久以来　「なぜ承久以後の将軍の下文を認めないかといえば、王朝の政権は承久の乱以後、北条氏のために奪われたと王朝側は考えていたからである」(佐藤進一『南北朝の動乱』六〇頁)。

下文　売却人の当知行地であり、かつ私領であることなどを条件に、買得人に与えられる買得安堵状。鎌倉幕府法では安堵状保有者は常に徳政諸法の適用を除外された。なお買得安堵状の通常の文書形式は下知状であるが、これをも含めて下文と称した。なお神崎本は「御」下文につくる。解題参照。

且その沙汰あるべし　その事情によっては、買得人の訴訟をとりあげ、買得地を安堵することがあり得る。

元弘元年　「後醍醐が北条氏に強要されて光厳に譲位した元弘元(元徳三)年にあたる。…後醍醐の在位が北条氏の力で否定された期間の売買を否認するという論旨」(佐藤前掲書六〇頁)。なお神崎本は「元徳三年」につくる。解題参照。

沙汰、元弘元年以後、殊以本主可進退矣、

3 諸国の狼藉を停止すべきの事

諸国の事、国司・守護人等に委任せらるるの上は、治国の興廃を考へられ、賞罰の*黜《ちゅっ》陟《ちょく》あるべきのところ、梟悪《きょうあく》の緇素《しそ》、狼唳《ろうれい》いまだ断絶せず、*宰吏・守護人の*督察《とくさつ》なほ*如《にょ》法《ぼう》にあらず。すこぶるその責を遁るべからざるか。かつは*西収《せいしゅ》*その期臻《いた》り、下民いまだ安堵せず。所詮、合戦・濫妨・苅田・盗賊の類その聞《きこえ》あらば、隣庄の地頭等、庄官・名主・百姓等を率ゐ、国司・守護人の催促を待たず、即時にその所に馳せ向ひ、濫妨の輩を召し捕ふべし。かつはかの悪党退散すといへども、*路次ならびに*隠容《おんよう》の在所、慥かにこれを尋ね捜し、注進言上すべきなり。

*両方綸旨を帯ぶるといへども、後日の綸旨、国司・正守護の施行を守りて、一方を庄家に沙汰し居《す》ゑ、静謐《せいひつ》の子細を注し申すべし。

隣里の地頭等この法に違犯し、濫妨を鎮めざれば、所領五分の一を以てこれを収公すべし。*下職ならびに百姓らに於ては、領主の沙汰として、殊に*懲粛《ちょうしゅく》を加ふべきなり。隣居の輩にあらず、または甲乙凡下の族たりといへども、濫妨の*砌《みぎり》に於て悪党を召し進めば、その功に随ひて、すべからく*涯分の優賞あるべし。

これ等の条々、*諸の地頭ならびに*所領を帯びて在国の輩に相触れ、一郡各別に*散状を召し進むべきの由、仰せ下さるるところなり。

可停止諸国狼藉事

黜陟　功ある者に昇進させ、罪ある者は官を免ずる。
宰吏　国司。
督察　国内治安の監視。
如法にあらず　規定通りではない。
西収　秋の収穫。
その期臻り　この文言による限り、3の発令は秋期に属し、1・2と同時一連の立法とみることはできない。
路次　退散して行った道筋。
隠容　かくまう。
両方…注し申すべし　この部分、前後の法意と必ずしも整合せず。あるいは他の法令の一部が竄入した可能性がある。
下職　下司職。
懲粛　罰する。
砌　現場。
涯分の　功に見合うだけの。
諸　「諸国」か。
所領　「所職」か。
散状　この法令に対する請文。

諸国事、被委任国司守護人等之上、被考　治国之興廃、可有賞罰之黜陟之処、梟悪之緇素狼唳未断絶、宰吏守護人督察猶不如法、頗不可遁其責哉、且西収其期臻、下民未安堵、所詮合戦濫妨苅田盗賊之類有其聞者、隣庄地頭等率庄官名主百姓等、不待国司守護人之催促、即時馳向其所、可召捕濫妨之輩、且彼悪党雖退散、路次并隠容之在所慥尋捜之、可注進言上也、

両方雖帯　綸旨、守後日　綸旨国司正守護施行、沙汰居一方於庄家、可注申静謐之子細、隣里地頭等違犯此法、不鎮濫妨者、以所領五分之一可収公之、於下職并百姓等者、為領主之沙汰、殊可加懲粛也、非隣居輩又雖為甲乙凡下之族、於濫妨之砌召進悪党者、随其功須可有涯分之優賞、

此等条々、相触諸地頭并帯所領在国之輩、一郡各別可召進散状之由、所被仰下也而已、

【香取田所文書】

九　*武者所《むしゃどころ》の輩、存知すべき条々

1 一　五位以上は衣冠を用ゐるべし。*散所《さんじょ》に於て*雁衣《かりぎぬ》を着さば、布を用ゐるべし。

2 一　六位同じく衣冠たるべし。ただし*有官《うかん》の滝口*に准じ、雁衣を着さば、同じく布を用ゐるべし。

3 一　内々の宿直《とのい》のとき、布水干《ぬのすいかん》・葛袴《くずばかま》を用ゐるべし。

4 一　鎧直垂《よろいひたたれ》、蜀錦《しょつきん》・呉綾《ごりょう》・金沙・金襴・紅紫《こうし》の類は、*細々《さいさい》警固のとき、着用すべからず。

5 一　精好の*大口《おおぐち》は、一切停止せよ。練《ねり》の大口を用ゐるべし。

〔九〕

武者所　皇居の警衛を任とする禁衛軍の統轄機関。梅松論によれば足利・新田両氏を頭人として結番されたとあり、新政府末期の延元元年四月の結番によれば、六番各11名ずつの武士によって構成され、頭人4人は新田一族である。

散所　正規の勤務場所でない場所、たとえば控所。

雁衣　狩衣。本来布製であったが、次第に絹・綾製の華美なものが多くなった。

有官　令外官たる蔵人所の職員のうち、他に正式の官を帯するもの。

滝口　蔵人所の職員で、禁中警衛にあたる武士。

細々警固　通常の警固。

大口　大口袴。→四七頁注

6 一 小袖、織物・綾・練貫《ねりぬき》の類は、細々用ゐるべからず。
7 一 金銀装束の太刀・刀・鞍は、細々用ゐるべからず。
8 一 *唐皮《からかわ》の尻鞘《しりざや》・*切付《きりつけ》等同前。
9 一 *総鞦《ふさしりがい》、常には用ゐるべからず。細々警固のとき、正員一人のほかは停止せよ。

武者所輩可存知条々

一五位以上可用衣冠、於散所着雁衣者、可用布、
一六位同可為衣冠、但准有官滝口、着雁衣者、同可用布、
一内々宿直之時、可用布水干葛袴、
一鎧直垂、蜀錦呉綾金沙金襴紅紫之類、細々警固之時、不可着用、
一精好大口、一切停止之、可用練大口、
一小袖、織物綾練貫之類、細々不可用、
一金銀装束太刀刀鞍、細々不可用、
一唐皮尻鞘切付等同前、
一総鞦、常不可用、細々警固之時、正員一人之外停止之、

【内閣文庫　建武記】

一〇

1 一 諸国の一二宮の事
*本家ならびに領家職の事、その号を止めらるべきの由、*以前治定し了《おわ》んぬ。*社の敷地ならびに神職収公の地頭跡に於ては、尋ね究められ、停止せらるべし。*神領地頭

唐皮　虎の毛皮。
切付　裁断して他の布地にかがりつけたもの。
総鞦　ふさをさげて飾った鞦。

〔一〇〕

本家…の由　貴族や大社寺が保有していた本家・領家職を停止し、その政治的経済的束縛から諸国の官社を解放し、これを天皇の直接支配下に組織しようとする後醍醐の政策の一つ。

以前治定　「同六月十五日綸旨云…向後者被止本所号、可為聖断」(到津文書、元弘三年九月六日太政官符)、「止本家領家之号、付本社可令管領」(阿蘇文書、元弘三年十月二日綸旨)などによれば新政発足間もない頃と思われる。

社の敷地…停止せらるべし　神社の敷地や神職のもっていた職を没収して設定された地頭職は、本家・領家職と同じく今回新たにこれを停止する。

神領地頭職　一・二宮所有の庄園内の地頭職。

職に至りては、事の躰《てい》に随ひ、追つてその沙汰あるべし。

一諸国一二宮事

本家幷領家職事、可被止其号之由、以前治定了、於社敷地幷神職収公地頭跡者、被尋究可被停止之、至神領地頭職者、随事之躰、追可有其沙汰矣、

2 一 同じく国分寺の事

料*所に於ては、格*制に任せて沙汰致すべし。所*職田地に至りては、尋ね究められ、その沙汰あるべし。

一同国分寺事

於料所者、任格制可致沙汰、至所職田地者、被尋究可有其沙汰矣、

【内閣文庫　建武記】

二　雑訴決断所

1 一 沙汰剋限の事

春・夏〈辰*の剋より午の剋に至る〉　秋・冬〈巳*の剋より未の剋に至る〉

雑訴決断所

一沙汰剋限事

春夏〈自辰剋至于午剋〉　秋冬〈自巳剋至于未剋〉

2 一 出対《しゆつたい》難渋の輩の事

在京の輩に於ては、*廻文《かいぶん》三ケ度に及びて参決せざれば、奉行人の注進に就きて評定

料所　国分寺設置当時、水田十町が施入され、その後修理のため国別に「正税四万束」が充てられるなど(天慶二年)しているが、ここでは下の所職田地に対比して、本来の寺領を意味するものか。

格制に…致すべし　具体的な規範の内容がなく、漠然と国分寺への返付を規定したものか。

所職田地　寺僧の領有する私領的色彩の濃い所領か。

(二)

辰の…至る　午前八時より十二時まで。

巳の…至る　午前十時より午後二時まで。

廻文　一通の文書に訴論両人の名を記し、某日某時剋までに出頭することを命ずる。当事者は出頭の場合は「奉」、故障のときは理由を付してその旨を、自己の名の下に記す。鎌倉以来使庁など朝廷の裁判機関が召文として用いた形式の文書。

あり、別の奉行人を副へられ、*召次ならびに両奉行人の使者を以て、難渋の実否《じつぷ》を尋問せられ、*以後注進状を以て重ねて評議を経て、裁定あるべし。在国の輩に至りては、*牒を国司・守護に下さるべし。*限りある行程を過ぎて論人参洛せざれば、評定の日、国司・守護の代官を当所に召し、*執達の実否・難渋の有無を尋ね、則ち注進を召し置き沙汰あるべし。

一出対難渋輩事

於在京輩者、及廻文三ヶ度不参決者、就奉行人之注進有評定、被副別奉行人、以召次幷両奉行人之使者、被尋問難渋実否、以後以注進状重経評議可有裁定、至于在国輩者、可被下牒於国司守護、過有限之行程論人不参洛者、評定日召国司守護代官於当所、尋執達之実否難渋之有無、則召置注進可有沙汰、

3 一 訴陳日数の事

*訴陳に及ぶべからざるの由、先度その法を定めらるるといへども、対問のとき、或ひは互に*証験を帯び*事理《じり》を審察《しんさつ》すべきの類、或ひは*事疑似《ぎじ》に渉《わた》りかたがた後訴を断ちがたきの輩、*雑務の事に於ては、訴陳を召し整へて沙汰あるべし。訴状を尋ね下すの後、十五ヶ日弁じ申さざれば、論所を点じ置かるべし。その後難渋十ヶ日に及ばば、訴人に裁許せらるべし。訴人また重申状を遁避して十ヶ日を過ぎば、訴訟を棄捐せらるべし。*糺断の事に至りては、両方*同時の事書を召し置き、断定せらるべし。

一訴陳日数事

召次　雑事を勤める下級職員。

以後…　原文「以後以注進状」の上の三字に誤写があると思われる。「之後以」(尋問せらるるのち、注進状をもって…)、もしくは「以散状」(尋問せられ、散状・注進状をもって…)ではなかろうか。

牒　いわゆる雑訴決断所牒。某月某日以前の参洛を当事者に下知すべき旨を国衙・守護所充てに命ずる文書。

限りある行程　10条参照。「限りある」は厳重に定められた、の意。

執達の実否　決断所牒を確かに当事者に伝達したか否か。

訴陳に…定めらる　訴陳状の交換、即ち文書審理を、一旦は廃止したことを示す注目すべき法令。廃止令の原文が伝来しないため詳細は不明だが、本条の法理からみても、その目的が審理の即決第一主義にあったことは明白で、建武政府の訴訟手続の基本理念が示されている。

証験　証文。

事理を…の類　厳密に審理しなければ黒白のつかない相論。

事疑似に…の輩　双方の論拠が似かよっていて、判決後、敗訴人側からの提訴が予想される相論。

雑務　幕府法上の雑務沙汰ではなく、後文「糺断」に対比して民事訴訟一般をさす。

糺断　刑事訴訟。

同時の事書　原被告を同時に訊問して作成した問注記をいうか。

不可及訴陳之由、先度雖被定其法、対問之時或互帯証験可審察事理之類、或事渉疑似旁亘断後訴之輩、於雑務事者、召整訴陳可有沙汰、尋下訴状之後十五ヶ日不弁申者、可被点置論所、其後難渋及十ヶ日者、可被裁許訴人、々々又遁避重申状過十ヶ日者、可被棄捐訴訟、至于糺断事者、召置両方同時事書、可被断定矣、

4 一 訴陳難渋ならびに参決遁避によつて、裁許せらるる事

本訴たとひその理ありといへども、*越訴《おつそ》を聴《ゆる》すべからず。ただしその罰、*嗣《し》に及ぶべからず。

一依訴陳難渋幷参決遁避被裁許事

本訴縦雖有其理、不可聴越訴、但其罰不可及嗣、

5 一 詐欺官私の輩の事

或ひは不知行の地を以て当知行と称し、或ひは当給人を*冒名《ぼうめい》し闕所と号して、これを掠め賜はる。皆これ朝議の煩ひ、諸国の奸《みだり》、もととして斯による。誡めざるべからざるか。かくのごときの族、所領あらば、掠め賜はるところの分限《ぶげん》を勘合して、本知行の所領を収公せらるべし。所帯なき輩に於ては、*本条に任せて*科坐《かざ》の沙汰あるべきか。

一詐欺官私輩事

或以不知行之地称当知行、或冒名当給人号闕所、掠賜之、皆是朝議之煩諸国之奸職而由斯、不可不誡乎、如此之族有所領者、勘合所掠賜之分限、可被収公本知行之所領、於無所帯輩者、任本条可有科坐之沙汰乎、

越訴　手続き上の瑕疵による判決は、その既判力がきわめて弱いことは中世裁判一般の通性であるが、本条は越訴を禁止して3条の威嚇力を強めている。

嗣に及ぶべからず　子孫が本件の越訴を提起することは認める。

冒名　名をいつわる。

本条　詐偽律。どの条文をさすか明らかでないが、「凡詐欺官私、以取財物者、準盗論」のごときが該当するか。

科坐　人身刑。

6 一 反坐《はんざ》の事

誣告《ぶこく》の反坐、*文法すでに稠重《ちようじゆう》、よろしく本条に任せて厳禁を加へらるべし。当所衆ならびに国司・守護・*上使等、*私を挟《さしはさ》みて緈参差《ことしんし》せば、その科同前。

一反坐事

誣告之反坐文法已稠重、宜任本条被加厳禁、当所衆并国司守護上使等、挟私緈参差者、其科同前、

7 一 堺相論の事

他領に打ち越すの条、糺決の日遁るるところなくば、所見に任せて*牓示《ぼうじ》を直《なお》し定めらるるの後、押※領するところの年記の一倍、打ち越すところの町段を以て、押領の輩の知行地を訴人に付けらるべし。ただし新給人に於ては、*両方裁断以後なほ違犯せば、その科同前。

一堺相論事

打越他領之条、糺決之日無所遁者、任所見被直定牓示之後、所押領之年記一倍、以所打越之町段、可被付押領輩知行地於訴人、但於新給人者、両方裁断以後猶違犯者、其科同前、

8 一 当所*論人、左右なく記録所に直訴すべからざるの事

記録所といひ当所といひ、沙汰あるべきの条々、すでに*その法を定められ畢《おわん》ぬ。もし*参差の事あらば、当所*庭中《ていちゆう》ならびに越訴のとき、所存を申すべし。*沙汰未断の最中、直訴せしむるの輩に於ては、訴人の名字を当所に注し置き、*理訴たりといへども、三ヶ月その沙汰に及ぶべからざるか。

文法すでに稠重　闘訟律、誣告謀反大逆条・誣告人条・告小事条・誣告流罪以下条等にその規定があり、疏文が「凡人有嫌、遂相誣告者、准誣告軽重、反坐告人」とし、また法曹至要抄「反坐事」条が、案之誣告人者、以其罪可反坐」とするように、同罪を課すのが原則であった。

上使　「雑訴決断所の設置に伴ない、国司・守護とともに全国的に公的・制度的に置かれた」ところの「地方官」(山口隼正氏「国上使について」月刊『歴史』28)であるとされている。

私を挟みて…　私情を挟んで誣告を正当な訴えと認定し、その結果間違いをひき起こす(即ち誤判)ことがあれば。

牓示　土地の境界を明示するために立てられた杭・石・炭など。

押領する…一倍　押領期間の二倍だけ。

両方裁断以後　打越しの事実の確定と牓示の訂正の二つが行われた後、の意か、或いは新給人および堺を接する他の当事者の双方に対して裁定が下された後、の意か不明。

論人　ここでは論人＝無理人＝敗訴人の意か。

その法　決断所の管轄事項は前掲(五)がこれに当るが、記録所については法規が現存せず不明。

参差の事あらば　手続き上の、もしくは判決の過誤に対する不満があれば。

庭中ならびに越訴　一般的には庭中が手

一当所論人無左右不可直訴記録所事
云記録所云当所、可有沙汰条々已被定其法畢、若有参差事者、当所庭中并越訴之時、可申所存、沙汰未断之最中於令直訴之輩者、注置訴人之名字於当所、雖為理訴三ヶ月不可及其沙汰乎、

9 一 勅裁に違背し、国司・守護・上使等に*拒捍《こかん》し、城墎を構へ合戦に及ぶ輩の事
*先度の御事書を守り、固く遵行《じゅんぎょう》の沙汰あるべし。

一違背 勅裁、拒捍国司守護上使等、構城墎及合戦輩事
守先度御事書、固可有遵行之沙汰、

10 一 *諸国行程の事
*近国 十日 *中国 廿日 *遠国 五十日
已上往反《おうへん》の行程のほか、論人の上洛 *判待《ことわりま》つべきの日数
近国 七日 中国 十五日 遠国 廿日
建武元 五 十八 治定し畢ぬ。

一諸国行程事
近国 十日 中国 廿日 遠国 五十日
已上往反行程之外、論人上洛可判待之日数
近国 七日 中国 十五日 遠国 廿日
建武元五十八治定畢

【内閣文庫 建武記】

続き上の、越訴は判決の過誤の救済のためのものであるが、決断所のそれについての実体は不明。
沙汰未断の最中 越訴庭中を含めて決断所の審理が決審以前に。
理訴…べからず 当該訴訟のみならず他の訴訟についても三ヶ月受訴しない、の意か。
拒捍 反抗。
先度の御事書 〔三〕9条・〔四〕などをさす。
諸国行程 2条参照。
近国 延喜式によれば、山城・大和・河内・和泉・摂津・伊賀・伊勢・志摩・尾張・三河・近江・美濃・若狭・丹波・丹後・但馬・因幡・播磨・美作・備前・紀伊・淡路。
中国 遠江・駿河・伊豆・甲斐・飛騨・信濃・越前・加賀・能登・越中・伯耆・出雲・備中・備後・阿波・讃岐。
遠国 相模・武蔵・安房・上総・下総・常陸・上野・下野・陸奥・出羽・越後・佐渡・石見・隠岐・安芸・周防・長門・伊予・土佐・筑前・筑後・豊前・豊後・肥前・肥後・日向・大隅・薩摩・壱岐・対馬。
判待つべきの日数 出廷までに許された猶予期間。したがって近国ならば計十七日間を過ぎれば論人の陳弁を待たず判決が下される。

三

1 一　*頼朝卿以来建立、*没寺領の事

*没収に混じ、近日に於て多く*人給《にんきゅう》に充て行はるるか。仏法の衰微、*罪業《ざいごう》の因縁《いんえん》なり。*将軍家下文の状を帯びるに於ては、よろしくこれを返付せらるべし。*私に寄附の所は、開発の由来を申し披け。ならびに*諸司の要劇、*武威を以て猥りに寄附の所の類は、*この限りにあらず。*ただしまた三宝物を*干用するの侵あらば、興隆の勝劣に就きて沙汰あるべし。

一頼朝卿以来建立没寺領事

混没収於近日多被充行人給歟、仏法之衰微罪業因縁也、於帯将軍家下文之状者、宜被返付之、私寄附所者申披開発由来、幷諸司要劇、以武威猥寄附所類、非此限、但又有干用三宝物之侵者、就興隆之勝劣可有沙汰、

2 一　諸人*本領の事

近年*関東非拠の沙汰により、謬《あやま》りなき所領多く収公の由、その聞《きこえ》あるの間、証文の実に就きて、返付せらるべきの旨、*沙汰するのところ、奸訴の輩、或ひは他人の証文を*誘《こしら》へ取りて相承と称し、或ひは*没収の罪科を隠密して謀訴を致す。*不直《ふちょく》の跂《くわだて》、裁断の煩ひなり。近来の*牢籠《ろうろう》および*勲功に募《つの》り申すのほかは、暫くこれを閣《さしお》かるべし。

建武元年六月廿七日

一諸人本領事

近年依関東非拠之沙汰、無謬所領多収公之由、有其聞之間、就証文之実、可被返付之旨、

(三)

頼朝卿以来建立　鎌倉幕府の建立した寺院。いわゆる元弘没収地として寺領の没収が行われた。

没　この下に脱字あるか。

没収に混じ　「混」は虫損多く推定。「収」はむしろ「伎」または「役」に近い草体であるが、意により改む。

人給　俗人領。

罪業の因縁　仏法上の罪をひきおこす原因。

将軍家下文　寄進の安堵状。文書形式上は関東下知状。

私に寄附　鎌倉時代に於ても私的寄進の制限は公武を通じて見出され、延応二年七月の追加法では、収公を規定している。

諸司の要劇　元来は劇職の官衙に充てられ、その地子を官人に支給した要劇田。

武威を…の類　武士、とくに北条氏などの圧力によって半強制的に寺領化された所領。

この限りにあらず　寺領として返付せず、人給のまま。

ただし…あるべし　その場合でも寺の興隆に資することの大きいものは考慮する。

干用　「干」は虫損多く残画からの推定。犯用と同じ。不法に使用する。

本領　旧領。

関東非拠の沙汰　幕府の不当な裁判。たとえば寛元元年の一判決は、所務相論の当事者双方から密懐と私的没収の罪科によって所領を収公し、これを得宗領としている。被没収者は代々その回復を希求

沙汰之処、奸訴之輩、或誘取他人証文称相承、或隠密没収之罪科致謀訴、不直跂裁断煩也、
近来之牢籠及募申勲功之外者、暫可閣之、

建武元年六月廿七日

【青方文書】

〔三〕 諸国庄園・郷保の地頭職以下の所領等、御年貢の事

1 一 *員数《いんずう》の事

本領新恩を論ぜず、当時管領の田地の分、実正に任せて不日《ふじつ》これを注進すべし。*かの正税以下色々の*雑物等、*所出廿分の一〈*料所ならびに保役勤仕《ごんし》の地は、この限りにあらず〉を以て、*御倉に進済すべし。ただし貢金・貢馬等の類に至りては、先例を守るべし。もし注進の田数以下減少の条、支証出来せば、*余田に於ては収公せらるべきなり。

諸国庄園郷保地頭職以下所領等御年貢事

一員数事

不論本領新恩、当時管領田地之分、任実正不日可注進之、以彼正税以下色々雑物等所出廿分之一〈於料所幷保役勤仕之地、非此限〉、可進済御倉、但至貢金貢馬等之類者、可守先例、若注進之田数以下減少之条、支証出来者、於余田者可被収公也、

2 一 *参期《さんご》の事

国の遠近に随ひて、その期を定められ畢ぬ。かの時分を守りて御倉に進納すべし。もし懈怠《げたい》を致さば、参期以後三ヶ月の中は、一倍を以て進済すべし。この上なほ難

し、新政なるや「幸今奉逢聖明之御代、開年来之愁眉」としてその返還を申請している(相良家文書一)。

沙汰 佐藤説ではこれを後醍醐帰京早々の「誤判再審令」なる法令とみる(『南北朝の動乱』一七頁)。

誘へ…と称し だまし取った他人の証文を自家相伝の証文と称し。

没収の罪科を隠密 当然に没収さるべき罪科があるのをかくして。

不直 不正直な。

牢籠 所領喪失による経済的困窮。

勲功に募る 単なる旧領回復でなく、元弘の乱における恩賞としての要素をもつもの。

〔三〕

員数 年貢の数量。

かの 「彼」は底本「後」。

雑物 付加税。

所出廿分の一 →補

料所…の地 類従本は「料所保被勤仕之地」につくる。いずれにせよ文意不明確で大日本史料六編の二のごとく「料所幷課役勤仕之地」の誤写とみるべきか。兵粮料所や特別の軍役勤仕の地の免除か。

御倉 未詳。

余田 注進にもれた隠田。

参期 納済の期限。

渋せしめば、当*年の所務を他人に付けらるべし。

　一参期事
　随国遠近、被定其期畢、守彼時分可進納御倉、若致懈怠者、参期以後三ヶ月中、以一倍可進済、此上猶令難渋者、可被付当年所務於他人、

3 一　難渋の輩の事

或ひは催促なしと称し、或ひは管領の地を隠密して、御年貢を難渋せしめば、*指《さ》し申すの仁出来に随ひて、所職を改易せらるべし。

　一難渋輩事
　或称無催促或隠密管領之地、令難渋御年貢者、随指申之仁出来、可被改易所職矣、

4 一　*仕丁《じちょう》役の事

十町の田地を以て、毎年一ヶ日の役、勤仕せしむべきなり。

　一仕丁役事
　以十町田地毎年一ヶ日役、可令勤仕也、

*雑訴決断所牒す　其国衙
　諸庄園・郷保の地頭以下所領等御年貢ならびに仕丁役の事
　副へ下す　御*事書一通

牒す、諸庄園・郷保の地頭職以下所領等の御年貢ならびに仕丁役の事、御事書の旨に任せて、本領新恩を論ぜず当時管領の田地の分、実正に任せてこれを注進せしめ、正

当年の所務　その年の知行。

指し申す　告訴する。

仕丁役　全国的な規模で課せられる夫役を具体的にどのように徴集しようとしたのか不明。

雑訴決断所牒　1〜4条の各国衙への施行。

御事書　1〜4条の法令原文。

税以下色々雑物等、所出廿分の一をもつて、参期を守りて御倉に進納すべきの由、国中に相触れ、急速に*散状《さんじょう》を申すべし。てへれば牒送件のごとし。以て牒す。

建武元年十月　日　⌐

*⌐　⌐

⌐　⌐

⌐

雑訴決断所牒　其国衙

諸庄園郷保地頭以下所領等御年貢幷仕丁役事

副下御事書一通

牒、諸庄園郷保地頭職以下所領等御年貢幷仕丁役事、任御事書之旨、不論本領新恩当時管領田地分、任実正令注進之、以正税以下色々雑物等所出廿分之一、守参期可進納御倉之由、相触国中急速可申散状、者牒送如件、以牒、

(年次・署名記号略す)

【内閣文庫　建武記】

一四　決断所条々　*建武二年二月　日

1 一　*文書支配の事

*方々奸訴ならびに*前後転変を糺明し、*目録部類せんがために、*国奉行を定むるところなり。文書を*一所に渡し遣はすべきなり。

決断所条々　建武二年二月　日

一文書支配事

散状　簡略な形式の回答書。

⌐　決断所職員の連署を略した記号。この位置に最高位者が、日付の下に最低位者がくる。

〔一四〕

建武二年二月日　↓補

文書支配　訴陳状・具書などの処置配分。

方々奸訴　決断所が多方に分れていることを利用した所謂一事両様訴訟のごときを意味するものか。

前後転変　結審ずみの訴訟を偽って再訴するごときものか。

目録部類　文書の年次内容目録をつくり分類整理する。

国奉行　他に徴証はなく不詳だが、各国をそれぞれ一名の奉行に担当させ、その国に関する訴訟の文書業務を一括させたものと思われる。

一所　国奉行のところ。

紏明方々姧訴幷前後転変、為目録部類、所定国奉行也、可渡遣文書於一所也、

2 一 訴陳状を召し整へ、対決に及ばんと擬する事〈*付たり。散状の到来、難渋至極の事〉

訴人の煩ひを止めんがため、*文書を留め置き、*本奉行申し沙汰せしむべし。一決の是非を経るの後、国奉行方へ付け渡すべし。ただし*篇目に於ては、まず一国の分悉《ことごと》く目六《もくろく》に載せ、子細を*注進すべし。

一召整訴陳状、擬及対決事〈付、散状到来難渋至極事〉

為止訴人之煩、留置文書、本奉行可令申沙汰、経一決是非之後、可付渡国奉行方、但於篇目者、先一国分悉載目六、可注進子細、

3 一 牒状の事

*先日遵行《じゅんぎょう》の分、本新領主、所領の名字を目録に書き副へて、これを付け渡すべし。国奉行これを請取り、*勅裁の有無、施行の旨趣《しいしゅ》は、以前といひ向後といひ、これを注し置くべし。

一牒状事

先日遵行分本新領主所領之名字、書副目録、可付渡之、国奉行請取之、勅裁之有無施行之旨趣、云以前云向後、可注置之、

4 一 国奉行*退座《たいざ》の事

その憚《はばかり》あらば、目録を引き付くるの後、*他人に渡すべし。

一国奉行退座事

有其憚者、引付目録之後、可渡他人、

付たり　この付たりに対応する文言が本文にないのは異例だが、論人の召文難渋による場合もこれに准ずる、の意か。

文書を留め置き　文書を国奉行に渡さず。

本奉行…せしむべし　この訴訟の担当奉行人が対決終了まで。

篇目　たとえば「某申…事　某年某月某日」のごときもの。

注進　国奉行に対して。

先日遵行の分　決断所が諸国の国衙・守護所に命じて判決の執行を命じた牒状で、そこには押妨を排除される本領主、沙汰し付けられる新領主、対象物権の所在が記されている。

勅裁　5条参照。

退座　訴訟当事者と裁判官が一定の親縁関係にあるとき、該裁判官を審理の場から退席せしめること。国奉行は同時に一奉行人として訴訟の担当奉行たり得たものと考えられる。

他人に渡すべし　目録照合事務だけは国奉行が行い、それが済んだあと、担当奉行の職を交替する。

5 一　勅裁を蒙むる輩の事

たとひ綸旨を賜はるといへども、いまだ当所の牒状を帯びざれば、*子細を国奉行に相触れ、かの目六に書き入れらるべし。向後に於ては、*勅裁の日限三十ヶ日を過ぎば、左右《そう》なく牒状を成すべからず。よろしく奏聞を経べし。また*牒なくばこれを遵行すべからず、下地《したじ》を沙汰し付くべからざるの旨、国司・守護に仰すべきか。

【内閣文庫　建武記】

一蒙　勅裁輩事

縦雖賜　綸旨、未帯当所牒状者、相触子細於国奉行、可被書入彼目六、於向後者、　勅裁日限過三十ヶ日、無左右不可成牒状、宜経　奏聞、又無牒者不可遵行之、不可沙汰付下地之旨、可仰国司守護哉、

この条々施行せられず。訴人*違於か。*不可説《ふかせち》々々。

此条々不被施行之、訴人違於歟、不可説〳〵。

〔一五〕　*大番条々　建武二　三　一

1 一　*寺社一円領の事

*先々免許せらるるの所々は、いまさら駈《か》り催《もよお》す能はず。近年御寄附の地は、旧規に任せて勤仕すべし。

大番条々　建武二三一

一寺社一円領事

先々被免許之所々者、今更不能駈催、近年御寄附之地者、任旧規可勤仕、

子細を…べし　綸旨を賜った当事者は決断所の国奉行人に報告し、その目録に載せてもらって、遵行の牒状の下付を待て。

勅裁の日限　綸旨発給後。

牒なくば　綸旨のみを国衙や守護所に呈示しても。→八九頁補「建武二年二月日」

違於　二字目の草体は「於」または「出」に最も近いが、いずれにせよ意味不明。

不可説　理解しがたい、けしからぬこと。

〔一五〕

大番　内裏大番。

寺社一円領　本家・領家・地頭職などに俗人の所職を一切含まない寺領・社領。

先々免許　鎌倉時代の京都大番役は御家人に課せられる幕府の公事であり、従ってここでは朝廷が附課免除の権を握っていた役夫工米等の免除の先例をさすと考えられる。

2 一　本所進止の地ならびに*領家預所職の事

*所務の地に於ては、地頭職に准じて平均に相触るべし。*請所《うけしょ》に至りては充て課すに及ばず。

一本所進止地幷領家預所職事

於所務之地者、准地頭職平均可相触、至請所者不及充課、

3 一　田数に就きて*支配すべき事

遠国は三十町、中国は二十町、近国は十町別に一人分、*面々に参勤すべし。当知行の地*不足の輩は、*課役を惣領に沙汰し渡すべし。もし惣領なくば、その郡催促の役人に弁ずべし。

一就田数可支配事

遠国三十町、中国二十町、近国十町別一人分、面々可参勤、当知行之地不足之輩者、可沙汰渡課役於惣領、若無惣領者、可弁其郡催促之役人、

4 一　所領数ヶ所相伝の輩の事

*懸名《けんめい》の所は、自身勤仕すべし。自余の所々は、代官を進むべし。

一所領数ヶ所相伝輩事

懸名之所者、自身可勤仕、自余所々者、可進代官、

5 一　町別の銭貨・人夫・伝馬の事

*先例と称して百姓に懸けらるるの条、然るべからず。向後は撫民《ぶみん》の儀を以て、領主の所役たるべし。

領家預所職　領家が預所職を兼帯している庄園。

所務の地　単に権限上の進止のみではなく、経営の実際を掌握している所領。

請所　上文「所務の地」に対比して、所務が他に委任されている所領。

支配　わり充て。

面々に　各個人単位で。

不足の輩　十・二十・三十町未満の武士。

課役を…渡すべし　相当する米銭を惣領に支払い、その分を含めて惣領が番役を勤仕する。

懸名の所　名字の本領。

先例と称し　鎌倉時代も大番役等に際して御家人が領内住民に人身的経済的負担を転課することが行われ、幕府はしばしばその禁令を発し、たとえば文応元年の追加法333条（上巻五〇頁）では段別三百文、五町別官駄一疋・人夫二人以外の賦課を禁止。

一町別銭貨人夫伝馬事
称先例被懸百姓之条、不可然、向後以撫民之儀、可為領主之所役、

6 一 鎧直垂《よろいひたたれ》已下武具の事

各〻*倹約を存じ、過差《かさ》の儀を止むべし。所詮直垂に於ては、蜀錦《しょっきん》・呉綾《ごりょう》・金沙・金蘭・紅紫の類は、着用すべからず。布たるべし。また金銀装束の太刀《たち》・刀《かたな》、唐皮《からかわ》の尻鞘《しりざや》は、同じく停止すべし。疎品《そひん》を用ゐるべし。

一鎧直垂已下武具事
各存倹約可止過差之儀、所詮於直垂者、蜀錦呉綾金沙金蘭紅紫之類、不可着用、可為布、又金銀装束太刀刀、唐皮尻鞘、同可停止之、可用疎品、

7 一 *番渡しの次第の事

*奉行人といひ*役人等といひ、*正員《しょういん》役所に参じて、厳密の沙汰を致すべし。

一番渡次第事
云奉行人云役人等、正員参役所、可致厳密之沙汰、

【内閣文庫 建武記】

一六 *陣中の法条々

1 一 *陣屋《じんや》の幕の事

これを巻き上げ、垂れ下ぐべからず。

2 一 武具を帯びて出入の事

倹約 〔九〕の4・7・8条等参照。

番渡し 一定期間の番役が終了し、次の番の者と受持ち場所を交替するときの引継ぎの手続き。

奉行人 大番を監督する建武政府の奉行。

役人 大番を勤仕する武士。

正員役所に参じ 自身が受持ちの場所に集合して。

〔一六〕

陣中 内裏の内部。

陣屋 内裏警固の武士の詰所。

*衛府《えふ》の官ならびに役所勤仕の輩は、制の限りにあらず。そのほかは、一向停止すべし。

3 一 訴論人参内の事

記録所・決断所の沙汰、已にその道々*を定められ畢ぬ。諸国の輩、猥《みだ》りに禁中に参ずべからず。*五畿内訴論人に於ては、*押小路《おしのこうじ》京極の役所へ相触れて参入すべし。役人また面々の名字を記し置き、*着到《ちゃくとう》を記録所・決断所に進むべし。自余の道々の訴論人の事、子細同前。

4 一 *異形《いぎょう》の輩、出入の事

近日警固の役人不法云々、厳密制止を加ふべし。

5 一 番屋《ばんや》の事

役人の沙汰として、不日造り畢《お》ふべし。

陣中に於て制止を加ふべき条々

6 一 俗人の*裹頭《かとう》、異形の事

7 一 *鬢帽子《びんぼうし》を用ゐる事

8 一 *笠着《かさぎ》の事

9 一 布の小袖・*小袴《こばかま》を着する事

10 一 *藺沓《いぐつ》を着する事

11 一 革の*韈《しとうず》を着する事

衛府の官　左右近衛・左右衛門・左右兵衛の官人。

道々　地方地方の分担。建武元年九月の決断所番文によれば、一番五畿内、二番東海、三番東山、四番北陸、五番山陰、六番山陽、七番南海、八番西海の各道の担当と開局日が定められた。記録所については傍証がない。

五畿内　山城・大和・河内・和泉・摂津の五ケ国。

押小路京極の役所　太平記によれば決断所は郁芳門の左右の脇にあり、記録所も前代以来内裏内にある。したがって本条によれば内裏外に前代の問注所に似た役所を新たに設置したことになる。なお各道々に夫々の役所があったのかどうか不明。

着到　受付の名簿。恐らく押小路役所で手形のごときものを発行し、これと着到とを照合したものと思われる。

異形の輩　具体的には6条以下に示される。

裹頭　目だけ残して、頭・顔を布で覆面すること。僧体を偽わるものか、単なるバサラ風か。

鬢帽子　鬢から顔面の両側を布で覆ったかぶりもの。

笠着　笠を脱がずにいること。

小袴　公家では指貫を、武家では半袴のごとき短い袴をいう。

藺沓　いぐさで編んだ裏なし草履。

韈　襪。指の股のない足袋。

12 一　屐《あしだ》〈付たり。革の駄屐〉を着する事

13 一　草履《ぞうり》を着する事

14 一　商人出入の事

15 一　塵を捨て置き不浄を現す事

陣中法条々

一陣屋幕事

巻上之、不可垂下、

一帯武具出入事

衛府官幷役所勤仕之輩者、非制之限、其外者、一向可停止、

一訴論人参　内事

記録所決断所沙汰已被定其道々畢、諸国輩猥不可参　禁中、於五畿内訴論人者、相触于押小路京極役所可参入、役人又記置面々名字、可進着到於記録所決断所、自余道々訴論人事、子細同前、

一異形輩出入事

近日警固之役人不法云々、厳密可加制止、

一番屋事

為役人之沙汰、不日可造畢、

於陣中可加制止条々

一俗人裹頭異形事

一用鬢帽子事

一笠着事

一着布小袖小袴事
一着藺沓事
一着革韈事
一着屐〈付、革駄屐〉事
一着草履事
一商人出入事
一捨置塵現不浄事

【内閣文庫 建武記】

暦応雑訴法

＊暦応三年五月十四日　文殿《ふどの》に下さる
＊雑訴《ざつそ》条々

1 一　訴陳は二問二答たるべし。もしなほ相残ることあらば、追進《ついしん》の一問一答これを許さるべし。二問答の後、＊具書《ぐしょ》を備進すること、一切停止せらるべき事

暦応三年五月十四日被下文殿
雑訴条々
一訴陳可為二問二答、若猶有相残事者、追進一問一答可被許之、二問答之後備進具書、一切可被停止事

2 一　＊陳状廿箇日を過ぎば、＊所務《しょむ》を止めらるべし。所務を止めらるるの後、十五箇日を過ぎば、敵方に付けらるべし。ただし違背《いはい》至極《しごく》の後、所務を止めらるるの法といひ、知行を付けらるるの儀といひ、定め置かるるの旨に任せて沙汰あるべきの旨、重ねて＊相触れられ、また十箇日を過ぎば、訴人の催促を待たず、法に任せてその沙汰あるべき事

一陳状過廿箇日者、可被止所務、被止所務之後、過十五箇日者、可被付敵方、但違背至極之後、云被止所務法、云被付知行之儀、任被定置之旨可有沙汰之旨、重被相触、又過十箇日者、不待訴人催促、任法可有其沙汰事

暦応三年…　この前書は東洋文庫蔵本によって補った。
雑訴　→六一頁注

1 具書を備進すること　証文の提出。

2 陳状廿箇日　弘安八年法19条・元亨元年法3条参照。
所務を止めらるべし　→六四頁注

相触れ　陳状を提出しない論人に対して、上記の旨を通告した上で。

3 一 重訴状の日限、同じく*廿箇日たるべし。かの日限を過ぎば、訴訟を止めらるべし。
*その法陳状の難渋《なんじゅう》に准ずべき事

一重訴状日限、同可為廿箇日、過彼日限者、可被止訴訟、其法可准陳状難渋事

4 一 初問《しょもん》已下の訴状、毎度*陳状に相具《ぐ》して返進すべし。相副へざれば、奉行人陳状を請取るべからざる事

一初問已下訴状、毎度相具陳状可返進、不相副者、奉行人不可請取陳状事、

5 一* 論人出対《しゅったい》の難渋両度に及ばば、所務を止めらるべし。その後なほ参決せざれば、再往の催促に及ぶべからず、敵方に付けらるべし。訴人に於ては、訴訟を棄捐《きえん》せらるべき事

一論人出対難渋及両度者、可被止所務、其後猶不参決者、不可及再往之催促、可被付敵方、於訴人者、可被棄捐訴訟事

6 一 庭中《ていちゅう》ならびに越訴《おっそ》を置かるべき事

庭中の日〈四日　九日　十九日　廿四日〉

件の日々、当番の*伝奏《てんそう》は文殿に着し、訴人の申すところを尋ね聞き、委しく糺決せらるべし。*申沙汰の私曲《しきょく》露顕せしめば、ただに*奉行を改めらるるのみならず、よろしく出仕を止めらるべし。はたまた訴人不実*矯飾《きょうしょく》を構へ、恣に庭中に及ばば、永く訴訟を棄てられ、*雑掌《ざっしょう》に至りては、使庁《しちょう》に召し出さるべし。およそ*奏事《そうじ》の不実ならびに奸訴《かんそ》の罪条この法に同じ。

3 **廿箇日**　元亨元年法3条では三十日。
その法　訴人に対しては所務の停止、知行の没収などの罰則はあり得ず、准ずべきことは2条「定め置かるるの旨」以下の文か。
4 **陳状に…すべし**　論人が陳状を提出する際に、受取っていた訴状をともに奉行所に返却する。この法が実施されれば、論人の側に伝来する訴状は正文でないことが確かめられる。
5 **一**　底本には「一」の右側に「此事被改直歟」、「所務云々」の右側に「以一方尋聞可注進之歟」の追筆がある。これは末尾の追加3条に対応するもの。
6 **伝奏**　暦応四、五年頃には勧修寺経顕・柳原資名ら七人の伝奏がおかれ、いずれも19条にみえる「御前評定」衆に任ぜられている。
申沙汰の私曲　庭中は手続きの過誤に対する救済手続きであり、裁判の進行を担当する奉行人の私曲の有無が庭中の主要な対象となる。
奉行を改めらる　該訴訟の担当奉行人を解任される。
矯飾　いつわり飾ること。
雑掌　沙汰雑掌。当事者に代って訴訟にあたる専門的な法廷代理人。
奏事の不実　詐偽律(逸文)に「奏事上書詐不以実者、徒二年」とあり、これを受けて法曹至要抄が「奏事不実之科、徒二年者也」と定めるように、本来は誣告一

越訴の日〈十四日　廿九日〉

奉行人その仁を定められ、文殿に着すべき事〈人数二人たるべし〉

一可被置庭中幷越訴事

庭中日〈四日　九日　十九日　廿四日〉

件日々当番伝奏着文殿、可尋聞訴人所申委被糺決、申沙汰私曲令露顕者、需匪被改奉行、宜被止出仕、将又訴人構不実矯飾、恣及庭中者、永被棄訴訟、至雑掌者、可被召出使庁、

凡　奏事不実幷姧訴罪条同此法、

越訴日〈十四日　廿九日〉

奉行人被定其仁、可着文殿事〈人数可為二人〉

7
一　謀書《ぼうしょ》その犯露顕せしめば、＊諸大夫《しょだいふ》以上は＊贖銅《しょくどう》の儀に准じて、所領を収公せらるべし。知行の地なきの輩に於ては、＊官職を解却《げきやく》せられ、＊侍以下および諸雑掌に至りては、その身を禁獄《きんごく》せらるべし。もし実書《じっしょ》を以て謀書と称さば、＊反坐《はんざ》の科条《かじょう》について、たとひ理訴《りそ》たりといへども、訴訟を棄捐せらるるの上、よろしく所犯の人躰《にんてい》によって、＊随分の勘事《かんじ》あるべし。雑掌に於ては使庁に召し出さるべし。諸社の祠官《しかん》、諸寺の住侶《じゅうりょ》、甲乙の緇素《しそ》は、これに准じて罪科の沙汰あるべき事

一謀書其犯令露顕者、諸大夫以上者准贖銅儀、可被収公所領、於無知行地之輩者、被解却官職、至侍以下及諸雑掌者、可被禁獄其身、若以実書称謀書者、就反坐科条、縦雖為理訴、被棄捐訴訟之上、宜依所犯之人躰、有随分之勘事、於雑掌者可被召出使庁、諸社祠官諸寺住侶甲乙緇素、准之可有罪科沙汰事

8
一　＊問状の院宣を以て所務を濫妨《らんぼう》し、ならびに＊訴陳の中間に狼籍を致す輩の事

般ではなく天皇・院への奏上に限定したものか。なお鎌倉幕府訴訟制度では「引付・評定・越訴・庭中ニ以被棄置事、訴論人共歎申之、是ヲ奏事ト云」(沙汰未練書)とよばれる過誤救済手続きがあり、本条ではむしろこの方に親近性があるが、この点も不明。

7 **諸大夫以上**　五位以上のもの。
贖銅　律令法上、官人に実刑を課す代りに銅の納入をもってさせた贖罪。
官　底本「宦」。
侍以下　諸大夫につぐ六位以下のもの。
反坐の科条　建武法(二)6条(八四頁)参照。
随分の勘事　身分に応じた処罰。

8 **問状…濫妨**　訴状に応じて陳状を出すことを命じた院宣を下付された訴人が、それを利用して論人当知行の論所を押妨すること。御成敗式目51条「帯問状御教書、致狼藉事」(上巻三五頁)と同じ法意であるが、公家法としては本条が初見であり、彼我訴訟制度の発達段階に対応する。↓上巻四三九頁補注
訴陳の中間　↓六一頁注「聖断已前…濫妨」

9 一 不知行《ふちぎよう》の地を以て当知行《とうちぎよう》と称し、*院宣を掠《かす》め賜はる輩の事

両箇の罪条、贖銅に准じて所領を分《わか》ち召さるべき事

一以問状院宣濫妨所務、并訴陳中間致狼籍輩事

一以不知行地称当知行、掠賜　院宣輩事

両箇罪条、准贖銅可被分召所領事

10 一 *同じき輩院宣を賜はざるの以前、不知行露顕の時、*本訴《ほんそ》の是非《ぜひ》に入るべきの由申し請ふといへども、詐偽《さぎ》の企遁るるところなくば、永く訴訟を棄て置かるべきの事

一同輩不賜　院宣之以前、不知行露顕之時、可入本訴是非之由雖申請、詐偽之企無所遁者、永可被棄置訴訟事

11 一 *献芹《けんきん》・賄賂《わいろ》は代々の制に任せて、殊にその沙汰あるべし。伝奏《てんそう》以下文殿の衆等に及び、もし受用《じゆよう》の聞あらば、委しく尋ね究められ、所犯の実によつて、永く出仕を止めらるべし。訴論人に至りては、たとひ理訴を帯《お》ぶるとも、かの沙汰を停廃《ちようはい》せらるべき事

一献芹賄賂、任代々制、殊可有其沙汰、伝奏以下及文殿衆等、若有受用之聞者、委被尋究、依所犯之実、永可被止出仕、至訴論人者、縦帯理訴、可被停廃彼沙汰事

12 一 *後嵯峨院の聖代、*沙汰を経て勅裁《ちよくさい》当知行の地は、殊《こと》なる子細なくば、訴訟を許さるべからざる事

一後嵯峨院聖代、経沙汰勅裁当知行地、無殊子細者、不可被許訴訟事

---

9 **院宣** 当知行安堵の院宣。建武法〔二〕5条参照。

10 **同じき輩** 偽って当知行安堵の院宣を得ようとする者。
本訴の是非に入る 安堵ではなく、当知行者を相手どって権利の有無を争う裁判の手続を進める。

11 **献芹** 君主への進物。

12 **後嵯峨院の聖代** →五七頁注「寛元已後」。なお弘安八年法4条・本法追加1・2条参照。
沙汰を経て 審理を尽くした上で。一方的な申請による勅裁ではなくて。

13 **延慶以来** 延慶元年八月、花園天皇が即位、伏見院政が開始されるが、現在の北朝を形成する光明天皇・光厳上皇の祖父たる伏見の治世開始をもって、一つの画期とみなしたものと思われる。
往年の文書 証文としての価値の失われた所謂「古文書」。

14 **一流…あらざる所領** たとえば買得地

13 一 *延慶以来訴訟中絶の地、*往年《おうねん》の文書を捧げて訴へ申す輩、沙汰に及ぶべからざる事

一延慶以来訴訟中絶地、捧往年文書訴申輩、不可及沙汰事

14 一 およそ緇素*一流の由緒《ゆいしょ》にあらざる所領、不知行三代に及ぶの輩、訴訟を許さるべからざる事

一凡緇素非一流由緒之所領、不知行及三代之輩、不可被許訴訟事

15 一 自身相伝の証文を備進せざるの族《やから》の訴訟は、*尋ね下さるるに及ぶべからず。ただし*連券《れんけん》・惣領《そうりょう》所持の文書のごとき、ならびに他人所帯の状に、支証《ししょう》あるの由訴へ申すの類《たぐい》、この限りにあらざる事

一不備進自身相伝証文之族訴訟、不可及被尋下、但如連券惣領所持文書、幷他人所帯状、有支証之由訴申之類、非此限事

16 一 下職《げしき》および本所成敗の地、元弘・建武天下擾乱《じょうらん》のとき、*一同の法によつて、申し請ふに任せて安堵《あんど》の勅裁を下さるるといへども、*開発寄進《かいほつきしん》の余流、ならびに先々聖断を帯ぶるのほかは、御沙汰の限りにあらざる事

一下職及本所成敗地、元弘建武天下擾乱之時、依一同法、任申請雖被下安堵　勅裁、開発寄進之余流、幷先々帯　聖断之外、非御沙汰限事

17 一 神社仏寺、諸人の*不知行髣髴《ほうふつ》の寄附を受用し、*訴訟を致すべからざる事

一神社仏寺、受用諸人不知行髣髴之寄附、不可致訴訟事

のごとく、その家その法流に本来相伝されたものではない所領。

15 尋ね下さるるに及ぶべからず　沙汰に及ぶべからず、訴訟を許さるべからず、などとほぼ同義語か。証文所持の第三者に対する「尋下」の意も含めた表現か。

連券…訴へ申すの類　物権の所有を証明する買券類は通例貼りついで連券とする。従って所領の一部を売却入質する場合には正文を残して案文を交付する。つまり買得人は本券をもたないことになる。所領の分割譲与の場合にも庶子には正文を渡さず、惣領の手に残すことが多い。このような買得人、庶子など、正文を提出できない事情のある者についての例外規定である。

16 一同の法　通常建武法(三)をさすが、本条にいう「一同の法」は、「安堵の勅裁を下さる」点からみて、建武法(二)によって廃止された「この法」をさすことになる。

開発寄進の余流　開発地下地の領有権や所務を自己に保留したまま、上級の職を寄進したものの子孫。このような場合における寄進者と被寄進者双方の子孫の間の緊張関係については弘安八年法9条参照。なお建武法(五)3条では下職・開発余流・帯代々上裁の三つを決断所、即ち朝廷で管轄し、他を本所成敗とする。

17 不知行髣髴の寄附　寄進者の不知行地で、寄進地との権利関係も定かでない土地の寄進。

訴訟を致す　いわゆる寄沙汰。弘長三年法23条等参照。

18 一 文殿《ふどの》に下さるる訴陳は、まづ三十箇日の中、文書を廻覧し、対決の後、五箇日の中*勘奏《かんそう》すべき事

一被下文殿訴陳、先三十箇日中、廻覧文書、対決之後、五箇日中可勘　奏事

19 一 *御前評定《ごぜんひょうじょう》ならびに越訴・庭中の日、*文殿衆皆参《かいさん》すべき事

一御前評定并越訴庭中日、文殿衆可皆参事

20 一 文殿衆の俸禄《ほうろく》は、忠勤《ちゅうきん》の浅深につきて、賞罰の沙汰あるべき事

一文殿衆俸禄、就忠勤浅深、可有賞罰沙汰事

追* 加

追1 一 *寛元以来不知行の地に於ては、たとひ訴訟を相続せしむるといへども、御沙汰に及ぶべからざる事

追2 一 後嵯峨院御代、沙汰を経て棄捐の余流は、訴訟を許さるべからざる事

追加

一於寛元以来不知行地者、縦雖令相続訴訟、不可及御沙汰事

一後嵯峨院御代、経沙汰棄捐余流、不可被許訴訟事

追3 対決難渋の事二箇度に及ばば、所務を止めらるべきの由、*先度その法を定めらるといへども、向後に於ては*一方を召し出し、*訴陳につきて*是非を注進せらるべきの由、仰せ下さるるところなり。存知せらるべきの状、件のごとし。

18勘奏　文殿寄人の合議によって勘文を作製しこれを上申すること。勘文は簡単に訴論人の主張・証拠などを記し、いずれに理あるかを結論とするが、判断を保留したままのものもある。

19御前評定…日　東洋文庫蔵本の末尾の記事によれば「雑訴評定日」は七・十七・廿七日の三ヶ度、前関白近衛経忠・関白九条道教・太政大臣久我長通ら公卿十一名の「評定衆」参仕の会議体であり、院の御前で行われたものであろう。「今日於仙洞有雑訴沙汰云々」(師守記、暦応三年三月十七日条)。

文殿衆　前注の史料によれば、この頃開闔中原師右以下九人の官人によって構成されている。

追加　師守記、暦応三年七月廿一日条「今日坊城前宰相経季卿被尋申云〈文殿事也〉、条々法内追加両条不審、云々付廻可注給候云々、付使被書遣了」によれば、追1・2両条は「条々」発布後間もない立法である。

寛元以来　寛元四年の後嵯峨院政開始以後。本法令12条および追加1・2両条によって、後嵯峨上皇の聖断は不知行所領の回復権、当知行地への提訴権、さらに越訴提訴権の凡てを否認し完全に不易化された。

先度その法　5条。

一方　ほとんどの場合、訴人。

訴陳　訴陳状。

是非を注進　18条「勘奏」に同じ。

暦応四
十一月十六日　　　　　　　　　　権中納言*判
大外記殿*
対決難渋事及二箇度者、可被止所務之由、先度雖被定其法、於向後者召出一方、就訴陳可被注進是非之由、所被仰下也、可被存知之状如件、
暦応四
十一月十六日　　　　　　　　　　権中納言判
大外記殿
【仁和寺文書】

権中納言　不明。柳原資明か。なおこの差出書は底本になく、東洋文庫蔵本により補う。
大外記　文殿の開闔を勤める中原師右。

公家思想 2

明法勘文

佐藤進一
笠松宏至
校注

明法条々勘録

尋ね下さるる条々

一　*父母の譲《ゆずり》前後の状の事[1]

*戸《こ》婚律《こんりつ》説者《せつしゃ》の詞《ことば》に就きて、前状を用ゐるべきか、子孫告言《こうごん》を聴《ゆる》さざるの文《もん》によりて、なほ後状を用ゐるべきか、両義の間、いづれを以て正理《しょうり》に叶ふといふべきかと云々。

右、*戸《こ》婚律《こんりつ》に云く、祖父母*父母在りて、子孫別籍《ベツジヤク》異《イ》財《ザイ》せらば、徒《ヅ》二年。疏に云く、ただ別籍といひて、異財せしむといはざるは、その罪なきを明らかにするなり。説者云く、問ふ、子孫をして異財せしむるも、罪なし。いまだ知らず、すでに異《イ》するの後、更に*追還《ツイゲン》するを得るや以不《イカン》。答ふ、すでに異財するの後更に追《ツイ》するは、これ所謂《イハユル》不義なり。しかれば則ち還《カヘ》さず、以て義に*允《カナ》ふ。これ等の文に就きて、前状を用ゐるべきの由、*立て申すの条その謂《いわれ》なし。件《くだん》の子細具《つぶ》さに左に載す。

被尋下条々

一父母譲前後状事

就戸婚律説者詞、可用前状哉、依子孫不聴告言之文、猶可用後状哉、両義之間、以何可

---

[1] **父母の譲**　父母が時日を異にして複数の譲状を作成し、子孫に付与した場合、前後いずれの譲状を有効とすべきかの問題である。

戸婚律説者　養老戸婚律は失われて、今伝わらず、諸書によってその逸文が知られるにすぎない。また養老律の註釈の集成と言われる律集解も亡びて伝わらず、同じく諸書に引かれる逸文によって、その片鱗が知られるにすぎない。それらの養老律逸文・律集解逸文の引用文の中に、屢々「説者云」として律条の法解釈が見えている。今のところ、「説者云」の説が律集解の一部であるのか、それとは別の明法家説であるのか、また説者が何人であるか、いずれもわかっていない。

戸婚律に云く…　戸婚律、子孫別籍異財条の逸文。この条は本書のほか法曹至要抄・裁判至要抄その他によって「祖父母父母在、而子孫別籍異財者、徒二年、若祖父母父母令別籍、以子孫妄継人後者、徒一年、子孫不坐〈但云別籍、不云令異財者、明其無罪〉」と復原されている。なお、引用文のうち律令とその注釈書の訓みについては、紅葉山文庫本「律」「令義解」の訓点及び本大系3巻「律令」の訓読を参考にし、振り仮名は片かなで示した。

母　底本に見えないが上記の諸史料によって補った。

追還　譲渡した財産を取り返す。下文の「追す」も同義。

允ふ　訓みは類聚名義抄による。

立て申す　主張する意。

謂叶正理哉云々、

右戸婚律云、祖父母々々在、而子孫別籍異財者、徒二年、疏云、但云別籍、不言令異財者、明其無罪、

説者云、問、令子孫異財、無罪、未知、既異之後更得追還以不、答、既異財後更追、是所謂不義、然則不還以允義、

就斯等文、可用前状之由、立申之条無其謂、件子細具載左、

名例律《みようれいりつ》に云く、八虐《はちぎやく》の七に曰く、不孝《フケウ》。注に云く、謂《イ》ふこころは、祖父母父母在るとき、別籍異財《ベツジヤクイザイ》。疏に云く、謂ふこころは、祖父母父母在るときは、子孫就《ツ》き養《ヤシナ》ふ方《ハウ》なし。出《イツ》るときは告《カウ》し反《カヘ》るときは面す。自専《ジセン》の道なし。しかるに異財別籍ある情《ココロ》、至孝の心なきなり。名義これを以て倶《トモ》に淪《ホロ》び、情節ここに並び棄《スタ》れぬ。これを典礼に稽《カンガ》ふるに、罪悪容《ユル》しがたし。二事すでに相ひ須《マタ》ず。違《タガ》へらば並びに八虐に当《アタ》る。

*附釈《ふしやく》に云く、善く父母に事《ツカ》ふるを孝と曰ふ、すでに違犯《キボン》あるを、これ不孝と名づく。

闘訟律《とうじようりつ》に云く、祖父母父母子孫を殴打し、財物を奪ふといへども、理訴するを得じ。

*又条《ゆうじよう》に云く、祖父母父母を告《カウ》する者は絞《ケウ》。注に云く、謀叛《ムホン》以上にあらずして故《コトサラ》に告する者《ヒト》。疏に云く、父は子の天たり、隠ありて犯なし。もし違失あらば、理すべからく諫諍すべし。起敬起孝、罪に陥《オチイ》らしむることなかれ。もし情を*忘れ礼を棄てて、故《コトサラ》に告する者は絞。謀叛以上を皆不臣となす。故に子孫告するもまた罪なし。もし故に余罪を告せば、父祖首例に同じきを得、子孫処するに絞刑を以てせよ。

説者云く、祖父母父母、子孫を侵犯するといへども、なほ理訴せず。何となれば、

附釈に云く… 律集解に引かれた附釈の逸文と思われる。いわゆる名例律勘物、不孝の部に、この附釈と同文の註釈が載っている。なお名例律勘物は国史大系、律の八九～九六頁に附収されている。

又条に云く… 闘訟律、告祖父母 父母条の逸文。この条は主として本書及び政事要略によって、次の如く復原されている。「告祖父母父母者絞〈謂非縁坐之罪及謀叛以上而故告者、下条准此〉、父為子天、有隠無犯、如有違失、理須諫諍、起敬起孝、無令陥罪、若有忘情棄礼而故告者絞、縁坐、謂謀反大逆及謀叛以上、皆為不臣、故子孫告亦無罪、縁坐仍同首法、故雖父祖、聴捕告、若故告余罪者、父祖得同首例、子孫処以絞刑(下略)」。

忘 底本「妄」につくる。政事要略所引逸文によって改めた。

この条に理訴これを聴《ユル》すの文なきの故なり。後に云く、孝経の陳君父《ちち》を諫むる章の注に云く、起孝、不義に陥らしむるなし。

*闘訟律にまた云く、子孫教令《キヤウリヤウ》に違犯《ヰボン》し、および供養《クヤウ》*闕《カ》くるあらば、徒《ヅ》二年。説者云く、子孫を誣告《ムカウ》するの時、なほ勿論《モチロン》を得。故に宜《ヨロシキ》に合《カナ》へらば、順行して罪なしとは皆是なり。何となれば、行ひて即ち愆《アヤマチ》等あらば、罪すべからざるの故なり。*また云く、供養闕くるあり。*物に云く、その多少遠近の限り見えず。ただ一朝の食を闕くといふとも、祖父母父母告せば、即ち徒罪を科するのみ。*賦役令《ぶやくりよう》に云く、孝子《ケウジ》順孫《ズンソン》、同籍《ドウジヤク》は悉《コトゴト》くに課役《クワヤク》免《ユル》せ。*精誠の通感《トウカン》する者あらば、別《コト》に*優賞《ウシヤウ》加へよ、てへり。

名例律云、八虐七曰、不孝、注云、謂、祖父母父母在、別籍異財、疏云、謂、祖父母父母在、子孫就養無方、出告反面、無自専之道、而有異財別籍情、無至孝之心、名義以之倶淪、情節於玆並棄、稽之典礼、罪悪難容、二事既不相須、違者並当八虐、

附釈云、善事父母曰孝、既有違犯、是名不孝、

闘訟律云、祖父母々々殴打子孫、雖奪財物、不得理訴、又条云、告祖父母々々者絞、注云、非謀叛以上而故告者、疏云、父為子天、有隠無犯、如有違失、理須諫諍、起敬起孝、無令陥罪、若有忘情棄礼、而故告者絞、謀叛以上皆為不臣、故子孫告亦無罪、若故告余罪者、父祖得同首例、子孫処以絞刑、

説者云、祖父母父母雖侵犯子孫、而不仍理訴、何者、此条無理訴聴之文故、後云、孝経陳諫君父章注云、起孝無陥不義、

闘訟律又云、子孫違犯教令、及供養有闕者、徒二年、

闘訟律にまた云く…　闘訟律、子孫違犯教令条の逸文。この条は、主として法曹至要抄・清原宣賢式目抄及び本書によって復原されている。

闕　底本「闘」につくる。上記二史料によって改めた。

また云く供養…　前註に記した闘訟律、子孫違犯教令条の一部である。

物に云く…　恐らく律集解に引かれた物記の逸文であろう。利光三津夫氏『律の研究』(二二一頁)によれば、物記は弘仁格式の編纂者の一人である明法博士物部敏久(?)による律の注釈書である。同人はまた、令集解に「物云」として令の注釈をのこしている。

賦役令に云く…　賦役令、孝子順孫条に「凡孝子順孫義夫節婦、志行聞於国郡者、申太政官、奏聞表其門閭、同籍悉免課役、有精誠通感者、別加優賞」とある。

精誠　底本「誠精」に作る。令義解によって改めた。

優賞加ふ　手厚く賞賜する意。

説者云、誣告子孫之時、尚得勿論、故合宜者、順行而無罪皆是、何者、行即有愆等、不可罪故、

又云、供養有闕、物云、其多小遠近限不見、但雖闕一朝食、而祖父母々々告、即科徒罪耳、

賦役令云、孝子順孫、同籍悉免課役、有精誠通感者、別加優賞者、

これ等《ら》の文のごとくんば、子孫別籍の罪、八虐徒刑に当《あた》る。祖父母父母を告するの科《とが》、八虐絞罪なり。およそ祖父母父母、子孫を殴打し、財物を奪ふといへども、理訴すべからざるによりて、父母の意に任すべきの条、憲章明らかに存す。しかるに戸婚律説者云く、子孫異財して後、更に追するは、所謂不義なり。しかれば則ち還さず、以て義に*充《アタ》ると云々。この一文に就きて、父祖の*悔改《かいかい》を以て非拠となし、子孫の告言を以ていかでか道理に処せんや。法意の及ぶところにあらざるか。父の過《あやまち》あれば、則ち子必ず安んじて*幾諫《きかん》す。*志従はざるを見て、起敬起孝、顔色を怡《よろこ》ばせば則ちまた諫むるなり。父従はざれば号泣してこれに従ふ、終《つい》に父をして不義に陥らしめずと云云。父に従はず、剰《あまつさ》へ告言せしめて、その財を奪ふ。あに正理に叶はんや。父祖たとひ非拠ありといへども、子孫の告を用ゐるべからず。これ告せらるるの父祖は、首法に同《どう》じて科を免《ゆる》され、告せしむるの子孫は、死罪を得べきの故なり。且《かつがつ》戸婚律の同居の卑幼私に財を用ゐるの条の説者云く、もし家業のために専らに用ゐば、無罪。ただ家業のためといへども、父母聴さずして専らに用ゐば、教令に違犯するの罪を科せよと云々。父祖の聴《ゆるし》なくんば、子

充　或いはもと「允(カナ)」であって、異体の酷似による誤写かもしれない(一〇六頁一一行「義に允ふ」参照)。
悔改　中世法のいわゆる悔返しの意で、一旦譲与したものを取り返すこと。
幾諫　おだやかに諫める意。
志従はざる…　底本は「見志而不従」とあるが、論語、里仁篇に「見志不従、又敬不違」とあるに依ったと見られるから、「而」字は「従」の下にあるべきものと考えられる。

孫異財すべからざるの由柄焉《へいえん》なり。しかのみならず、孝子順孫悉くに課役免せ。別《こと》に優賞を加ふべきの由、令典すでに明らかなり。隠ありて犯なしとは、即ちこの儀なり。いかでか不孝の子孫を*優《ゆう》じて、父祖の行事を禁ぜんや。しかれば則ち数度変改するといへども、最後の状を以て、受領せしむべきか。

如斯等文者、子孫別籍之罪、当八虐徒刑、告祖父母父母科、八虐絞罪也、凡祖父母々々殴打子孫、雖奪財物、依不可理訴、可任父母意之条、憲章明存、而戸婚律説者云、子孫異財後更追、所謂不義、然則不還以充義云々、就此一文、以父祖悔改為非拠、以子孫告言争処道理哉、非法意之所及歟、父之有過、則子必安幾諫、見志而不従、起敬起孝、怡顔色則復諫也、父不従則号泣而従之、終不使父陥于不義云云、不従父、而剰令告言、奪其財、豈叶正理乎、父祖縦雖有非拠、不可用子孫之告、是被告之父祖者、同首法免科、令告之子孫者、可得死罪之故也、且戸婚律同居卑幼私用財条説者云、若為家業専用者、無罪、但雖為家業、父母不聴而専用者、科違犯教令罪云々、無父祖之聴者、子孫不可異財之由炳焉也、加之、孝子順孫悉免課役、別可加優賞之由、令典已明、有隠無犯、即此儀也、争優不孝之子孫、禁父祖之行事哉、然則数度雖変改、以最後状、可令受領哉、

抑《そもそも》*章職・*章国・*章兼等の祖師*章直、前の譲《ゆずり》を用ゐるべきの由、*誓状《せいじよう》を書きて北野の社壇に籠《こ》め畢《おわ》んぬ。よつて章職等同じく其の趣きを立て申すと云々。件《くだん》の章直は、*章澄の曾祖父明法博士*章貞の弟子なり。しかるに受業の師伝に違《たが》ひ、律令の正文に背き、八虐の子孫を優《ゆう》じて、父祖の行事を禁ずべきの由、誓状を書きて、天満天神の廟前に籠むるの条、何の益《やく》か有るべけんや。明法博士の闕《けつ》出来の時、彼の章直*理運《りうん》たりといへども、籠居《ろうきょ》の間、弟子*章重を以て補任《ぶにん》せらるるによつて、

優じ　手厚く扱う、特に恩恵を与える、大目に見る、の意。

章職・章国・章兼・章直　↓補

誓状　起請、起請文ともいう。(イ)ある事柄を規則、遺誡として記し、将来に亘って弟子・子孫にこれを遵守せしめ、違反者には罰を与える旨の強い意思の表明を、神仏の照鑑の下に行うために作成された文書。(ロ)ある事柄を確言して、それが真実である旨もしくは将来に亘って自分がそれに違反しない旨を神仏に誓う文書。この場合の中原章直の誓状なるものは、(イ)の場合、すなわち恐らく子孫に対する遺誡的な意味をもつ誓状であろう。当時京都では誓状を北野天満宮に籠める慣行が確立していたと見えて、鎌倉幕府は仁治元年、京都では他社の神官神人といえども北野社に於て起請文(これは恐らく(ロ)の誓状)を書くべきことを定めている。

章澄・章貞・章重　↓補

理運たりといへども　明法博士の闕員が生じた際、章直が新任される順位に当ったのだが。

忽ち書籍を焼き棄て、即ち前途を失ひ畢んぬ。強《あなが》ちに規模*の例に備ふべからざる者《もの》か。

抑章職章国章兼等之祖師章直、可用前譲之由、書誓状籠北野社壇畢、仍章職等同立申其趣云々、件章直者、章澄之曾祖父明法博士章貞之弟子也、而違受業之師伝、背律令之正文、優八虐之子孫、可禁父祖之行事之由、書誓状、籠天満天神廟前之条、可有何益哉、明法博士闕出来之時、彼章直雖為理運、籠居之間、以弟子章重依被補任、忽焼棄書籍、即失前途畢、強不可備規模之例者哉、

2 一 他*人に和与するの財、いまだ文書を渡さざれば、譲り畢らざる財と称して、悔返《くいかえ》しを聴《ゆる》す事

この会釈《えしやく》*、いづれの文《もん》により、いつ比《ごろ》より出来するか。この説まづ和与の文意に叶ふや否や。これに就きて両様の難あり。もし悔還しを聴さば、財主*終焉蒙昧《しゆうえんもうまい》の剋《きざみ》、*髣髴《ほうふつ》の譲状《ゆずりじよう》を乞索《こつさく》*し、文書《もんじよ》を誘《こしら》*へ取りて、前状を破らんと欲する輩《ともがら》あらば、恐らくは財主の本意に背くことあらんか。また悔返しを聴さざれば、一与《いちよ》*の状を得るの後、和与の本意を忘れて、財主に違背するの輩あらば、狼戻《ろうれい》の基《もとい》たるか。

この両難いづれを以て重しとなすべきかと云々。

右、名*例律に云く、取り与ふ和《アマナ》はざる、もし乞《コ》ひ索《モト》めたるの贓《ザウ》、並びに主《シュ》に還せ。疏に云く、強《シ》ひ乞ひ索めたる、和《アマナ》ひ乞ひ索めたる、罪を得ること殊《コト》なりといへども、贓、主に還すべし。並びにと称するは、従、取り与ふ和はざる以下、並びに徴《ハタ》り主に還せ。

規模の例　准拠すべき立派な範例。

2 他人に和与…　他人に和与したる財物の取戻しを認むるや否やの問題。

会釈　解釈。

財主終焉…　被相続人の臨終、意識不鮮明の際に。

髣髴の譲状　髣髴は、はっきりしない、いい加減の意。譲状としての要件に欠けるところのある文書の意であろう。

乞索　乞いもとめる。

誘へ取り　すかしたり、だましたりして、手に入れる。

一与の状を得るの後　一旦和与状を手に入れた後。

名例律に云く…　名例律、彼此倶罪条に「凡彼此倶罪之贓、及犯禁之物、則没官、取与不和、若乞索之贓、並還主、即薄斂之物、赦書到後、罪雖決訖、未入官司者、従赦原、若罪未処決、物雖送官、未経分配者、猶為未入、即縁坐家口、雖已配没、罪人得免者、亦免」とある。

*政事要略に云く、問ふ、人に与ふる財物、もし悔返すべきか。答ふ、財物の類に至りては、惣《すべ》て財主の意に任す。ただ他人に志与するの後は、専ら返領の理なし。已上の問答、その理かくのごとし。皆これ通規なり、敢て新案にあらず、てへり。

これに就きてこれを言ふに、和与の物悔還《くいかえ》すべからざるの条、勿論。しかるにいまだ渡さざる文書に就きて、譲り畢らざるの財と称して、悔還すべき事、*存知せざるものなり。所領田園の類、或ひは割分《さきわか》ちてこれを譲り、或ひは*財主一期《いちご》の間、所務《しよむ》せらるべきによつて、左右《そう》なく本券《ほんけん》を渡さざる事、間〻《まま》これあり。しかれども一与の状を以て、*永代《えいたい》の験《しるし》となすべし。輙《たやす》く変改の理あるべからず。ただ*与ふる者約諾の詞《ことば》を遺《のこ》し、受くる者違犯《いぼん》の儀あらば、財主の本意を尋《たず》ねて、*糺定《きゆうじよう》せらるべきか。

一和与他人財、未渡文書者、称不譲畢財、聴悔返事

此会釈、依何文、自何比出来哉、此説先叶和与文意否、就之有両様之難、若聴悔還者、財主終焉蒙昧之剋、乞索髣髴之譲状、誘取文書、有欲破前状輩者、恐有背財主本意歟、又不聴悔返者、得一与状之後、忘和与本意、有違背財主之輩者、為狼戻之基歟、此両難以何可為重哉云々、

右名例律云、取与不和、若乞索之贓、並還主、疏云、強乞索、和乞索、得罪雖殊、贓合還主、称並者、従、取与不和以下、並徴還主、

政事要略云、問、与人財物、若可悔返哉、答、至于財物之類、物任財主之意、但志与他人之後、専無返領之理、已上問答、其理如此、皆是通規、敢非新案者、

就之言之、和与物不可悔還之条者、勿論、而就未渡文書、称不譲畢之財、可悔還事、不

政事要略　法書。惟宗允亮撰。寛弘五年頃成立。全百三十巻の中、現存は二十六巻。国史大系に収める。

存知　聞きいれる。納得する。

財主一期…間〻これあり　財主の存命中は、所領を知行し、生産物の収取を継続するため、所領支配の根拠となるべき基本の文書は、手許に留めて相手に渡さない、つまり、財主死亡後はじめて所領と本券を相手に引渡す、そういうケースが間々あるという意。

永代の験　永久支配の根拠としての権利文書。

与ふる者…　財主が譲与に際して、何らかの条件を付して、これを相手に約束させたにもかかわらず、相手が財主の死後、違約した場合には…。

糺定　事実を調べただして理非を判定する。

存知者也、所領田園之類、或割分譲之、或財主一期之間、依可被所務、無左右不渡本券
事、間有之、然而以一与之状、可為永代之験、輙不可有変改之理、但与者遺約諾之詞、
受者有違犯之儀者、尋財主之本意、可被糺定哉、

3 一 違法の養子といへども、子なくば聴《ゆる》すべきや否やの事
正条これを制するといへども、先達《せんだつ》或ひはこれを聴す。いづれを以て時宜に叶ふ
といふべきかと云々。

右、*戸婚律に云く、養子養ふところの父母、子《シ》なし、しかるを捨て去らば、徒一年。その小児年三*歳以下を遺棄せらば、異姓といふとも収養するを聴せ。即ちその姓に従へ。

*戸令に云く、子なくは、四等以上の親《シン》の、昭穆《セウモク》に合《カナ》へらむ者《ヒト》を養ふこと聴せ。即ち本属《ホンゾク》に経《フ》れて除《ノゾ》き附けよ、てへり。

違法の養子の事、制を設くるの条、令典すでに明らかなり。すべからく改正すべしといへども、性命まさに絶《た》えなむとするの故に、家業を継《つ》がしめんがために、収養せしむるの条、異姓といへども何事かあらんや。しかれども許否時宜在るべきか。*執憲履縄《しつけんりじよう》、務めて折中に従ふの故なり。

一雖違法養子、無子者可聴否事
正条雖制之、先達或聴之、以何可謂叶時宜哉云々、
右戸婚律云、養子所養父母無子、而捨去、徒一年、其遺棄小児年三歳以下、雖異姓聴収養、即従其姓、

3 **戸婚律に云く…** 戸婚律、養子捨去条の逸文。この条は本書のほか令集解・法曹至要抄・文保記によって「養子所養父母無子而捨去、徒一年、本生无子、欲還者聴、即養異姓男者、徒一年、与者、笞五十、其遺棄小児年三歳以下、雖異姓、聴収養、即従其姓」と復原されている。
歳 底本に欠けているのを文保記によって補った。
戸令に云く 戸令、聴養条である。

執憲…折中に従ふ 法を司どり法を執行するには、つとめて厳格を避けて折中をむねとする意。→三九頁補「折中の法」

戸令云、無子者、聴養四等以上親、於昭穆合者、即経本属除附者
違法養子事、設制之条、令典已明、雖須改正、性命将絶故、為令継家業、令収養之条、
雖異姓有何事哉、然而許否可在時宜歟、執憲履縄、務従折中之故也、

4 一　*疎遠の養子の財、養父進退すべきや否やの事

一旦父子の契約を成すといへども、その礼疎遠、殆ど他人に異ならず。かくのごときの養子といへども、なほ父母の義あるべきや否やの事と云々。

右、*戸令無子条説者云く、父昭、子穆なり。その養子は嫡子として出身するを聴し、ならびに嫡子の位を得。

*儀制令《ぎせいりよう》に云く、その養子の父母および妻妾は、また夫《ヲフト》の父母および子の婦《メ》となすを得ず。

*雑令《ざうりよう》に云く、家長《ケチヤウ》在つて、子孫弟姪《ダイテチ》等、輙《タヤス》く奴婢《ヌヒ》・雑畜《ザフキウ》・田宅《デンダク》および余の財物《ザイモチ》を以て、私に自《ミツカ》ら質《シチ》にし、および売ることを得ず、てへり。

これに就きてこれを案ずるに、養父は一等の尊なり、養子は一等の幼なり。至孝の心、実子に異ならざるものか。しかれば養子遺跡《ゆいせき》を伝ふべきの妻子なくは、養父疎遠といへども、なんぞ其の財を進退せざるや。

一疎遠養子財、養父可進退否事
　一旦雖成父子之契約、其礼疎遠、殆不異他人、雖如此之養子、猶可有父母義否事云々、
右戸令無子条説者云、父昭子穆也、其養子者為嫡子聴出身、幷得嫡子位、
儀制令云、其養子之父母及妻妾者、不得復為夫之父母及子婦、

4 **疎遠の養子の財**… 養子の遺財を、生前疎遠の関係にあった養父が、相続処分するを認むべきかの問題。

戸令無子条説者云く… これは令集解、戸令、聴養条の釈説に「所謂父昭子穆也、昭者明也、為父故曰明也、穆者敬也、子宜敬父也、凡養子者、取少十五年為定、何者下文云、男年十五聴婚、然則十五始見為人父之端、其養子者、為嫡子聴出身、並得嫡子位」とあるによっている。

儀制令に云く… これは令義解、儀制令、五等親条に「凡五等親者、父母、養父母、夫、子為一等、祖父母、嫡母、継母、伯叔父姑、兄弟姉妹、夫之父母、妻妾、姪、孫、子婦為二等〈謂、妾亦同、子妾尚為二等、父妾入二等明、其養子之父母及妻者、不得復為夫之父母及子婦也〉」とあって、義解の文である。但し義解には「妾」字がない。

雑令に云く… 雑令、家長在条に「凡家長在、而子孫弟姪等、不得輙以奴婢雑畜田宅及余財物、私自質挙及売、若不相本問、違而輙与、及買者、依律科罪」とある。底本には「質」の下の「挙（キヨ）」字がない。

5 **書に堪ふる者**… 執筆能力のある者が、

雑令云、家長在、而子孫弟姪等、不得輒以奴婢雑畜田宅及余財物、私自質及売者、就之案之、養父者一等之尊也、養子者一等之幼也、至孝之心、不異実子者歟、然者、養子無可伝遺跡之妻子者、養父雖疎遠、盍進退其財哉、

5 一 書*に堪ふる者、平生譲状他人に書かしめ、財主判形《はんぎよう》ばかりを加ふる状の事

*類判《るいはん》を校比《きようひ》し、用捨すべきや否や、たとひ判形相似《あいに》たりといへども、なほ衆証*によるべきかと云々。

右、*喪葬令《そうそうりやう》身喪戸絶無親条の義解に云く、謂《イハ》く、証験相ひ須《マ》たざるなり。言ふところは、証人なしといふとも、亡人《マウニン》の署記、験拠すべきに足り、署記在らずといふとも、証人分明ならば、並びにこの令用ゐじ、てへり。亡人の判形灼然《じやくねん》たらば、必ずしも正筆を用ゐずといへども、験拠に足るといふべきか。もし疑ひあらば、衆証を用ゐらるべきか。

一堪書者、平生譲状令書他人、財主加判形許状事

校比類判、可用捨否、縦判形雖相似、猶可依衆証歟云々、

右喪葬令身喪戸絶無親条義解云、謂、証験不相須也、言、雖無証人、而亡人署記足応験拠、雖署記不在、証人分明者、並不用此令者、

亡人判形灼然者、必雖不用正筆、可謂足験拠歟、若有疑者、可被用衆証哉、

6 一 父*母の譲状、所労危急の時、文字*詳《つばひら》かならざる状の事

衆証によりて用ゐるべきか。証人分明ならざれば如何と云々。

右、筆跡尋常の時に相似ずといへども、財主の自筆たるに於ては、なほ灼然の譲状

譲状の全文を他人に書かせて、本人は判形(花押)だけを押署した場合、その譲状の効力如何の問題である。

類判 他の文書に押署した、その人の花押。問題の花押を類判と対比照合し、花押の真偽を鑑別して、証拠文書の採否を決定するのが、類判比校の法であって、中世裁判の証拠法上、広く用いられた。

衆証 名例律、称日条に「称衆者三人以上」とあり、断獄律、議請減不合拷訊条に「応議請減、若年七十以上十六以下、及癈疾者、並不合拷訊、皆拠衆証定罪」とあって、七位以上の者、一定年限の老少及び癈疾者は、拷訊によらず、衆証によって罪を定むべく、衆証には三人以上の証言を必要とすると規定された。法曹至要抄は、右の律条及び疏文を引いて、犯罪の証言を強制されないと規定された一定範囲の親族、老幼篤疾者等を除いて、三人以上の証言を以て衆証とする、と説いている。

喪葬令…の義解に云く… 令義解、喪葬令、身喪戸絶条に「凡身喪戸絶無親者、所有家人奴婢及宅資、四隣五保共為撿校、財物営尽功徳、其家人奴婢者、放為良人、若亡人存日処分、証験分明〈謂、証験不相須也、言雖無証人、而亡人署記、足応験拠、及雖署記不在、而証人分明者、並不用此令〉者、不用此令」とある。

6 父母の譲状… 父母の病危急の際に書かれた、筆跡の判別しがたい譲状の効力如何の問題である。

詳 訓みは類聚名義抄による。

といふべきか。

一父母譲状、所労危急之時、文字不詳状事
　依衆証可用歟、証人不分明者如何云々、
右筆跡雖不相似尋常之時、於為財主自筆者、猶可謂灼然之譲状歟、

7 一*書を解《し》らざる凡卑《ぼんび》の輩の処分状、*異様の判形を加へたる、用ゐるべきや否やの事

右、*戸令に云く、もし書を解《シ》らずは、指《ユビ》を画《カ》いて記とせよ、てへり。先賢すでにその証を用ゐたり、後愚いかでかその文を疑はんや。

一不解書凡卑輩処分状、加異様判形、可用否事
右戸令云、若不解書、画指為記者、
　先賢已用其証、後愚争疑其文、

8 一*灼然《じやくねん》ならざる処分状、もし未分《みぶん》の財に准じて、令によりて分つべきや否やの事
　もし分つべしといへども、財主の戸絶え、親類父母なくは如何と云々。

右、処分灼然ならざれば、未分の財に准じ、*令条に任せて分法を作《な》すべきの条、勿論。しかれども*戸絶え親《しん》なくは、その財を以て功徳に営《いとな》み尽《つく》さしむべし。家人《けにん》奴婢に於ては、放《ゆる》して良《ろう》に従ふべし。

一不灼然処分状、若准未分財、依令可分否事
　若雖可分、財主戸絶、無親類父母如何云々、
右処分不灼然者、准未分之財、任令条可作分法之条、勿論、然而戸絶無親者、以其財可令営尽功徳、於家人奴婢者、放可従良也、

7 **書を解らざる**…　書を解しない者が譲状の全文を他人に書かせて、本人は異様な花押を押署した場合、その譲状の効力如何の問題。
異様の判形　○×などのような花押代用の押署、古文書学でいう略花押(略押)をさすのであろうか。
戸令に云く…　→補

8 **灼然ならざる処分状**　譲状の内容明らかでない場合、未処分(譲与行為なくして死去)と見なして、令の規定に従って分割相続すべきかの問題。
令条に任せて…　戸令、応分条を指す。
戸絶え親なくは…　かかる場合は遺財の全てを死者の供養を営む費用にあてよ、の意。→一一五頁注「喪葬令…の義解に云く…」

9 一 戸*絶え親類ならびに父母なきの遺財の事
令に任せて功徳に営み尽して、時宜《じぎ》煩《わずら》ひあるべからざるや否やと云々。
右、子細先条に同じ。
　一戸絶無親類并父母之遺財事
　　任令営尽功徳、時宜不可有煩否云々、
　右子細同先条、

10 一 戸絶えたる子孫の財、祖父母父母返領すべきや否やの事
*喪葬令説者、二義を存ずといふべきか。しかれば、いずれの説を用ゐるべきやと云々。
右、子孫の財物は、父祖の進退なり。なんぞ況んや*得分《とくぶん》の親《しん》なきに於てをや。しかれば父母返領に妨げなかるべきか。
　一戸絶子孫財、祖父母々々可返領否事
　　喪葬令説者、可謂存二義歟、然者可用何説哉云々、
　右子孫財物、父祖進退也、何況於無得分之親乎、然者父母可無妨于返領歟、

11 一 *署記は一事か二事かの事
右、*獄令告言《ごくりょうこうごん》人罪条に云く、辞《ジ》受けむ官人、審《シン》の後《オク》に署記《ジョヤ》せよ。
*喪葬令身喪戸絶無親条の義解に云く、亡人の署記、験拠すべきに足ると云々。
*戸令七出条に云く、夫手《ヲフトテ》書《フミ》して棄てよ、尊属近親《ゴンシン》と署せよ、てへり。
これ等の文のごとくんば、二事といふべきか。署は名を署し、記は記録するの故

9 戸絶え… 前条の後半と同趣旨である。但し、典拠の令文即ち喪葬令、身喪戸絶条に「財物営尽功徳」と規定した「財物」は、家人・奴婢・田宅・資材を除いた残りの物である。本条にいう「遺財」は恐らく田宅以下の全遺産をさし、従って令文の「営尽功徳」を機械的に適用することは、現実的に支障あり(「時宜煩ひあり」)として、疑問を呈したのであろう。

10 喪葬令説者 令集解、喪葬令、身喪戸絶条の戸絶無親についての諸説をいうのであろう(国史大系、令集解九六八頁参照)。

得分の親 被相続人の財産の分与にあずかることが認められる法定の親族。

11 署記は一事か二事か 法律行為としての署記は、一事と解すべきか、署と記を分って二事と解すべきかの問題。

獄令告言人罪条に云く… 同条に「凡告言人罪、非謀叛以上者、皆令三審、応受辞牒官司、並具暁示虚得反坐之状、毎審皆別日、受辞官人、於審後署記、審訖然後推断」とある。

喪葬令…の義解に云く… ↓一一五頁注

戸令七出条に云く… 令文には「署」の上に「同」字がある。↓一一六頁補「戸令に云く…」

なり。

一署記者一事歟二事歟事

右獄令告言人罪条云、受辞官人、於審後署記、
喪葬令身喪戸絶無親条義解云、亡人署記、足応験拠云々、
戸令七出条云、夫手書棄之、与尊属近親署者、
如此等文者、可謂二事哉、署々名、記々録之故也、

12 一 *不孝《ふきょう》の子、父母の遺財に預かるや否やの事

近来世俗、*義絶を以て不孝と称するか。しかれば義絶の者、遺財に預かるべからざるや否や。父母義絶せずといへども、*不孝を行ふの子孫、遺財に預かるべからざるや否やと云々。

右、父母すでに不孝せしむるの子、遺財に預かるべからざるの条、勿論。父母義絶せずといへども、不孝の子孫、遺財に預かるべからざるや否やの事。*律条のごとくんば、祖父母父母在るときは、子孫就き養ふ方《ほう》なし。出るときは告《こう》し反《かえ》るときは面す。違へらば並びに八虐に当ると云々。代澆季に及びて、この文を守る子孫頗る希か。父祖またこれを禁《いまし》めざるか。しかれば自《みずか》らこれ等の科を侵すといへども、父母のために不孝せられずは、なほ遺財に預かるべきか。ただ所犯の軽重によりて、准用せらるるの条、古に合《かな》ひ今に便りある者か。*抑《そもそも》子孫に於てこれを不孝といひ、夫妻に於てこれを義絶と称するか。

一不孝子預父母遺財否事

12 **不孝の子**… 不孝の子に、父母の遺財の相続を認めるべきかの問題。

義絶 親子関係の断絶を、親の側からパブリックに明示する行為。これによって親は、子の行為に対して連帯責任を免れることができた。

不孝 この方の不孝は、悪行その他、親の意に反する行為の意であろう。

律条 名例律、八虐条の疏文である。1条参照。

抑子孫に於て… 律令では、子孫の祖父母、父母に対する特定の悪行を不孝とよんで、八虐の一つに数え(名例律)、妻が夫および夫の祖父母父母に対してなした特定の不法行為を強制的離婚原因として義絶とよんだ(戸令)。このように、不孝と義絶とは本来別ものなのだという意。

近来世俗、以義絶称不孝歟、然者義絶者、不可預遺財否、父母雖不義絶、行不孝之子孫、
不可預遺財否云々、
右父母已令不孝之子、不可預遺財之条者、勿論、父母雖不義絶、不孝子孫、不可預遺財否事、如律条者、祖父母々々在、子孫就養無方、出告反面、違者並当八虐云々、代及澆季、守此文子孫頗希歟、父祖又不禁之哉、然者自雖侵此等科、為父母不被不孝者、猶可預遺財乎、但依所犯之軽重、被准用之条、合古便今者哉、抑於子孫謂之不孝、於夫妻称之義絶歟、

13 一 *画指《かくし》の記用ゐるや否やの事

衆証なくは、なほ用ゐるべからざるや否やと云々。

右、*本文《ほんもん》右に載せ畢んぬ。*叙用《じよよう》のところ、誰か疑殆《ぎたい》を貽《のこ》さんや。

一画指記用否事

無衆証者、猶不可用否云々、

右本文載右畢、叙用之処、誰貽疑殆乎、

14 一 寡婦の養子を聴すべきや否やの事

正条これを聴さずといへども、時宜を量りて聴すべきや否やと云々。

右、*戸令に云く、寡独自《クワドクジ》存《ソン》するに能はずは、近親をして収養せしめよ。義解に云く、五十以上にして夫なきを寡となし、六十一以上にして子なきを独となすなり。*穴《あな》に云く、子とは男子をいふなり。女子ありて男なくは、*寡妻と同じきの故なり、てへり。

寡婦、養子なかるべしといへども、僧尼なほ以て弟子あり。准拠のところ、なん

13画指の記… 画指を記した文書の有効性の問題。↓一一六頁補「戸令に云く…」

本文 令文の意。7条に引いた戸令をさす。

叙用のところ… 画指を記した文書を有効と認めても、誰一人これに疑いをのこす者はないであろう。叙用は、ゆるし用いる、容認する意。疑殆は、疑いあやぶむ意。

14戸令に云く… 令義解、戸令、鰥寡条に「凡鰥寡孤独、貧窮老疾不能自存者〈謂、六十一以上而無妻為鰥也、五十以上而無夫為寡也、此与上条意異也、十六以下而無父為孤也、六十一以上而無子為独也、困於財貨為貧窮也、六十六以上為老也、癈疾為疾也、其八十以上及篤疾者、並別給侍、故不入此例也〉、令近親収養」とあるものの抄文である。

穴 明法博士穴太内人の令私記。延暦弘仁の間に成ったものと見られている。

同 底本に欠けているが、利光三津夫氏「内閣文庫本『明法条々勘録』の研究」(『律令制とその周辺』所収)を参照して、意を以て補った。

15令義解の文に准じて… 次に引く戸令、応分条の義解に、僧尼の嫁娶は破戒違法の行為であるとしながらも、死去した場合、遺財は妻子に与うべしとあって、嫁娶の事実はこれを認めるという立場が示されている。ここに「准じて」とあるのは、僧尼も還俗すれば、死去の場合に准じて、嫁娶を認める、という意味であろうか。

依用　典拠として採用して、これに従うこと。

戸令応分条の義解に云く…　戸令、応分条の義解の中に「又問、僧尼嫁娶生子、亦既私有財物、既僧尼身死、若為処分、答、僧尼嫁娶、及私畜財物、並是破戒律、犯憲章、其若在生日、即国有恒典、然而僧尼、其身既死、雖是違法、亦有妻子、即所有財物、当与其妻子」とある文の一部である。

及　底本に欠けているのを、義解によって補った。

戸婚律に云く…　戸婚律、義絶条の逸文。この条は法曹至要抄・令抄及び本書によって、次の如く復原されている。「犯義絶者離之、違者杖一百、夫妻義合、義絶者離」。

又条に云く…　戸婚律、違律為婚離正条の逸文。但し底本は末尾の「定」の下が欠けているので、「而未成亦是」の五字を唐律によって補った。

釈に云く…　利光三津夫氏『律の研究』によれば、律釈とよばれる養老律の注釈書で、律集解に引載されたものの逸文と

ぞ養子を許さざらんや。執憲履縄、務めて折中に従ふの故なり。

一可聴寡婦養子否事

正条雖不聴之、量時宜可聴否云々、

右戸令云、寡独不能自存、令近親収養、義解云、五十以上而無夫為寡、六十一以上而無子為独也、

穴云、子謂男子也、有女子無男者、同与寡妻故也者、

寡婦雖可無養子、僧尼猶以有弟子、准拠之処、盍許養子哉、執憲履縄、務従折中之故也、

15 一　僧を以て夫となすこと、聴すべきや否やの事

*令義解の文に准じて、聴すべきの由、先達或ひはこれを判ず。*依用《えよう》すべきや否やと云々。

右、*戸令応分条の義解に云く、僧尼の嫁娶、*及び私かに財物を畜ふる、並びにこれ戒律を破り、憲章を犯す。

*戸婚律に云く、義絶を犯せらば、これを離《ハナ》て。疏に云く、夫妻は義合《カナ》ふ、義絶ゆれば則ち離て。

*又条《ゆうじょう》に云く、律に違ひて婚をなす。当条、これを離ちこれを正せと称するは、赦《シャ》に会へりといふとも、なほこれを離ちこれを正せ。定めていまだ成らざるも、また是なり。*釈に云く、同類これを離てと称し、異類これを正せと称す。

*戸令又条に云く、まづ姧《ケン》して後に娶《マ》きて妻妾とせらば、赦に会ふといふとも、なほこれを離て、てへり。

僧尼の嫁娶は、法を犯し教へに違ふ。典憲容《ゆる》さず。たとひ還俗するといへども、これを離つ。科《つみ》して更《さら》に夫に用ゐるべきの理なきか。

一以僧為夫可聴否事

准令義解文可聴之由、先達或判之、可依用否云々、

右戸令応分条義解云、僧尼嫁娶、及私畜財物、並是破戒律、犯憲章、

戸婚律云、犯義絶者、離之、疏云、夫妻義合、義絶則離、

又条云、違律為婚、当条称離之正之者、雖会赦、猶離之正之、定而未成、亦是、釈云、同類称離之、異類称正之、

戸令又条云、先姧後娶為妻妾、雖会赦猶離之者、

僧尼嫁娶、犯法違教、典憲不容、雖設還俗、離之、科更無可用夫之理乎、

16 一

*質券《しちけん》田地の事

物主《ものぬし》の者、格制《きやくせい》によりてこれに預からず。借人の者、返償遅怠せば、物主*憑《たの》むところなきか。負物《ふもつ》返償のほど、物主暫くこれを知行し、返償の時、取るところの*土貢を計入せば如何と云々。

右、*天平勝宝三年九月四日の格に云く、財物を出挙《すいこ》して、宅地園圃を以て質《しち》となすを禁断する事。右云々、自今以後、皆悉《かいしつ》禁断せよ。もし先日の約契あらば、償《つぐの》ひの期《ご》に至るといふとも、なほ任《まま》に住居して、稍《やうや》く酬《むく》い償はしめよ、てへり。

これに就きてこれを案ずるに、本主なほ彼の田地を領して、稍くその借銭を酬い償はしむべきか。しかれども*雑令《ざうりよう》に云く、家資《ケシ》尽きなば、身を役《ヤク》して折《ヘ》ぎ酬《ムク》いよ

考えられる。

戸令又条に云く…　戸令、先姧条である。

16 質券田地の事　質券に入れた田地を、債務者の許に留むべきか、債務弁済まで債権者に引き渡すべきかの問題。

憑むところなきか　もし格制に従って田地が債務者の許に留保された場合には、債務の弁済が遅延しても、債権者には権利を保証する何ものもないことになる。

土貢を計入せば　債権者が田地知行の間に取得した年貢の額を算入して、質券を清算したらの意。

天平勝宝三年九月四日格　三代格巻十四、出挙事に収められている(国史大系本四〇四頁参照)。なお、この格は建治四年正月廿五日明法博士中原明盛勘状(瀬多文書)にも引かれている。

雑令に云く…　雑令、公私以財物条に「凡公私以財物出挙者、任依私契、官不為理、毎六十日取利、不得過八分之一、雖過四百八十日、不得過一倍、家資尽者、役身折酬」とある。

と云々。この令に准的して、物主暫くこれを知行し、返償の時、取るところの土貢を計入するの条、自《おのずか》ら三典の義に叶ひ、すべからく両人の愁《うれい》を絶つべきか。

以前十六箇条、愚意の存するところ、太概《たいがい》注進言上件《くだん》のごとし。

文永四年八月廿二日　明法博士中原朝臣章澄

一質券田地事

物主者、依格制不預之、借人者、返償遅怠者、物主無所憑歟、負物返償之程、物主暫知行之、返償之時、計入所取之土貢如何云々、

右天平勝宝三年九月四日格云、禁断出挙財物、以宅地園圃為質事、右云々、自今以後、皆悉禁断、若有先日約契者、雖至償期、猶任住居、稍令酬償者、

就之案之、本主猶領彼田地、稍可令酬償其借銭歟、然而雑令云、家資尽者、役身折酬云々、准的此令、物主暫知行之、返償之時、計入所取之土貢条、自叶三典之義、須絶両人之愁歟、

以前十六箇条、愚意所存、太概注進言上如件、

文永四年八月廿二日　明法博士中原朝臣章澄

【内閣文庫　明法条々勘録】

承元二年四月三日　明法勘文

勘じ申す、左馬允源貞重と刀自《とじ》洞院女《とういんめ》相論す、*六角油小路地壱所理非の事

右、*別当宣《べっとうせん》を被《こうぶ》るに偁《いわ》く、件の相論の事、問注記ならびに両方証*□□に就きて、よろしく理非を勘じ申さしむべし、てへり。

承元二年二月廿日問注記に云く、左馬允源貞重ならびに洞院女等を問注する申詞記《もうしことばのき》、洞院女〈八条院刀自〉、右に問ひて云く、六角油小路ならびに東山の地は、*貞重の母、借物の質に入れ置き、*城外《じょうがい》の間、数年を経るのところ、貞重の伯父*貞安、その沙汰を致すと称して、貞重に隠して妻洞院女〈貞安の妻〉に譲るの由訴へ申すところなり。件の子細、実によりて弁じ申せ、如何《いかん》。

洞院女申して云く、件の地は、貞安入道の父貞清の私領なり。しかるに貞安、後白河院の御使として城外の間に、父貞清*夭亡《ようぼう》候ひ畢んぬ。その間女子清原氏一人、かの遺領を貞安に知らしめず、*券契《けんけい》を取り借物の質に入れ置くのところ、貞安上洛の時、親父の夭命《ようめい》を悲歎候ひて、その沙汰を致さず年序《ねんじょ》を経《へ》候のところ、貞安*父の遺領によりて、かの地二箇所を*沙汰し返し候ひ畢んぬ。よつて貞安領知候。今貞安存生の時、多年の夫妻たるによつて、洞院女に譲り賜び候ひ畢んぬ。貞安入道の兄弟姉妹惣《すべ》て四人候ひき。二人は死に候ひ畢んぬと申す。

六角油小路地　現中京区油小路通三条の屋地。

別当宣　検非違使庁の長官たる別当の仰をうけて出される奉書。使庁で行われた訊問の記録である問注記や提出された証文を副えて、明法家に勘文の注進を命じたもの。

□□　「文等」か。

貞重の母　本主貞清の娘、清原氏。

貞清─┬貞直
　　　├貞安
　　　│　＝
　　　│洞院女
　　　├女子─貞重
　　　└女子

城外　京都外へ下向すること。

貞安　本文中に主水令史清原貞安とある（一一九頁）。

夭亡　若死。

券契を取り　亡父貞清の許から権利文書を取り出して。

父の遺領によりて　遺領が他人の所領となっていることを悲しんで、の意と思われるが、或は父の遺領たる由緒、本主の子孫たることを根拠にして、の可能性もある。

沙汰し返す　裁判によって質地を取り戻す。

勘申左馬允源貞重与刀自洞院女相論六角油小路地壱所理非事

右被　別当宣偁、件相論事、就問注記并両方証□□、宜令勘申理非者、

承元二年二月廿日問注記云、問注左馬允源貞重并洞院女等申詞記、洞院女〈八条院刀自〉右問云、六角油小路并東山地者、貞重之母入置借物之質、城外之間経数年之処、貞重之伯父貞安称致其沙汰、隠貞重譲妻洞院女〈貞安妻〉由所訴申也、件子細依実弁申如何、

洞院女申云、件地者、貞安入道之父貞清之私領也、而貞安為後白河院御使城外之間、父貞清夭亡候畢、其間女子清原氏一人彼遺領不令知貞安、取券契入置借物質之処、貞安上洛之時、悲歎親父之夭命候弖、不致其沙汰経年序候之処、貞安依父之遺領、沙汰返彼地二箇所候畢、仍貞安領知候、今貞安存生之時、依為多年之夫妻、譲賜洞院女候畢、貞安入道之兄弟姉妹惣四人候幾、二人波死候畢止申、

貞重に問ひて云く、汝の訴状に就きて、洞院女の申状かくのごとし。件の子細、実によりて弁じ申せ、如何。

貞重申して云く、件の地、貞清私領の条、勿論に候。貞清*未処分《みしよぶん》にて死去仕り候ひ畢んぬ。その間、後家の沙汰として、かの遺領を以て四人の子息に処分し候。嫡子貞直分は四条坊門油小路の地、次男貞安分は久世ならびに松崎大庭御牧等の田畠、三女子分は六角油小路東山の地に候。四女子分は四条坊門油小路の地、かくのごとくに候。*件の処分の文に、貞直・貞安*署判を加へ候ひ畢んぬ。件の状、定めて*洞院女の許に候か。召し出さるべく候。三女子分六角油小路ならびに東山の地、借物の質に入れ置き候。しかるに貞安、貞重に申し合はせて云く、件の地、沙汰し返すべきなり。汝幼少より父子の儀を成し、汝のほか*末に領知すべき人これなし。この事*和与《わよ》せしめば、沙

未処分　被相続人が譲状を書かずに死亡すること、もしくはその財物。未処分地の配分については御成敗式目27条補注(上巻四三五頁)参照。

件の処分の文　後家の譲状。その処分に異議のないことを示すために、男子二人の連署が加えられた。

署　底本「暑」につくる。

洞院女の許に　譲状は論所入質のとき債権者に渡され、貞安の「沙汰返」とともに貞安の許に返り、さらに洞院女に譲られたものであろう。

末に　将来。

和与　貞安が「沙汰返」裁判の当事者となり、勝訴のときは貞安が在世の間だけは知行する、という契約。

汰し返すべきの由を申し候ひしかば、その儀に候はば、*左右《とこう》に及ばざるの由、和与仕り候ひ畢んぬ。よつて貞安沙汰し取り候ひ畢んぬ。貞安存生の間は領知候ひて、*一期《いちご》の後は貞重に給ふべきの由、存知候のところ、去年九月上旬の比、貞安病を受け候の間、貞重に告知せしめず、竊《ひそ》かに後家に譲与候の由承り及び候ひて、貞安の許に罷り向ひ候ひて、実否《じつぷ》を相尋ね候の日、その儀無実なりと申し候ひて、内には譲り候ひて、かくのごとく申し候の間、謂《いわれ》なきの由をば訴へ申し候。たとひ後家に譲与候といへども、後家一期の後は貞重に賜ふべきの由をも、*その状に載せて候はば、*強《あなが》ち欝《うつ》し申すに及ばず候。且また後家に譲与の事無実の由、貞安申し候ひしをば、慥かに聞て候証人候、*所謂《いわゆる》岩女〈洞院女の従*〉、次でまた貞安*消息《しょうそく》これを進覧し候。兼てまた貞安譲状の事、無実の由を申すといへども、実事に候と申す。

貞重問云、就汝訴状、洞院女申状如此、件子細依実弁申如何、

貞重申云、件地貞清私領之条、勿論候、貞清未処分仁弖死去仕候畢、其間為後家之沙汰、以彼遺領処分四人子息候、嫡子貞直分四条坊門油小路地、次男貞安分久世幷松崎大庭御牧等田畠、三女子分六角油小路東山地候、四女子分四条坊門油小路地如此候、件処分文仁、貞直貞安加署判候畢、件状定洞院女之許候歟、可被召出候、三女子分六角油小路幷東山地、入置借物之質候、而貞安申合貞重云、件地可沙汰返也、汝自幼少成父子之儀、汝之外末仁可領知人無之、此事令和与者、可沙汰返之由於申候志加波、其儀仁候者、不及左右之由、和与仕候畢、仍貞安沙汰取候畢、貞安存生之間波領知候弖、一期之後者可給貞重之由、存知候之処、去年九月上旬之比、貞安受病候之間、貞重仁不令告知、竊譲与後家候之由承及候弖、罷向貞安之許候弖、相尋実否候之日、其儀無実也止申候弖、内仁波譲候弖如此申候之間、無謂之由於波訴申候、

左右に及ばず　かれこれいうまでもない、何ら異議はない。

一期の後…　一期は一生の間、生涯の意。貞安が死んだら、貞重に与えられるものと承知していたところ。

その状　貞安から後家への譲状。

強ち欝し申すに及ばず　必ずしもそれ以上の不満をもたない。

所謂…　その証人とはすなわち岩女である、の意。今日の「所謂」とは語意異なる。

従　「従女」の誤記。下文よりみて奴婢か。

消息　書状。

縦雖譲与後家候、後家一期之後者可賜貞重之由於毛、載其状弖候波、強不及欝申候、且又譲与後家事無実之由、貞安申候志於波、慥聞弖候証人候、所謂岩女〈洞院女従〉、次又貞安消息進覧之候、兼又貞安譲状事、雖申無実之由、実事候止申、

洞院女に*覆問《ふくもん》す。本領主貞清、未処分に於て死去すといへども、即ち後家遺財を以て、四人の子息男女に処分の由、貞重これを申す。*随つて清原氏の得るところの譲状、*本券を相具し汝の許に在るの由、同じくこれを申す。件の譲状の有無ならびに未処分の証拠、重ねて弁じ申せ、如何。

申して云く、所詮処分の有無、強ち知るべからず候。*併《しか》しながらかの地を質物に入れ流すの後、貞安沙汰し取り候ひ畢んぬ。よつて領知候ひて、東山の地一所は*要人に*放券し候ひ畢んぬ。*かくのごとく妨を成すべくんば、その時訴へ申すべきか。貞安*力を入れて沙汰し取り候ひ畢んぬ。よつて後家に譲り候の条、非拠たるべからず候。また譲状を書き候事は九月六日に候。貞安*閉眼《へいがん》の事は十一月廿五日に候。その間*貞安の証文を沙汰し取るべく候か。その沙汰なく、今かくのごとく訴へ申し候の条、謂《いわれ》なく候。証人あるの由申し候はむよりは、貞安証文を取るべく候か。極めたる無道に候。また貞安重病を受け候といへども、*閉口に及ばず候ひき。如何にも証文を取るべく候か。次でまた洞院女の従女〈小物〉の母女、先年逃去仕り候の後、数年を経て洞院女の許に出来候ひて申して云く、逃脱の後、儲《もう》くるところの女子一人〈生年七歳〉を具し来り候ひて、洞院女に給《た》び候ひ畢んぬ。その後養育仕り候ひて召し仕ひ候のところ、今年正月十七

覆問　重ねて問う。
随つて　その上また、それになお、の意。今日の因果関係を示す「従って」の意ではない。
本券を相具し　この屋地の所有を証明する証文類をそえて。
併しながら　すべて。底本「幷」につくる。
要人　もとめる人。購入希望者。
放券　沽却。
かくのごとく…べきか　今になってこんな訴を出す位なら、そのときに訴え出ているはずではないか。
力を入れて　自ら費用を出して質入地を請返す。
閉眼　死亡。
貞安の…べく候か　たとえば後家一期の後は貞重領知すべし、という内容の譲状を貞安からもらっておけばよいではないか。
閉口　言語不能の意か。

貞重押し取り… 貞重は清次冠者を自分のものだと主張して、その身柄を奪取してしまった。しかし貞重には、彼の主張を裏づけるだけの権利継承の証拠があるわけではない。

日故なく貞重搦め取り候ひ畢んぬ。甚だ謂なく候。相伝に任せて件の女を返し給ふべきの由、仰せ下されんと欲し候。次でまた洞院女相伝の所従、字《あざな》清次冠者、今年正月十五日*貞重押し取り候ひ畢んぬ。指したる由緒なく候。返し給ふべく候と申す。

覆問洞院女、本領主貞清於未処分雖死去、即後家以遺財、処分四人子息男女之由、貞重申之、随清原氏之所得譲状、相具本券在汝許之由同申之、件譲状有無幷未処分証拠、重弁申如何、申云、所詮処分有無、強不可知候、入質物流併彼地之後、貞安沙汰取候畢、仍領知候弖、東山地一所放券要人候畢、如此可成妨者、其時可訴申歟、貞安入力沙汰取候畢、仍譲後家候之条、不可為非拠候、又書譲状候事波九月六日候、貞安閉眼乃事波十一月廿五日候、其間貞安之証文於可沙汰取候歟、無其沙汰、今如此訴申候之条、無謂候、有証人之由申候波牟与利波、可取貞安証文候歟、極無道候、又貞安雖受重病候、不及閉口候幾、如何仁毛可取証文候歟、次又洞院女従女〈小物〉母女、先年逃去仕候之後、経数年出来洞院女之許候弖申云、逃脱之後所儲女子一人〈生年七歳〉具来候弖、給洞院女候畢、其後養育仕候弖召仕候之処、今年正月十七日無故貞重搦取候畢、甚無謂候、任相伝可返給件女之由、欲被仰下候、次又洞院女相伝所従字清次冠者、今年正月十五日貞重押取候畢、指無由緒候、可返給候止申、

貞重に覆問して云く、貞清の後家、処分を行ふの由称し申すといへども、その状を帯びず。随つて洞院女譲状なきの由これを申す。たとひ未分の地たりといへども、貞安かの両所の地を沙汰し取るの後は、貞重証文を乞ひ取るべきのところ、その沙汰なきか。はたまた一期の後は、汝に譲るべきの由これを申す。しからば尤も証文を取るべきか。兼てまた所従の事、洞院女訴へ申す状かくのごとし。彼といひ此といひ、慥かに弁じ申せ、如何。

貞重申して云く、貞清後家の譲状は*一定《いちじょう》に候。件の状等を以て、質券に入れ置き候ひ畢んぬ。貞安沙汰し返すの日、かの譲状を*取り返さず候か。また洞院女取り隠し候か。いかでか譲状なく候はんや。貞安沙汰し取るの日、貞重に領知すべきの日、貞安の証文を取らず候事は、父子の儀をなし候の上に、貞重のほかは子息なし。一期の後、貞重に給ふべきの由、契約候ひ畢んぬ。かくのごとく申し候の上は、不審なく候ひき。よつて証文を取らず候。また所従の事、貞安存生の時、いづれの所従といへども貞重進止すべきの由、証文を給び候ひ畢んぬ。しかれども*併しながら取らず候。*由緒候奴原をば召し取り候なり。また東山の地、貞安売らしめ候のとき、貞重に相触れ候ひき。和与仕り候ひて、免《ゆる》し売らしめ候ひ畢んぬと申す、*てへり。

覆問貞重云、貞清之後家行処分之由雖称申、不帯其状、随洞院女無譲状之由申之、縦雖為未分之地、貞安沙汰取彼両所地之後者、貞重可乞取証文処、無其沙汰歟、将又一期之後者、可譲汝之由申之、然者尤可取証文歟、兼又所従事、洞院女訴申状如此、云彼云此糙弁申如何、貞重申云、貞清後家之譲状波一定候、以件状等入置質券候畢、貞安沙汰返之日、不取返彼譲状候歟、又洞院女取隠候歟、争無譲状候哉、貞安沙汰取之日、可領知貞重之日、不取貞安之証文候事者、成父子之儀候之上仁、貞重外波無子息、一期之後可給貞重之由、契約候畢、如此申候之上波、無不審候幾、仍不取証文候、又所従事、貞安存生之時、雖何之所従貞重可進止之由、給証文候畢、然而併不取候、由緒候奴原於波召取候也、又東山地貞安令売候之時、貞重仁相触候幾、和与仕候弖令免売候畢止申者、

貞重所進の*訴状折紙に云く、六角油小路ならびに東山の地等子細の事、副へ進む、*明

一定　確かなこと。

取り返さず候か　債権者の許から取り返さなかったのだろうか。

併しながら　全部は。

由緒候奴原　貞安所従のうちで、貞重自身が進退する由緒をもつ下人。

てへり　ここまでが冒頭よりの承元二年二月廿日の使庁問注記の引用文である。

訴状折紙　鎌倉中期頃までは、訴陳状に折紙が使用される場合が多く、その場合日付を書かないのが普通。

明法勘状　貞安が入質地を「沙汰返」すときの債権者との間に行われた相論に関する勘文。

大判事明基　坂上兼成の子、嘉応～治承のころ坂上姓を中原と改めた。文治元年明法博士となり、承元四年七十三歳で没した。裁判至要抄の選者。一一〇頁補に附載の「中原氏略系図」参照。

問状　明基に対しての勘文の呈出を求める諮問状。

乙　明法家が抽象的に法意を論ずる場合には当事者に甲乙丙丁…の代名詞を用いる。なおいま乙は貞安をさす。

沙汰を経るの功　当事者たる丁に代って裁判をした功績。

法勘状一通、件の地等元はと云云。同じく所進、建永二年十月十六日、*大判事明基朝臣勘答案に云く、答ふ、*問状に就きて法意を案ずるに、件の地、*乙、*沙汰を経るの功、*一期居住に足るべきのところ、譲状を書きて*丙に*付属《ふしょく》するの条、乙の所行*妄りに地を認むるものなり。*丁、*甲の男として相伝領掌の事、よろしく道理に叶ふべし。乙の進退甚だ理致《りち》なし。罪科を招くのみ。同じく所進の陳状折紙に云云、てへり。

洞院女所進の訴状折紙に云く、副へ下されんと欲す、*去月廿日問注記に*申し落さしむる子細の事、副へ進む、一通勘文案〈六角油小路の地、*右大将殿より貞安法師沙汰し返す間の事〉、一枚*同文書等目録案〈貞重の母、所帯の手継これなきの事〉、一枚貞安法師洞院女に譲り給ふ状案、一、奪ひ取る所従〈貞久男・小物女〉の事、まづ貞重に於ては、竹馬の昔より*四旬《じゅん》の時に至るまで、貞安・洞院女等のために養育せらるるの条、その隠れなきものか。しかるに貞安存生の日、養父母を*告言《こうごん》せしむるの間、永く養父子の義を絶ち畢んぬと云云。同じく所進、正治元年十一月廿日、*道《どう》の官人明基朝臣・*章親・章茂・能貞等の勘状案に云く、勘じ申す、主水令史《もんどのさかん》清原貞安と*沙弥参西相論する出挙質地理非の事、右、別当宣を蒙ぶるに偁《いわ》く、両方所進文書ならびに問注記に就きて、よろしく理非を勘じ申すべし、てへり。貞安所進の建久九年七月日の解状に云く、殊に庁裁を蒙ぶり、且は道理によつて、相伝領二箇処を糺し返されんと請ふ子細の状、一処六角油小路の地壱*戸主《へぬし》・一処東山の山地田畠等五段余、右、謹んで案内を検ずるに、件の所領は父故貞清の私領なり。子息等相伝領掌の日、いささか*要事を成さんがために、佐女牛《さめうし》万里小

一期居住に足る　その屋地を自分一代の間居住するだけで充分なのに。
丙　洞院女に当る。
付属　譲与。
妄りに地を認むるもの　戸婚律、妄認公私田条（逸文）、即ち妄りに公私の田を己れの地と称し、或いは処分する者の罪を定めた条文をさしている。法曹至要抄もこの問題を取上げている。
丁　貞重に該当。
甲　貞清に該当。
去月廿日問注記　承元二年二月廿日の問注記。したがって洞院女の訴状（正しくは陳状）は三月付。
申し落す　問注のとき言い忘れたこと。
右大将殿　藤原忠経もしくは公継。後文によれば、かつての債権者は留守行平であり、行平から右大将に債権が譲与されたものか。
同文書等目録　六角油小路地の証文を列挙した目録。これに貞重母の処分状がみえないと主張する。
四旬　四十歳。
告言　律、八虐不孝条に「告言詛詈祖父母父母」、延応二年五月十四日幕府追加法143条（上巻六〇頁）に「敵対于祖父母幷父母、致相論輩事、右告言之罪不軽之処…」。
道　明法道。
章親・章茂・能貞　→補
沙弥参西　前出右大将の雑掌であろう。
戸主　条坊制上の京都屋地の単位面積。約四六〇平方メートル。
要事　大事なことがら。仏事をさすか。

路の住人字*留守《るす》三郎行平に出挙の銭を借用の時、本券を以て質物に入れ置かしめ畢んぬ。その後*世間乱逆の間、*自然その弁を致さざるによつて、かの三郎として押領せしめ、すでに廿箇年に及び畢んぬ。つらつら*傍例を尋ぬるに、出挙の質物故なく押領せらるるといへども、漸く年序を送るの日、*年々の地利を以てその弁に充て、糺し返さしむるは例なりと云云。これらの文を*拠《ひ》き検ずるに云云。これに拠つてこれを謂ふに、十五箇年地利を取る事、承伏《しようぶく》の詞なしといへども、年別に於て員数を取り用ゐるものなり。遁れ申すの状なし。しからば七箇年の地利を以て、かの負物《ふもつ》に充《あ》つるに、余剰あつて不足なきか。重ねて参西の注文を召し、*済否《せいふ》をかの在家人に尋ねられて、沙汰あるべきか。ただし参西所進借書案の中、清原氏、六角油小路ならびに東山の地を以て、質券として借用するところは銭十貫文なり。そのほかは舎屋等を以て質となすの状なり。他の質券の分に至つては、この沙汰に混《こん》ずべからざるによつて、*十貫文分を米廿石に充て、余剰あらば徴《はた》りて*負人《おいびと》に返すべきか。そもそも両所質券の地、清原氏領たるの由、参西これを申す。しかるに件の領地は、亡父未分の地たるの旨貞安これを陳ず。両方申状すでに一同せず。まづ*参西に付きて本券・借書等を召し出すの後、その状迹に随ひて裁断あるべきか。よつて勘じ申す。*同じく所進の四月五日、奉行の官人明基朝臣申状案に云云。同じく所進、建永二年九月六日、主水令史貞安法師譲状案に云く、譲り与ふ、参間肆面《しめん》の住宅壱宇、同じく敷地壱処〈*口は東西肆丈捌尺、*奥は南北拾丈、本券手継証文等を*副ふ〉、家中の資財・雑具等〈*員数に任す〉、所従男女玖《く》人、男三人〈久米清二・

留守三郎行平　不詳。
世間乱逆　治承以後の内乱。
自然　はからずも。
傍例　↓補
年々の…例なり　毎年土地からあがる収益を元本の返済に充当し、質物をとり返すのが普通のやり方である。
拠　訓みは類聚名義抄による。
済否　地子を参西に支払ったか否か。
十貫文分を米廿石に充て　もし一石一貫とすれば元利一倍にあたる。↓補「傍例」
負人　債務者。
参西に…べきか　債権者の代理人たる参西に命じて、その許に入質されている本券・借書を提出させ、その内容によって判断すべきだろう。
同じく　洞院女。
口　間口。
奥　奥行。
副　底本「別」につくる。
員数に任す　あるだけ。

貞久・平二郎〉・女六人〈釈迦女・里女・小物女・閉女・九郎女・土用女〉。右、*偕老同穴《かいろうどうけつ》の契《ちぎり》を成し、六十余年を経畢るの間、実子なきによりて相伝すべきの人なし。しかるに入道殊に老病に沈み、*旦暮《たんぼ》を期しがたし。よつて件の私宅・居地・資財・所従等、併しながら紀*氏に譲り与ふるところなり。全く異論をなすべきの人なし。早く相伝領掌を全うせんがため、*存日の契状を以て譲与の状件のごとし、てへり。謹んで*戸令を検ずるに云く、分《ぶん》すべくば、家人・奴婢・田宅・資財、惣《す》べ計《かぞ》へて法を作れ、嫡母・継母および嫡子各〻二分、庶子一分、*女子半分、もし亡人存日に処分して証拠灼然《じゃくねん》たらば、この令を用ゐず。*詐偽律に云く、官私を詐《いつわ》り欺き以て財物を取らば、*准盗論《じゅんとうろん》、てへり。

貞重所進訴状折紙云、六角油小路并東山地等子細事、副進、明法勘状一通、件地等元者云云、同所進建永二年十月十六日大判事明基朝臣勘答案云、答就問状案法意、件地乙経沙汰之功、一期居住可足之処、書譲状付属丙之条、乙之所行妄認地者也、丁為甲之男相伝領掌事、宜叶道理、乙之進退甚無理致、招罪科而已、同所進陳状折紙云云者、

洞院女所進訴状折紙云、欲被副下、去月廿日問注記令申落子細事、副進、一通勘文案〈六角油小路地、自右大将殿貞安法師沙汰返間事〉、一枚同文書等目録案〈貞重之母所帯手継無之事〉、一枚貞安法師譲給于洞院女状案、一奪取所従〈貞久男小物女〉事、先於貞重者、自竹馬之昔至四旬之時、為貞安洞院女等被養育之条、無其隠者歟、而貞安存生之日、令告言養父母之間、永絶養父子之義畢云云、同所進正治元年十一月廿日道官人明基朝臣、章親章茂能貞等勘状案云、勘申、主水令史清原貞安与沙弥参西相論出挙質地理非事、右蒙別当宣偁、就両方所進文書并問注記、宜勘申理非者、貞安所進建久九年七月日解状云、請殊蒙庁裁、且依道理、被糺返相伝領二箇処子細状、一処六角油小路地壱戸主、一処東山山地田畠等五段余、右謹検案内、件所領

偕老同穴の契　夫婦が最後までそいとげる約束。

旦暮を期しがたし　明日の命もわからない。

紀氏　洞院女。

存日の　生前の。

戸令　戸令、応分条、存日処分に関しての引用か。

女子半分　上の「庶子一分」までは令文のままだが、「女子半分」は同条中の「其姑姉妹在室者、各減男子之半」を取意節略したものであろう。

詐偽律　詐欺取財物条の逸文。

准盗論　名例律、反坐罪之坐之条〈逸文〉に「称准枉法論、准盗論之類、罪止遠流」とあって、准盗論は、真犯ではないが盗の関係条文を准用して罪を論ずるもので、遠流を最高刑とした。

者父故貞清之私領也、子息等相伝領掌之日、聊為成要事、借用佐女牛万里小路住人字留守三郎行平出挙銭之時、以本券令入置質物畢、其後世間乱逆之間、自然依不致其弁、為彼三郎令押領、已及廿箇年畢、倩尋傍例、出挙質物無故雖被押領、漸送年序之日、以年々地利充其弁、令糺返者例也云云、拠検此等文云云、拠之謂之、十五箇年取地利事、雖無承伏之詞、於年別取用員数者也、無遁申之状、然者、以七箇年地利、充彼負物、有余剰無不足歟、重召参西之注文、被尋済否於彼在家人、可有沙汰歟、但参西所進借書案之中、清原氏以六角油小路并東山地、為質券所借用者銭十貫文也、其外者以舎屋等為質之状也、至他質券分者、依不可混此沙汰、十貫文分充米廿石、有余剰者徴可返負人歟、抑両所質券地為清原氏領之由、参西申之、而件領地者、為亡父未分地之旨、貞安陳之、両方申状已不一同、先付参西召出本券借書等之後、随其状迹可有裁断歟、仍勘申、同所進四月五日奉行官人明基朝臣申状案云云、同所進建永二年九月六日主水令史貞安法師譲状案云、譲与参間肆面住宅壱宇同敷地壱処〈口東西肆丈捌尺、奥南北拾丈、副本券手継証文等〉、家中資財雑具等〈任員数〉、所従男女玖人、男三人〈久米清二貞久平二郎〉女六人〈釈迦女里女小物女閉女九郎女土用女〉、右成偕老同穴之契、経六十余年畢間、依無実子無可相伝之人、而入道殊沈老病、難期旦暮、仍件私宅居地資財所従等、併所譲与紀氏也、全無可成異論之人、早為全相伝領掌、以存日契状譲与之状如件者、謹検戸令云、応分者、家人奴婢田宅資財惣計作法、嫡母継母及嫡子各二分、庶子一分、女子半分、若亡人存日処分証拠灼然者、不用此令、詐偽律云、詐欺官私以取財物者、准盗論者、

*これらの文を拠《ひ》き検ずるに、件の地の事、貞重申詞《もうしことば》のごとくんば、清原氏〈貞重の母〉、母〈貞清の妻〉の譲を得て領知の間に、借物の質に入れ年序を経るのところ、貞安〈清原氏の*外兄《がいけい》、貞重の舅〉、貞重と申し合せ、かの質地を沙汰し返し畢んぬ。貞安一期の後、父子の契あるによつて、貞重に賜ふべきの由、その約を成しながら、貞安死去の刻、妻

これら…　これ以下がこの勘文の主文にあたる。

外兄　この場合腹ちがいの兄をさす。

洞院女に譲る、その謂なしと云云。洞院女陳詞《ちんし》のごとくんば、貞清は未分に死去し、貞安は城外の間、清原氏文書を掠め取り、借物の質に入れ畢んぬ。かの氏、母の譲を得ざるところなり。貞安件の地を沙汰し返して領知の間、死去の時、洞院女に譲り給び畢んぬ。貞重その妨をなすべくんば、貞安存生の時、いかでかその証文を取らざらんや。所詮清原氏*入質無沙汰の地、糺し返さしめ畢んぬ。その妨に及ばずと云云、てへり。

これを以てこれを言ふに、貞清の妻処分を行ふや否やの事、指したる証なきにより、勘決しがたしといへども、貞重称し申すところの四人男女の得分、その田地に就きて実否を尋ねらるべきか。たとひ未分たりといへども、*分法に任せて支配の日、清原氏その分に預かるべきの上、*貞安ただ未分の由を訴へて、譲を得るの旨を申さず。且《かつがつ》清原氏、*件等の地を以て出挙の質に入れ畢んぬ。清原氏の分たるの事、その謂《いわれ》あるに似たるか。よつて貞安*質地の利に募り、これを糺し返さしめば、すべからく清原氏に与ふべきか。しかるに貞安、貞重を以て子息となすの間、貞安一期の後は、貞重に譲るべきの旨契約せしむるにより、不審を存ぜざるの由、貞重これを申す。この条証文なしといへども、事の趣を思ふに、誠にその約なくば定めてその訴あるか。*清原氏得分を空しうすべからざるによつてなり。*しからば貞安洞院女に譲るの事、理致に叶はず。貞重訴ふるところ、拠るところなきにあらざるか。ここに貞安・貞重、父子の契を成すの由、貞重これを申す。随ひて貞重申して云く、たとひ後家に譲与候といへども、

入質無沙汰　質に入れたまま借金を返済しない。

分法に…の上　法定の遺産分配をうけるのが当然であるうえ。

貞安ただ…申さず　未処分というばかりで、自分に譲られたとはいっていない。

件等の地…似たるか　入質できたことは、債権者を納得させるだけの理由があるはずで、それをさして「謂あり」と称したものであろう。

質地の利に募り　地利の累積が元本をこしたことを根拠として。

清原氏…よつてなり　母親の遺産をみすみす見捨てるわけにはいかないからだ。

しからば…　以上によって判断すれば、貞安が洞院女に譲与したという洞院女の主張は道理に合わない、そして一方、貞重の主張は根拠ありというべきである。以上がこの勘文の主文であって、貞重勝訴の判断である。その次の「ここに…」以下は、論所を貞重に引渡す時期すなわち判決実現の時期の問題である。

忽ち…似たり　洞院女が生きている現在すぐに貞重が領有することは、貞安との契約をないがしろにするとも思われる。
物議に背かず　妥当な論というべし。
炳焉　あきらか。

中原明方　不詳。

中原明政　→補

修理宮城弁官　この官名「修理左宮城判官」とあるべきを、書写の際に誤ったものであろう。

後家一期の後は、貞重に賜ふべきの由をも、その状に載せて候はば、強ち欝し申すに及ばずと云云、てへり。この申状に就きて重ねてこれを案ずるに、*忽ち領知の事その契を忘るるに似たり。洞院女一期の後、貞重領掌すること*物議に背かざるか。所従の事に於ては、貞安譲状に*炳焉《へいえん》、貞重その妨に及ばず。ただし貞安の消息進覧の由、貞重申詞《もうしことば》に載するのところ、件の状を見ず。召し出さるべきものか。よって勘じ申す。

承元二年四月三日　右衛門少志*中原明方
明法博士兼少尉*中原明政
小尉中原
*修理宮城弁官明法博士左衛門少尉中原章親

勘検此等文、件地事、如貞重申詞者、清原氏〈貞重母〉得母〈貞清妻〉之譲領知之間、入借物之質経年序之処、貞安〈清原氏外兄、貞重舅〉申合貞重、沙汰返彼質地畢、貞安一期之後、依有父子之契、可賜貞重之由、乍成其約、貞安死去之刻、譲于妻洞院女、無其謂云云、如洞院女陳詞者、貞清未分死去、貞安城外之間、清原氏掠取文書、入借物之質畢、彼氏所不得母譲也、貞安沙汰返件地領知之間、死去之時譲給洞院女畢、貞重可成其妨者、貞安存生之時、争不取其証文哉、所詮清原氏入質無沙汰之地、令糺返畢、不及其妨云云者、

以之言之、貞清妻行処分哉否事、依無指証雖難勘決、貞重所称申之四人男女得分、就其田地可被尋実否歟、縦雖為未分、任分法支配之日、清原氏可預其分之上、貞安只訴未分之由、不申得譲之旨、且清原氏以件等地入出挙之質畢、為清原氏分事、似有其謂歟、仍貞安募質地之利、令糺返之者、須与清原氏歟、而貞安以貞重為子息之間、貞安一期之後、可譲貞重之旨依令契約、不存不審之由、貞重申之、此条雖無証文、思事之趣、誠無其約者定有其訴歟、清原

氏依不可空得分也、然者貞安譲洞院女事、不叶理致、貞重所訴非無所拠歟、爰貞安貞重成父子契之由、貞重申之、随貞重申云、縦雖譲与後家候、後家一期之後者、可賜貞重之由於毛、載其状弖候波、強不及欝申云云者、就此申状重案之、忽領知事似忘其契、洞院女一期之後、貞重領掌不背物議歟、於所従事者、貞安譲状炳焉、貞重不及其妨、但貞安消息進覧之由、載于貞重申詞之処、不見件状、可被召出者歟、仍勘申、

承元二年四月三日

右衛門少志中原明方

明法博士兼少尉中原明政

小尉中原

修理宮城弁官明法博士左衛門少尉中原章親

【東寺百合文書イ】

公家思想 3

奏状

佐藤進一
笠松宏至
校注

徳大寺実基政道奏状

1 *人の煩《わずら》ひなく、神事を興行《こうぎょう》せらるべき事

右、敬神の道、誠信を以て先となす。必ず*礼奠《れいてん》の精麁《せいそ》によるべからず。故に謂《いえら》く、*苟《いやしく》も明信《めいしん》あらば、澗谿《かんけい》・沼沚《しょうし》の毛、潢汙《こうう》・行潦《こうろう》の水、鬼神に薦《すす》むべし、王公に薦むべしと。また云く、*神は信と徳を饗《う》けて、備物を饗けず、信といふは*物を守る、徳といふは*正直中和と。しかれば則ち誠信を以てこれを祭り、直心を以てこれを祈らば、人の煩ひなく定めて感応あるか。その上、神領もし訴訟あらば、道理に任せて早速尋ね沙汰すべきの由、諸社の奉行人に仰せ下さるべきか。

無人煩可被興行神事々

右敬神之道、以誠信為先、必不可依礼奠之精麁、故謂苟有明信、澗谿沼沚之毛、潢汙行潦之水、可薦於鬼神、可薦於王公、又云神饗信与徳、不饗備物、謂信者守物、謂徳者正直中和、然則以誠信祭之、以直心祈之者、無人煩定有感応歟、其上神領若有訴訟者、任道理早速可尋沙汰之由、可被仰下諸社奉行人歟、

2 国利を量り、仏法を*紹隆《しょうりゅう》せらるべき事

右、仏法の紹隆は、*学者の修行によるべし。その行多門ありといへども、所詮*戒《かい》・定《じょう》・恵《え》の三学を出づべからず。三学の内、*禅定《ぜんじょう》を以て勝《まさ》れりとなす。余はこれに及ぶあたはず。ただし*尸羅《しら》清浄《しょうじょう》ならざれば、*三昧《さんまい》*現前《げんぜん》せず。禅定を修せんと欲せば、堅

1 **人の煩ひなく…** 衰廃した神事を復興することは大切だが、そのために賦税を重くして民庶を苦しめてはならないの意。
礼奠の精麁 お祭りや神への供え物の丁重なると粗末なると。
苟しくも… 以下の文は左伝、隠公三年に拠る。→補
神は… 神は人の信と徳を納受するけれども、誠心のこもらない供えものは、如何に品数が備わっていようとも、これを受けはしない。管蠡抄に「礼記曰、鬼神饗徳、不饗味」とあるのも同じ意。
物を守る 惑わず持ち続ける。操守する。
正直中和 正しくまっすぐで、片よらないこと。
2 **紹隆** いよいよさかんにする。
学者 仏道の修行者。
戒・定・恵 仏道修行者の必ず修学実践すべき三つの要道。非を防ぎ悪をとめるのを戒、思慮分別する意識を静めるのを定、道理を選び分ける判断をする心作用(智の働き)を恵(慧)という。
禅定 前注の定に同じ。
尸羅 梵語 sila の音写、戒のこと。
三昧 梵語 samādhi の音写、三摩地、三摩提に同じ。心を一つの対象に集中させる心作用をいう。定と訳す。
現前 あらわれる、起こる。

く戒法を護持《ごじ》すべし。しかるに当時*南北の碩徳《せきとく》等、偏《ひと》へに恵学を*嗜《たしな》み、戒定二学に於ては大略廃《はい》するがごとし。*仏法僧法の衰微もととして此《これ》に由る。ただ興行すべきの由仰せ下さるるといへども、*緩怠《かんたい》定めて前々のごときか。今に於ては評定《ひょうじょう》ありて、委《くわ》しく修行の*方軌《ほうき》を定め、仰せ下さるべきか。もし*戒香薫修《かいこうくんじゅ》ありて、三昧成熟《じょうじゅく》せば、仏法の紹隆何事かこれにしかんや。

量国利可被紹隆仏法事

右仏法之紹隆者、可依学者之修行、其行雖有多門、所詮不可出戒定恵之三学、々々内以禅定為勝、余不能及之、但尸羅不清浄、三昧不現前、欲修禅定、堅可護持戒法、而当時南北之碩徳等、偏嗜恵学、於戒定二学大略如廃、仏法僧法之衰微職而由此、但可興行之由雖被仰下、緩怠定如前々歟、於今者有評定、委定修行之方軌、可被仰下歟、若有戒香薫修、三昧成熟者、仏法紹隆何事如之哉、

3

賢才を択《えら》ぶの道、何を以て先とせらるべきかの事

右、古人云く、賢人は*百福を宗とし神明を主とす。賢の行たるや、その志を得《え》ば、邦国以て和し、*社稷《しゃしょく》以て安《やす》し。*兆人《ちょうじん》その福を受け、*群生《ぐんせい》その徳に頼る。才といふは智なり。また文章奇麗、文を工《たく》みにする、これを才といふ。また*道術の称なり、また芸なりと。是を以て*魏徴《ぎちょう》云く、乱代はただその才を取りてその行を顧みず。太平の時は、必ず才行倶《とも》に兼ぬるをまちて、これを任用すべしと。しかのみならず*古人云く、徳才に勝つ、これを君子といふ。才徳に勝つ、これを小人といふ。君子は*才を挟《たも》ちて以て善をなす、小人は才を挟ちて以て悪をなす。才を挟ちて以て善をなさば、*善至らざる

南北の碩徳 南都(興福寺)・北嶺(延暦寺)の高僧たち。
嗜む 強く好きこのむ、執着する。
仏法僧法 仏法は仏の教え、僧法は僧侶の守るべきおきて。
緩怠 不注意もしくは怠慢によって、職務を行わず、指示命令などに従わないこと。
方軌 わだちを並べる、車を並べる意。ここでは明確な規則の意か。
戒香薫修 戒を十分修行する意。戒を香にたとえて、戒の修行を薫修という。

3 百福 多くの福禄。
社稷 国家の意。もと、社は土地の神、稷は五穀の神の意。
兆人 天下の民、万民。
群生 万民。兆人と同意。
道術 道徳と学術。
魏徴云く… 魏徴は唐の太宗の臣。唐代諫臣の随一とされる(五八〇—六四三)。貞観政要にその善言が多く見えている。群書治要はその奉勅撰書。以下の文は貞観政要、択官七に拠る。→補
古人云く… 以下の文は資治通鑑、周紀一に拠る。→補
才を挟つ 才能をもつ。「挟」の訓は字鏡集による。
善至らざるなし どのような善事をもなすことができる。

なし。才を挾《たも》ちて以て悪をなさば、悪また至らざるなし。古より以来、国々の*乱臣・家々の*敗子《はいし》、才余りありて徳足らざるなりと。*これを以てこれを思ふに、才名《さいめい》ありといへども賢行《けんこう》なき者、用ゐるべからざるか。ただ*明王の臣を用ゐるは、巧匠《こうしょう》の木を用ゐるがごとし。*曲直長短異なりといへども、各々施《ほどこ》すところあり。故に明王は臣を棄てず、良匠は材を棄てず。しかれば則ち*賢才異なりといへども、事によりてまた施すところあらんか。

択賢才之道以何可被先哉事

右古人云、賢人者宗百福主神明、賢之為行也、得其志則邦国以和、社稷以安、兆人受其福、群生頼其徳、謂才者智也、又文章奇麗工文謂之才、又道術称也、又芸也、是以魏徴云、乱代只取其才不顧其行、太平之時、必須才行倶兼、可任用之、加之古人云、徳勝才謂之君子、才勝徳謂之小人、君子挟才以為善、小人挟才以為悪、挟才以為善者、善無不至、挟才以為悪者、悪亦無不至矣、自古以来、国々乱臣家々敗子、才有余而徳不足也、以之思之、雖有才名無賢行者、不可用歟、但明王之用臣如巧匠之用木、曲直長短雖異、各有所施、故明王不棄臣、良匠不棄材、然則賢才雖異、依事又有所施歟、

4　*令外《りょうげ》の官員、いづれの代に拠るべきかの事

右、官少なく人多ければ、*その人にあらずしてその官に居る。官多く人少なければ、*その人その官に居ず。尤も商量すべしといへども、悉《ことごと》くは*周備《しゅうび》しがたきか。中古の聖代に就き、*延久比《ころ》の例に任せて、定め置かるべきか。彼のとき殊に*文士を以て任ぜらるべきの由、その沙汰あるか。*顕季卿《あきすえ》参議《さんぎ》に任ずべきの募《つの》り一にあらずといへども、

乱臣　国をみだす悪臣。
敗子　家をほろぼす子ども、道楽息子。
これを以てこれを思ふに　↓補
明王の臣を用ゐるは…　↓補
曲直長短…　曲ったものまっすぐなもの、長いもの短いもの、いろいろ木にちがいがあっても、それぞれに適した使いみちがある。
賢才異なりと…　賢臣、才臣いろいろちがいがあっても、それぞれ然るべき使いみちがある。

4 令外の官員…　令外の官の定数は、どの時代(どの天皇の御代)の制を基準とすべきであろうか。令外の官とは、令に規定された以外の官職。例えば、中納言・参議・検非違使・蔵人など。
その人その官に居ず　折角、適任者があっても、定数に対して希望者が多い状況では、適任者がそのポストを占めることができない。
その人にあらずしてその官に居る　定数が多すぎる場合には、みすみす不適任な人間をそのポストにすえることになる。
周備　十分に用意する。その時々の状況に合わせて定数を押さえる。
延久比の例　延久は後三条天皇の年号(一〇六九—七二)。
文士　文章にすぐれた人。
顕季卿…　↓補

*才士にあらざるによつて任ぜられず。また*四韻詩《しいんし》を賦《ふ》せざれば、*弁官《べんかん》に任ずべからざるの由勅定《ちょくじょう》ありと云々。しかのみならず*唐の太宗侍臣にいひて云く、*理を致すの本、ただ才を量りて職を授け、官員を省《はぶ》くにあり。孔子云く、*官事《かんじ》もしその善を得ば、少なしといへどもまた足る。それ不善ならば、たとひ多しといへどもいかんせんと〈已上、太宗の詞〉。早く和漢賢主の*勝躅《しょうちょく》を逐《お》ひ、文士を当時に取られば、*択士《たくし》の中興、崇文《そうぶん》の上計たるか。

そもそも近来、人々昇進甚だ早速なり。少年の者卿相に昇り顕職を帯ぶ。*徳政を興さるるの日、なほ然るべからざるか。卑官浅位は、人によりて暫く近例によるといへども、*太政官《だいじょうかん》に於ては、尤も*豫議《よぎ》あるべきか。勅問の篇目にあらずといへども、事を以て*鄙懐《ひかい》を述ぶるところなり。

令外官員可拠何代哉事

右官少人多者、其人不居其官、々多人少者、非其人居其官、尤雖可商量、悉難周備歟、就中古聖代、任延久比之例、可被定置哉、彼時殊以文士可被任之由、有其沙汰歟、顕季卿可任参議之募雖非一、依非才士不被任、又不賦四韻詩者、不可任弁官之由有　勅定云々、加之唐太宗謂侍臣云、致理之本、唯在於量才授職省官員、孔子云官事若得其善者、雖少亦足矣、其不善者、縦多何為〈已上太宗詞〉、早逐和漢賢主之勝躅、被取文士於当時者、為択士之中興崇文之上計歟、

抑近来人々昇進甚早速也、少年者昇卿相帯顕職、被興徳政之日、猶不可然歟、卑官浅位者依人暫雖依近例、於太政官者、尤可有豫議歟、雖非勅問之篇目、以事所述鄙懐也、

才士　文章の才ある人。

四韻詩　脚韻が四つある八句の詩。律詩。「博士の人人は四ゐん、ただの人は、大臣をはじめ奉りて、絶句作り給ふ」(源氏、乙女)などとあって、高度の詩才を要する漢詩とされた。→補

弁官　太政官に直属する庶務執行官。左右弁に大中少各一、ほかに権弁一、計七名が置かれた。

唐の太宗…　以下の太宗の詞は貞観政要、択官七に拠る。→補

理を致すの本…　政治の基本は、臣下の才能を適確につかんで、それぞれに適した官職を与え、出来るだけ官人の員数を少なくすることである。

官事もし…　役人の仕事がうまく行われて、役所が適正に運営されるようであれば、役人の数は少なくても十分である。

勝躅を逐ひ　すぐれた事蹟にならって。

択士の中興…　立派な人物を抜擢任用する政策を復活したことにもなり、文学重視の上策ともなるであろう。

徳政を興さるる…　今日、徳政を振興されるに際して、このような速やかな昇進はやはり宜しくないであろう。

太政官　議政官庁としての太政官の構成員、即ち参議・大中納言・大臣。

豫議　なお考慮を要すること。躊躇すること。

鄙懐　私の日頃考えていたこと。鄙は謙辞。

5 官民ともに*富足《ふそく》せしむべき事

右、古昔は、諸国の治否《ちふ》は皆国司に委ね、租税調庸《そぜいちょうよう》は悉く官庫に納む。故に*良吏に逢へば官民富足し、*貪吏《たんり》あれば貧《ひん》に苦しむ。号令を出さるるといへども、*遵行《じゅんぎょう》に煩《わずら》ひなし。中古以来、庄園競《きそ》ひ立ち、面々の領主幾千万か。その沙汰ありといへども、定めて*事行《ことゆ》かざるか。

官民共可令富足事

右古昔者、諸国之治否皆委于国司、租税調庸悉納官庫、故逢良吏者官民富足、有貪吏者苦貧、雖被出号令、遵行無煩、中古以来庄園競立、面々領主幾千万哉、雖有其汰沙、定不事行歟、

6 *位職田《いしきでん》実なし、*群臣の朝恩何様《なにざま》たるべきかの事

右、位職田*陵廃《りょうはい》の後、庄園競ひ立ちて、各〻これを知行す。*その儀停止《ちょうじ》あるべからざれば、暫く当時のごとくたりといへども、何事かあらんや。

位職田無実、群臣朝恩可為何様哉事

右位職田陵廃之後、庄園競立各知行之、其儀不可有停止者、暫雖為如当時、有何事哉、

7 号令の遵行せざるは何事に因るかの事

右、古人云く、令《れい》すでに出でて俗いまだ斉《ひと》しからざるは、令一ならざればなり。けだし始に謹みて後に慢《おこた》るは、則ち一ならざるなり。近きに張りて遠きに弛《ゆる》きは、則ち一ならざるなり、賤《いやし》きに急にして貴きに寛《ゆる》きは、則ち一ならざるなり、疎《うと》きに行ひて親しきに廃するは、則ち一ならざるなりと。ここに古人の文を抜きて、つらつら今の疑

5 **富足** 富み豊かなこと。
良吏 優秀な役人、とくに国司についていう。
貪吏 民の財をむさぼる役人、とくに国司。
遵行に煩ひなし 「遵行」は命令を下達、執行すること。昔は諸国の治否が国司に一任されていたから、政府は良吏を選任して、これに命令を与えるだけで、こと足りた、の意か。
事行かざるか スムーズに事が運ぶとは思われない。

6 **位職田** 位田と職田。位田は五位以上の有位者に与えられる田で、田令、位田条に規定がある。職田は正しくは職分田、官職の高下に従って与えられる田で、田令、職分田条その他に規定がある。
群臣の朝恩… 群臣に対する天皇の賜与は、どのようにしたらよいか。
陵廃 衰えすたれる。
その儀… 庄園を廃止することはできないのだから、暫くは現在のまま即ち群臣に庄園を賜与する形を続けても、特に支障はないであろう。

7 **為政の者**… 明文抄二、帝道下にも採録されている群書治要「為政者必慎択其左右、左右正則人主正矣、人主正則夫号令安得曲耶」の略文である。近臣が正しければ、君主も正しくなり、従って君主

ひを案ずるに、もしくは始に謹みて後に慢るか、はたまた下意通ぜざるか。ただし為*政の者、慎みて左右を択《えら》べ。左右正しくば、号令いづくんぞ曲れるを得んやと云々。これまた古人の先言なり。誠に左右正しくば、則ち何ぞ遵行せざらんや。

号令不遵行因何事哉事

右古人云、令既出而俗未斉者、令不一也、蓋謹於始慢於後、則不一也、張於近弛於遠、則不一也、急於賤寛於貴、則不一也、行於疎廃於親、則不一也、爰披古人文、倩案今疑、若謹於始慢於後歟、将又下意不通歟、但為政者慎択左右、々々正者、号令安得曲云々、是又古人之先言也、誠左右正、則何不遵行哉、

8

*変通不易《へんつうふえき》の政、時に順《したが》ふべきの事

右、民意を推して*規《き》を分ち、*時宜《じぎ》を量りて教を立つるは、治国の*彝範《いはん》、*化俗《かぞく》の大綱《たいこう》なり。ただし*憲法廃《すた》れやすく、*人行《じんこう》衰へやすし。偏へに末代の時宜に任せば、いよいよ上聖の古風に違ふか。*弘仁《こうにん》の詔書に云く、朕淳*に還《かえ》り朴に返るの風、いまだ下土《かど》に覃《およ》ばず、*滅を興し絶を継ぐの思、常に*中襟《ちゆうきん》に切なりと。しかのみならず*魏徴《ぎちよう》云く、人漸く*澆訛《ぎようか》にして純樸《じゆんぼく》に反《かえ》らず、今に至りて悉く鬼魅《きび》をなすべくんば、いづくんぞまた得て教化すべけんやと。しかれば則ち、上、堯舜の心を慕ひて以て下を教へ、下、*元愷《げんがい》の行を思ひて以て上に仕へば、*澆薄《ぎようはく》の祭俗たりといへども、なんぞ随分の淳朴に返らざるや。

変通不易之政可順時事

右推民意而分規、量時宜而立教者、治国之彝範、化俗之大綱也、但憲法易廃、人行易衰、偏

は曲った命令を出すことはない。故に為政者は近臣を慎重に選任しなければならぬ、という意。

8 **変通不易の政**… 時とともに容易に変化する政治と、一貫してかわらぬ政治とは、いずれか一方をとるのではなく、時代に応じて両用すべきである。

規を分ち 民を治める法律をただす。

時宜を量りて… 時運を推しはかって、それに適応するように、民庶教化の内容を定める。

彝範 つねに変らぬ大きな規範。

化俗 民庶の教化。

憲法 国の大法。

人行 民のおこない。

弘仁の詔書… →補

淳に還り… かざりけのないすなおな古に返ろうとする気風。

滅を興し… 滅びたものを復興し、絶えたものを再興しようとする思い。

中襟に切なり 心中に痛感している。

魏徴云く… 貞観政要、政体二に拠る。→補

澆訛 軽薄でまごころがない。

元愷 八元八愷の略、賢人才士をいう。左伝、文公十八年に「昔、高陽氏有才子八人…天下之民謂之八愷、高辛氏有才子八人…天下之民謂之八元」、舜が八愷八元を挙げ用いたとあるより出た。なお明文抄二、帝道下に、この左伝の引文を(右の中略部分も除いて)採録している。

澆薄 表をかざるだけで、中味のないさま。軽薄。

任末代之時宜者、弥違上聖之古風歟、弘仁詔書云、朕還淳返朴之風、未覃下土、興滅継絶之思、常切中襟、加之魏徴云、人漸澆訛不反純樸、至今応悉為鬼魅、寧可復得而教化耶、然則上慕堯舜之心以教下、々思元愷之行以仕上者、雖為澆薄之祭俗、蓋返随分之淳朴哉、

9　民漁猟を捨て、農桑を勤むべき事

右、仁を施し物を憐むの道、*性命を救ふにしくはなし。ただ縁海《えんかい》の土俗、釣漁《ちょうぎょ》を以て生計をなし、習来りてすでに久し。偏へにこれを停止せられば、還《かえ》つて違犯《いぼん》の基たらんか。これ*飄風《ひょうふう》朝を終へず、驟雨《しゅうう》日を終へざるの謂《いい》なり。ここに*折中《せっちゅう》の儀を案ずるに、正月・五月・九月は、*止悪修善《しあくしゅぜん》すべきの*斎月《さいげつ》なり。かつは*唐の武徳年中、下俗この月々死刑を止め屠殺《とさつ》を禁ず。漢家に於てまた先規なきにあらず。しからばこの三ヶ月は一向これを禁ぜらるべし。このほか毎月*六斎日《ろくさいじつ》ならびに仏寺あるの所は、寺辺二里の内、*格制《きゃくせい》に任せてこれを止めらるべし。なかんづく西都*大井河の宿の猟者《りょうしゃ》等、屠殺を止められ、別の沙汰を以て恩憐《おんれん》あらば、莫大の仁慈といふべきか。

民捨漁猟可勤農桑事

右施仁憐物之道、無如救性命、但縁海之土俗、以釣漁而為生計、習来已久、偏被停止之者、還為違犯基歟、是飄風不終朝、驟雨不終日之謂也、爰案折中之儀、正月五月九月者、可止悪修善之斎月也、且唐武徳年中、下俗此月々止死刑禁屠殺、於漢家又非無先規、然者此三ヶ月者一向可被禁之、此外毎月六斎日并有仏寺之所者、寺辺二里之内、任格制可被止之、就中西都大井河宿猟者等被止屠殺、以別沙汰有恩憐者、可曰莫大之仁慈哉、

10　游堕《ゆうだ》の衆を禁じて、民業に就かしむべきの事

9 **性命**　生命と同じ。

飄風朝を…の謂なり　物の喩えに、つむじ風は朝のうちに止んでしまう、にわか雨が一日中降りつづくことはない、といいます(不自然なことをしても、長くは続かない意)。「飄風不終朝、驟雨不終日、孰為此者天地、天地尚不能久、而況於人乎」(老子)に拠る。

折中の儀　↓三九頁補「折中の法」

止悪修善　仏の教えに従って、悪を止めて善業を行うこと。

斎月　正月・五月・九月をいい、この月々には五味を断ち、持戒精進するなど、止悪修善につとむべきものとされた(拾芥抄)。

唐の武徳年中…　唐書、本紀一に「高祖武徳二年正月甲子…詔、自今正月五月九月不行死刑、禁屠殺」とあり、この文はそのまま明文抄二、帝道下に採録される。

六斎日　八日・十四日・十五日・廿三日・廿九日・卅日の六日を六斎日として、公私ともに殺生禁断とされた(雑令、月六斎条)。

格制　宝亀二年八月十三日・貞観四年十二月十一日の官符(貞観符には天平勝宝四年・承和八年の令も引用されている)は、月の六斎日及び寺辺二里以内での殺生禁断を令している(三代格)。

大井河の宿　大井河は、京の西方を南に流れる大堰川のこと。桂川に同じ。宿については、室町時代(一五世紀中頃から約一世紀の間)の文書に、桂川の右岸、西岡の宿人が塩商売を営んでいたことが

10

右、*末作《まっさく》を棄てて本業に就くべきの由、古賢の説ありといへども、和漢事を異にす。偏へに*因准《いんじゅん》しがたきの上、所詮租税*賦斂《ふれん》民の煩《わずら》ひなく、風雨水旱時を失はざれば、末作を止めずといへども、農夫に於ては定めて不足なきか。

禁游堕之衆可令就民業事

右棄末作可就本業之由、雖有古賢之説、和漢異事、偏難因准之上、所詮租税賦斂無民煩、風雨水旱不失時者、雖不止末作、於農夫者定無不足歟、

11 *撫民《ぶみん》倹約、礼儀を貶《そこな》はず*過差《かさ》を止むべき事

右、撫民の計、倹約の法、*度々の制符等に至要大略漏るるところなきか。*如実《にょじつ》*遵行《じゅんぎょう》せられば、不足あるべからざるか。

撫民倹約不貶礼儀可止過差事

右撫民之計倹約之法、度々制符等至要大略無所漏歟、如実被遵行者、不可有不足歟、

12 *雑訴《ざっそ》等、人の煩ひなく、*不日沙汰あるべき事

右、仙洞《せんとう》の評定*淵底《えんてい》を究《きわ》められ、その上奉行人各〻忠直を存じて、その沙汰あらば、*なんぞ訴人の煩ひあらんや。

雑訴等無人之煩不日可有沙汰事

右仙洞之評定被究淵底、其上奉行人各存忠直、有其沙汰者、何有訴人之煩哉、

13 人を得て*理を致すべき事

右、為政はただ人を得るにあり。その人なければ、堯舜といへども誰か*化を致すべき。しかるに人を得るの道、難きに似て難きにあらず。古人云く、人《ひと》常心なし、習《ならい》以て性

見えている(八坂神社文書・北風文書)。なお豊田武氏『中世日本商業史の研究』、網野善彦氏「非人と塩売」(年報中世史研究4号)参照。

10 **末作を棄てて…** 末業である工業をやめて、本業たる農業につくべし。→補

因准 中国の古説になずらえる。

賦斂 租税を取立てる。

11 **撫民** 民をいつくしむ。

過差 ぜいたく。

度々の制符 本書に収めた弘長三年の新制(三三頁)はその代表例である。

如実 そのまま、その通りに。

遵行 命令を受けて、これを執行する。

12 **雑訴** →六一頁注

不日 日ならず、速かに。

淵底を究む 物事の奥底まで十分に調べる。

なんぞ訴人の煩ひあらんや この条では、裁判の迅速を主題として意見を求めているのに対して、実基は、院の評定が十分審理をつくすこと、奉行人が私を排して公正を旨とすることの二点が、訴人の難儀を除く道であると、答えている。

13 **理を致す** よい政治をする。理は治の意。

化を致す 民を教化する。

をなす。国《くに》常俗なし、教へば則ち風を移す。*億兆《おくちょう》の趨《おもむ》くところは、一人の執《と》るところにあり。*人の教あるは、作人《さくじん》の陶冶《とうや》あるがごとし。ここに善悪の明鏡《めいけい》、勧誡の師範、*説苑《ぜいえん》の*六正六邪の文にしくはなし。かの明らかにするところの得失を以て、常に好悪《こうお》の沙汰あらば、なんぞ*呉客瘡《ごかくきず》を厭《いと》はず、楚《そ》人餓《ひとうえ》を忍ばざらんや。しかのみならず*魏徴云く、人を知ること古より難しとなす。故に*考績黜陟《こうせきちゅっちょく》その善悪を察す。今人《いま》を求めんと欲せば、必ずすべからくその行を審訪《しんぽう》すべし。もしその善を知りて後にこれを用ゐば、たとひこの人、事をなす能はずとも、ただ才力及ばざるのみ、大害となさずと云々。誠に家を以て国を観、孝を以て忠を推さば、大概相違せざるか。

可得人致理事

右為政者唯在得人、無其人者雖堯舜誰可致化、而得人之道似難非難、古人云、人無常心、習以成性、国無常俗、教則移風、億兆之所趨、在一人之所執、人之在教、若作人之在陶冶、爰善悪之明鏡、勧誡之師範、無如説苑之六正六邪之文、以彼所明之得失、常有好悪之汰沙者、何呉客不厭瘡、楚人不忍餓哉、加之魏徴云、知人事自古為難、故考績黜陟察其善悪、今欲求人、必須審訪其行、若知其善後用之、仮令此人不能済事、只才力不及、不為大害云々、誠以家観国、以孝推忠、大概不相違歟、

14

誠信によつて速《すみや》かに*天感ある事

右、*斉《せい》の景公の代、彗星《すいせい》天に見《あら》わる、群臣皆泣く。*晏子《あんし》咲《わら》ひて曰く、君*台《うてな》を高くし池を深くし、賦斂《ふれん》を厚くし刑罰を重くす。ここを以て天、変を示すと。景公懼《おそ》れて徳を修むるの後十日にして星没す。また*宋の景公の時、*熒惑《けいわく》、心《しん》を守る。ここに*司星子韋《しき》

億兆の趨くところ… 天下の万民は、天子の考えのあるところを見て、その方になびく。

人の教あるは… 人間にとって教えがどんなに大事であるかは、工人にとって、陶器を焼き、金属を鋳るなどの業の不可欠であるのと同じである。

説苑 漢の劉向の撰。二十巻。春秋より漢初に至る諸家の伝記・逸事を、君道・臣術・建本・立節等二十篇に類集したもの。平安時代に日本に将来された。

六正六邪の文 ↓補

呉客… ↓補

魏徴云く… ↓一三九頁補

考績黜陟… 臣僚の治績を見て、それによって或いは昇進或いは降任させて、その人の善悪を観察する。

14 天感 天の感応。

斉の景公の代… 史記、斉世家によれば、この事実は景公三十二年(西紀前五二六)のこと。

晏子 ↓補

台 高殿、楼閣。

宋の景公の時… 史記、宋世家によれば、この事実は景公三十七年条に記されているが、正しくは三十九年(西紀前四七八)のこと。

熒惑心を守る 熒惑星が心宿にとどまってうごかない。熒惑星は火星の別名で、災禍と兵戦をつかさどるとされた。心宿は二十八宿の一で、地上では宋の分野に当たるので、景公は身に災禍の起こるを懼れたのである。

云く、請ふ*、相を移し、人を移し、歳を移せと。しかれども公三たび善言して聴《き》かず。即ち*応時《おうじ》にして星*三舎《さんしや》を退《さ》り、*延祚《えんそ》廿一年なりき。これ皆徳化の至広にあらず、政教の勝絶*にあらず。ただ心に責め過《とが》を悔い、人を重んじ身を軽んぜば、高天卑《ひく》きに聴き、感応尤も速かならん。方今、高台深池の煩費なく、厚賦重罰の過怠《かたい》なし。ただ*叡《えい》情を剋《つと》めて至誠を致し、徳化を向後に盟ふこと、金石に類《たぐ》ひて渝《かわ》ることなくんば、攘災《じょうさい》なんぞ時日を隔てんや。

依誠信速有天感事

右斉景公之代、彗星見天、群臣皆泣、晏子咲曰、君高台深池、厚賦斂重刑罰、是以天示変、景公懼而修徳之後十日而星没、又宋景公之時、熒惑守心、爰司星子韋云、請移相移人移歳、然而公三善言而不聴、即応時星退三舎、延祚廿一年、是皆非徳化之至広、非政教之勝絶、只責心悔過、重人軽身者、高天聴卑、感応尤速、方今無高台深池之煩費、無厚賦重罰之過怠、唯剋　叡情致至誠、盟徳化於向後、類金石而無渝者、攘災何隔時日哉、

(端裏書)
*「徳大寺入道相国」

条々これを注進す。去比より持病*更発《こうはつ》の間、今に遅怠、*為恐《いきょう》少なからず候。注し下され候篇目のほか、奥に注し加へ候。然るべきのやう、洩《も》れ披露《ひろう》せしめ給ふべきの状、件のごとし。

三月廿日　　　　円　性

(端裏書)
「徳大寺入道相国」

司星子韋　司星は天文官。子韋は占星の術に秀でて、宋の景公に召されて、この官についたという。底本は「星」を「馬」につくる。

請ふ…　災難を宰相に移せと子韋が言うと、景公は宰相は自分の手足であるといって拒んだ。次に、民に移せと言うと、景公はこれも拒んだ。次に、年に移せというと、景公は年が不作になれば民が苦しむといって、これも拒んだ。つまり景公は、君主としての立派な言葉を三度述べたのである。

応時　直ちに、即時に。

三舎を退る　三星宿はなれたところへ移った。舎は次の星宿の意。

延祚廿一年　その後、二十一年の在位を続けることができた。祚は君主の位。史記には、景公は在位六十四年で死んだとあるから、この年数は合わない。

勝絶　はなはだすぐれていること。底本、「絶」の扁部虫損。

叡情を剋めて…　陛下がよく努力して至誠をささげ、将来ながく徳化を旨とすることを固く誓ってかわることがなければ、速かに災いをはらうことができましょう。「剋」の訓は名義抄による。

徳大寺入道相国　実基。なお解説参照。

更発　病いが重ねておこること。

為恐少なからず　大そう恐縮に存じます。「為恐」の訓は塵芥(清原宣賢自筆)、伊、態芸門に「為恐〈イケウ〉」とあるによる。

条々注進之、自去比持病更発之間、于今遅怠、為恐不少候、被注下候篇目之外、注加奥候、可然之様、可令洩披露給之状如件、

三月廿日　　円性

【伏見宮御記録】

国家草創の事…　国家の草創に関する叡慮に対しては、賛否等種々の意見があろうが、自分としては、天命・時機ともに熟したとは確言できない。

愚管を粗す　この訓読は底本によった。しかし類聚名義抄・伊呂波字類抄・字鏡集・世尊寺本字鏡等の古辞書に、「粗」に「シルス」の訓は見えない。或いは「粗」「愚」の間に一字を脱しているのではあるまいか。松本・村田著『吉田定房事蹟』所引の文には「粗　愚管」とあるが、この空格を伝本によって確かめることはできなかった。

鯁　底本「鮫」。意によって改む。へつらわず言う意。

1為躰　ありさま、すがたの意。訓は底本に「為レ躰《ラク》」とあるによる。なお三保忠夫「古文書の国語学的考察―『為体』『為体也』を視点として―」(『文学・語学』八六号)を参照。

孟子に所謂…　→補

秦の始皇…　秦王政(西紀前二五九―二一〇)が、自国の民を動員して、韓・趙・魏・楚・燕・斉の六国を次つぎに征服し、なかんずく最後に残った山東の斉に対しては、その内乱に乗じてこれを討ち亡ぼして天

吉田定房奏状

*国家草創の事、叡念議あるに似たりといへども、天命いまだ知らず、時機測りがたし。和漢の両朝先蹤、今勅命に就きて、*愚管を粗《しる》す。益小《すく》なく損多からん。試みに数箇の*鯁議《こうぎ》を献じ、敢て十分の逆鱗《げきりん》を犯す。

国家草創事、叡念雖似有議、天命未知、時機難測、和漢両朝先蹤、今就　勅命粗愚管、小益多損、試献数箇之鯁議、敢犯十分之逆鱗矣、

1 一　王者仁を以て暴に勝つ事

至人の道、ただ仁を先となす。仁の*為躰《ていたらく》、殺さざるを基となす。*孟子に所謂《いわゆる》天下一《いつ》に定まると云ふは是なり。*秦の始皇、境内の民を駈りて、六国の役《えき》に当《あ》つ。山東の擾乱に乗じて、暫く海内を呑むといへども、二世にして滅びぬ。*魏の曹操《そうそう》・*晋の司《し》馬懿《ばい》・*宋の劉裕《りゅうゆう》・*斉の蕭道成《しょうどうせい》・*梁の蕭衍《しょうえん》・*隋の楊堅《ようけん》、みな草創の主たりといへども、子孫永く*血食せず。これみな*兵革を以て固めとなし、暴虐を以て基とするが故なり。*漢の高祖・*後漢の光武・*唐の太宗、みな*先王の道に遵ひ、仁愛の心を抱く。社稷《しゃしょく》各〻数百年、孟子の言《ことば》、あに徒然ならんや。

一王者以仁勝暴事

至人之道只仁為先、仁之為躰、不殺為基、孟子所謂天下定于一是也、秦始皇駈境内之民、

下を平定し、秦王朝を建てて自ら始皇帝と称した。しかし始皇帝死して二世皇帝胡亥が立つと、内乱が起こり、胡亥は殺されて、秦は滅亡した。

魏の曹操　後漢のあとをついだ魏の初代皇帝曹丕(ひ)の父で、事実上の魏王朝の創始者(一五五—二二〇)。

晋の司馬懿　魏の権臣。その孫司馬炎が魏を倒して晋王朝を建てたのち、高祖宣帝と謚(おくりな)された(一七九—二五一)。

宋の劉裕　南朝の宋の初代皇帝、武帝(三六三—四二二)。

斉の蕭道成　南朝の斉の初代皇帝、高帝(四二七—四八二)。

梁の蕭衍　南朝の梁の初代皇帝、武帝(四六四—五四九)。

隋の楊堅　南北朝を統一した隋王朝の初代、文帝(五四一—六〇四)。

血食せず　先祖の祭りが絶えて、国が亡びること。血食は、血のついたいけにえをささげて神を祭る意。

兵革　武器と甲冑。

漢の高祖　劉邦。西紀前二〇六年、秦を亡ぼし、二〇二年項羽を斃して、天下を統一した。前漢王朝の創始者。

後漢の光武　劉秀(西紀前六—五七)。王莽政権を倒して漢王朝を再建した(後漢)。光武帝は謚号。

唐の太宗　→一四一頁補

先王の道に遵ひ　底本には「導《テ》二先王之道一」、柳原本には「導」の右傍に「遵歟」とある。今、文意を推して柳原本の傍書に従った。

当六国之役、乗于山東之擾乱、暫雖呑海内、二世兮滅、魏曹操、晋司馬懿、宋劉裕、斉蕭道成、梁蕭衍、隋楊堅、皆雖為草創之主、子孫永不血食、是皆以兵革為固、以暴虐為基之故也、漢高祖、後漢光武、唐太宗、皆遵先王之道、抱仁愛之心、社稷各数百年、孟子之言豈徒然乎、

2 一 民の力役《りょくえき》を費さざる事

*秦の皇《みかど》、驪《り》山《ざん》の侈《い》を営《えい》し、*隋帝、江都の遊を専らにせし、なほこれ驕逸の甚だしきなり。なんぞいはんや軍旅の事に於てをや。

一不費民力役事

秦皇営驪山之侈、隋帝専江都之遊、尚是驕逸之甚也、何況於軍旅之事乎、

3 一 人の死命を重んずる事

王者は万民の父母なり。天下を以て家となし、民庶を以て子となす。罪なきの子孫をして、*鋒鏑《ほうてき》の下《した》に死せしむ、あに慈父の意ならんや。*天下草昧《そうまい》の間、*万民の役死いくばくぞや。ああ哀しいかな。

一重人死命事

王者万民之父母也、以天下為家、以民庶為子、使無罪之子孫死鋒鏑之下、豈慈父之意乎、天下草昧之間、万民役死幾多乎、嗟呼哀哉、

4 一 *天の時は地の利にしかず、地の利は人の和にしかざる事

孟子が書にこの言《こと》あり。頃年天下の躰、百分にして九十は武家の有《ゆう》なり、*戦士の勇《よう》、山東の民一にして千に当たる。あに*皇畿近州の嬰児を以て、東関蛮夷の勇健に対せ

2 **秦の皇驪山の侈を営し** 秦の始皇帝が驪山(陝西省臨潼県)に自分の陵墓を造営した。一九七四年、この陵墓の一部が発見され、そこからおびただしい数の巨大な戦士・軍馬の俑(よう 塑像)が発掘されて、始皇造営工事の規模の雄大さをうかがわしめるものがあった。訓みは底本、「皇」の右傍に「ミ」、「侈」の右傍に「イ」とあるによる。侈は、おごりの意。

隋帝江都の遊を… 隋の煬帝が江都(江蘇省江都県、現、揚州)に離宮を営みここに遊んだ。

3 **鋒鏑の下に…** 戦陣に死せしむるをいう。鋒鏑は、刀のほこ先と矢じり。

天下草昧の間 天下いまだ定まらざる間、すなわち権力奪取が成功するまでの間。前文に「国家草創の事」とあるのに照応する。

万民の役死… 戦いに駈り出されて陣没する民の数は如何ほどであろうか。

4 **天の時は…** ↓一四九頁補「孟子に所謂…」

戦士の勇… 坂東武士の武勇は一騎当千の強さである。「勇」の訓みは底本の振仮名による。色葉字類抄・塵芥(清原宣賢自筆)に「武勇 フヨウ」。

皇畿近州の… 畿内近国の赤ん坊のように弱い武力で、強健な関東武士に手向いできようか。

5 **黄帝征伐** 「蚩尤作乱、不用帝命、于是黄帝乃徴師諸侯、与蚩尤戦於涿鹿之野、

んや。この事の不可、また言ひがたし。

一天時不如地利々々不如人和事

孟子書有此言矣、頃年天下之躰、百分兮九十者武家之有也、戦士勇山東之民一兮当千、豈以皇畿近州之嬰児、対東関蛮夷之勇健乎、此事之不可亦叵言矣、

5 一 *黄帝征伐の事

蚩尤《しゆう》帝命を用ゐず。故にこれを征伐す。今の時、関東の武士、天理に逆《さか》ふの志《こころざし》なきか。*その不可の一なり。

一黄帝征伐事

蚩尤不用帝命、故征伐之、今時関東之武士無逆天理之志歟、其不可一也、

6 一 *舜その三苗《さんびょう》を服する事

苗民服せず。故に舜これを征す。しかるに成功なし。遂に禹の謀を用ゐて、文徳を修めて苗民を服せしむ。*干羽《かんう》を両階に舞ふといふはこれなり。その不可の二なり。

一舜服其三苗事

苗民不服、故舜征之、而無成功、遂用禹之謀、修文徳服苗民、舞干羽於両階是也、其不可二也、

7 一 湯、桀を取る*事

*竜、夏庭に降りて、鬼、国の境に泣く。*湯を夏台に囚へ、民を無罪に駈《か》る。*成湯《せいとう》命を天に受けて、桀を鳴条《めいじょう》に放つ。しかるに輔徳《ふとく》あり。今の時、関東の*妖孽《ようげつ》いまだ見《あらわ》れず、万民の愁苦いまだ聞《きこ》えず。あに微弱の王民を以て、*天縦《てんしょう》の武運を伺はんや。

遂禽殺蚩尤」(史記、五帝紀)。

その不可の一なり これが、鎌倉幕府討伐の企てを断じて不可とする、第一の理由である。

6 舜その三苗を服する事 史記に拠る。→補

干羽を両階に舞ふ 宮殿に昇る東西の階で干羽の舞を舞う。干は武の舞、羽は文の舞。書経、大禹謨「帝乃誕敷文徳、舞干羽于両階」による。舞を底本「舜」、柳原本の傍書に「舞歟」とあり、旁々文意によって改めた。

7 取る 本文に「成湯…放桀」とあるのを参照すると、この取は「放」の誤写の可能性がある。

竜夏庭に降り… 夏后氏の徳が衰え、諸侯が夏に叛いた時、天が雌雄の竜を夏の朝廷に降したが、よく竜を養うことができなかった故事をいう(史記、夏紀)。

湯を夏台に囚ふ 夏の桀が殷の湯を捕えて、夏台と名づける獄に拘禁した故事をいう(史記、夏紀)。

成湯…鳴条に放つ 成湯は殷王朝の始祖湯をいう。湯、天命を受けて、兵を起こして夏の桀を伐ち、これを鳴条(今の山西省安邑県)に逐ったことをいう(史記、夏紀)。

妖孽 わざわいのきざし。幕府衰運の徴候の意であろう。

天縦の武運 天縦は、天がゆるしてほしいままにさせる意であって、ここでは上句の「微弱の王民」に対して、本来的に強大優秀な関東の武運の意であろう。

その不可の三なり。

一湯取桀事

竜降于夏庭、鬼泣于国境、囚湯於夏台、駈民於無罪、成湯受命於天、放桀於鳴条、而有輔徳、今時関東之妖孽未見、万民之愁苦未聞、豈以微弱之王民、伺天縦之武運哉、其不可三也、

8 一 武王、紂を放つ事

*九侯を脯《ほしじし》にし、鄂《がく》侯を醢《ししびしお》にす。*酒の池を瀝《たた》へ、肉の林を掛く。*妲己《だつき》を*嬖愛《へいあい》して、*長夜の楽をなす。*苛酷の刑法を以て、炮烙《ほうらく》の令を修む。ここに文王受命の君あり、憂を*牖里《ゆうり》に積む。継ぐに武王聖明の主を以て、*蹤《あと》を孟津《もうしん》に発す。*命を革《あらた》むるの今の時、関東*妖《よう》なきこと、その儀、上に聞ゆ。その不可の四なり。

一武王放紂事

脯九侯醢鄂侯、瀝酒池掛肉林、嬖愛妲己成長夜之楽、以苛酷之刑法修炮烙之令、爰有文王受命之君、積憂於牖里、継以武王聖明之主、発蹤於孟津、革命之今時関東無妖、其儀聞上、其不可四也、

9 一 本朝の時運興衰の事

*異朝は紹運《しょううん》の躰《てい》すこぶる中興多し。けだしこれ異姓更《かわ》に出づるが故のみ。本朝の*刹《せつ》利《り》*天祚一種《いっしょう》なるが故に、*陵遅《りょうち》日に甚だしく、*中興期《ご》なし。これ聖徳の観見したまふところなり。なかんづく保元の後、源平遞《たが》ひに国権を専らにし、皇威漸く損ず。元暦年中、右大将頼朝の卿、天下を平定して、国邦を幷《あわ》せ呑む。承久の後、義時の朝

8 **九侯を脯にし…炮烙の令を修む** 史記、殷紀に「帝紂…好酒淫楽、嬖於婦人、愛妲己、…以酒為池、県肉為林、使男女倮、相逐其間、為長夜之飲、百姓怨望、而諸侯有畔者、於是紂乃重辟刑、有炮烙之法、以西伯昌・九侯・鄂侯、為三公、九侯有好女、入之紂、九侯女不憙淫、紂怒而殺之、而醢九侯、鄂侯争之彊、弁之疾、幷脯鄂侯」に拠り、一部誤って「脯九侯、醢鄂侯」とする。九侯・鄂侯ともに殷の諸侯。脯は死体を干し肉にする刑、醢は死体をバラバラにし肉を塩づけにする刑。

酒の… 酒を満たして池とし、肉を木にかけて林とした、紂の宴遊度なきをいう。

妲己 殷王紂の愛妃。

嬖愛 いつくしみ愛する。

夜 底本「永」、柳原本によって改めた。

苛 底本「奇」、柳原本によって改めた。

牖里 河南省湯陰県の北、紂が文王を拘禁した地(戦国策)。

蹤を孟津に発す 周の武王が孟津に於て諸侯と盟って、紂討伐の軍を発した。孟津は河南省孟県の南にある(水経注)。

命を革むるの今の時 讖緯説によって革令の年とされる甲子、すなわち正中元年であろう。解説参照。

妖 7条の「妖孽」と同意(↓一五一頁注)。

9 **異朝は紹運の躰** 中国王朝の継続のすがたを見るに。

刹利 国王の意。インドの四姓中、第二の刹帝利の略。俗界の君長。

天祚一種 天子の位は一姓連綿であるの意。種の訓みショウ(漢音。シュは呉音)

臣専ら*国柄《こくへい》を持す。*通三《つうさん》・*儲弐《ちょじ》の廃立《はいりゅう》、*高槐《こうかい》・*大樹《たいじゅ》の*黜陟《ちゅっちょく》、事みな武威より出づ。今の時、草創の叡念もし時機に叶はざれば、忽ちに敗北の憂あらんか。*天嗣《てんし》ほとんどここに尽きなんや。本朝の安否この時にあり。あに聖慮を廻らさざらんや。

一本朝時運興衰事

異朝紹運之躰頗多中興、蓋是異姓更出故而已、本朝刹利天祚一種故、陵遅日甚中興無期、是聖徳之所観見也、就中保元之後、源平遞専国権、皇威漸損、元暦年中、右大将頼朝卿平定天下、并呑国邦、承久之後、義時朝臣専持国柄、通三儲弐之廃立、高槐大樹之黜陟、事皆出自武威、今時草創之 叡念若不叶時機者、忽有敗北之憂歟、天嗣殆尽此乎、本朝安否在于此時、豈不廻 聖慮哉、

10 一 *仙洞の聖運・武家の権威、その期あるべき事

*光仁俗を馭《ぎょ》して後、皇胤すでに一統。*平城・嵯峨・淳和昆弟《こんてい》三人、皇位を履むといへども、天下仁明の余裔に帰す。*天暦の皇胤、冷泉・円融各〻両三代、遞《たが》ひに*揖譲《ゆうじょう》の義ありといへども、天下円融に帰す。*しかりしより以降、或ひは舅姨《きゅうい》、或ひは兄弟の皇統、時々《よりより》出づるといへども、始終遂に一家に入る。これ本朝の*故実のみ。*寛元の聖統、亀山院を以て正統とするの条、天下これを知る。しかるに後深草院、不慮三四代に及ぶといへども、始終定めて当代の皇胤に帰せんか。けだし天に二日なく、地に二主なきが故なり。兼てはまた*三世の将は、道家《どうか》の肆《いまし》むるところなり。関東天下の兵馬元帥《げんそつ》の権、すでに七八代、*定めて日月盈蝕《えいしょく》の期あらんか。兵革を用ゐずして、暫く時運を俟つ。これ大義*ならくのみ。

は底本の振仮名に従った。
陵遅　次第に衰えていく意。
中興期なし　復興を期することはできない。
国柄　政治権力。
通三　天子の位。
儲弐　天子のあとつぎ。世継ぎの君。
高槐　大臣。
大樹　征夷大将軍。
黜陟　官位の上げ下げ。
天嗣　天子のあとつぎ。
10 仙洞の聖運…　上皇の御運も幕府の権勢も、やがては尽きる時が来る。
光仁俗を馭して…　天智・天武の兄弟二系に分裂した皇系が、天智の孫に当たる光仁の即位によって一統に帰したことをいう。「俗を馭す」は、世を治める意。
平城・嵯峨…　平城・嵯峨・淳和の三兄弟が次つぎと皇位についたが、そのあとは嵯峨の子仁明が立ち、以後仁明の子孫が皇位を継承したことをいう。
天暦の皇胤…　天暦は村上天皇の年号。村上のあとには冷泉・円融の兄弟が立ち、そのあとは花山(冷泉の子)・一条(円融の子)・三条(花山の弟)がこもごも立ったが、その後、冷泉の皇系は絶えて、天下は円融の皇系に帰したことをいう。
揖譲　平和のうちに天子の位をゆずること。
しかりしより　原文「自尓」は底本「自余」、柳原本によって改めた。
故実　底本「固実」、柳原本によって改めた。

寛元の聖統　後嵯峨天皇の皇統。寛元は後嵯峨の年号。
三世の将…　祖・父・子三代続いて将となることは、道家の戒めるところである。将軍の地位を世襲することの避くべきをいう。これは「三世為将、道家所忌」(後漢書、耿弇伝)に拠ったと見られる。「肆」の訓みは伊呂波字類抄・名義抄に拠る。
日月盈蝕　日や月のみちかけ。
ならくのみ　訓みは底本に従った。

一仙洞聖運武家権威可有其期事
光仁馭俗之後、　皇胤既一統、平城嵯峨淳和昆弟三人、雖履皇位、天下帰于仁明之余裔、天暦皇胤冷泉円融各両三代、遞雖有揖譲之義、天下帰円融、自尓以降、或舅甥或兄弟之皇統、時々雖出、始終遂入于一家、是本朝之故実而已、寛元之聖統、以亀山院為正統之条、天下知之、而後深草院不慮雖及三四代、始終定帰当代之皇胤歟、蓋天無二日、地無二主之故也、兼又三世之将道家所肆也、関東天下兵馬元帥之権、既七八代、定有日月盈蝕之期歟、不用兵革、暫俟時運、是大義而已、

以前条々、大概意を取る。定めて漏脱《ろだつ》依違《いい》あらんか。この意見去年六月廿一日の状なり。件の状は禁中御調度の内にあり。仙洞取り置かるるの由風聞す。定めて出現の期あるか。文章の増減、首尾の錯乱、勿論たりといへども、ほぼ肝要の旨趣は、更に相違あるべからざるものなり。旅宿楚忽に筆を馳するの間、外見かたがた憚あり。

以前条々大概取意、定有漏脱依違歟、此意見去年六月廿一日状也、件状者在禁中御調度之内、仙洞被取置之由風聞、定有出現之期歟、文章増減首尾錯乱、雖為勿論、粗肝要旨趣者、更不可有相違者也、旅宿楚忽馳筆之間、外見旁有憚矣、

【醍醐寺文書】

北畠顕家奏状

1 (前欠) *鎮将、各々その分域を領知し、政令の出づるや五方に在り。*因准《いんじゅん》のところ、故実を弁《わきま》ふるに似たり。元弘一統の後、*この法いまだ周備せず。東奥の境、纔《わずか》に皇化に靡《なび》く。これすなはち*最初鎮を置くの効《しるし》なり。西府に於ては、更にその人なし。*逆徒敗走の日、擅《ほしいまま》にかの地を履《ふ》み、諸軍を*押領して、再び帝都を陥《おとしい》る。*利害の間、これを以て観るべし。およそ諸方*鼎《かなえ》のごとくに立ちて、なほ聴断に滞《とどこお》りあり。もし一所に於て四方を決断せば、*万機紛紜《ふんうん》して、いかでか患難を救はんや。分ち出して侯に封ずるは、*三代以往の良策なり。鎮を置きて民を治むるは、隋唐*以還《いかん》の*権機なり。本朝の昔、八人の*観察使を補し、諸道の*節度使を定む。承前の例、漢家と異《こと》ならず。方今乱後の天下、民の心輙《たやす》く和しがたし。速《すみや》かにその人を撰びて、西府および東関に発遣せよ。もし遅留あらば、必ず*噬臍《ぜいせい》の悔あらんか。兼て山陽・北陸等に各一人の藩鎮を置きて、便近の国を領せしめ、よろしく非常の虞《おそれ》に備ふべし。当時の急にすべきこと、これより先はなし。

(前欠) 鎮将各領知其分域、政令之出在於五方、因准之処似弁故実、元弘一統之後、此法未周備、東奥之境纔靡　皇化、是乃最初置鎮之効也、於西府者更無其人、逆徒敗走之日擅履彼地、押領諸軍再陥　帝都、利害之間以此可観、凡諸方鼎立而猶有滞於聴断、若於一所決断四方者、

1 **鎮将…在り**　前欠のため文意明白でないが、鎌倉幕府が奥州惣奉行・六波羅・長門・鎮西各探題をおいて関東の幕府と合せ五ブロックとし、これらの地方機関を通じて政令を下達していたこと(必ずしも事実とはいえないが)を述べた部分か。

因准のところ　先例を勘ずると。

この法　地方別の政治・軍事の組織。

最初鎮を置く　元弘三年八月陸奥守に任ぜられた顕家は同十月義良親王を奉じて陸奥に下向し、引付以下の諸機構を整備し、軍事的にも関東の足利勢力に対抗する勢力を確立。

逆徒敗走の日　建武三年二月、義貞・顕家等の軍に敗れ九州に走った尊氏は、短時日のうちに兵力を蓄え、五月には再び京都を占領する。

押領　指揮統率すること。

利害の間　鎮を設置した奥州と、不設置の西国との差。

鼎のごとく　三脚のたとえとみれば、中央政府の直率する畿内のほか、奥羽・関東・西国の三方か。

万機紛紜し　政治のすべてが混乱し。

三代　中国古代夏・殷・周の三王朝。

以還　以来。

権機　便法、便宜の策。

観察使　大同元年、諸国の国司・郡司の施政を査察するために六道・畿内にそれぞれおかれた令外官。

節度使　天平四・天平宝字五年の二度、四道・三道におかれた臨時の軍事指揮官。

噬臍の悔　ほぞをかむ思いの後悔。

万機紛紜争救患難乎、分出而封侯者、三代以往之良策也、置鎮而治民者、隋唐以還之権機也、本朝之昔補八人之観察使、定諸道之節度使、承前之例不与漢家異、方今乱後天下民心輒難和、速撰其人、発遣西府及東関、若有遅留者、必有噬臍悔歟、兼於山陽北陸等各置一人之藩鎮、令領便近之国、宜備非常之虞、当時之急無先自此矣、

2 **黎民の蘇息**　庶民の生活を回復させること。
没官領新補の地頭　顕家の管領した奥羽地方は旧北条氏の所領が多く、その没収跡に新補した武士が顕家軍に多く参加していた。
蠲免　租税の免除。
供奉の数に充つ　それに従事する人々に充て行う。
興作　宮殿寺社等の造営。
仁徳天皇の余風　三年間課役を免じて民生を豊かにしたという仁政の遺風。
延喜聖主の旧格　公家政治の理想像とみられていた醍醐天皇の政道。後醍醐天皇さらにまた尊氏によっても延喜・天暦への讃美が行われたことは有名。
拱を垂れて　手をこまぬいたままで、何事もせずに。
賓服　来り従うこと。
3 **不次の賞**　順序を超えた昇進。

2　諸国の租税を免じ、倹約を専らにせらるべき事

右、連年の兵革、諸国の牢籠《ろうろう》、苟《いや》しくも大聖の至仁にあらざれば、*黎民《れいみん》の蘇息《そそく》を致しがたし。今より以後三年は、偏へに租税を免じて、民肩を憩《いこ》はしめよ。*没官領新補の地頭等の所課、同じく*蠲免《けんめん》せられ、その祭祀《さいし》および服御《ふくぎょ》等の用度は、別に豊富の地を撰び、以て*供奉の数に充てよ。三ヶ年の間は万事*興作を止め、一切に奢侈《しゃし》を断ち、しかる後、宮室を卑《ひく》くし以て民を阜《ゆた》かにして、*仁徳天皇の余風を追ひ、礼儀を節にし俗を淳《あつ》うして、*延喜聖主の旧格に帰せば、*拱《ただむき》を垂れて海内子のごとくに来り、征せずして遠方*賓服《ひんぷく》せん。

可被免諸国租税専倹約事

右連年兵革諸国牢籠、苟非大聖之至仁者、難致黎民之蘇息、従今以後三年、偏免租税令憩民肩、没官領新補地頭等所課同従蠲免、其祭祀及服御等用度者、別撰豊富之地、以充供奉之数、三ヶ年間万事止興作、一切断奢侈、然後卑宮室以阜民、追仁徳天皇之余風、節礼儀而淳俗、帰延喜聖主之旧格者、垂拱而海内子来、不征而遠方賓服焉、

3　官爵の登用を重んぜらるべき事

右、高き功あれば、*不次《ふじ》の賞を以てするは、和漢の通例なり。その才なきに至りては、

功ありといへども、多く*田園を与へて*名器を与へず。なんぞ況んや徳行なく勲功なくして、猥《みだ》りに高宮高位を黷《けが》さんや。*維月の位は*朝端《ちょうたん》の重んずるところ、*青雲の交《まじわり》は*象外《しょうがい》の撰ぶところなり。その仁にあらずして僥倖の者、近年踵を継ぐ。しかのみならず或ひは*起家の族、或ひは武勇の士、先祖経歴の名を軽んじ、文官要劇の職を望む。各〻登用の志を存し、恣《ほしいまま》に不次の恩に関《あずか》る。向後の弊いかんぞ休むことを得ん。およそ名器は猥《みだ》りに人に*仮《か》さず、名器の濫《みだ》りなるは*僭上の階《きざはし》なり。しかればすなはち、任官登用はすべからく*才地を撰ぶべし。その功ありといへども*その器に足らざれば、厚く功禄を加へ田園を与ふべし。士卒および起家奉公の輩に至りては、且は*烈祖昇進の跡を逐ひ、且は随分優異の恩に浴さば、なんの恨かこれあらん。

可被重官爵登用事

右有高功者、以不次之賞和漢之通例也、至于無其才者雖有功、多与田園不与名器、何況無徳行無勲功而猥黷高官高位哉、維月之位者　朝端之所重、青雲之交者象外之所撰也、非其仁而僥倖之者近年継踵、加之或起家之族或武勇之士、軽先祖経歴之名望文官要劇之職、各存登用之志恣関不次之恩、向後之弊何為得休、凡名器者猥不仮人、名器之濫者僭上之階也、然乃任官登用須撰才地、雖有其功不足其器者、厚加功禄可与田園、至士卒及起家奉公之輩者、且逐烈祖昇進之跡、且浴随分優異之恩者、何恨之有焉、

4　月卿・雲客・僧侶等の朝恩を定めらるべき事

右、朝廷に*拝趨《はいすう》し、*帷幄《いあく》に昵近《じっこん》し、朝々暮々竜顔に咫尺《しせき》し、年々歳々*鴻慈《こうじ》を戴仰《たいぎょう》するの輩、たとひその身を尽すとも、いかでか皇恩を報ぜんや。ここに国家乱逆《らんげき》して、宸

田園を…与へず　所領を与えるべきであって官爵を与えてはならない。以下顕家の官職観は、神皇正統記や結城親朝あての書状にみられる親房のそれと全く同じであり、また建武式目7条(上巻一四九頁)で守護職に関して述べられている是円のそれとも共通する。
名器　位官やそれにふさわしい服装などの秩序。
維月の位　→四〇頁注「維月雲仙の客」
朝端　朝廷。
青雲の交　朝官同士の交際。
象外の撰ぶところ　「昇殿是象外之選也」(和漢朗詠集下)。殿上を仙宮に擬した表現。
起家の族　なりあがり者。
仮さず　与えない。
僭上の階　上を蔑ろにする原因。
才地　才能と家柄、いわゆる器量。
その器に足らず　その官位に適わしい出身でないもの。
烈祖昇進の跡を逐ひ　家々にきめられている官位昇進の例にならって。烈祖は列祖と同じで、代々の祖先の意。

4 **拝趨**　参上。
帷幄に昵近し　政事に参画し。
鴻慈　皇恩。

襟聊《たやす》からず。或ひは乗輿を海外*に移し、或ひは行宮《あんぐう》を山中*に構ふ。人臣と作《し》て、忠義を竭《つく》さんはこの時なり。しかれども、忠を存じ義を守る者幾許《いくばく》ぞや。無事の日は大禄を貪婪《たんらん》し、艱難《かんなん》の時は逆徒に屈伏す。乱臣賊子にあらずして何ぞや。罪死して余りあり。かくのごときの族、何を以て新恩を*荷負《かふ》せんや。*僧侶護持の人、また多くこの類なり。*辺域の士卒に逮《およ》びては、いまだ王化に染まずといへども、君臣の礼を正し忠を懐き節に死するの者、勝計すべからず。恵沢いまだ遍《あまね》からざるは政道の一失なり。しかれば功なき諸人の新恩の跡を以て、士卒に分ち賜ふべきか。およそ元弘以来没官の地頭職を以ては、他用を閣《さしお》かれて有功の士に配分し、国領および庄公等の本所領を以ては、*宦官《かんがん》道俗の恩に擬せられれば、朝礼廃《すた》れず勲功空しからざるものか。そもそもまた累葉の家々不忠の科は、悪《にく》むべしといへども、偏へにその人を*廃黜《はいちゅつ》せば、誰かまた朝廷の故実を弁《わきま》へ、*冠帯の威儀を刷《つくろ》はんや。近年士卒の競望により、多く相伝の庄園を収公す。理の推すところ、縡《こと》善政にあらず。しかれば*累家《るいけ》の私領に於ては、すべからくその家に返され、公務の忠否に随ひ、追って*黜陟《ちゅっちょく》あるべきなり。*今度陪従《べいじゅう》の輩ならびに向後朝要の仁に至りては、尤も*計略の分限を定め、拝趨の羽翼を計ひ行はるべきか。

可被定月卿雲客僧侶等　朝恩事

右拝趨　朝廷昵近帷幄、朝々暮々咫尺　竜顔、年々歳々戴仰鴻慈之輩、縦尽其身争報　皇恩、爰国家乱逆宸襟不聊、或移乗輿於海外或構行宮於山中、作人臣而竭忠義者此時也、然而存忠

海外　元弘の乱後の隠岐流謫をさすか。
山中　吉野。
荷負　与えられる。
僧侶護持の人　護持僧。多くの大寺で、法流内の抗争とからみ合った南北両派の分裂があり、向背をくり返した。
辺域の士卒　自ら指揮する奥羽の兵士が念頭にあったことは想像にかたくない。
宦官道俗の…　朝廷に仕える僧侶俗人に対する恩賞にあてがわれるならば。
廃黜　解官。
冠帯の威儀を刷ふ　衣冠束帯を調えて朝儀に参列する義務を果す。
累家の私領　長くその家に伝領された私領。
黜陟　官位の昇降。
今度陪従の輩　後醍醐の吉野行に供奉した公家。
計略の分限…　所領の大小を定めて、朝廷に仕えるための手だて(物的なよりどころ)を与えるべきである。計略は管領の意。「高野明神御計略庄園也」(高野文書之二、応永三十一年正月十九日、金剛峰寺衆徒一味起請契状)。

守義者幾許乎、無事之日貪婪大禄、艱難之時屈伏逆徒、非乱臣賊子而何哉、罪死有余、如此之族何以荷負新恩乎、僧侶護持之人又多此類也、逮于辺域之士卒者、雖未染　王化、正君臣之礼懐忠死節之者不可勝計、恵沢未遍政道一失也、然者以無功諸人新恩之跡、可分賜士卒歟、凡以元弘以来没官地頭職者、被閣他用配分有功之士、以国領及庄公等本所領者、被擬宦官道俗之恩者、朝礼不廃勲功不空者歟、抑又累葉之家々不忠之科雖可悪、偏廃黜其人者、誰又弁朝廷之故実刷冠帯之威儀乎、近年依士卒之競望、多収公相伝之庄園、理之所推綷非善政、然者於累家私領者須被返其家、随公務之忠否追可有黜陟也、至今度陪従之輩并向後　朝要之仁者、尤定計略之分限、可被計行拝趨之羽翼乎、

5

臨時の行幸および宴飲《えんいん》を閣《さしお》かるべき事

右、帝王の之《いた》るところ、*慶幸《けいこう》せずといふことなし。*風俗を移し、艱難を救ふの故なり。世澆季に莅《のぞ》み、民*塗炭《とたん》に墜《お》つ。遊幸・宴飲まことにこれ乱国の基なり。*一人《いちにん》の出づるときは、*百僚卒《ひき》ゐて威儀に従ふ。過差の費《ついえ》、万を以て数ふ。況んやまた、*宴飲は鴆毒《ちんどく》なり。故に先聖これを禁じ、古典これを誡む。*伯禹《はくう》酒味を歎きて*儀狄《ぎてき》を罰し、*周公*酒誥《しゅこう》を制して武王を諫む。草創これを守るといへども、*守文《しゅぶん》なほこれを懈《おこた》る。*今洛都に還り、再び魏闕《ぎけつ》に幸さば、臨時の遊幸・長夜の宴飲、堅くこれを止め、深くこれを禁ぜよ。明らかに前車の覆《くつがえ》るを知りて、すべからく後乗の師となすべし。万人の企望するところ、けだしここにあり。

可被閣臨時　行幸及宴飲事

右　帝王所之無不慶幸、移風俗救艱難之故也、世莅澆季民墜塗炭、遊幸宴飲誠是乱国之基也、一人之出百僚卒従威儀、過差費以万数、況又宴飲者鴆毒也、故先聖禁之古典誡之、伯禹歎酒

5 **慶幸** 幸せをよろこぶこと。
風俗を移し 上の教化が下々におよび。
塗炭に墜つ 苦境におちいる。
一人 天皇。
百僚 底本「白寮」につくる。
宴飲は鴆毒なり 「是故古人以宴安為鴆毒」(後漢書)。
伯禹 夏の始祖禹王。
儀狄 夏の時代、始めて酒をつくったといわれる人物。「昔者帝女令儀狄作酒而美、進之禹、禹飲而甘之、絶旨酒曰、後世必有以酒亡其国者」(戦国、魏策)。
周公 周の文王の子、武王の弟。
酒誥 書経、周書の篇名。殷の余民の酒を嗜むを戒めたもの。
守文 祖業をついで国を治むるもの。
今…幸さば 再び京都を回復して内裏に行幸の後は。

味而罰儀狄、周公制酒誥而諫武王、草創雖守之守文猶懈之、今還洛都再幸魏闕者、臨時　遊幸長夜宴飲、竪止之深禁之、明知前車之覆須為後乗之師、万人之所企望蓋在於此焉、

6　法令を厳にせらるべき事

右、法は国を理《おさ》むるの*権衡《けんこう》、民を馭《ぎょ》するの*鞭轡《べんぴ》なり。近ごろ朝に令して夕に改む、民以て手足を措《お》くところなし。令出でて行はれざれば、法なきにしかず。しかれば則ち、*約三の章を定めて、堅石の転《まろ》ばしがたきがごとくし、画一の教を施《ほどこ》して、*流汗の反《かえ》らざるごとくせば、*王事盬《もろき》こと靡《な》く、民心自《おのずか》ら服せん。

可被厳法令事

右法者理国之権衡馭民之鞭轡也、近曾朝令夕改、民以無所措手足、令出不行者不如無法、然則定約三之章兮如堅石之難転、施画一之教兮如流汗之不反者、王事靡盬民心自服焉、

7　政道の益なき*寓直《ぐうちょく》の輩を除かるべき事

右、政のためその得あらば、*芻蕘《すうじょう》の民といへどもこれを用ゐるべし。政のためその失あらば、*閥閲《ばつえつ》の士といへどもこれを捨つべし。頃年《としごろ》以来、卿士・官女および僧侶のうち、多く*機務の蠹害《とがい》をなし、ややもすれば朝廷の政事を黷《けが》す。*道路目を以てし、衆人口を杜《ふさ》ぐ。これ臣鎮に在るの日、耳に聞きて心に痛むところなり。それ*直を挙げて枉を措《お》くは、聖人の格言なり。賞を正して罰を明らかにするは、明王の至治なり。かくのごときの類早く除くにしかず。すべからく黜陟の法を明らかにし、*耳目の聴を闢《ひら》くべし。陛下諫に従はざれば、泰平期するなからん。もし諫に従はば、清粛《せいしゅく》日あるもの

6 **権衡**　はかり、基準。「寔治国之権衡、信馭民之轡策者也」(三代格所載、弘仁格式序)。
鞭轡　むちとたづな。
約三の章　「与父老約、法三章耳、殺人者死、傷人者及盗抵罪」(史記、高祖紀)。
流汗の反らざるごとく　汗の一度出でて戻らないように、変更のないこと。
王事盬こと靡く　王権はゆるぐことなく。

7 **寓直の輩**　宿直当番。無能な天皇側近を諷した表現か。
芻蕘　草かりときこり、庶民。
閥閲　名門。
機務の蠹害　政務に容喙すること。鎌倉末から室町初期にかけて公武を問わず禁制の対象となる権門・女性・僧侶の内奏政治。
道路目を以てし　口に出して悪政を非難できない民衆が、道路で目くばせする。
直を…措く　「孔子対曰、挙直錯諸枉、則民服」(論語、為政)。
耳目の聴　監察のための官庁。聴は「廳」に通ずる。

か。小臣、もと書巻を執りて軍旅の事を知らず。忝くも*紼詔《ふつしょう》を承り、艱難の中に跋渉《ばっしょう》す。再び大軍を挙げて命を鴻毛に斉《ひと》うす。幾度か挑み戦ひて身を虎口に脱《のが》れし、私を忘れて君を思ひ、悪を却け正に帰せんと欲するの故なり。もしそれ先非改めず太平致しがたくば、*符節を辞して*范蠡《はんれい》の跡を逐ひ、山林に入りて以て*伯夷の行を学ばん。

可被除無政道之益寓直輩事

右為政有其得者、雖芻蕘之民可用之、為政有其失者、雖閥閲之士可捨之、頃年以来卿士官女及僧侶之中、多成機務之蠹害、動黷 朝廷之政事、道路以目衆人杜口、是臣在鎮之日、所耳聞而心痛也、夫挙直措枉者聖人之格言也、正賞明罰者明王之至治也、如此之類不如早除、須明黜陟之法闢耳目之聴矣、

陛下不従諫者泰平無期、若従諫者清粛有日者歟、小臣元執書巻不知軍旅之事、忝承紼詔跋渉艱難之中、再挙大軍斉命於鴻毛、幾度挑戦脱身於虎口、忘私而思君欲却悪帰正之故也、若夫先非不改太平難致者、辞符節而逐范蠡之跡、入山林以学伯夷之行矣、

以前条々、言《もう》すところ私にあらず。およそそれ政をするの道、治を致すの要、我が君久しくこれを精練したまひ、賢臣各〻これを*潤飾《じゅんしょく》す。臣のごときは後進末学、なんぞ敢て計ひ議せんや。しかりといへども、あらあら管見の及ぶところを録し、いささか*丹心の蓄懐《ちくかい》を攄《の》ぶ。書は言を尽さず、言は意を尽さず。伏して冀《ねがわ》くば、*上聖の玄鑑《げんかん》を照《てら》して、下愚の懇情を察したまへ。謹んで奏す。

延元三年五月十五日

従二位権中納言兼陸奥大介鎮守府大将軍臣源朝臣顕家上る

紼詔　紼はおおづな。「王言如綸、其出如紼」（礼記、緇衣）。

符節を辞して　官を退いて。

范蠡の跡　越王勾践に会稽の恥をそそがせた後、官を辞め山東の陶において巨富をきずいたといわれる。

伯夷の行　周の武王が殷の紂王を討とうとしたとき諫言を容れられず、やがて首陽山に隠遁して餓死。

潤飾　きらびやかに飾る。内容を豊富にする意。

丹心の蓄懐　うそ偽りのない意見。

上聖の玄鑑　上代の聖人のいましめ。

以前条々所言不私、凡厥為政之道致治之要、我君久精練之賢臣各潤飾之、如臣者後進末学何敢計議、雖然粗録管見之所及、聊攄丹心之蓄懐、書不尽言々不尽意、伏冀照　上聖之玄鑑察下愚之懇情焉、謹　奏、

延元三年五月十五日　従二位権中納言兼陸奥大介鎮守府大将軍臣源朝臣顕家上

【醍醐寺文書】

庶民思想1

掟書

百瀬今朝雄 校注

一　近江奥島庄隠規文

敬白《けいびやく》　庄の*隠《かく》し規文《きぶみ》の事

*□返□、これらの*不思議の*悪口の輩《ともがら》に*於ては、御庄内を追却せらるべし。兼てまた妻女・子息といひ、もし千万に*付き悪口を致されなば、小屋も払ひ焼くべきものなり。

右、種々規文の旨を守り、各々悪口不思議を塞ぐべし。よつて規文の旨、件《くだん》のごとし。

*弘長二年十月十一日

敬白

（紙背）「*□吉松（略押）　秦宗重（略押）　紀重友（筆軸印）　紀延重（花押）
錦宗房（略押）　錦則吉（略押）　佐伯宗利（略押）　同利宗（花押）
紀国貞（略押）　菅原真清（花押）　高田真重（略押）　勅使大中臣利弘（花押）
坂上助友（略押）　錦弘真（略押）　錦弘貞（花押）」

敬白　庄隠規文事

□返□、此等之不思議之□悪口輩者、可被追却御庄内、兼又云妻女子息、若付千万被致悪口者、小屋も可拂焼者也、

右、守種々規文之旨、各可塞悪口不思議、仍規文之旨如件、

弘長二年十月十一日

敬白

(一)

隠し規文　領主に内証で作った定。萩原龍夫氏は隠規文で「おきぶみ」と読むのではないかといわれる(『中世祭祀組織の研究』二三六頁)。

□返□　残画からみると、「右返注(忠)」であろう。→次頁注「かへりちう」

不思議の　けしからぬ。あるべからざる。

悪口　人を悪く言いののしること。悪口から争いに至る場合が多かったため、鎌倉幕府の定めた貞永式目では流罪などの罰を科して悪口を禁じている。ここでは、味方の団結を分裂させるもとになる悪口とも、上の「返り忠」と関連させて、敵方へ告げ口をすることを指しているとも考えられる。いずれにしても悪口を利敵行為とみて禁止したのであろう。

於ては　原本は欠損しているが僅に墨痕あり、「於」が書かれていたらしい。

付　原本は「付」と「千」の間の右傍に細字があり、「を」とも「進」とも読める。又「付」は書改め重ね書きをしている。近江蒲生郡志五では細字を「進」とし(二一四頁)、滋賀県史五では「付」を「村」、細字を「を」と読んでいる(一二七頁)。

弘長二年　一二六二年。

□吉松…　以下の署名は紙背に二段に署名されている。

二 近江奥島百姓等掟

【大島奥津島神社文書】

*奥嶋《おくのしま》百姓等一*味同心事《の》

若《もし》此旨そむき、*かへりちうおもせん者ニ於テハ、在地ヲ可レ追者也。

*文永七年十一月廿二日

【大島奥津島神社文書】

三 近江奥島百姓等規文

定《さだむ》 種々規文事《の》

一 *神主《かんぬし》成知*瓦気《かわらけ》、御酒《みき》二斗

一 就二*村人神主一御酒五斗

一 鮨・切魚・御酒両神主二斗

右、種々規文、衆儀之旨、如レ件《くだんのごとし》。

*弘安六年六月十五日

西念（花押）　日置《へぎ》利清（花押）

大伴守貞（花押）　成仏（花押）

【大島奥津島神社文書】

〔二〕

奥嶋　滋賀県近江八幡市の北部にある。

一味同心　心を同じくすること。

かへりちう　返り忠。味方を裏切り敵の利益となること。

文永七年　一二七〇年。

〔三〕

神主・村人神主　宮座における神主は一年交代が多くてこれを今日では社守あるいは宮守とよんでおり、大島・奥津島神社では、以前は左右両座より一名ずつ社守が出て三年ごとに交代し、日常は境内の清掃や雑務を行なっていたと肥後和男氏はいわれる（『近江に於ける宮座の研究』）が、この二名の社守の前身が神主・村人神主にあたるのであろうか。

瓦気　「土器」の当て字。素焼の土器。

弘安六年　一二八三年。

四　近江大島奥津島社神官・村人等起請文

定め置く、*両社神官・村人等一味同心の事

右、この*起請文《きしょうもん》の意趣は、当社*供祭《ぐさい》の*江入、*中庄《なかのしょう》の庄官・百姓等のため、切り捨てらるるにより、訴訟を致すのところ、もしこの*沙汰を黐し、或ひは返り忠を致し、或ひは*両庄の衆儀を乱す物においては、両庄一同に*庄家を追ひ出し、*形罰を加ふべきものなり。もし*この旨を背く輩《ともがら》は、日本国中の大少神祇、殊には当社大明神の神罰・*冥罰をその身に蒙《こうむ》るべきものなり。よつて状に勒《ろく》することかくのごとし。

*永仁六年六月四日

また定む。

この沙汰に就き、たとひ*異事出来の時は、両庄一同の*沙汰たるべきものなり。

定置　両社神官村人等一味同心事

右、此起請文意趣者、当社供祭江入、為中庄々官百姓等、依被切捨、致訴訟処、若於此沙汰黐、或致返忠、或両庄於乱衆儀物者、両庄一同庄家追出、可加形罰者也、若背此旨輩者、日本国中之大少神祇、殊当社大明神可蒙神罰冥罰於其身者也、仍勒状如斯、

永仁六年六月四日

又定、

就此沙汰、縦異事出来時者、両庄一同之可為沙汰者也、

【大島奥津島神社文書】

〔四〕

両社　大島神社と奥津島神社。

起請文　宣誓書の一種で、その内容に違背した場合は神仏の罰をうけるべきことを記したもの。

供祭　神仏などをまつるときの供え物。

江入　恵利とも。魞(えり)。湖沼中に簀を立てまわして魚を誘いこみ出られないようにしてとる装置。なお、近江菅浦・大浦両庄申状の〔四〕松平益親陳状(本書三三一頁)に魞に関する応酬がみえる。

中庄　津田中庄。津田の西南にある。

沙汰を黐し　きまりに背き。

両庄　奥島庄と津田庄。津田は奥島の西南にある。

庄家　庄園と同義に用いる。

形罰　刑罰。

この旨　底本は「此旨」とは読めない偽字を書いている。意により此旨とした。

冥罰　神仏が人しれず下す罰。

永仁六年　一二九八年。

異事　非常の事態。変事。

沙汰　理非曲直を明らかにすること。

五　近江菅浦庄民案書

（端裏書）
「あんそのセゥ文」

定を*□□□□の事

　合一通　田畠を*しちけんにさしたるセゥ文也。

右件*あんその*くわんな*さいけに一貫つゝセゥ文を、七まいゥしないて候を、いかなる人もあて、かのセゥ文をありとゆはんともからにをきてハ、*こゝまつたいをふとゆうとも、*へちのさいくわにをこなはれ候へし。*よんてあんそくたんのことし。

　*正安四年七月三日

右馬《うま》との（略押）　しやうし大夫（略押）

平三大夫（略押）　とゥ大夫（略押）

合大夫（略押）　あん大夫（略押）

いやすけ（略押）　中*けん□ゥ（略押）

けんないす（略押）

【菅浦文書】

六　近江奥島・津田両庄衆議置文

（端裏書）
「中庄の供斎の恵利沙汰に就き両庄衆儀の*置文《おきぶみ》　康永元二月末」

康永元年二月日*両庄村人等衆会儀《しゅうえのぎ》に曰《いわ》く。

〔五〕

□□□□　刊本菅浦文書は「くもん所ヵ」と傍注する(三三四号)。残画からみて恐らく「くあんそ」であろう。

しちけんにさす　質券に差す。抵当にあてる。

あんそ　文書の紛失を証明するために作成された文書。→補

くわんな　不詳。

さいけ　在家。中世、領主の財産としての農民、その住居、付属する園地・宅地を含めて在家とよんだ。

こゝまつたいをふ　後々末代を経。永代と同じ意。

へち　別。特別。

よんて　依って。

正安四年　一三〇二年。

けん□ゥ　「検校」か。

〔六〕

置文　現在およびのちのちまで遵守されるべき事柄を記した文書。

両庄　奥島・津田の両庄。→前頁注

右件《くだん》の子細は、中庄の孫三郎大夫当庄の*供斎《ぐさい》の*恵利《えり》を切上げらるるの間、両庄一同せしめ、*神木を振り奉り、即ち*発向として庄堺へ入れ奉るのところ、かの孫三郎大に驚き、神輿に向かひ奉り歎き申すといへども、一切村人*管宥《かんゆう》の儀なし。しかるあひだ*惣追補使代*輔阿闍梨《すけのあじゃり》御房《ごぼう》*口入《くにゅう》せらるるの間、条々*歎治《なんじ》の子細ありといへども、□神輿帰入し奉る□*向後《きょうこう》かの供斎の恵利ならびに御神領等に於て煩を致す輩あらば、厳密にその沙汰あらんがため、よつて*□日の亀《き》鏡《けい》として衆儀の状件のごとし。

*康永元年二月□日　　両庄村人等

（端裏書）「就中庄之供斎恵利沙汰両庄衆儀置文　康永元二月末」

康永元年二月日両庄村人等衆会儀曰、

右件子細者、中庄孫三郎大夫被切上当庄之供斎之恵利之間、令両庄一同、奉振　神木、即為発向奉入庄堺之処、彼孫三郎大驚、奉向神輿雖歎申、一切村人無管宥之儀、然間惣追補使代輔阿闍梨御房被口入之間、条々雖有歎治之子細、□神輿奉帰入□向後於彼供斎之恵利并御神領等有致煩輩、為有厳密其沙汰、仍為□日亀鏡衆儀之状如件、

康永元年二月□日　　両庄村人等

【大島奥津島神社文書】

七　近江菅浦惣置文

（端裏書）「日指・諸河田畠うりかうましきおきふミ」

ところおきふミの事

供斎　→一六六頁注「供祭」

恵利　鮎。→一六六頁注「江入」

神木を振る　年貢未進などを理由とする農民の土地差押え、収穫物の没収のため、その土地に札を立てる点札および寺社の神木を立てることが行われた。神木を振るというのは、神木を立てる途次の行為をいうものか。「神木を立てる」ことについては、中村吉治氏著「田地に神木を立てること」（『中世社会の研究』所収）参照。

発向　制裁のため軍勢を出すこと。

管宥　寛宥。

惣追補使　村の治安維持のため警察事務にあたった者。

輔阿闍梨　阿闍梨は伝法灌頂（秘法を伝授する儀式）をうけた僧に宣旨によって与えられる称号。輔は令制における八省の輔で、父兄などがその官にあったとき子弟の僧の冠称とすることが多かった。

口入　口添えすること。仲介すること。

歎治　難治。

向後　このの ち。

□日の亀鏡　後日の証拠。

康永元年　一三四二年。

一　*日指《ひさし》・諸河《もろかわ》田畠をいて、一年二年ハうりかうといふとも、永代《えいたい》おうることとあるへからす。このむねをそむかんともからにおいてハ、*そうのしゆんしをとゞめらるへく候。*よんてところのおきふミの状如レ件。

*貞和二年九月日

正阿ミた仏（略押）　正信房（略押）　西阿ミた仏
慈願房（略押）　現阿弥陀仏（略押）　道念房（略押）
仏念房（略押）　善阿《ナカハマ》ミた仏（略押）　善阿ミた仏（略押）
上阿弥陀仏（略押）　西念房《タウノマエ》（略押）　正現房（略押）

【菅浦文書】

八　近江菅浦惣置文

*すかのうらの*うしろさいけの事
かみよりすてをかれ候うゐハ、*くし事*いちりうもんかけ申ましく候。このうゐハ*き・たきものれうに、をとこ人□をくへし。よてのちのために、ところしやうくたんのごとし。

*康安元十二月三日

*しやうみたふ（略押）
たうほう房（略押）
さいくわんはう（略押）
けんあミたふ（略押）

〔七〕

日指・諸河　菅浦の北方、大浦庄との中間に当る地で、四町五反ほどの田があり、耕地の少い菅浦にとり貴重な土地であった。

そうのしゆんし…　惣の座への出仕を停止する。

よんて　仍って。

貞和二年　一三四六年。

〔八〕

すかのうら　滋賀県伊香郡西浅井町菅浦。

うしろさいけ　後在家。元徳二年十二月十五日某袖判書下に「すかのうらの百姓の中ニうしろやにちうして御くうしにはつるゝ事」(刊本菅浦文書七四七号)とみえる「うしろや」(後家)と同じであろう。後屋は公事が課せられていないから、一戸前ではない。

くし事　公事ごと。公事一般の意。公事は領主から賦課される税で、雑物、夫役の負担などをいうことが多い。

いちりうもん　「一粒文」か。

き・たきものれう　木・焚物料。

しやうみたふ　〔七〕の署名にある「正阿ミた仏」か「上阿弥陀仏」のどちらかであろうか。略押はすべて同形とはいえない。

康安元　一三六一年。

しやうけんはう（略押）
しあミたふ（略押）
しあミたふひかしの（略押）
*しやうみたふ（略押）

【菅浦文書】

九　紀伊粉河寺東村カミノイケ定文

（端裏書）
「イケノタニノカミノイケノフミ」

サタム

イケノタニノ、カミノイケノ*タトノ*ニムスノコト。

サイレムハウ 二*スチ　二郎タユウ 一スチ　ムマノ三郎 一スチ

マコ二郎 一スチ　ムマノ四郎 一スチ　ヒコ五郎 一スチ

已上七スチ

コノイケニ*クワムトウナシ。

*正平廿年七月十七日

*ムラハコニヤトス。

【王子神社文書】

しやうみたふ　→前頁注

〔九〕

タト　田徒。同一の水源から灌漑用の水をとりいれる者（日本国語大辞典「田人」）。奈良県の葛城山脈の村で田地の所有者をタドと呼ぶ例が報告されている（綜合日本民俗語彙）。

ニムス　人数。

スチ　筋。灌漑用水池からの水流。

クワムトウ　勧頭。池に関し何らかの権利を示すものらしいが、不詳。康永元年十二月日熊若女が池代を東村悦谷（うれしだに）池之勧頭田徒衆に売った売券、また永享八年五月十八日悦谷勧頭衆定文が王子神社文書にある。永享八年閏五月八日悦谷・魚谷池水配分注文では両池とも九番に結番し、それぞれに勧頭がある。

正平廿年　一三六五年。

ムラハコ　不詳。和歌山県史、中世史料一は「村箱」と傍注する（四四二頁）。

〔一〇〕

ヒカシノムラ　東村は和歌山県那賀郡粉河町の地で、東野・井田・池田垣内（藤崎）から成る。

タソノ　高野山文書刊行会本高野山文書

九では「他園」と傍注する(二九一頁)。
モノヽトウ 「物の頭」か。行事の頭人。永和四年五月十三日太郎大夫田地売券に「惣村物頭代」とみえる(王子神社文書)が、同じものか否か不明。
サス 指名する。
キヤウコウ 向後。こののち。

〔一一〕 →補
今堀郷 滋賀県八日市市の地。中世には蒲生上郡得珍保(とくちんのほ)今堀郷といい、この日吉神社に、むら人の生活を伝える数多い座や商業・農業関係の文書がある。
家鎮の頭 家鎮は多く「結鎮」と書く。畿内地方に結鎮講というものがあり、講衆を結んで年頭に鬼神を鎮める行事をしたのであろう(綜合日本民俗語彙)。結鎮の頭はそうした行事を主宰する役。肥後和男氏は結鎮を春の鎮花祭の転化したものと考えられる(『近江に於ける宮座の研究』)。今堀では正月四日結鎮の神事が行われた。
新座の輩 座はむらの神社を中心に神事を遂行し、共同体運営の主体となる組織体。一社に複数の座が存在する場合があり、ここの新座も、その一つとみることができ、あるいは「新座の輩」で、新に座に加入した者と解することもできる。
次第 順序。
来頭に 将来頭となるべき順に当ったときに。
永徳三年 一三八三年。
かうか谷 応安五年十一月廿一日阿闍梨源西寄進状にみえる「高谷」か。

一〇 紀伊粉河寺東村掟

(端裏書)
「女シヤウノモノ、トウサスマシキ之事」

サタメヲク

*ヒカシノムラノムスメノ、*タソノニ候ハムニ、*モノヽトウ*サスヘカラス。*キヤウコウニヲキ候テ、コノムネヲソムキ候トモカラアルマシク候。ヨテサタメヲク状如ㇾ件。

正平廿年乙巳十月十四日

カクネム(略押)

シヤウレム(略押)

【王子神社文書】

一一 近江今堀郷家鎮頭掟

(端裏書)
「けちのとうのにき」

定む、*今堀郷*家鎮《けち》の頭《とう》の事

右、*新座の輩《ともがら》、一度たりといへども出仕を遂ぐるにおいては、その座の*次第によつて*来頭にこれを指すべきものなり。よつて衆儀の評定かくのごとし。

*永徳三年癸亥正月　日

また九月九日の頭　先に准ずべし。

一　*かうか谷の神田九日の頭人方へこれを渡すべきものなり。

一　左近次郎家鎮の頭の事。

右、*当頭勤仕《ごんし》に於ては、*非分の頭たるの間、*後年廻り合ふとき、これを立つべきなり。

永徳三年癸亥正月四日これを勤めおわんぬ。

(端裏書)「けちのとうのにき」

定今堀郷家鎮頭事

右、於新座輩、雖為一度遂出仕之者、依其座次第、可来頭指之者也、仍衆儀之評定如斯、

永徳三年〈癸亥〉正月　日

又九月九日頭　可准先之、

一かうか谷の神田九日頭人方可渡之者也、

一左近次郎家鎮頭事、

右、於当頭勤仕之者、依為非分頭之間、後年廻合時、可立之者也、

永徳三年〈癸亥〉正月四日勤之畢、

【日吉神社文書】

三　紀伊粉河寺東村?馬頭料頭掟

定置　*馬《の》頭料頭事

合壱貫五百文者

右、此旨村人等同心ニ定置処也、於㆓違犯《いぼん》之輩《ともがら》㆒者、可㆑被㆓*御相差㆒者也。

仍村人評定之状如㆑件。

当頭勤仕　この度勤めた頭役者。

非分の頭たるの間　原文は「依…間」となっているが、「依」と「間」のいずれか衍字。

後年廻り合ふとき…なり　来年以後その順序に当ったとき、頭役勤仕をさせない。「立つ」は立山・立野の立と同義で、一定の範囲外に排除する意か。

〔三〕

馬頭料頭　馬頭は粉河寺の六月会の馬頭。永享九年の六月会頭役注文にみえる馬神《むまのかみ》頭と同じであろう。応永十五年十二月十三日姫石女放状に「馬頭料頭一貫五百文充惣村へ進申」とみえる(王子神社文書)。流鏑馬頭あるいは馬上頭か。料頭は頭そのものを指す語とも、その頭に関しての料足の意ともとれる。↓補

御相差　もてなし。振舞か。「相」は草体で、「頭」と紛らわしく書かれており、和歌山県史、中世史料一では「御頭差」とされる(四四九頁)。これは永享九年の六月会頭役注文に「同十八日□、二升シホリサケ、取サカナ一、惣蔵ヘトウサシニマキル」(四八八頁)とあることを参照されているのであろうか。

*応永弐年乙亥十月三日 【王子神社文書】

三 近江今堀郷座公事掟

(端裏書)「置手状」

注進 *サクシノ事、コトコトクサクシヲ出サラム人々者《は》サエハ入申ヘカラス。

一 *明阿弥陀仏 孫次郎 五郎二郎 九郎二郎
兵衛五郎 彦太郎 介五郎
馬太郎

一 *チケノ*中人・*マウトノ人々ニヲイテハ、*三ツアユニテアリトモ、シモニツクヘシ。

一 サクシ*色々ニ出サラム人々ハサニ入ヘカラス。

仍《て》為二後日一沙汰状如レ件。

応永十年ひつしのとし二月日 【日吉神社文書】

四 紀伊粉河寺寺内肥灰掟

定め置く、*肥灰《こえばい》の事

右、当寺内に於て、恣《ほしいまま》に肥灰を他所に出す事然るべからず。これによりて寺内畠田疲極して作毛《さくもう》を得ず。既に*得間旁々《かたがた》衰微この事なり。大海之一*渧、九牛之一毛、不聊《ぶりょう》の

応永弐年 一三九五年。

〔三〕

サクシ 座公事(ざくじ)。座に納付する役銭。

明阿弥陀仏… 以下は座公事を納めれば座へ出仕する資格をもつ人々であろう。

チケ 地下。「町や村の土着の人」(邦訳日ポ)。農村にあって、地下分に対する語は通常侍分である。

中人 未詳。→補

マウト 間人。大乗院寺社雑事記、文明十四年五月廿七日条に「名主之外之仁(号マウト、)」とみえる。四国・中国地方で本百姓より下層の農民をいい、間男・亡人などとも書き、モウドという所もあるという(綜合日本民俗語彙)。天文二年九月十日の直物日記に、おとなの直しは三百五十文、烏帽子直しは一貫七百文、モウタウノナウシは百六十文であったことがみえる(日吉神社文書)。

三ツアユ 未詳。金本正之氏は「三ツアニ」と読み、三つ兄と解される(「村掟」『歴史と地理』三〇一号、三六頁)。

色々 今堀日吉神社文書は「一々今」と読む。

〔四〕 →補

肥灰 肥料とするため草木を焼いて作った灰。

得 高野山文書刊行会本の高野山文書九は「後」にする。

渧 同上書は「滴」につくる。

事眼前の支証なり。しかる上は、向後《きようこう》に於ては他所に出すべからず。たとひ出作*たりといへども、堅くこれを停止す。もしこの旨を背く輩出来せば、罪科に処すべきものなり。衆義に依りて定むる所の状件のごとし。

応永十五年戊子三月廿九日　三ヶ所沙汰人（花押）
公文代衛門（花押）
預所代衛門大夫（花押）

定置肥灰事

右、於当寺内、恣肥灰他所出事不可然、依之寺内畠田疲極而作毛不得、既得間旁衰微此事也、大海之一滴、九牛之一毛、不聊事眼前支証也、而上者、於向後不可出他所、縦雖為出作、堅停止之、若背此旨輩出来者、可処罪科者也、依衆義所定状如件、

（年次・署名略す）

【粉河寺御池坊文書】

一五　紀伊粉河寺東村人ヤマトノレウトウ掟

（端裏書）「ヤマトノニツキ」

定む　ヤマトノレウトウノ事*

三斗ツ、ニサタムルモノナリ、ウリカイ七升*ヨリウエアラハ、ワヒコトアルマシク候。

ヨテサタムルトコロ如レ件。

応永十七年九月十八日定レ之。　東村人等

出作　他領の田畠を耕作すること。

〔一五〕　→補

ヤマトノレウトウ　永正四年正月吉日酒寄進状中の「山とうのとう」と同じものであろう。レウトウは料頭。ヤマトは文明五年十一月十八日三郎大夫田地売券の本文中「山との神田」とみえ、端裏書に「ヤマトノモンショ」とあるこの「山と」とすると、山の神であろうか。綜合日本民俗語彙に淡路のヤマドッサン、長崎県平戸のヤマドサンがみえる。

ウリカイ七升　売買の値が百文につき七升の割合ということ。

ワヒコト　侘言。免除を願う。

一六　近江今堀郷座主衆議掟　【王子神社文書】

(端裏書)
「置手状」

今堀郷座主*衆議定め条々の事

一　堂・拝殿の*蔀《しとみ》、私《わたくし》に立つべからず。

一　大鼓、私に打つべからず。

一　堂・宮前、私に物旱勝灰*行ふべからず。

一　*打板《うちいた》、私に敷き置くべからず。

右、この旨違背の輩に於ては、三百文の咎《とが》に行ふべし。なほ以て*我意《がい》に任する人は、末代座主を停止《ちょうじ》せらるべきものなり。よつて定むるところ件のごとし。

*応永三十二年*十一月　日

(端裏書)
「置手状」

今堀郷座主衆議定条々事

一堂拝殿蔀私不可立、

一大鼓私不可打、

一堂宮前私物旱勝灰不可行、

一打板私敷不可置、

右、於此旨違背輩者、可三百文咎行、猶以任我意人者、末代可被停止座主者也、仍所定如件、

〔一六〕　→補

座主　座衆であろう。

蔀　屏障具の一で、日光をさえぎり、風雨を防ぐため作られた戸。格子組の裏に板を張る。上下二枚に分かれるものが多く、上の蔀を上げて金物で釣り採光、通風する。

物旱勝灰　萩原龍夫氏は「強いて読むとすれば、堂宮前に私の物を干し、商売行うべからず、ということになろう」と解されている(『中世祭祀組織の研究』二五九頁)。仲村研氏は勝敗と考え、博奕の意とされる(同志社大学人文科学研究所『社会科学』三巻四号)。

打板　地上に坐るとき敷く板。

我意に任する人　勝手なことをする人。

応永三十二年　一四二五年。

十一月　金本正之氏は、この十一月ごろ定期寄合が持たれたことを神田納帳と村掟にこの時期のものが多いことから推測しておられる(「村掟」『歴史と地理』三〇一号、三六頁)。

応永三十二年十一月　日

【日吉神社文書】

一七　大和神戸四郷徳政碑銘文

*正長元年ヨリサキ者《は》、*カンヘ四カンカウニ、*ヲヰメアルヘカラス。

【奈良市柳生町地蔵石碑文】

一八　近江奥島・北津田両庄徳政定文

定む。

*奥嶋・北津田庄*徳征条々の事

一　質物は十一分一に請くべし。
一　*出挙《すいこ》・借銭はただ取るべし。
一　*年記はただ取るべし。
一　*講・憑子《たのもし》は破ると云々。
一　*長地《ながち》は、十五年の内は半分、*当毛作は半分付くべし。
一　*三社の社物は取るべからず。

右、この条々定むる上は、後日において違乱煩ひあるべからざるものなり。よつて定めのところの状件のごとし。

〔一七〕 ↓補

正長元年　一四二八年。

カンヘ四カンカウ　神戸四か郷。奈良市東北部にある大柳生・坂原・小柳生・邑地(おうち)の四郷。

ヲヰメ　負目。「負っている借金」(邦訳日ポ)。

〔一八〕 この定は木札に書かれており、公示したものであろう。

奥嶋・北津田庄　滋賀県近江八幡市の北部にあり、半島状に琵琶湖に出ている。延暦寺領。

徳征　「征」は「政」の当て字。売買や貸借の全部または一部を破棄すること。この徳政は地徳政といわれるものである。

出挙　米や物品を貸し出し、利を挙げること。湖北の菅浦では「しゅこ」といっている。

年記　年紀・年季とも書き、ここは年紀売のこと。一定の年紀を限ってその間だけ売買するのを年紀売という。

講・憑子　米銭の融通のための一方法で、複数の人々が講を結び、定まった日に所定額の米銭を出し、籤・入札などの方法で、当った講員にその米銭を渡し、全員が請取ったとき、講を解散した。請取に前後あるため利子が付けられたので、徳政令の対象となった。

長地　年紀売や、取戻し条件付売買契約に対し、無条件売却地。永領地ともいう。

当毛作　田畠の今年の収穫物。

三社　普通、中世で三社といえば、伊勢神宮・春日社・石清水八幡宮をいう。ただこの地は延暦寺領なので、ここは日吉の山王三社かも知れない。
嘉吉元年 一四四一年。

〔一九〕↓補
奇合ふれ 奇字は、「寄」の誤り。寄合《よりあい》を行うと触れる意。
木なへ切木 木苗の切木。
木葉 青木の葉を取ることか。

嘉*吉元年辛酉八月 日
沙汰人 北津田（花押）
奥嶋（花押）

定
奥嶋北津田庄徳征条々之事
一質物ハ可請十一分一、
一出挙借銭ハ只可取、
一年記只可取、
一講憑子破云々、
一長地十五年内半分、当毛作半分可付、
一三社々物ハ不可取、
右此条々定上者、於後日不可有違乱煩者也、仍定之処之状如件、
（年次・署名略す）
【大島奥津島神社文書】

一九 近江今堀郷衆議掟

定む 条々事
一 奇*合ふれ二度仁不レ出人者、五十文可レ為レ咎《とが》者也。
一 森林木*なへ切木ハ、五百文充《ずつ》、可レ為レ咎者也。
一 木*葉ハ百文充、可レ為レ咎者也。
并くわの木

一　切*物かきハ、一ツたるへき者也。

依ニ衆儀一所レ定如レ件。

文*安五年十一月十四日始レ之。

【日吉神社文書】

二〇　近江今堀？村人掟

(端裏書)「夏中の置状」

一　*聖《ひじり》の間《あいだ》ならびに*夏中《げちゆう》の常*住物日*記。

一　椀《わん》半具、*折敷《おしき》一足これあり。もしこの内分*失のときは、当聖もとのごとく弁*へ進むべきものなり。もし相違のときは、*請人《うけにん》の沙汰たるべきものなり。

一　夏中の間の味*曾・米等、その余りあらば、料*足に成し、器物等を買ふべきものなり。

一　また聖*のかはりめに、ひ*くつ五きん、油二合、当聖の手に渡すべきものなり。

右、定むるところ件のごとし。

宝*徳三年十一月六日

村人等定むるところ件のごとし。

(端裏書)「夏中之置状」

一聖之間幷夏中之常住物日記、

切物かきハ一ツたるへき　金本正之氏は、切落してある物を勝手にかき蒐めた場合は百文の咎と推測される(前掲論文、三七頁)。

文安五年　一四四八年。

〔二〇〕

聖　僧侶。貞治二年十一月二日円源の小須恵宮への寄進状中に「聖、毎日仁所作せんほう、阿弥陀経、法華経二巻、観音経三巻、心経廿一巻、自我偈一巻、当堂之阿弥陀仏之御前ニテ阿弥陀経六巻、光明真言廿一遍、念仏六百返申て、法界衆生可訪」(鏡山村八幡神社文書)とみえ、在村する聖の勤行の内容が多岐にわたるものであったことを示している。

夏中　夏は仏語で、陰暦四月十六日、または五月十六日から三ケ月間をいい、この間、僧尼は安居(あんご)をし他出しない。夏中は夏の間。

常住物　寺院の備品。

日記　目録。目安。

折敷　木材を薄く剝いだ板である片木(へぎ)の四方を折り廻して作る角盆。

分失　紛失。

弁へ　弁償し。

請人　保証人。

味曾　みそ。味噌。

料足に成し　銭に代えて。

聖のかはりめ　聖が交替するとき。→補

ひくつ　簸屑。「茶の良いものをよりすぐったあとに残る、細くて品質の劣った茶の葉。また、米などを箕(み)であおったあとに残る屑」(邦訳日ポ)。年未詳の庵

一椀半具、折敷一足在之、若此内分失之時者、当聖如元可弁進者也、若相違之時者、請人之可為沙汰者也、
一夏中間之味曾米等、其余之有者、料足ニ成、器物等可買者也、
一又聖のかわりめに、ひくつ五きん油二合、当聖之手ニ可渡者也、
右所定如件、
宝徳三年十一月六日
村人等定所如件、

【日吉神社文書】

三　近江今堀掟

定《む》おきて事
一 *神事者《は》 *ハチノかス十　*カン三　*おウクラもちはかり五斗　九日*イぬのしたもちはかり五斗。
一 *堂頭《どうのとう》一石つゝつくへし。カン二
一 次《に》神事ツクへからす。
一 タヒウト、ヲクへからす。
一 *未《み》進《しん》無《なき》下地《したじ》トて、ツクルへかラス。
一 *ヨソカラキテ、村子ゆウテ、ヱホしキテ村ツケ。
（約三行分空白）
*長禄四年十一月一日

室資財注文に「ヒクツ五斤」とみえる(日吉神社文書)。
宝徳三年　一四五一年。

〔三〕
神事　神事の頭のこと。今堀郷で主要な行事の頭人に結鎮頭・堂頭・九月九日頭がある。ここでは結鎮と九日頭だけを指しているらしい。
ハチ　「鉢」か。
カン　「羹」であろう。あつもの。
おウクラもち　「御お蔵」「御お蔵もち」なども書かれ(日吉神社文書)、慶長七年頃には毎年正月四日の神事のため一斗分神主へ渡されている。
イぬのしたもち　「奈良県宇陀郡御杖村で、七・五・三の月三回上げる神供の餅も牛の舌、またはイヌノシタというなど、餅の名に獣の名が多い」(綜合日本民俗語彙「ウシノシタ」の項)。おうくらもちは正月四日の結鎮、いぬのしたもちは九月九日の行事の供物であろう。四日に結鎮行事のあることは、嘉慶二年三月今堀郷神田目録帳にみえる(日吉神社文書)。
堂頭　二人で勤めたらしい。行事の内容は不明。↓〔二〕〔三六〕補
未進無下地トて…　年貢を滞納していない土地だからといって、耕作してはならない意であるが、前後の条文との関係不明。あるいは神事の日にということか。
ヨソカラキテ村子…村ツケ　↓補
長禄四年　一四六〇年。

【日吉神社文書】

三二　近江菅浦諸沙汰惣庄掟

菅浦《すがのうら》諸沙汰之事

定

右、或ハ盗人ゆふとも、*雑物《ぞうもつ》を*引下《し》、或ハ額のかミをとり、*支証*亀鏡《きけい》の有事ハ、上廿人*乙名《おとな》、次之*中乙名、又末の*若衆相ともに、*如法致可沙汰《にょほうさたをいたすべし》、*敵人仍《にくむにより》㆑悪、*寄《ことをそうによせ》㆓事左右㆒、以㆓惣庄力《のを》㆒損《じ》㆓人を㆒、*いわれ無《き》者を*過躰《かたい》被㆑行候事、更々無㆓*勿躰《もったいなき》㆒次第是也。但《ただし》支証ある事ならハ、惣庄相ともに過躰可㆑行《る》、若背㆓此旨㆒、ぬけかけに成、寄合不㆑仕、*惣識事私事を後向《うしろむけ》、地下煩《をらわす》輩お返而《かえって》惣庄而《として》*見こりきゝこりの為ニ、堅《く》罪過可㆑行者也。仍《て》置文状如㆑件。

惣庄置文所㆑定　廿人乙名中

為善（略押）　正阿ミ（略押）

完円房（略押）　清介（略押）

*寛正弐年七月十三日

道清（略押）　正信（略押）

【菅浦文書】

三三　近江菅浦惣庄前田内徳掟

（端裏書）
「まゑ田内徳をきふみ」

〔三二〕
雑物　贓物。盗品のこと。
引　塵芥集に「ぬすむところのさうもつ…てつきをひくへし」とあり、「ひく」は、対象となっている物品の所有が正当であることを、所有移転の証拠を挙げて証明することであるが、本条は、物理的に引きおろす意で、盗品とみられるものを差し押さえることではなかろうか。
支証　↓補
亀鏡　証拠。
乙名　惣庄の長老で、もっとも主要な地位にある人々。乙名になるにはオトナ成という儀式を行うことが一般であった。
中乙名　若衆を終ったものは中乙名になることが普通であるという（『近江に於ける宮座の研究』）。
若衆　惣庄の若者で、恐らく元服を終え、惣庄の構成員としての身分を獲得した人々をいうのであろう。
如法　尋常に。
敵人仍悪　相手の人を悪むばっかりに。
寄事左右　何かと言いがかりをつけて。
いわれ無者　そうである理由のない者。
過躰　過怠。過失の償い。罰金。
無勿躰　不都合な。
惣識事私事を後向　文意不明であるが、惣識事に私事を背馳することか。
見こりきゝこり　見懲り聞懲り。こらしめ。
寛正弐年　一四六一年。
〔三三〕
まゑ田　↓補

*まゐ田之*内徳《ないとく》之事

*旱水ニよんて*土田《つちだ》之時者《は》、七斗の内徳あるへからす候。雖レ然、熟年之時者、不レ可レ有ニ相違一候。仍《て》惣庄として定処如レ件。

*文明二年六月日

菅浦惣庄乙名共

在判

【菅浦文書】

二四　近江菅浦庄百姓惣中置文

（端裏書）「竹生嶋のをきふミなり」

当所より竹生嶋へ上申候*上分《の》事、其謂《そのいわれ》ハ*暦応年中之時、*日差・諸川自ニ*大浦一*競望《けいぼうの》時、自レ嶋為ニ当所*雑掌一御上洛候て、*公事《くじ》*無為《ぶい》如ニ先例一落居候間、*其《その》為《して》ニ粉骨《と》一七石五斗上申候。今度*文安二年之時、又雑掌御上洛候へと申候へ共、無ニ御上一候て、其後公事落居仕候間、七石五斗の米ハ運上可レ申候共、又上《げ》申ましく候とも、地下のはからいたるへく候。乍レ去*弁才天の御事にて候間、奉公申候。能々《よくよく》可ニ心得一者也。

文明四年八月廿四日

をきふミ也。

【菅浦文書】

内徳　内得。「人が何かの役職から、または、自分が管理する地代などから取るところの利得、すなわち、役得」(邦訳日ポ)。↓補

旱水　旱害と水害。

土田　作稲のない田地。↓補

文明二年　一四七〇年。

〔二四〕

上分　領主に納める年貢とは別に、寺社などに納める貢納物。

暦応年中之時…　↓補

日差・諸川　↓一六九頁注

大浦　滋賀県伊香郡西浅井町の地。琵琶湖北部に位置する竹生島の対岸の岬に菅浦があり、その北西、岬のつけ根に大浦がある。菅浦と大浦の中間にある日差・諸河の所属を両庄が争っていた。

競望　「何かをどんなにしてでも得たいとか、無理にも取りたいとかというしつこい願望」(邦訳日ポ)。

雑掌　雑掌には所務雑掌と沙汰雑掌とがある。庄園領主などから農業の経営管理を任せられたものが所務雑掌、訴訟など対外事務に当ったものを沙汰雑掌とよぶ。この場合は後者である。

公事　「訴訟沙汰」(邦訳日ポ)。

無為　無事。

其為粉骨　尽力に対する報賞として。

文安二年之時　文安六年二月十三日菅浦惣庄合戦記をみよ(本書三二四頁)。

弁才天の御事にて候間　弁才天は竹生島の祭神で、水の神と考えられており、菅浦の生計が漁業に負うところ多いため、

竹生島弁才天の加護を願って。

〔三五〕
才才　検校。

自然不思議なる子細　万一、不都合なことが。

侘事　謝罪。

文明第拾一　一四七九年。

人数判あり　この人数各々の署判がある。

〔三六〕
無正躰依子細　道にはずれたことを行なったことにより。

三五　近江菅浦庄掟

定置文之事

衛門九郎　藤九郎大夫　弥次郎大夫　藤介　弥源太　左藤五　与五郎才才* 嶋津
平四郎　兵衛二郎　平四郎　六郎二郎　清三郎　清次郎　弥三郎　平六大夫　清三
郎　又四郎　二郎三郎　清二郎　左近二郎　六郎次郎　兵衛四郎　茶介　孫太郎
平二郎　三郎五郎　源三　彦三郎　兵衛三郎　中三郎　清四郎　五藤三郎　六郎
新五郎

若於二此人数内一、*自然不思議なる子細出来候者《ば》、出銭を仕候て、*侘事《わびごと》可レ申候。仍定所如レ件。

*文明第拾一正月廿四日　*人数判あり

【菅浦文書】

三六　近江菅浦惣庄公事掟

(端裏書)
「地下置文」

定

地下《じげ》法度《はっと》公事《くじ》題目事

於二地下一、*無二正躰《しょうだいなき》一依二子細《に》一、死罪ニおこなわれ、或ハ地下をおいうしなわれ候跡の事ハ、子共相続させられ候ハヽ、無為《ぶい》ニめてたかるへく候。又就二寺庵一、時《の》住持依レ無二正躰ハ、*うちもつふされ、他所へおいうしなわれ候共、寺領・仏物等之事ハ相違あるへからさる物也。先々《せんさき》如《き》レ此《かくの》置文色々候へ共、近年余ニ*無情*重祥におこなわれ、ふひんの至候間、かさねて地下一庄の依レ儀、一紙《の》状如レ件。

若背ニ此儀ハ新儀を申さるゝ*仁躰《にんたい》候ハヽ、地下として*罪祥たるへく候。

文明十五年八月十日　新五郎大夫（略押）

善道（略押）　道順（花押）

【菅浦文書】

うちもつふされ　財産を没収され。
無情　人情に欠け、思いやりのないこと。
重祥　「重科」の誤記。
仁躰　人。人物。
罪祥　「罪科」の誤記。

三七　近江今堀地下掟

定《む》今堀地下掟之事

合《あわせて》*延徳元年己酉十一月四日

一　神仏田納事、大家小家不レ寄、*安室ニテ可レ納事。

一　*塩増《えんそ》　*雑事《ぞうじ》ハ、神主可レ有ニ用意ハ代ハ惣ヨリ可レ出候。

一　薪・すミハ、惣ノヲタクヘシ。

一　*ヘツイニ参タル米、惣へ取候て、惣ヨリ五升、神主方へ可レ出候。

一　惣ヨリ*屋敷請《うけ》候て、村人ニテ無《き》物不レ可*置事。

一　屋敷*二分不レ可レ取事。

一　*他所之人を地下ニ請人《うけにん》候ハて、不レ可レ置候事。

（三七）
延徳元年　一四八九年。
安室　「庵室」の当て字。年未詳の資財注文に「安室ニアル分」として本尊・不動梵字・経巻以下を列記している（日吉神社文書）。
塩増　塩噌。「塩と味噌と」（邦訳日ポ）。
雑事　「大根や茄子などのような蔬菜」（邦訳日ポ）か。
ヘツイニ参タル米　竈神に供えた米か。
屋敷請　屋敷を借り請け。
置　住まわせ置く。
二分　二つ分の意か。
他所之人を地下ニ…　↓補

一　惣ノ地ト私ノ地ト、*サイメ相論ハ、金ニテすますヘシ。

一　惣《の》森ニテ青木ハ葉かきたる物ハ、村人ハ*村を可レ落《す》、村人ニテ無《き》物ハ、*地下ヲハラウヘシ。

一　*結《け》鎮《ちの》懸米《かけまい》ハ十月八日可レ取。

一　*九月九日米ハ八月八日可レ取。

一　*犬かうへからす事。

一　*すゝめ憑支《たのもし》、取次不レ可事。

一　*ムシロハライ一斗、神主方へ可レ取。

一　二月・六月*サルカクノ六ヲ、壱貫文ツヽ、惣銭ヲ可レ出者也。

一　*家売タル人ノ方ヨリ、百文ニハ三文ツヽ、壱貫文ニハ卅文ツヽ、惣へ可レ出者也。

一　背二此旨ヲ一村人ハ、座ヲヌクヘキ也。

一　家売タル代カクシタル人ヲハ、*罰状《ばつじょう》ヲスヘシ。

一　家立時ノ*硯酒《けんしゅ》三文銭、不レ可レ出者也。

一　*ユイシハ、七子ヨリ*スキテメサレ候ハ、座へハ不レ可レ入者也。

一　堀ヨリ東ヲハ、屋敷ニスヘカラス者也。

【日吉神社文書】

サイメ　際目。さかいめ。

村を可落　村人としての身分を剝奪する。萩原龍夫氏は「村を落すといっても居住を認めないのではないようである」といわれる（『中世祭祀組織の研究』）。

地下ヲハラウ　在所から追放する。

結鎮懸米　結鎮の神事のための米。

九月九日米　九月九日の神事のための米。

犬かうへからす事　↓補

すゝめ憑支　勧進頼母子であろう。神殿・堂舎・仏像などの造営・修理費作出のため、人々を集めて懸金あるいは懸米を醵出させ、頼母子の親がその取分を右の費用に充てたものであろう。この勧進頼母子の取次ぎ禁止は、親が、諸人から懸銭米を集め、自分は懸銭米を怠ることがあったからではなかろうか。三浦周行氏はつとに高野山文書に収める請文に「構二憑支一、作レ取二百姓銭一、自身不レ懸レ之事」と記されていることを紹介されている（『法制史の研究』九三七頁）。

ムシロハライ　筵払(ちば)い。「穀物を量るために筵にあけて、〔量った〕そのあとに残っている米・小麦・大麦などであって、量る人に与えられるもの」（邦訳日ポ）。

サルカクノ六　二月と六月の神事に付帯した猿楽の演者に支給する禄物（祝儀）。天文十年十一月四日神主方へ渡日記に、二月三日に一斗四升、六月三日に五升渡付の記事がある。この日の神事であろう。なお六月の神事は、嘉慶二年三月の今堀神田目録帳にみえる「六月御田」すなわち田植神事であろうか。↓補

六　近江菅浦公文所務定文

家売　→(六三)補「分一」
罰状　起請文のこと。恐らく今後は違反しないことを宣誓し、偽りがあれば神仏の罰を蒙る旨を記したものであろう。
硯酒　大工などの労働者が、定まった食事の時以外に飲む酒で、通常硯水(けんずい)といわれる。
ユイシ　猶子(ゆう)の音便。養子。→補
スキテ　過ぎて。
(二八)　→補
公文　庄官の一で、庄内の文書作成などを担当した。
所務　収納。
具　「貢」の当て字。
風儀　「しきたり」(邦訳日ポ)の意もあるが、ここは文末に「ためしあり」とあるので、風の儀の意味で、大風によってということであろう。
侘事申…あり　歎願して損免を許された例がある。
廿五文銭　百姓一人あたり廿五文を徴収することで、六十人分の合計が下記の一貫五百文になる。

(二九)
雅意　「我意」の当て字。勝手きまま。

(端裏書)
「公文之年貢次第　ウシナウ不レ可」
菅浦*公文《くもん》之*所務之次第事
米　年*具　弐石也。
アワ・ムキノ所務ハ　地下之内六十人ニシテ、ムキ・アワモ*風儀皆ソンニ付、*侘事《わびごと》中、被レ下候ためしあり。
本所地豆ノ引副不レ可レ有也。名主
*廿五文銭
七文銭　都合壱貫五百文上候。
宮佰姓ハ五人、油三人、政所一人、地下使一人。
残テ百文ハつなきちの取也。
右定如レ件。　惣庄之定也。
延徳元年十二月廿八日
【菅浦文書】

二九　近江菅浦地下掟

(端裏書)
「地下置文」
定
地下法度《はっと》置文之事
親として子ニゆつり充《あつる》証文もちいすして、我々ニ任二*雅意《がい》一ふるまう事、無二勿躰《もったいなき》一題目

なり、*あまさへ惣を*かすめ、私を*おしつけなとする事、言語道断曲事《くせごと》也。一族中として、*ゆわれぬ事を*とりつかれ候方を、地下として*罪祥たるへく候。返々《かえすがえす》親のしてわたされ候支証等、いさゝか不ㇾ可ㇾ有二相違一候。此旨背候ハんするともから、地下として堅*罪祥あるへく候。仍置文状如ㇾ斯。

延徳参年九月八日

善阿弥（花押）
道妙（花押）
慈願（花押）
浄願（花押）
高阿弥（花押）

【菅浦文書】

三〇　紀伊粉河寺東村地下掟

地下之定　*せいほうの事

上下へ*口をきゝ候ハん人ハ、地下のあく人にてあるへく候。万一上より*そ人なき公事《くじ》をおほせ候ハヽ、地下*一身ニ御*わひこと申可候。若《もし》*とう人候ハヽ、*見やいニ*うつ可ものなり。若御とかめ候ハヽ、地下より御わひ事申可《すく》候。仍定所如ㇾ件。

延徳三年*無神月《かみなづき》廿四日

【王子神社文書】

あまさへ　「あまっさへ」の促音を書かなかったもの。それぱかりか。
かすめ　掠め。ごまかしてとり。
おしつけ　むりじいをして。
ゆわれぬ　「ゆわれ」は「いわれ(謂)」の変化した語。理由のないこと。
とりつかれ　取次がれ。「と」は「ま」のように書かれている。
罪祥　「罪科」の誤記。下も同じ。

〔三〇〕
せいほう　制法。
口をきゝ　密告する。
そ人　訴人。
一身　一体。
わひこと　侘言。「自分を卑下しながら或る人に対してする懇願、あるいは、嘆願」(邦訳日ポ)の意であるが、ここでは弁明し抗議すること。
とう人　盗人。
見やい　見合い。見つけたら即座に。
うつ　殺す。
無神月　ふつう神無月と書く。陰暦十月。

三二　近江奥島惣庄掟

（端裏書）
「奥嶋惣庄をき文事」

定奥嶋をき文事

一　*さいけをひき、*しふやくを*はつすともからニをいてハ、ゐい代ち下《げ》の*人しふに入《いる》可《べ》からさる事。

一　さいけをひくについてハ、いへを出可事。

一　いゐを出は、*やないハ惣庄へとる可事。

一　さやうの人の山はたあるハ、惣庄ち行となる可事。

一　山はたの事ハ、た所へうりかいにす可からさる事。うりかう物あらハ、*たう人とある可也。

右をき文如レ件。

さた人（花押）

をとな（略押）

*明応元年十二月四日　奥嶋政所《まんどころ》貞正（花押）

【大島奥津島神社文書】

三三　紀伊粉河寺東村地下掟

地下定《む》*ちやう〳〵の*之事

あるいわ*ふたいなんと〻申候てニ、国之内候ハんするをめされ候ハすハ、一貫五百文

〔三二〕

さいけをひき　在家を引き。在家は一定の課役を負担すべき惣庄構成の単位で、在家を引くとは、その地位から去ること。

しふやく　衆役。蒲生郡志五は「衆約」と注する。

はつす　迦（はず）す。避ける。

人しふ　人衆。

やない　屋内。動産。

たう人　盗人。

明応元年　一四九二年。

〔三三〕

ちやう〳〵　条々。

之　衍字。

ふたいなんと…候ハすハ　地下に居る限りは誰かの譜代の被官（家来）だといって役を逃れようとしても。

之料足を家主より出され可候。仍定所如ㇾ件。

明応五年六月三日

【王子神社文書】

三三 紀伊粉河寺東村?頼母子講掟

たのもしのおて*之事

料足を座しきゐもんて*御入なき方ハ、百五十文し候ハんするしち*を御おきあるへく候、さやうニなく候ハヽ、座しき衆中《しゅうちゅう》*御たちなく御さい*ハんあるへきものなり。又くそ*くをさしきへもんて御いり無方ハ、衆中として料足をまいらせましく候。つきニたのもしの衆中はつれて*ハなにことも合力《こうりょく》*あるましく候ものなり。仍《て》後日《の》状如ㇾ件。

明応七年三月十六日

たのもしの衆中のくつろき*なく候てハ、くそくうるへからす候。

【王子神社文書】

三四 近江今堀地下掟

定条々之事

一 稲餅*・麦餅・ソハモチノ事。

一 諸*一寸《いっす》物《もの》ノ事、宿者《は》三百文咎《とが》、クイテハ百文咎たるへく候。

〔三三〕

おて 掟。

もんて 持って。

しち 質。

御たちなく 即座に。

さいハん 裁判。

くそく 具足。「鎧の胴体。…仏の前に使う道具や用具で、燭台、香炉などのような物」(邦訳日ポ)。一般に道具のこと。

はつれて 迦(はず)れて。外れて。

合力 援助。

くつろき くつろぎ。納得。

〔三四〕

稲餅麦餅ソハモチノ事 これは三種の餅をつくことを禁ずる規定であろう。〔六三〕にいなもち・そばもちをつくことを禁止する規定がある。

一寸物 参会者がそれぞれ一種の物を持寄って興宴すること。↓補

一　*惣《そう》・私《わたくしの》　森林事、手折木葉・*奇土者可レ為二百文咎一、カマキリハ二百文、ナタハ三百文、マサカリハ五百文咎たるへく候。

一　麦根・粟カラ・大角豆《ささげ》ツル百文咎也。

右、背《く》二此禁制旨一輩在《これあらば》レ之者、於二地下人一者、*出仕同座可二停止一。後家・*孤族ハ在所可レ擬《はらう》。他所之仁躰《にんたい》ニモ、末代不レ可レ被レ売者也。依二衆儀一定所如レ件。

*文亀弐年壬戌三月九日　*改レ之

【日吉神社文書】

三五　紀伊粉河寺東村掟

定地下おいて*せゐほうの事、池之ひき物之儀につき、家門かきかへなんと*やくる事候ハヽ、いかやうの人之なり共、地下*一身ニかへてあるへき物なり。*本作人*くつほくなき作をつくり候ハヽ、地下としては*んかうある可候。他庄ゟ*ふしやう作職売へからす。此旨をそむき候ハんする人ハ、阿弥陀・ひしやもん之御*はんをあたるへきものなり。

仍衆儀如レ件。

文亀二年八月廿七日

【王子神社文書】

惣私森林　惣持ちと個人持ちの森林。
奇土　寄土(よせつち)。土手・畔・道端などの土を掘り動かすこと。↓補
出仕同座　神事に出仕して座に加わること。
孤　「ミナシゴ」(倭玉篇)。
文亀弐年　一五〇二年。
改之　森林に関する規定は〔一九〕〔二七〕に関連のものがある。

〔三五〕
せゐほう　制法。
やくる　「や」は「屋」の草体を書く。和歌山県史、中世史料一は「屋へ公」とする(五二五頁)。
一身ニかへて　身に代えて。「か」は「ろ(そ)」と書く。
本作人　もとの作人。
くつほく　屈睦(くつぼく)。「ある人に対して、最初はかたくなで意地を張っていたのが、あとで仲直りをして、気持ちを和らげる、または、その人に従うこと」(邦訳日ポ)。和歌山県史は「ハ御ほへ(は覚え)」と読む。
はんかう　発向。
ふしやう　不請か。
はん　罰。右の発向と同じく、中世では促音を撥音に発音表記することがある。和歌山県史は「はし」と読む。

兲　近江今堀？直物掟

定条目之事*直物《なおしもの》之事

一　*官成者《おとななりは》、馬*牛飼人ハ四百文充《あて》、余ハ三百文也。

一　*烏増子者、五百文可レ被レ出者也。

一　*乙丑年ノ*当頭《どうのとう》*請人ハ、二貫御直《なおし》あるへき也。

又*刁《とら》年ハ一貫六百文直ヘキ者也。

*卯年ハ一貫二百文。

*辰年より後、一貫文充より外ハ*へるへからす。

一　乙丑年*九日モ可レ為二一貫一者也。

刁年一貫六百文。

卯年ハ一貫二百文。

辰年ハ一貫文。其後より外ハへるへからす。

一　乙丑年*結《けち》*一貫二百文充可レ被レ出也。

刁年ハ一貫文。

卯年九百文。

辰年ハ八百文。此外ハへらすへからす。

一　*神事・ゐほハなをすへからす。

一　年内ハ*老人成《おとななり》ハ可レ成。

〔兲〕→補

直物　神事の頭役を勤めるに当り、座に納付する米銭や、おとな・中老など惣村の座を構成する諸層に新加入の者が納める米銭をいう。

官成　「官の字は当とまぎらわしく」書かれているが、「オトナに官の字を宛てた」ものと萩原龍夫氏はいわれる（『中世祭祀組織の研究』）。なお補注掲載の直し物日記参照。

牛　この字は「馬飼」二字のあいだの右傍に細書してある。

烏増子　「烏帽子（えぼし）」の誤字。烏帽子直しのことで、加冠（元服）して座に加入すること。

乙丑年　この定書の翌年、すなわち永正二年。

当頭　「堂頭」の当て字。永徳四年正月の諸頭入物注文に拠れば、十三日（正月か）の神事の頭人（日吉神社文書）。

請人　堂頭を請ける人。

刁年　定書の翌々年、永正三年。

卯年　永正四年。

辰年　永正五年。

へる　減る。

九日　九月九日神事の頭人。

結　多く「結鎮（ちけ）」と書く。→一七一頁注「家鎮の頭」

一貫二百文　もと「一貫文」と書き、右傍に「二百」と細書してある。

神事・ゐほ　神事・烏帽子であろう。→補

老人成　オトナ（→一八〇頁注）に新加さ

*永正元年甲子十月七日
衆儀定レ之。

【日吉神社文書】

三七　近江今堀？地下掟

立ノ又太郎　*依二無力一座ヲ抜畢。
門兵衛　依二無力一座ヲ抜畢。
駒二郎　依二無力一座ヲ抜畢。
小刁《とら》三郎　依二無力一座抜畢。
若石太郎　依二無力一座ヲ抜畢。
ケリ駒石　二百未進依レ有座ヲ抜畢。
正幸*豕子　依二無力一座ヲ抜畢。
五郎兵衛　四斗六升年貢未進有レ之《るに》依《りて》 座抜了。
若兵衛五郎　百文之未進有レ之依座ヲ抜畢。
門ねゝ　百七十文*三日講未進有レ之ハ座ヲ抜畢。
馬犬二郎　壱貫文未進有レ之上ハ座ヲ抜畢。
か衛門　二百文未進有レ之依座ヲ抜畢。
*丑年
若衛門入道　五百五十文未進有依座ヲ抜畢。

せること。
永正元年　一五〇四年。

〔三七〕
依無力　経済的に村人としての務めが果たせないので。
豕子　萩原氏は「家子」とされるが、字は「豕」である。日吉神社文書、文亀元年九月、直物日記に「五百文〈つる〉左衛門太郎　いのこ」とあり、文明六年三月廿三日、堂頭勤仕人数注文に「〈亥子〉宮内太郎」とみえる。いの子が家の子と同じなのであろうか。
三日講　→補
丑年　翌二年に未進分を納めたのであろう。
永正元年　「弐」を抹消して右傍に「元」とあり。一五〇四年。
上三十八文　三十八文を納めたという注であろう。
以後座ニ入輩　座を抜かれた者のうち、再び座に入る人。
算用可有　「算用有テ」を書直したもの。算用は計算して不足を支払うこと。
足洗酒　守貞漫稿六に「惣て非人乞丐より正民に帰するを俗に足を洗ふと云」とある。一度座を抜かれた者が、再び座に入る際、祝儀として出す酒のことであろう。或は一献料かもしれない。
本走　「奔走」の当て字。提供する。「ソウ」の振りがなは底本のまま。

右有与二郎依二無力一座ヲ抜畢。
*永正元年甲子　形部二郎三十八文、*上三十八文　座ヲ抜畢。
定条々
右、若於二以後座ニ入輩一者、未進有方々ハ、料足《りょうそく》ヲ*算用可レ有、*足洗酒如二先々一*本走《ソウ》
可レ有候。

【日吉神社文書】

三八　紀伊粉河寺東村？地下掟

地下定*はんとの事
*ミナロ一仁大麦二ワ充《ツヽ》カルヘシ。
*ユキヲワ一*シヤクハンスノナワニテユキヘシ。
秋*三はんツヽ、カル、*ワセヨリ。
一　*チヤ屋ん　ノアルキ*チヤウシ。
一　*カワラノモノ　アキナツ*シヨ米〈ナツ一升、アキ二升〉。
一　*シユクノモ　チヤウシ。
一　*ソウチ　アキナツシヨマキ〈ナツ一升、アキ一升〉。
一　*クワンシンタノモシ、*トリツキワアルヘカラス。
一　*ウリサケ、ツクルヘカラス。

〔三八〕
はんと　法度(はっと)。
ミナロ　水口か。
ユキヲワ　ユキナハ(結縄)の誤記か。
一シヤクハンス　「一尺八寸」か。和歌山県有田郡誌に、同地では、名詞の音の位置が顛倒することが報告されている。ハンスはその例であろうか。
三はん　「三把」か。
ワセ　早稲。
チヤ屋ん　未詳。あるいは、賤民とされた茶筅であろうか。茶筅は竹細工を業とし、茶筅の製造販売に当った。百姓と縁組せず、水呑百姓の下に位置づけられた(日本国語大辞典)。
チヤウシ　停止。
カワラノモノ　河原の者。賤民とされた者の一つ。
シヨ米　糈米か。神に供えるため、洗い清めた米。
シユクノモ　これも音の位置顛倒の例でシユクモノ。夙(宿)者。本居内遠「賤民考」に、百姓が通婚せず、同火を用いない所もある差別された人々であるとし、日高郡志下巻には、竹細工を業としていたとある。
ソウチ　未詳。前二条が賤民に関する規定であるとすると、葬地の者であろうか。日高郡志下巻に、賤民の一であった堂免を墓地に関係した者であろうかと推定しているが、この堂免と同じようなものか。
クワンシンタノモシ　勧進憑支(憑子・頼母子)。→一八四頁注「すゝめ憑支」

右コノムネソムカンスルトモカラワ、*アミタ・ヒシヤモン、ナラヒニ、ユ子山トウノ神ハチヲアタルヘシ。ソノシソン・*ハンソンタユヘシ。仍定所如レ件。

永正五年十二月廿四日

【王子神社文書】

三九　紀伊粉河寺三ケ村掟

為《して》二*三ケ村《と》一定《む》条々事

右、先例諸事、如二申合候一、諸公事以下、何事も*非公事《ひくじ》を被レ仰候共、不レ可二承引《しょういんす》一。若背二其旨一輩おひて者《は》、三ケ村可レ為二悪党一候。幷無二*訴人《きそにん》一公事、同*付さる公事御尋有間敷候由、被二仰出一候条、万一御違変候者、為二三ケ庄一、*堅御詫言《わびごと》可レ申候。仍為二三ケ村一衆儀せしむる所如レ件。

永正十三年十月晦日

三ケ庄

【王子神社文書】

四〇　近江得珍保内？南郷諸商売掟

任二先規旨一相定諸商売之事

一　*座人之事、任二先規旨一、*日野*塩一駄定《じょう》、三ツ之内、*山越荷無レ之者、一ツ可レ去候。

トリツキ　取次。

ウリサケ　売酒。

アミタ・ヒシヤモン　阿弥陀・毘沙門。阿弥陀は浄土信仰の対象、毘沙門は四天王の一で、北方の守護神とされ、また福徳富貴の神として後には七福神に加えられる。粉河寺の鎮守は丹生大明神社と若一王子権現社であり、社中に阿弥陀堂と毘沙門堂があったと紀伊続風土記巻三十三にみえる。

ハンソン　末孫。

〔三九〕

三ケ村　紀伊粉河寺の三ケ村。東・丹生屋・松井村であろうか。または、東村を構成する東野・井田・池田垣内か。

非公事　「公正でない訴訟。→Vairo（賄賂）」（邦訳日ポ）。

無訴人公事　訴える人が無いのに領主側が勝手に裁判する。中世では刑事問題でも訴人がなければ、裁判は行われないという原則があった（中田薫氏「古法制雑筆」『法制史論集』第三巻）。

付さる公事　訴訟を有利にするため、有力者に原告となってもらい訴訟を提起することを付沙汰というが、ここは付沙汰をしてもいない公事ということであろう。

堅御詫言　詫言は多く謝罪・嘆願などの意味であるが、ここは堅くお断りの意。

〔四〇〕

座人　市場の座人であろう。

日野　滋賀県蒲生郡日野町。ここに日野の市が立ったこと応永三十三年七月七日小幡住民等目安（日吉神社文書）にみえる。

塩一駄　蒲生郡辺で使用した塩には、日本海岸で製塩したものと、伊勢湾から採ったものとがあり、得珍保の商人は、この両方の塩を商品として取扱った。一駄は馬一頭に付ける量を表わすが、塩一駄がどの位の量か不明。

山越　山越は鈴鹿山系を越えて伊勢へ往来することで、得珍保商人が使用した通路に八風越と千種越とがあった。前者は、得珍保から東へ、相谷(あいだに)神崎郡永源寺町)を経由し、釈迦ケ岳の北、八風峠を越えて伊勢員弁(いなべ)郡に通るもの、後者は八風越より南方を同じく東西に行くもので、甲津畑(こうづばた)神崎郡永源寺町)を経て、釈迦ケ岳の南を伊勢朝明郡(今は三重郡)へ越える山道であった。ここでは山越の商人のこと。

かち　徒歩。

さいふ　「割符」と書き、為替手形のこと。

替銭　「かえせん」「かわし」などとも訓み、為替の制度。

向買　定った市場へ運ばれる商品を途中で買いとること。「迎買」とも書く。

〔四〕

ケイせイノ宿　売春行為に提供される家。ここではその家の主。

キリ　伐り。

一　日々仁京上者《は》、堅《く》とゝむへく候。山越者《は》、かまと一間に馬一疋可㆑有候。若二人行人有ハ、一人*かちにてはたらくへく候。

一　家子者《いえのこ》、堅可㆓停止《ちょうじ》㆒候。

一　*さいふ・*替銭《かえぜに》者、堅可㆓停止㆒候。

一　あひ谷・甲津畑によらす、座人之馬上者、山越商人たゝ返すへからす候。

一　山越之*向買《むかいがい》者、堅停止候。

右、定条々如㆑件。

永正十五年戊寅十二月廿一日

南郷

【日吉神社文書】

四　近江今堀？惣掟

定条々掟之事

一　於㆓諸堂・宮・菴室㆒、バクチ諸勝負堅《く》禁制也。

一　於㆓ハクチノ宿幷*ケイせイノ宿㆒者、任㆓先規掟ノ旨㆒、不㆑可㆑為㆓同座㆒也。

一　惣・私《わたくし》之森林之咎之事者、

マサカリ*キリハ三百卅文、

ナタ・カマキリハ二百文、

手ヲリ木ノ葉ハ百文咎也。

一 菜地畠ニテソキ草*・ヨせ土*者停止畢。

一 万之作毛《よろずのさくもう》号《し》㆓拾《ひろう》㆒猥《みだりの》事、停止《ちょうじし》畢。

右、依㆓衆儀㆒定所如㆑件。

永正十七庚辰年十二月廿六日

【日吉神社文書】

四二 近江山越商人衆中掟

定山越衆掟条々事

一 於㆓市町㆒者、不㆑寄㆓理非㆒、刀《を》抜《き》打擲《ちょうちゃく》仕《る》仁躰《にんたい》在㆑之者《ば》、堅商買可㆑被㆓停止㆒之事。

一 山越衆、路次幷津湊*《つみなと》ニテ刀抜、又者バウ*以㆓已下㆒人ヲ打擲シ、喧吼《けんか》仕出仁《すじん》於㆑在㆑之者、末代山越《の》義可㆓相留㆒事。

一 於㆓市町㆒売買仕候仁、打抜《け》候而、於㆓以後㆒不㆓数足㆒由、被㆓申懸㆒族在㆑之者、商買中堅可㆑被㆓停止㆒事。

右、先規ヨリ条々掟雖㆑有㆑之、猶重而定被㆑置所也。仍於㆓向後㆒者、守*㆓此状㆒者也。

仍為㆓衆儀㆒定所如㆑件。

大永*七年丁亥五月四日　　山越衆中

【日吉神社文書】

ソキ草 削ぎ草であろう。明和九年(一七七二)五月美濃養老郡上多度林大字三郷小字田の村定にみえる(養老郡志、九四〇頁)「へぎ草」に同じか。鍬などで草を削ぎ取るのであろう。

ヨせ土 →一八九頁注「奇土」

〔四二〕

津湊 港。津は「Minato(湊)に同じ。港」(邦訳日ポ)。

バウ 棒。

守此状 「可守此状」とあるべきであろう。

大永七年 一五二七年。

四三 近江今堀郷惣中置文

就ニ今度*九里半*公事《くじ》之儀一、*惣分江御合力《ごうりょく》之儀を申入候処仁、少事《しょうじ》酒ノ代ヲ預ニ御扶持《ふち》一候。衆悦《しゅうえつ》候、於ニ向後一、諸商買之中仁何様之御公事出来候而、出銭雖レ有レ之、引ニ此例一、以後一言之子細申間敷者也。仍為ニ以後一、衆儀シテ堅定《くむ》所之状如レ件。

*享禄弐年己丑十二月四日　今堀郷 惣中（花押）

【日吉神社文書】

四四 摂津尼崎墓所掟

定　於ニ*尼崎一*墓所《むしょ》条々事

一　*火屋《ひや》　*荒墻《あらがき》　四方幕《よほうまく》　内*地付《ちつき》一端充*聖《ひじり》方へ取レ之。
*引馬《ひきうま》　*導師分迄。　*龕《がん》　蓋、是を不レ可レ取。
於ニ此分一者、*百疋可レ取レ之。*収骨者五十文。

一　火屋　荒墻　幕　方者不定。地付一端如レ前。　龕
於ニ此分一者、参百文可レ取レ之。収骨者廿文。

一　あらかき　こし
於ニ此分一者、十疋可レ収レ之。収骨者十文。
新輿《あらこし》作る時、不レ可ニ違乱一。

〔四三〕
九里半 近江から若狭(福井県)へ抜ける街道で、近江高島郡南市から若狭小浜まで九里半の里程であったから九里半街道と称したという(近江蒲生郡志五)。
公事 裁判沙汰。ここでは九里半街道利用権に関する高島南市等の商人との争訟。
惣分 保内商人中惣分であろうか。今堀郷はこの保内の一郷である。
享禄弐年 一五二九年。

〔四四〕
尼崎 摂津の瀬戸内海に臨む港町(兵庫県尼崎市)。
墓所 「Muxo. ムショ(墓所) 墓、または、墓のある所」(邦訳日ポ)。
火屋 「死体を焼く家」(邦訳日ポ)。
荒墻 目を粗く結った垣で、火屋の周囲にめぐらされた。多く四方に囲んだが、後柏原天皇の火葬場の指図では円形に書かれている(二水記)。
地付 「乳付」か。紐や竹を通すため幕に付けた小さな輪。
聖 僧侶。ここでは律僧、隠亡であろう。
引馬 古来、葬儀の導師に牛・馬・車を施与する例があるので、この引馬もそれに当るか。
導師 死者が迷わずさとりを開けるよう説法する(引導を渡す)僧。
龕 死人を納める棺。伊京集に「斂(おさむる)ニ死人一輿」の注がある。
百疋 一貫文(千文)。
収骨 拾骨。

一　定輿、付、桶ニ入土葬同レ之。於二此分一者、五十文可レ取レ之。
一　莚ニ入、付、無縁*取捨。於二此分一者、拾文。
*少愛《しょうあい》者十文。
此外雖レ為二一事一、不レ可二違乱一也。
一　*石塔幷塔婆等ちり失る時者、ひしり方より可レ弁レ之。各々墓所をあらたむる時、不レ可レ有二違乱一者也。
右、於二此旨一者、為二地下一可二制敗*一□*也。
*天文元年壬辰十一月卅日　*菩提寺在判

【大覚寺文書】

無縁　死後を弔う縁者の無いこと。

少愛　不詳。

石塔幷塔婆　五輪塔・宝篋印塔・率塔婆など墓・供養塔であろう。餓鬼草紙の墓所の部分に五輪塔・石率塔婆・供養塔がみられる。

制敗　「成敗」の当て字。

□　尼崎市史四は「者」としている。

天文元年　一五三二年。

菩提寺　未詳。尼崎の律寺であろう。この定書を所蔵する大覚寺が別所にあり、奈良唐招提寺の末寺であったことから推して、菩提寺は大覚寺の別院ででもあったのであろうか。

〔四五〕

篠窪　今の神奈川県足柄上郡大井町篠窪。

座敷　座敷の席順。

四五　相撲篠窪百姓中座敷定文

*篠窪《しのくぼ》百姓中座敷*之事

一番　二郎衛門尉
二番　三郎衛門尉
三番　彦左衛門尉
四番　源六
五番　大郎左衛門尉
六番　孫兵衛

七番　孫五良
八番　大郎衛門尉
九番　与四郎
拾番　藤内四郎
右、背ニ此旨一、子細申候者、座敷を可レ立者也。仍如レ件。
天文四年丙申九月廿九日　（花押）

【小嶋巌氏所蔵文書】

四六　近江今堀惣分掟

今堀惣分定条々事

一　*刁ノ十二月廿日ヨリ過候ハヽ、*ゐほし・*おとな・*神事万《よろず》なをし申間敷候。此度ハ惣分料足入申ニより如レ此候。向後《きょうこう》の*引懸《ひっかけ》ニ成《し》申間敷候。向後若《もし》なをし候ハヽ、先年之ことくたるへく候。仍所レ定如レ件。

天文廿三甲刁十二月十一日　今堀惣分

【日吉神社文書】

四七　近江今堀？地下掟

定　条々

〔四六〕 ↓補
刁　寅の年。
ゐほし　烏帽子直。↓一九〇頁注
おとな　オトナ成。↓一九〇頁注「老人成」
神事　結鎮頭・堂頭・九月九日頭。↓〔三六〕補「神事・ゐほ」
引懸　先例。

一　とまり客人*きんせひの事。
一　如何様之雖ㇾ有二*用所一、*房□《へ》無二*安内一者《ば》、内江不ㇾ可ㇾ入事。
一　万《よろず》勝負きんせひの事。
一　喧嘩きんせひの事。
一　さうりのはきかへ料ハ*十二のすミ一ツ、あしたのはきかへ十二のすみ二ツ。
一　*新座《しんざ》之者、*惣並《そうなみ》之異見きんせひ事。

右、所ㇾ定如ㇾ件。

*弘治弐年　改之。

【日吉神社文書】

四八　近江山越商人惣掟

山越《に》付而聞出し候御年貢銭、三月二日より前ニ不ㇾ出候者、*山をとめ可ㇾ申候。為ㇾ其惣《と》而《して》如ㇾ此候。仍《よって》而所ㇾ定如ㇾ件。

弘治三年二月四日　山越惣

聞出し人数

源八　若松　松千世《正幸》　*新発《宮内兵へ》

卅五文料

【日吉神社文書】

〔四七〕

きんせひ　禁制。

用所　用事。所用。

房□　「房主」か。家の主。

安内　案内。ことわり。

十二のすミ　未詳。すミは「炭」か。

新座之者　宮川満氏は新座の構成員を、今まで名主百姓に半ば隷属的であったへヤ住小農民であったと考えられる(『太閤検地論』Ⅱ九八頁)。

惣並　「他のものと同様に、あるいは、皆のものと等しなみに」(邦訳日ポ)。

弘治弐年　一五五六年。

〔四八〕

山をとめ　山越をさし留める。

新発　新発意(しんぼち)。新しく発心して出家した人。

四八　近江菅浦惣定文

当所壁書之事、*守護不入、自検断《じけんだん》之所也、然者《しかれば》西ニ三人、六郎三郎・孫四郎・源三、東ニ一人、衛門尉二郎、是《この》四人、在所之背二置目一、仮《り》二地頭号《の》一、甚不レ可レ然*行在《てだて》レ之間、於二末代一在所之参会、執分《とりわけ》村人*長男《おとな》・中老《ちゅうろう》、此等之参会*興行之仁於レ在レ之者、先其人を堅可レ*致《す》二政道《せいとう》一者也。猶以*其仁躰《にんたい》之事者不レ及レ申者也。仍而為二後日一如レ件。

十六人之長男

東西之中老

*永禄十一年十二月拾四日　　*廿人

【菅浦文書】

五〇　近江山上村荒野年貢定文

荒野年貢相納ニ付而、互*出《で》入《いり》在レ之、近年*所務相押《い》候《え》。雖《も》レ然《りと》双方*存分打置、*地下募《じげつのり》ニ成候様申《し》談、無事ニ令二落居一定条々事。

一　公文代・*てう夫・*せうし一人、此三人之外、一切*下用《げよう》不レ可レ有二*下行《げぎょう》一事。

一　所納之時、名主・*長《おとな》無レ残罷出、*算用可レ被二相聞一事。

一　荒野古帳ニ在レ之下地、誰々雖レ為二知行一、年貢如《く》二有来《ありきたる》一可レ有二其沙汰一事。

一　隠田《おんでん》之儀者、各*分別之上にて、曲事之*経重有二穿鑿《せんさく》一、*可二申付一事。

〔四九〕

守護不入自検断之所　守護の警察権を排除して、惣庄自身が刑事事件の犯人を検挙し裁判を行い断罪する権限をもっている所。

行　行為。

長男　オトナと読むことは、原田敏丸氏「中世末期村落の自治と領主の支配」に例示されている(『彦根論叢』三八号、八頁)。

興行　復興させる。

致政道　成敗する。

其仁躰　前記の六郎三郎・孫四郎・源三・衛門尉二郎の四人を指す。

永禄十一年　一五六八年。

廿人　東西の中老の数なのか、あるいは十六人の長男に東西の中老四人を加えた数なのか二説あるが、原田氏は十六人の長男と四人の中老という永島福太郎氏の説を補充説明され、これに従っている(同上論文、一二頁)。

〔五〇〕　山上村は神崎郡西部の地(いまの永源寺町にある)。

出入　争い。

所務相押候　論所の所務(年貢)に関し、相論の当事者が関与することを禁止した。

存分　意趣。

地下募　在所の百姓らによる徴納。

てう夫　未詳。〔九五〕第八条にもみえる。

せうし　小使か。村でどのような任務があったか不明。蒲生郡今堀?では、神仏事に関係したようである(刊本今堀日吉神社文書二五三号、小使へ渡日記)。

一　古帳ニもれたる下地之事者、如ニ先規一見出聞出次第、年貢可レ被レ盛*事。

右条々、為ニ衆儀一相談之上ハ、聊不レ可レ有ニ異儀一者也。仍衆儀如レ件。

*天正元年十二月廿四日　林　縫介

高頼（花押）

（以下二十七名連署花押）

【近江神崎郡志稿】

五一　近江守山？掟

定法度条々

一　*ゐほし、八月*十四人為ニ衆儀一被ニ相究一候ハヽ、不レ及ニ是非一、此内*一人も於ニ御存知一者、同心有間敷事。

一　会《え》之事、十四人於ニ談合一者、不レ及ニ是非一候。*為レ私借米候共、可《き》レ為ニ*故古一事。

一　なをしゐほし米*つます候ハヽ、同心有間敷事。

已上

右条々、相定上*ひいきへんは申ましく候。若《もし》違乱族《の》在レ之者、堅可レ被レ処ニ厳科一者也。

天正四年二月廿日

【小宮山文書】

下用　在村しているときの飯米などの費用。
下行　支給。
長　村の長老。
算用　計算。
分別之上にて　納得の上で。
経　「軽」の当て字。
可申付　処罰する。
盛　盛付ける。懸ける。
天正元年　一五七三年。

〔五一〕　守山は野洲郡の地（いまの守山市）。

ゐほし　烏帽子直し。→一九〇頁注
十四人…被相究　十四人はオトナであろうか。十四人が全員の意見として決定する。
一人も於御存知者　一人でも所存を残す場合は、の意であろう。
為私借米　十四人同心でなく、個人が勝手に米を他から借りること。
故古　「反故」（ほご）の誤り。
つます　積まず。
ひいきへんは　贔屓偏頗。

〔五二〕
安治村　今の滋賀県野洲郡中主(ちゅうず)町の北部にある。
弐間の一つに　二間を一つに。
かやく　家役。家単位に課した税。役の形態は夫役か物納か銭納かは不明。
分　「充」の誤写で、二間が一つになっても一間ずつ役を取る意かも知れない。

〔五三〕
家たち　「家建」か。
ふしん　普請。
大きり　未詳。
不慮之礼米・懸ケ物　思いもかけぬ進物の請求や課税。
ろく　「禄」か。

五二　近江安治村家役掟

定　*安治《あわじ》村家之事

一　*弐間の一つニ於ㇾ仕《るに》者、万*かやくお一間*分可ㇾ取事。
一　家おやふり候共、つくりおするにおいては、本やく可ㇾ懸事。
一　此定お申やふり候物於ㇾ在ハ、惣地下人堅《く》参会申間敷候。仍定状如ㇾ件。

天正五年丑十一月十五日

新左衛門
五郎兵衛
与左衛門
四郎左衛門
四郎衛門
藤衛門

【安治区有文書】

五三　近江安治村家役掟

定　安治村家やくおきめ事

弐間之一つニよるにおいてハ、本やく可ㇾ仕事。

一間*家たちハ、*ふしんいたし物*大きり可不《いだすべからざる》出事。

若《もし》在所へ*不慮之礼米・懸ケ物候ハヽ、まへ〳〵のことく、*ろく可不《いだすべからざる》出事、仍如ㇾ件。

天正五年丑十二月十五日

安治村惣代
新左衛門（略押）
五郎兵衛（花押）
与左衛門（花押）
四郎左衛門（略押）
藤衛門（花押）
四郎衛門（花押）

【安治区有文書】

五四　近江志那村掟

定直目*条数之事

合天正拾年二月八日

一　座敷江被レ入付而《いらるるについて》、ゑ*ほしの代之事、□□□*社当*御終理*之時、遅々於レ無二皆済《かいせい》一者、長衆《おとな》ゑんきん*ニよらす参会仕間敷事。

一　中者衆共参会之上を以相調《あいととのうる》上者、聊不レ可レ有二別儀一候事。

一　宮之森竹木之事、面々にきりとる事、一切除止*事、万一長衆江無*く二安内一きり取におゐてハ、さいくわ*に可被ふせらる*事、右、直目如レ件。

但くわたい*として、ひた*五百文可レ被レ出事。

天正拾年二月八日　善宗（花押）

〔五四〕 志那村は栗太郡志那（今の草津市北部にある）。
直目 「置目」の誤記。掟。
ゑほし 烏帽子直し。
□□□ 底本では三字分ほど空欠となっている。
当 此の度の。
終理 「修理」の当て字。
ゑんきん 遠近。
除止 「停止」の誤り。禁止。
無安内 「無案内」の当て字。ことわりなしに。
さいくわ 罪科。
可被ふせらる 可被付（ふせらるべき）。「らる」が重複している。
くわたい 過怠。
ひた 鐚（びた）。品質の悪い銭貨。

源兵衛
与兵衛
一*和尚《わじょう》道永（略押）

郷雲（花押）
浄永（花押、抹消）
藤衛門（略押）
小右衛門元秀（花押）
宗左衛門（花押）
*兵陳助経□（花押）
弥左衛門（略押）
三右衛門（花押）
甚左衛門（花押）

【藤田文書】

一和尚　惣村の年老の最年長者を一和尚といったのであろう。肥後和男氏『近江に於ける宮座の研究』一三六頁・一四二頁参照。

兵陳助　「兵庫助」の誤記であろう。

三五　近江安治村惣中掟

定《さだむ》　条々掟目之事

一　今度*芦之儀ニ付而、彼方より何かと申取被ㇾ来候共、一味同心ニ申合相渡間敷事、自然何用之義仕候共、惣中*□　*唥《さばき》可ㇾ申事、高名仕候ハヽ、自ニ惣中一ほうび可ㇾ申事。

一　*らんとゆき候共、里中・浦等々何方ニ道具ともおき候とも、少も取申間敷事。

一　地主職主《しきぬし》あかす候処を、わきより出《いで》のそミ不ㇾ可ㇾ申事。

〔三五〕
芦　燃料として用いられ、又商品化もしていたことは、謡曲「芦刈」のシテが芦売りで、その謡詞に「芦火たく屋は煤垂れて」とあるにより明かである。このほか帘を作り、篳篥《ひちりき》の簧《した》にも用いたという。

□　宮川満氏『太閤検地論』Ⅲには「として相」と傍注がある（四三六頁）。

唥　処置する。

らん　宮川氏は「ら」に「な」と傍注されている。意味未詳。

右、此条数之旨相背候ハ、、忝《かたじけなくも》　伊勢天照大神・熊野三山*・日本国之大小神儀*、此罰深厚ニ可ニ罷蒙一者也。仍為レ其一書如レ此候。

天正十年壬午十一月廿五日　　安治村
　　　　　　　　　　　　　　　惣中

【安治区有文書】

五六　近江今堀？年寄・若衆掟

定《む》地下年寄・若衆直目*条々

一　右、以二一書一相定上者、於二向後一違乱不レ可レ有レ之事。

一　地下何様之儀も、談合雖レ有レ之、たふんニ付*へき事。

一　せんき*をそむき異儀有レ之ともからニおひては、惣としてしゆはつ*すへき事。

右、定所如レ件。

天正十壬午年十二月八日

年寄　惣分（略押）

若衆　惣分（花押）

【日吉神社文書】

五七　近江志那村座敷掟

志那*広座敷直目次第事

一　しんしち*の子息無レ之仁躰《にんたい》ゆう子*《し》之事、当所村人之内を可レ被レ仕之事、正躰無レ之*《しょうだいこれなき》

熊野三山　紀伊熊野に坐す熊野坐(すにま)神社(本宮)・熊野速玉(はやたま)神社(新宮)・熊野那智神社の総称。

神儀　「神祇」の当て字。

〔五六〕

直目　「置目」の誤字。

たふんニ付　多分に付。過半数で決着する。〔五七〕の第三条参照。

せんき　先規。

しゆはつ　衆罰。〔七七〕にみえる。

〔五七〕

志那　→〔五四〕注

しんしち　真実。

ゆう子　猶子。養子。→〔三八〕補「ユイシ」

正躰無之仁躰　村人としての務を果していない者。

一　仁躰ハ、かなゐ申間敷事。
一　慥成《たしかなる》侍之子息おゐいてハ*無㆓是非㆒之事。
一　拾壱人御談合之事、多分ニ可㆑被㆑付、六人ノ分別《ふんべつ》*之方江可㆑有㆓定沙汰㆒之事。
右、皆々談合上にて定所如㆑件。
天正拾壱年三月三日

一和尚*　道永（略押）
善文（花押）　浄永
宗左衛門（花押）　郷雲（花押）
三右衛門（花押）　藤衛門（略押）
新右衛門（花押）　源兵衛（花押）
善宗（花押）　孫左衛門（花押）

【藤田文書】

二五八　近江今堀惣中掟

定　掟目《おきめ》条々事
一　検地之水帳《みずちょう》*付候物、相さはへき事。*
一　人之田地のそむへからさる事。
一　其ぬしかてん*候ハヽ、不㆑可㆑有㆓別儀㆒事。
一　為㆓百姓内㆒迷惑仕様《しよう》*仕《る》物在《らば》㆑之、掟目として、中をたかい可㆑申候。

おゐいてハ　「ゐ」は衍字。
分別　判断。

一和尚　→二〇四頁注

〔二五八〕
水帳　検地帳。いわゆる太閤検地による天正十一年七月の保内今在家検地帳が現存する。
相さはへき事　宮川満氏は「『相さくへき事』と読めないこともないが、『く』脱と見て『相さはくへき事』と読む方がよかろう。蒲生郡志では『相さたむへき事』と読んでいるが、これは無理である」とされ、「検地帳登録人の作職所有を保証し確認する意味である」と解される（『太閤検地論』Ⅲ四三六頁・Ⅱ一〇九頁）。
かてん　合点。
仕様　しかた。

右、定処如レ件。

天正十一年七月日　　　今堀惣中
　　　　　　　　　　　　　連判

【日吉神社文書】

五九　近江今堀惣分掟

定そせうの事

一　めん*間《あい》之事。

一　十□せに之事。

一　升*斗とりの事。

右三ケちやう、そせうかなわさるニおいてハ、一*とうニいゐをあけ、御事*ハリ可レ申候者也。若《もし》一ミニ仕《り》不《る》レ申《さ》物在《らば》レ之、惣分より事*ハリ可レ申候。仍《て》定おき目如レ件。

天正十壱年霜月十三日　　今堀惣分

善左衛門尉（略押）　五郎兵へ　徳千代（略押）

四郎左衛門尉（略押）　東左衛門尉（略押）　与九郎

（以下八十四名連署、但し内七名花押・略押なし）

【日吉神社文書】

〔五九〕

めん間　免合。田租を賦課する割合。「免相之儀、本免者、高ニ付四ッ八分壹リンニ而御座候」などとみえる(近江栗太郡志三、二八頁)。

升斗とり　枡を使って計る人。

一とうニいゐをあけ　一同に家を明け。逃散する意であろう。事実、近江蒲生郡志三の推定で天正十三年とする三月十九日羽柴秀吉朱印状に、今度検地をした江州の百姓たちが過半逃散したのはどうしたことか、去年の物成未進は猶予をみとめると指示したものがある(日吉神社文書)。

事ハリ　断り。相手の意志に従わぬ態度をとること。

六〇 近江大森惣中起請文

定条々之事

一 *鈴村・大森両在所之うちニすて田有《りと》ㇾ之いうとも、一切のそみ申間敷候事。

一 よろつ*さい所事、*あしかくへからす候事。

一 大森・鈴村のうち、*あくきやくの*案内者仕間敷候事。

一 たれ〳〵ニよらす、*よせなかありといふとも、三ヶ年の間者《は》、一切ニあしき事申間敷候事。

一 万ニ付而、惣中きらい候事仕《つかまつ》ら間敷候事。

右之条々定*記請文三ヶ年の間、たかい相*まほり可ㇾ申候。此きしやう文そむき候者有ㇾ之ハ、此きしやう文の御はつ*ちんかうニまかりかうむるへき者也。

天正拾壱年十一月吉日

大森惣中*究《きわめ》也。

【村井直治郎氏所蔵文書】

六一 近江今堀惣分定文

定一書之事

一 *今度又御けん地参候ニ付而、御*給人ゟ御そせう申上候事。

一 去年ノ御ちやうにてなりとも、又今の御ちやうにてなりとも、御おさめなされ候

〔六〇〕

鈴村・大森 滋賀県蒲生郡朝日野村の地（八日市市の南方蒲生町にある）。

さい所 在所。

あしかく 足を掛ける。干渉・介入する意。

あくきやく 悪逆。

案内者 手引きをする人。

よせなか 不詳。

記請文 「起請文」の当て字。

まほり まぼり。守り。

ちんかう 深厚。〔七〇〕にみえる。

究 きめ。

〔六一〕

今度又御けん地 天正十一年に検地が行われたが、この年検地漏れの地の糺明が行われた。→補

給人 この地を知行として与えられている人。

て可二下被《くださる》一候へとの御そせう申上たく候。
一 両御給人の*惣たかのツ合《ごう》あい申候やうにと、御*事ハリ可二申上一候。何も*一ミとうしんニ可レ仕候事。

天正十二年十二月二日

今堀
惣分

【日吉神社文書】

六二 京冷泉町掟

天正十三年正月

一 家のかいてより*分一《ぶんいち》出へき事。
一 *みしられ*五十疋出申へき事。
一 *あゆ酒出可レ申也。

【冷泉町記録】

六三 近江上大森惣分掟

定置目条々之事
一 *よいの六時《むつどき》より後、一切作之物取不レ可レ来事。
一 *朝六より前、*野らへ不レ可レ出事。
一 作の物を牛馬に*かい候はゝ、其ぬしへ理《ことわり》を申、其*分さい程*まとふへし。若かくし

惣たかのツ合 全石高の合計。
事ハリ 歎願。
一ミとうしん 一味同心。

〔六二〕 この定は抄文であろう。
分一 家売買価格の十分一。↓補
みしられ 〔七二〕第六条に「見しられ」酒、〔七八〕第十一条に「かほ見せ」と出る。借家人が町へ出す銭や酒で、ここでは銭。
五十疋 五百文。
あゆ酒 未詳。

〔六三〕
よいの六時 午後六時ごろ。
朝六 午前六時ごろ。
野ら 〔六六〕の第一条に「田・のら」と併置されているから、この野らは畠の意であろう。
かい 飼ひ。食物を与える。
分さい 分際。
まとふ まどふ。弁償する。

於二申に一者、曲事《くせごと》たるへく事。
一　牛にくつのぐ*はめすに於二出る一者、米五升のと*かたるへき事。
一　か*ふらを引候はゝ、わらんべなりといふ共、其畠の年貢米を可二申付一事。
一　大角豆《ささげ》の畠にて、草を取申事は、一切我かたにて無《き》レ之者、畠へはいり候はゝ、米壱斗之とかたるへき事。
一　いなもち・そばもちつき候者、五斗之とかたるへき事、但し別の用所にてつき於レ申者、役人へ其案内可レ申事。

天正十三年六月廿八日　上大もり*
惣分

【玉緒村上大森共有文書】

六四　京十四町組汁定文

相定拾四町与《くみ》御汁《しる》*之事
一　上*儀之御用あるニおいてハ、各々無二疎略一御馳*走可レ申事。
一　御談合者多*分仁可レ付之事。
一　於二御寄合仁一、其御町之内ニて可レ然御仁躰《にんたい》御いたしたるへき事。
一　百*疋惣として御汁之入*目被レ遣候上者、それニて仕*合たるへき之事。*付《つけたり》、*中酒《ちゅうしゅ》弐返たるへきの事。
一　毎月廿九日仁御汁之定日たるへきの事。

くつのぐ　「くちのご」の訛。口籠。牛が作物を食い荒さぬよう口にかける藁製の籠。
とか　科。
かふらを引　「蕪を採る、すなわち、引き抜く」(邦訳日ポ)。
上大もり　上大森。蒲生郡玉緒村(現八日市市の東部)にあった。〔六〇〕の大森とは別の地。

〔六四〕
御汁　十四の町から代表者がめいめい飯を持ち寄り、頭に当たる者が汁を出して会食し、十四町の運営を協議した。
上儀　おかみ。政府。
馳走　用意のために馳けまわる意から整えることを意味した。
多分仁可付　多数決で決めるべきこと。
百疋　千文。一貫文。
入目　費用。
仕合たる　始末する。
付　付加項目。
中酒　「食卓〔膳〕に供される酒」(邦訳日ポ)。

右之条々定被レ置旨、無二相違一御馳走あるへく候。仍為二後日一如レ件。

一番　立売町　道味（花押）
二々　立売東町　祐玄（花押）
三々　裏辻子町　又左衛門（花押）
四々　西大路町　与三（花押）
五々　築山町　宗善（花押）
六々　堀出町　久甫（花押）
七々　北小路室町　宗法（花押）
八々　北小路今出川　与兵衛（花押）
九々　中武者小路　道与（花押）
拾々　福長室町　妙貫（花押）
十壱番　日野殿町　新三郎（花押）
十弐々　上柳原町　常慶（花押）
十三々　下柳原町　□智（花押）
十四々　上室町　市右衛門尉（花押）

以上

天正拾五年十一月廿五日

【京都上京文書】

二一一

六五　京冷泉町掟

天正十六年三月吉日

家うりかい定之事。

一* 家うりかい、御*奉公人・*ミちの物ゐうり申候ハヽ、卅貫文過銭たるへき事。たゝし*すいけう人ゐ相かゝるへき事。

一 町人へ家うり申候ハヽ、町衆として同心之上ハ、家うりぬしより、壱貫文出申へき事。

一 かり家之物あるにおいては、御しゆく老衆へ*安内申、御*かてんニおいては、二百文の御*樽《たる》出申へき事。

【冷泉町記録】

六六　近江今堀惣分掟

定おき目之事

一 田・のらの物*ぬミとり候をミつけ、*しとめ候ハヽ、ひるハ壱石五斗*八木《はちぼく》、よるにて候ハヽ、三石、*ほうひ可レ仕候事。

一 *内へ参《まいり》ぬ人も同事にて候。

一 いね、よい之六ツ*いせん、又*あか月六ツいせんニもち候てとおり候ハヽ、同さい

〔六五〕　この定は抄文であろう。

一　衍字であろう。

奉公人　武士の奉公人。「織豊時代に於て小者、中間、若党、あらし子等を奉公人と呼んだ」(石井良助氏『日本法制史概説』五四二頁)。

ミちの物　道の者。遊芸能人や工人などそれぞれの道をもつ者。

すいけう人　酔狂人。

安内　案内。

かてん　合点。諒承。

樽　酒樽のことであるが、ここでは樽代銭。〔六三〕第二条にみえる「みしられ」酒であろう。

〔六六〕

ぬミ　「ぬすみ」の誤脱。

しとめ　うち果たし。

八木　米。米の字を二つに分けて書いたもの。

ほうひ　ほうび。

内へ参ぬ人　家の中に入った盗人。

いせん　以前。

あか月　暁。

くわにお*ない可レ申候事。

右、定処如レ件。

天正十六年七月十一日　　今堀惣分（花押）

【日吉神社文書】

六七　近江岩蔵・長福寺・鯰江三所石工定文

一　定掟之事

今度*三条之はしはしら仕候へ共、御*作領不レ被レ下候間、上様へ御*そうせう可レ申候間、則十二月五日ニ各々連判仕候。後日ニ若菟《もしと》角《かく》被レ申人躰《にんたい》在レ之者、末代石屋《いしや》職《しき》を*あけ可レ申候。其時しんるい・兄弟と申、ひいき被レ申人在レ之者、同石屋職あけ可レ申候。又後日ニ御しことおふせ出候ハヽ、*岩蔵・長福寺・*鯰江《なまずえ》三里罷出候て、可レ然様ニ各々談合次第ニ可レ仕候。一人として大工有間敷候。仍為二後日一定状如レ件。

天正拾七年十二月五日

長 初介（略押）　岩 与二郎兵へ（略押）　長 小介（略押）　岩 若左衛門

長 □藤兵へ　岩 十郎兵へ　長 初左衛門（略押）　岩 兵五郎（略押）

岩 孫九郎　長 助衛門（略押）　長 左衛門五郎（略押）　長 左衛門二郎（略押）

岩 兵庫　同 孫七　なま 太郎左衛門（略押）　なま 小二郎（略押）

長 彦衛門（略押）　長 彦四郎（略押）　長 六郎二郎（略押）　長 三郎五郎（黒印）

おない　「おこない」の誤脱。

〔六七〕

三条之はし　京都加茂川に架けた三条通りの橋。現在も天正十八年正月増田長盛が造成した旨の銘記を刻んだ擬宝珠が橋柱に付いている。→補

作領　「作料」の当て字。手間賃。

そうせう　訴訟。

あけ　上げ。ここは、岩蔵・長福寺・鯰江三所の大工の連合が没収する意。

岩蔵・長福寺　近江蒲生郡馬淵庄内の地（近江八幡市）。

鯰江　滋賀県愛知《ちえ》郡西小椋村（今の愛東町）にある。

岩　左衛門三郎　　岩　兵へ太郎　　岩　兵二郎　　岩　小一郎（花押）
岩　七九郎　　岩　左衛門太郎　　岩　とら千世　　岩　孫三郎
長　兵五郎（略押）　　長　兵太郎　　長　又五郎（略押）　　長　左衛門太郎（略押）
長　又八（略押）　　長　助三郎（略押）　　長　彦六　　長　彦七（花押）
なま　新二郎（略押）　　同　孫三郎（略押）　　同　弥一（略押）　　同　左衛門二郎（略押）
なま　北兵へ（略押）　　□九郎　　太郎二郎（略押）

天正十七年十二月五日書レ之。

【岩倉共有文書】

六八　近江今堀惣分掟

定《む》掟目之事

一　何様にも地下*我人《われひと》ニためにあしき事いたし於レ在レ之者、きゝいたし次第ニ、そうふんとして*しつけ可レ仕事。

一　諸事申合候儀、多分可レ付事、此*きわめ之時出さるともからハ、くせ事*同前たへき事。

右、定をきめ如レ件。

天正十八年十月六日　　今堀惣分

平二郎左衛門

〔六八〕
我人ニ　自分にも他人にも。
しつけ　処罰の意。
きわめ　究め。決議。
同前たへき事　同前たるべき事。

随慶（花押）
道順（花押）
五郎衛門

【日吉神社文書】

六九　近江今堀惣分掟

定掟目条々事

一 御代官より被ニ仰付一御年貢米之事、地下人御うけ状仕候上者、*自然*はしり候者見かくし候ハヽ、となり為ニ三間一御年貢納所可レ仕候。

一 御検地御帳儀、御代官より御*以礼候間、御*そうせう可レ申条相*かな候ハすハ、地下儀はしり候共、一味同心ニ可レ仕候事。

右之掟目やふり申物これあら者、やくそく定付《じょうつき》あい不レ可レ申者也。

天正十九年八月廿一日　今堀*惣分（花押）

四郎左衛門（略押）　五郎兵へ（略押）　二郎四郎（略押）　左衛門太郎（花押）

（以下七十名連署、但し二十七名花押・略押なし）

【日吉神社文書】

〔六九〕
自然　万一。
はしり候者　逃亡者。
以礼　「いれ」か。
そうせう　訴訟。
かな候ハすハ　「かなひ候ハすハ」の誤脱か。
惣分（花押）　この花押は天正十七年三月廿三日田中久蔵・梶村仲吉連署寄進状の久蔵の花押に同じ。

七〇　近江宇田村惣起請文前書

宇田村掟之事

敬白《けいびやく》　*霊　社上巻《りようしやうわまき》起請文事

一　今度地下中江預り申候米銭共、各々無㆓如在《じよさい》㆒、来*壬辰ノ才《とし》九月中ニ如㆓約束㆒返し可㆑申候。たとい国郡いか様ニ罷成候共、右預りものニ付而者、*得手得方手着《えてえほうのてにき》*比興《ひきよう》不㆑仕、悉ニ返し可㆑申候。幷御約束之月ヲ少も御*理《ことわ》り申間敷候。左候ハヽ、可㆑然米を以返し可㆑申候。自然*私不㆑成鑓留《ならざるやりどめ》御座候ハヽ、御延引候て可㆑被㆑下候事。

一　*我人《われひと》借用申米銭も、無㆓如在㆒、元利共ニ返弁可㆑申候事。

一　右預りものニ付而も、借米ニ付而も、返弁之時、我人依怙《えこ》比興、得手得方不㆑申、返し可㆑申候。幷地下中二人三人ニ罷成候共、無㆓相違㆒返し可㆑申候。若《もし》何かと六《むず》ケ《か》敷《しき》様ニ申もの候ハヽ、惣中として、田畠家屋敷ヲ惣へ*勘落可㆑仕候。其時是非一言御理申間敷候事。

一　如《き》㆑右之《の》於㆓申合㆒者、*天下一同幷内輪《うちわ》之御徳政行《ゆき》候共、又ハ*延《のべ》等行候共、返し可㆑申候。幷地下中ニいかやう之*米留《こめどめ》候共、右之御米無㆓別儀㆒返し可㆑申候事。

一　*御年貢米皆済不㆑成候間、右之御米預り申候事。

右条々、私曲偽《り》不㆑申候。万一私曲偽申候ハヽ、此霊社上巻起請文《の》御罰深厚ニ可㆓罷蒙㆒者也。仍前書如㆑件。

天正拾九辛卯年九月廿八日　　　　*宇田村
惣

〔七〇〕

霊社上巻起請文　起請文は、誓約の内容を述べた前書(まえがき)と神仏の勧請及び呪詛文言を記した神文(しんもん)とから成るが、起請文が長文の場合、前書の末尾を「上巻起請文云々」で結び、牛王宝印(ごおうのほういん)を裏返しにして、再び「敬白霊社上巻起請文事」として神文を書き、前書に貼り継ぐ。これをとくに霊社上巻起請文という。従って、いま現状に従ってここに前書部分のみを掲げたが、本来はこの後に神文部分が貼り継がれていたはずである。

壬辰才　翌年に当る。

得手得方手着　得手は具合が良い方、得方は「恵方」「吉方」とも書き、縁起のよい方角。自分に都合のよい方につく。

比興　卑怯。

理り　言いわけをして実行しないこと。

私不成鑓留　「鑓」は「遣」の当て字か。公的な支払停止の意であろう。

我人借用申米銭　個人の借米・借銭。

勘落　没収。

天下一同幷内輪之御徳政　「徳政」は借米銭などにおける債務の破棄、ときに売買地の売主への無償返還をいい、また徳政令をいう。政府の行う全国的徳政でも、惣などの行う徳政でも。

延　支払いの延期を認める定め。

米留　米の移動停止。

御年貢米…　年貢の未進分を預り米として将来納入することを約束している。

宇田村　近江甲賀郡にある(いま水口町の内)。

七一　近江岩倉惣掟

【山中文書】

申さたむる条々

一　ヨリあいニ一度*よひ、二度目ニ*よらさる物ハ、米三升ノ*くわ可レ為《たるべし》。

一　*在所ノ目明、又ハ惣中ノ*おきめおやふり、*たかうおそむ候物ハ、*地下おはつする物也。

一　在所ノ*しせつ行《き》、万ニ一つ*下《げ》し人ニたち候人ハ、その人の*そうにやう一人ハ、万年*まんさうくし五めんたるへく物也。

仍後日状如レ件。

*文禄三年二月二日　惣年行事代　九　助（略押）

与二郎兵へ（略押）

【岩倉共有文書】

七二　京本能寺前町掟

定

一　*上様ヨリ被ニ仰出一御ふれ以下之儀、*時之《ときの》日《ひ》行事《ぎょうじ》無ニ油断一申ふれらるへき事。

一　女子共いさかひ口論仕候事を取上、夫莵角《とかく》*存分申ニ付而、*町中《まちじゅう》として可ニ申付一事。

一　*其上ハ御法度之儀ニ候間、御奉行へ可ニ申上一事。

〔七一〕
よひ　呼び。
よらさる　寄らざる。
くわ　科。
在所ノ目明　目明には訴人の意がある。ここは在所の不利になるような事柄を暴露することか。
おきめおやふり　置目を破り。
たかうおそむ　「他郷を損」か。↓補
地下おはつする　惣村の構成員から除外する。
しせつ　使節。
下し人　「解死人」とも書く。「実際の罪人の代わりに捕えられたり、刑に処せられたりしている者。ただし、通常は無罪として放免される」(邦訳日ポ)。
そうにやう　惣領。
まんさうくし五めん　万雑公事御免。領主に納めるべき夫役や雑税を惣で肩代りする。
文禄三年　一五九四年。

〔七二〕
上様　豊臣秀吉。
時之日行事　その日の番に当っている役員。
存分　思っている事。
町中　町を運営している機関。
其上ハ　そのときには。

一　家持衆不レ寄二親類知音《ちいん》一、一夜之宿迄も町へ無二案内一かし於レ被レ申者、可レ為二曲言《くせごと》一事。

一　借屋之事、家主有なからかし被レ申ニ付而者、不レ及二是非一候。家主他所ニ於レ有レ之者、かりての善悪ヲ被二相極一、家主於二同《ては》心《に》一町中へ披露可レ被レ申事。其時各罷出、両請*自レ町堅相《く》立《て》可レ置事。

一　借屋之人不レ寄二知音親類一、又借シ於レ被レ申者、見付聞付次第、家主へ相とゝけ出可レ申事。　付《つけたり》、一夜とまりの儀不レ及レ申、堅停止可レ仕事。

一　借屋之人見しられ酒*の代として五升つゝ可レ被レ出事。

一　はたこ*・木《き》手《て》*ニよらす少のりはいに*よりかし被レ申事、曲言たるへく候。
　　付、遊人・輩公人*の事者不レ及レ申、停止可レ仕事。

右条々、少於二相違一者、為《して》二町中一急度《きっと》可二申付一候。其上寄二時宜《じぎ》一御奉行へ可二申上一候。

仍定之状如レ件。

与七（略押）　九郎左衛門（略押）　孫市（略押）
与九郎（略押）　藤兵衛（花押）　弥介（花押）
新五郎（花押）　隆意（黒印）　彦七（略押）
*又左衛門（略押）　彦三（略押）　玄さん（花押）
千成（花押）　喜兵衛 藤衛門（花押）　助市（花押）
与左衛門（花押）　与作（花押）　又七（花押）

両請　両方の請人。〔七五〕第九条参照。

見しられ酒　〔七八〕第一一条「かほ見せ」と同じ。

はたこ　旅籠。旅宿。

木手　「木賃宿（宿泊人が飲食物を所持しているため、燃料費だけの支払いで宿泊できる宿屋）」（仲村研氏「近世初頭の洛中本能寺前町法度」同志社大学『史朋』九、五六頁）。

少のりはい…事　「りはい」は「利倍」か。少し借賃の上のせをされて貸すこと。

輩公人　「奉公人」の誤字。武士の奉公人。→二一二頁注

又左衛門　〔七三〕の掟の連署の中にみえない。

文禄三年七月十五日

【本能寺前町文書】

七三　京本能寺前町掟

定条々之事

一　武士輩*公人ニ家不レ可レ売事。

一　*各請合《うけあい》之事、一人として惣儀申やふる事、可レ為二停止一事。

一　*諸色《しょしき》多分ニ可レ被レ付事。

一　借屋之事、慥成《たしかなる》請人無レ之者、不レ可レ借事。

一　*家売買於レ有レ之者、拾貫文ニ付而五百文宛町へ可レ出事。
付《つけ》タリ、座*頭・猿楽等ニ家売間敷事。

一　町衆喧吪《けんか》口論いさかひの事。町中として令二異*見一相済《あいすまし》可レ申事。為二過銭一、自二双方一百文ツヽ出し可レ被レ申事。

右之条々、各罷出相定候上者、少茂相背輩不レ可レ有レ之候。若於二相背一者、為二町中一急《きっ》度《と》可レ申付一者也。仍連判如レ件。

与七（略押）　九郎左衛門（略押）　孫市（略押）
与九郎（略押）　藤兵衛（花押）　弥介（花押）
新五郎（花押）　隆意（黒印）　彦七（略押）

〔七三〕
輩公人　「奉公人」の誤字。
各請合之事　町中として保証し定めた事。
諸色　万事。
家売買　→〔六二〕補「分一」
座頭　「盲人たちの間にある或る階級」（邦訳日ポ）。
異見　「忠告、または、訓戒」（邦訳日ポ）。ここは訓戒。

彦三（略押）　けんさん（花押）　千成（花押）
喜兵衛藤衛門（花押）　助市（花押）　与左衛門（花押）
与作（花押）　又七（花押）

文禄三年七月十五日

【本能寺前町文書】

一七四　近江岩倉惣掟

惣より合《あい》に＊きわめ申事

右之きわめ申ハ、＊壱とふれ、二とめニよらす候ハヽ、酒壱升のきわめ《くわたい成》之状如ﾚ件。

＊未ノ
十二月廿五日

源左衛門（花押）　九介（花押）　五左衛門（花押）
兵五（略押）　孫三郎（略押）

（以下十四名連署）

【岩倉共有文書】

一七五　京鶏鉾町衆起請文

定法度

一　毎月六日ニ＊御汁可ﾚ有ﾚ之事。

〔一七四〕
きわめ　究め。審議し決定する。
壱とふれ　一度触れ。
未　前田正治氏は本定に推定年代文禄四年とし、近江蒲生郡志五、二五〇頁に拠ったとされた（『日本近世村法の研究』村法集二一）。しかし郡志には年次推定がない。いずれにしても江戸初期以前のものであろう。天正十一・文禄四・慶長十二・元和五・寛永八年などが未年である。

〔一七五〕
御汁　町の惣の寄合の際、惣の構成員が飯を持寄り、頭にあたった者が汁を出して会食し、町の運営を協議した。

一　*町中之儀に付て、贔屓《ひいき》偏頗《へんぱ》仕間敷事。
一　諸事談合之時、*年寄衆多分可レ然之とのかたへ、各可ニ相付一之事。
一　於ニ会所一談合之刻、不ニ罷出一以来何かと申候とも、承引有間敷事。
　一　借屋一間と御借候ハヽ、代弐百文町中へ御出可レ被レ成事。
　　但、家主内に居候て御借候ハヽ、代百文御出シ可レ被レ成事。
一　*門替者十分之一可レ被レ出事。
一　武士に家売申間敷事。
一　座頭・猿楽・米屋に家売申間敷事。付、材木屋之事。付、かちやの事。
一　町入に家借候共、御町江案内申、慥《なる》請人相立、其上にて借可レ申事。同町中ニ請人可レ被レ立事。
一　家弐間を壱間に立候共、如ニ前々一二間役可レ有レ之事。但、壱間役になされ候者、*壱丈ニつゐて米壱石ツヽ、祝儀として可レ被レ出事。
一　家壱間を弐間に仕候者、弐間役可レ有事。
一　*町振舞*御樽として壱間口に銀子拾匁宛可レ被レ出、但、如ニ前々一御振舞候共可レ然之事。
一　町衆家買申儀有レ之《るに》おゐてハ、町振舞有間敷事。
一　参会之刻、悪口狼藉酔狂なさるゝ仁於レ有レ之は、無ニ用捨一御奉行様江可ニ申上一事。
一　月行事幷宿老衆之身之上におゐて、*自然不慮之儀出来候者、町中として無ニ油断一

町中　→二一七頁注。この町は鶏鉾町(室町通四条下ル町)。
年寄衆多分可然之とのかたへ　年寄衆の過半が然るべしと言った方へ。
門替　家売買の際、町へ納付する金銭。→〔六三〕補「分一」
壱丈ニつゐて　間口一丈について。
町振舞　家を買ったとき町への挨拶としての振舞い酒。
御樽　酒代。
自然　万一。

相さはき可レ申事。

一　烏帽子着祝儀として、八木《はちぼく》壱石出さるへし。

但、中之衆*は五斗も可レ然事。

一　法躰*・官頭祝儀として、八木五斗出さるへし。

但、中之衆は参斗も可レ然事。

一　聟入之衆者、祝儀として、御樽*二荷・八木壱石出さるへき事。

右法度条々、従二前々一雖レ有レ之、猶以無二相違一相定申候。若此旨相背輩於レ有レ之者、御奉行様へ被二仰上一御成敗なさるへく候。其上日本国中大小神祇・三十番神《ばんじん》*・祇園牛《ご》*頭《ず》天王之御罰各蒙へき者也。仍起請文如レ件。

文禄五申七月八日　　田中藤左衛門（花押）

（以下十二名署判略）

【京鶏鉾町文書】

七六　近江今堀惣分掟

定置目之事

一　柴原*之田しりミ*とをこし*御尋候ハヽ、其仁とかに*をつへく候事。

一　手をり*、かいかり仕候ハヽ、参斗之とかたるへく候事。

一　地下之田地しりミとをこし候ハヽ、八木五斗之とかたるへく候。

中之衆　〔七八〕の第一条によると「店子」のことらしい。

法躰・官頭祝儀　法躰祝儀は剃髪したとき町に納める祝儀。〔七八〕第四条では「入道成」としている。官頭祝儀は〔七八〕の第三条にみえる「官途成」と同じで、発音は「かんど」か。官途成は官途につくの意であると豊田武氏はいわれる（「中世に於ける神社の祭祀組織について」『史学雑誌』五三編一一号、九七頁）。名前に兵衛・衛門などの呼称を付けるのであろう。惣村ではオトナになる儀式オトナ成を官途成ともいう。ここもオトナ成と同じであろう。

御樽　酒樽。

三十番神　円仁が創った横川の如法堂を守護するため、延久五年楞厳院の長吏良正が三十神を勧請して、一ヶ月三十日に配した。熱田・諏訪・広田・気比・気多・鹿島・北野・江文・貴船の大明神、天照皇太神、八幡大菩薩、加茂・松尾・大原・春日・平野・大比叡・小比叡の大明神、聖真子権現、客人大明神、八王子権現、稲荷・住吉・祇園・赤山・建部・三上・兵主・苗鹿・吉備大明神の諸神（佐和隆研氏『仏像図典』一七七頁）。

祇園牛頭天王　祇園天神ともいう。京都祇園社の祭神。インド祇園精舎の守護神で、薬師如来の垂迹神といわれ、素盞嗚尊に示現したという。

〔七六〕　→補

柴原　近江蒲生郡得珍保内にある（今の八日市市内）。今堀の東南一キロメート

一　*きうはつくり之物くらい候ハヽ、其一はいのとかたるへく候事。

一　惣之森者、くさ木ニ不レ寄、*自然かりとり候ハヽ、八木弐斗之とかたるへく候事。*何ものくるか、其分たるへく候也。右之通今日より相きわめ候之条、まへ〳〵の儀者、*きはたるへく候事。此儀相そむき候仁躰候ハヽ、地下中《じげちゆうより》寄、曲事ニ可レ付候者也。仍定書如レ件。

*慶長四年五月十日　　道正　今堀惣分（花押）

【日吉神社文書】

七七　近江苗村惣中掟

一　*出作《でつくり》より*あけ申候田地、地下中へわけ付申候田畠、いつれも出作なミに、役米之儀、*蔵米内ハかゝり可レ申候事。

一　*御給人ニ成候ハヽ、田畠出作なミに可レ仕候事。

一　*究地《きわめち》之儀者、惣中として*相究可レ申候。自然御給人へ相かわり候共、右之通申分御理《ことわり》可レ申候事。

右之条々、惣中として相定申候上者、向後違乱煩申間敷候。若誰々ニよらす、此掟相破《り》候ハヽ、皆々として衆罰《しゆばつ》ヲ可レ仕事。仍為二後日一状如レ件。

慶長八癸卯年二月十二日　　甚右衛門
　　　　　　　　　　　　　助左衛門（花押）

ルほどの所にある地。

しりミと　「尻水口（しりみなくち）」の項に「方言、田にあてた水の出口。…《シリミト》富山県礪波」とみえる（日本国語大辞典）。

をこし　起こしか。土を掘りかえす。

とか　科。

手をりかいかり　木葉草を手折り、掻き、刈る。第五条に惣の森の刈草木の規定があるので、ここは村民個人の所有する木草に関する規定とみられる。

きうは　牛馬。

自然　万一。

何ものくるか…候也　右の条々の罪は追放刑か、それぞれに記したような科に処するかである。

きは　棄破。

慶長四年　一五九九年。

〔七七〕

出作　他所の者が当地の田地を耕作していること。

あけ申　上げ申。返上する。

蔵米　領主の蔵入の米。

御給人ニ成候ハヽ　領主直轄地から給人支配の地に変ったら。

究地　土地の調査か。

相究可申　調査決定する。

幸せい（略押）　兵四郎　弥八郎（花押）
与三郎　甚九郎（花押）　たね千代（略押）
三右衛門（略押）　助六（花押）　門左衛門（略押）
勘介　衛門二郎（略押）　新兵へ（花押）
甚左衛門　弥三　喜右衛門
与吉（花押）
巳上十八人
【田中文書】

七八　京三条衣棚南町掟

法度　三条*高棚南町

一　*惣領之*ゑほしきの祝儀として、銀子三拾匁可ㇾ出事、付、*店子《たなこ》連ハ拾匁可ㇾ出事。
一　当町に*家つくむこの祝義として、銀子弐拾匁可ㇾ出ㇾ之事。
若実子なき人の跡目、養子ハ不㆓申及㆒、たれ〳〵成《り》共跡をつく人、祝儀として銀子弐拾匁可ㇾ出事。
一　*官途《かんど》成《なり》ニ銀子拾匁可ㇾ出事。
一　*入道成三匁可ㇾ出ㇾ之事。
一　家屋敷売買ニおゐてハ、買主より拾分一可ㇾ出ㇾ之事。
一　*うらの地他町へうる事、一切停止すへし。自然町内へ屋敷はかり売事候ハヽ、買

〔七八〕
高棚　「衣棚」の誤り。
惣領　長男子。
ゑほしき　烏帽子着。加冠(元服)の儀式。
店子　借屋衆。
家つくむこ　家を嗣ぐ婿。
官途成　〔七五〕第一七条「官頭」に同じ。
入道成　〔七五〕第一七条「法躰」に同じ。
うらの地　京都の町屋は表通りに面して間口が狭く、奥行の著しく長い家が立ち並ぶ。そして四周を家で囲まれた裏の中央に空き地があり、井戸・便所・物干し場などができていることが洛中洛外図屏風で判る。

主より十分一可レ出候。若又当町に家を買、其家を売候共、むかしよりの売券の
*屋敷を切て、他町へ付へからさる事。

一 家売買ハ、当町之請人をたて可二買申一事。

一 家をかひそへ壱間に仕候共、何間によらす、もとの家数ほと役儀可レ仕候事。

一 壱間之家を二間にわり候ハヽ、二間役、三間にわり候ハヽ、三間役をいたすへし。

但壱間のうちをいくつにもあれ、おもてはかりを借屋に仕候ハヽ、其沙汰あるへからさる事。

一 町振舞ハ、家之売代の銀子*百目に付て三匁つヽの算用ニ可レ出レ之事。

一 武士・*けんきようにに家をうる事、一切停止すへき事。

付、借屋之儀、借主より町へ*かほ見せとして弐十疋可レ被レ出レ之事。

右、所レ定如レ件。

慶長十年十月二日

【京三条衣棚南町文書】

七九 近江宇治河原村惣掟

*宇治河原領内*下川原之儀ニ*酒人《さかうと》村と芝ノ相論ニ付而、*火誓取申候人躰《にんたい》ニ褒美相定候事。
一 *手火《てつか》取候人ニ、敵より人を被レ指候ハヽ、只今弐拾石、秋米拾石可レ進レ之候。其人

屋敷を切て 屋敷を分割して。
百目に付て三匁 百目は百匁であるので、三パーセント。
けんきよう 検校。盲人に与えられた最高の位。〔七三〕〔七五〕には「座頭」とみえ、ここも盲人を総称しているのであろう。
かほ見せ 顔見せ。〔七三〕第六条「見しられ酒」と同じ。
〔七九〕 →補
宇治河原 近江甲賀郡の横田川と杣川の合流点で、両川にはさまれた所にある。
下川原之儀 →補
酒人村 横田川を隔てて、宇治河原の北の村。
火誓 火起請。裁判で、通常の審理方法では事実の実否を明かに出来ないとき行なった神証の一つ。次項参照。
手火 鉄火。元和五年九月近江蒲生郡日野町を中心とした東九ケ村と西九ケ村の入会山論の時の山論鉄火裁判之訳書に「綿向大明神の神前に棚飾り、喜助(東方)角兵衛(西方)両人白木綿の衣裳を着、鉄を斧の形に為レ作、…右之鉄を双方一同に焼赤め、能々火に成候を、掌に榧(かや)を敷、是を受候也。…此時喜助は鉄火を受取、三間許り走り寄、元の棚へ投上げれば、棚板を焼抜、鉄火は下に落たりけり。角兵衛も鉄火は受候へ共、忽掌焼爛り候故、其処へ投捨逃出けるを、急に追懸搦捕、翌日町中を引廻し、西の仕置場にて磔に行ける」とある(牧野信之助氏『武家時代社会の研究』五六頁)。

之家筋そうりやう壱人ハ、永代御免許可ㇾ進ㇾ之候。升ハ*かなふせ以《をもって》*おろしに可ㇾ進ㇾ之候。但シ*免ノ入めん、*はま下シ、荒川成《あれかわなり》之儀ハ*聞可ㇾ申候事。

一 *もかりへ入候共、手火を取不ㇾ申候ハヽ、手前之弐拾石之米ハ、可ㇾ進ㇾ之候。余之事者、可ㇾ有二堪忍一候事。

一 *しやうし屋之まかない者、惣*まかないニ可ㇾ仕候事。

慶長十一年三月廿七日　宇治河原村　惣

【宇川共有文書】

八〇　近江宇治河原村惣掟

宇治河原村惣中手火置目□事

一 下川原之手火取申付而、相究《め》申候事、手火取申人ニほうひ之儀者、弐拾石と出シ米と可ㇾ遣ㇾ之候。若もかりの内へはいり候共、手火不ㇾ被ㇾ取ニ出申候ハヽ、拾石可ㇾ遣ㇾ之候。又*しよやうちやへ入候て、もかりノ内へはいらす候ハヽ、手前之下川原之出シ米と*かたひらと可ㇾ遣ㇾ之候。又いか様之事雖ㇾ在ㇾ之、手火取申人を、惣異見にて、宇治河原村之*りうんニ成候て出シ可ㇾ申候事。仍状如ㇾ件。

慶長拾弐年六月十日　宇治河原村　惣

【宇川共有文書】

かなふせ　金伏。口縁に鉄板を打ちつけた枡(宝月圭吾氏『中世量制史の研究』二八九頁)。

おろし　「Fanmaiuo vorosu.（飯米を下ろす）家来に食糧を支給する」(邦訳日ポ)。支給の意であろう。

免ノ入めん　年貢の負課率決定のときの入費か。

はま下シ　未詳。

聞可申候　免の入めん以下のことについては、手火を取った人の惣領筋の者も負担せよ、免除しないとの意か。

もかり　虎落。「丸のままの竹を互いに編み合わせた、まばらな垣」(邦訳日ポ)。

しやうし屋　精進屋。精進潔斎するため籠るところ。

まかない　賄。費用。

〔八〇〕

しよやうちや　精進屋の訛。

かたひら　帷子。白木綿のひとえもの。↓前頁注「手火」

りうん　理運。勝利の意。

八一　近江一色村惣中掟

定置目之事

一　田畠作之請取渡し、惣中不レ残両へ相*候てさは*きにて仕候へば、後日きゝ出次第、惣へお*とし可レ申候事。

一　家作所へ一*せつうり申間敷候事。

右、惣中れ*いはんの上にて、きわめ候上は、少もさ*おい有間敷候。仍而如レ件。

慶長拾七年

八月廿八日

佐兵衛（花押）　仁右衛門（花押）
辻右衛門（花押）　宗兵衛（花押）
宗右衛門（花押）　右衛門（花押）
〆兵衛（花押）　六右衛門（花押）　六兵衛門（花押）
吉助（花押）　左三右衛門（花押）　左六（花押）
助右衛門（花押）　左平次（花押）　平兵衛（花押）
〆右衛門（花押）

【市原村一式共有文書】

八二　近江高木地下掟

定

一　当所之若者とも、し*せん他郷衆と出相《であい》、惣事ニ*仍而少つめもんたう仕候共、*利非《りひ》

〔八一〕
両へ相　「両へ」は「寄」の誤読で、原本は「寄合」か。
さはき　唀(さば)き。始末をつけ処理すること。
おとし可申　没収する。
一せつ　一切(いっ)。
れいはん　「れんはん(連判)」の誤読か。
さおい　相違。

〔八二〕
しせん　自然。万一。
ニ　底本は細字で、「ハ」のように書いてあるが、意によって「ニ」と読んだ。下文二か所の「次第ニ」の「ニ」も同じ。
利非　理非。

次第ニよつて、たかいにミすて申間敷事。

一　井川ミそほり*自合《よりあい》、但御奉行・しやうし御座候時、鞁相と小堂迄出相可レ申事。

一　在所にテおんミつ仕候事、若他郷へ参候て申者候ハヽ、聞付次第ニ、此衆トシテ、いかやうニもことわり可レ申事。

慶長拾八癸丑年正月十二日

藤七（花押）
喜平次（花押）
与平次（略押）
作次（略押）

（以下三十三名連署、内三名花押・略押なし）

【高木共有文書】

自合　寄合。

八三　京冷泉町掟

掟

一　今度之*物いひ事ニ付、*善自然物とり・*徒者《いたずらもの》なと来り候ハヽ、町中*家主・ていしゆ〳〵一人も不レ残出合、ふせき可レ申事。

一　ていしゆ早々ニ家ヲあけ、よそへ罷*のき候ハヽ、其人之家御町へ御取なさるへく候。其時一言之*時申間敷事。

一　自然之事可レ有前ニ、女子ヲ見舞ニ参候共、急可二罷帰一候。もしのき申儀候ハヽ、町衆一味ニのき可レ申候。*かけをち仕ましく候。

為レ其如レ件。

〔八三〕
物いひ事　「Monoiygotoga aru(物言ひ事が有る)　たとえば、一揆とか戦争とかなどの話がある。あるいは、噂が立っている」(邦訳日ポ)。ここでは大坂冬の陣。
善　秋山国三氏によれば「若」とする(『近世京都町組発達史』二七二頁)。
徒者　無頼漢。
家主・ていしゆ　家主は貸家の主、亭主は家の主人。
のき　退き。次条の「のき」も同じ。
時　「侘」の誤写か。秋山氏によれば「事」とする(前掲書)。
かけをち　駆落。「ひそかに逃げ去ること」(邦訳日ポ)。

慶長十九年十月　日

作兵衛（花押）
与七郎（花押）
左兵衛（花押）
新左衛門（花押）
甚四郎（花押）
宗悦（花押）
源内（花押）
藤右衛門（花押）
徳斉（印）
吉兵衛（花押）
与兵衛（花押）
こけい《めうりん》（略押）
次右衛門（花押）
休喜（花押）
久保（印）
忠三郎（印）
吉右衛門（花押）
忠右衛門（花押）

こけい《そうミ》（花押）
四郎兵衛（花押）
喜右衛門（花押）
こけい《与左衛門》（花押）
弥左衛門（花押）
八兵衛（花押）
与八郎（花押）
宗春（印）
四郎右衛門（印）
市介（印）

借屋衆
与七郎（花押）
次兵衛（花押）
惣右衛門（印）
徳右衛門（花押）
源兵衛（花押）
七右衛門（印）

*忠右衛門（花押）

市右衛門（印）

善兵衛

伝吉（花押）

【冷泉町記録】

八四　近江堅田舟頭中掟

*堅田*舟頭中掟

一　諸浦にて*ともおりの儀ニ付て、其浦之舟持不レ謂儀《いわれざるぎ》於ニ申懸一者、舟頭中いつかたニ居候共、承次第罷上、談合申候て、御理《ことわり》可レ申事。

一　諸浦より上下の荷物ぬすミ候ハヽ、聞届《きけ》次第惣中へ理《り》、舟主にて候ハヽ、舟を取、則　公儀へも可ニ相理申一候。*かこぬすミ候ハヽ、三ケ年ノ間可ニ召仕一事。

一　いつれの浦へ罷越候共、帳もとへ行候て、帳を付可レ申候。*番口之儀、其所之舟持、又はかたゝの舟持共在レ之ハ、せんさくをよく仕候て、双方申分無レ之様ニして、可ニ罷上一候。しぜん多少ニ不レ寄、荷物ぬすミ候て、つミおせんさくニ罷成候ハヽ、其身一身之可レ為ニ越度《おつと》一之事。

一　舟頭中談合在レ之ハ、万事多分ニ可ニ相付一候。自然私のゐこを以、不レ謂儀申仁在レ之といふ共、少も承引申間敷事。

一　公儀へ御*見廻《みまい》、又ハいか様の儀候て、何かたへ罷越候共、*六組之衆出相《であい》、談合申

忠右衛門　前行の重複であろうか。

〔八四〕

堅田　近江滋賀郡の南端の地（いま大津市に編入されている）。湖南西岸にある。

舟頭　「船長、すなわち、船のかしら」（邦訳日ポ）。

ともおり　未詳。「もとおり」（廻る。徘徊する）の誤写か。

かこ　「Funaxu（船衆）に同じ。水夫」（邦訳日ポ）。

番口　未詳。正徳五年（一七一五）の矢橋浦船仲間請文に「前々より究之通、他所船ニ番口を乗せ申間敷候」とみえる（近江栗太郡志三、四九頁）。

見廻　贈り物。

六組　堅田は中世末近世初、田畑並に舟かせぎを業とする本切と、田畑を所有せず漁業以外の業を出来ない漁師のみの西の切・立場猟師・釣猟師の三組との四方に分れていたといわれる（喜多村俊夫氏『江州堅田漁業史料』五一三頁）。堅田の六組というのは新資料。

候て、五人三人ツ、可ニ罷越一候。他所にて小遣《こづかい》之儀、いか様の物をかい候共、其
*色をよく*小日記ニ付、つかひ所、又ハかいに遣候使をもよくつけ、罷帰次第、内
ニ居相《いあい》候侍衆よひ越し、大帳へ付、其小日記ニ*さはき之衆の判を付、小日記も又
右衛門・伝三郎ニ可ニ相渡一候。*しせん付おとし候共、*以来立用《りゅうよう》ニ相立申ましく候。
其時の使節之仁可レ為ニ*失墜《しっつい》一事。

*元和弐年（丙辰）正月十一日　　舟頭惣代（黒印）
　　辻　市兵衛（花押）

【居初庫太氏所蔵文書】

八五　近江今堀惣掟

定置目之事

一　壱人ニ家を渡、其者は*まるやく*きと可レ申候。其いんきよハ半やく、但六拾かきり、六拾壱ニ成申候ハヽ、やくなし。但跡ニ子なき者之事。

一　弐人ニ渡し候ハヽ、其跡ハ若く候共、やくなし之事。

一　いんきよと家わかち申候者、やくきと可レ申候事。

　右之置目、今堀御座候間者、相違有間敷候。仍如レ件。

元和三年巳ノ極月廿七日　　今堀惣代　神主（略押）

【日吉神社文書】

色　品目。
小日記　小帳簿。
さはき之衆　唀（さばき）の衆。管理する人。
しせん　自然。万一の意。
以来立用ニ…候　あとになってから、立て替え料として請求してはならないとの意。
失墜　損失。
元和弐年　一六一六年。

〔八五〕
まるやく　丸役。役を全部。
きと可申候　きちんと納めよ。

八六　京冷泉町火事掟

定条々

一　自然火事出来仕候時、亭主〳〵手桶ヲ持、火ノ本へ可ㇾ寄候。若《もし》初中後、其所江不ㇾ出人ハ、*くわせんとして銀子卅枚可ㇾ出候事。

一　借屋衆之御出なく候ハヽ、くわせんとして銀子拾枚御出し可ㇾ有事。

一　火事出来候家々、*こくちより弐間め迄ヲ、惣町中として家ヲ*こほしきり、後に惣中より、本之ことく、すこしも無二相違一立なほし返し可ㇾ申候事。

一　*町中ノ中より火事出来候ハヽ、両方弐間つゝ、以上四間ハこほし可ㇾ申候。其時其家主一言も違乱申ましく候。乍ㇾ去火ノ本、風上ハ弐間、風下ハ五間、向ひハ三間之亭主ハ、そとへ不二罷出一候共、内ノ*しまい可ㇾ仕候事。くわせんハいたし申間敷候事。

一　西東へたてなく、何事にても同事ニよりあひ、火ヲけし申へく候。家之儀も□ニこほし、又立なをし候義も、西東として可ㇾ仕候。仍後日状如ㇾ件。

*元和六　三月　　源兵衛（花押）

（以下五十五名連署略す）

【冷泉町記録】

〔八六〕
くわせん　科（過）銭。罰金。
こくち　小口。端。
こほしきり　毀しきり。こわしてしまい。
町中ノ中　下坂守氏は「町中の真中」と解される（『京都庶民生活史』一五二頁）が、前条との差異が明瞭でない。
しまい　仕舞。処置すること。
元和六　一六二〇年。

八七　京本能寺前町中掟

(端裏書)
「町中之法度書共」

定町中之法度

一　武士之十*年より内之引込に家之売買仕ましき事。

一　座頭・舞*々《まいまい》・あ*をや・さ*るかく・算*置《さんおき》・石切・や*くわんや・うとん・こ*ひき・あ*ふらや、此衆ニ家之売買仕ましき事。

一　出*合屋の宿、堅仕《くる》ましき事。

一　自然町人申事候て、目*《め》安《やす》上《げ》度《く》候者、十*人組町中共ニ談合可レ有候。若おんミつにて被レ上候者、十人組をは*つし可レ申事。

一　武士之衆へ一夜宿かし候共、両隣・老《おとな》へとゝけ、かし可レ申事。

一　家之売買之時ハ、売*請ハ町人、買*請ハ他町にてとり可レ被レ申事。

一　家やしきをしち物にて、銀子借用有度候者《ば》、老・十人組談合被レ申候て、かり可レ被レ申候事。

一　鍛冶《かじ》に家之儀売申ましき候事。

右之旨法度を被レ背候者、於二当座一十人組をはづし可レ申候。仍為二後日一、堅連判之状如レ件。

元和六年申九月五日

宗蓮（花押）　佐兵衛（花押）　久右衛門（花押）

〔八七〕

十年より内之引込　「十年以前の慶長十五年以降」(仲村研氏「近世初頭の洛中本能寺前町法度」『史朋』九、五七頁)。

舞々　「日本でMai(舞)と呼ばれる、ロマンセ(物語詩)に似た或る物語を歌う人、または、調子を取ってそれを歌う人」(邦訳日ポ)。

あをや　「青屋。藍染めをする染物師」(邦訳日ポ)。

さるかく　猿楽。

算置　算木を使って占う易者。

やくわんや　薬鑵屋。

こひき　木挽。

あふらや　油屋。

出合屋　出合茶屋また出合宿のこと。

目安　「主君に話をすることもできず、仲介をしてくれる人もないような場合などに、主君に提出する請願書」(邦訳日ポ)。

十人組　京都における十人組は慶長八年将軍の命により設定されたことが当代記に記されている。十人組から五人組への移行の時期については、寛永六年から同二十一年の間、寛永十二年から同二十年の間とする説の外、寛永四年から十年まで十人組と五人組が並存しているとの説もある(仲村研氏、前掲論文、六〇頁)。

はつし　迦(ずは)し。

売請・買請　売請は売るときの保証人、買請は買うときの保証人。

半右衛門（花押）　三蔵（花押）　吉兵衛（花押）
勝兵衛（花押）　丹後（花押）　甚右衛門後家（花押）
庄右衛門（花押）　唯慶（花押）　宗印（花押）
備前（略押）　十介（略押）　伝左衛門（花押）
少十郎（略押）　助右衛門（花押）　光金（花押）
忠兵衛（花押）　九兵衛（花押）

以上

【本能寺前町文書】

八六　近江一色村中掟

元和九年*い之才《とし》*一色村中定置目之事

一　村中之儀は不レ及レ申、他所にても、作之もの何用によらず、并に家内之うち、万事諸道具ぬすみ候もの*あらため出し可レ申ために、村中不レ残くみ合*かはんのいたし申候上は、若くみ中へ入申候物ぬすみいたし候はゞ、其くみ中として、惣中と相*事わり可レ申候。若かくし候はゞ、其くみ中ぬす人同前に可レ仕候事。

一　村中たかいにくみ合かはんの*いたした　ため申上は、自然くみ中へ入不レ申候ものは候はゞ、以来*何角《なにかと》の物うせ申候とも、くみはつれのものともに、惣中より*このみの*あんじ出し　いし可二申付一候。若其時何かと申物候はゞ、御奉行所へ申上、急《きつ》

〔八六〕
い之才　亥の歳。
一色村　もとの近江蒲生郡市原村一式に当り、いまは神崎郡永源寺町に属す。
あらため　改め。取調べ。
かはんの　加判を。
事わり　理非を判断すること。
いたした　ため　空欠は底本のまま。
何角　何廉。どのような。
このみ　甲賀郡の山中文書の中世末売券には、しばしば、その地に違乱煩が起った場合、子々孫々まで煩を排除する様努力するが、それでも「若不二相咵一候ハヽ、我等知行之内被レ好候て、相当之入替ヲ可レ進者也」との約束文言を記している。この「好」(自由に選ぶ意)と同じ用法であろうか。
あんじ出し　いし　空欠は底本のまま。

度《と》可ニ申付一候事。

一　ぬすみをいたし候もの見付候はゝ、惣中よりほうひとして、村升壱石げん米*慥に相渡可レ申候事。

佐五右衛門（花押）　喜太郎（花押）　六兵衛（花押）

一くみ　三　平（花押）　三十郎（花押）　助兵衛（花押）

左平次（花押）　徳右衛門（花押）

【市原村一式共有文書】

六九　紀伊安楽川庄中掟

定法度之事

一　於ニ庄中*之内一、向後《きょうこう》バンクチ*を打宿を仕候ハヽ、御給人様江得ニ御意一、打ころし可レ申事。

一　其以前バクチ銭於ニ出入有レ之者、少も取渡仕間敷候事。

一　たとい雖レ為ニ同類一、つげしらする*ニをいて者、ほうびとして、銀子百目可レ遣者也。

一　年寄中、於ニ此儀ニ一者、如何様之事ニなり候共、此判行*乃《の》衆中別儀有レ之間敷者也。

仍而如レ件。

寛*永参年六月十二日　安楽《あら》川《かわ》庄中

与太（花押）

げん米　現米。代銭などでなく、実際の米。

〔六九〕

庄中　安楽川庄の構成者。安楽川庄は那賀郡の紀ノ川南岸にある。荒川・荒河とも書き、中近世を通じて高野山領であった。現在の桃山町辺。

バンクチ　博奕。

つげしらする　告げ知らする。

判行　「判形」の当て字。

寛永参年　一六二六年。

大輔　　兵右衛門（花押）　源吉（花押）　平左（花押）
新二郎（花押）　久二郎（花押）　清蔵（花押）　衛門三郎
才八（花押）　二郎作（略押）　勝三（略押）　兵八（花押）
彦三（花押）　左衛門九郎（花押）　左平次（略押）　半直（花押）
伝次
才二郎（花押）　甚二郎（花押）　宮（花押）

【岡家文書】

九〇　近江三津屋郷？掟

両方おきめ之事

一　た郷より当村へろう人仕候時、両方たち相、*たんかうぞくニ仕候て、かゝへおき可レ申事。

一　両方之百姓たんかうニおへ不レ申候ものお、入おき申候ハヽ、くせ事ニ仰付可レ申候。為二後日一書おき仍如レ件。

寛永十四年
丑十二月九日
介兵へ（黒印）
兵蔵（略押）
忠三郎（花押）
理兵へ（花押）

〔九〇〕　三津屋は、蒲生郡の地で今堀郷の西方すぐの所にある（いま八日市市市内）。

たんかうぞく　談合ずく。

又申候。方々百姓かへり候て、どち方*にい申候とも、めん〳〵の方々に可レ仕候事。
以上。

【三津屋共有文書】

九一　伊勢山田主従作法定文

山田*主従作法之事

一　*殿原《とのばら》以下之被官*之事。主人ニ扶持を得申ニおゐてハ、其身、同子共之義ハ不レ及レ申、*身上《しんしょう》迄も可レ為二主人之下知次第一。縦《たとい》当時不レ請二扶持一、一度扶持得、妻を育《はぐくみ》候者之末ハ、子々孫々ニ至迄、可レ任二其主之心ニ一。但シ応二其身ニ一、可レ依二扶持之多少ニ一事。

附《つけたり》、商売之利徳をくハへ、身上成上リ候共、一度扶持得候者ハ、尤主人之恩賞たる之間、右同前之事。

一　*三方人之庶子、又ハ従二古来一其所ニ而之年寄*等之身上無力ニ付、親類縁者等之代官仕候ハ、既ニ為二合力《こうりょく》一之条、不レ可レ為二扶持人一。但シ由緒於レ有レ之ハ、可レ為二各別一事。

附、三方人之庶子之事。縦身上ハ雖レ為二少分一、於二其郷ニ一、尤可レ為二月行事一。雖レ然其身殿原以下之作法を以相二渡《ら》*世道一ハ、可レ為二殿原同前一事。

一　□□扶持普代之被官之事、家督之子一人ハ、主人之儘たるへし。庶子々之儀者、古来定たる法無レ之上ハ、他之主をも取へし。左候時ハ*時宜《じぎ》之ため、新主より古

どち方　いずれの方。

〔九一〕
山田　伊勢外宮の門前町。
殿原　「貴族や騎士よりも下級で、従者にあたる者」(邦訳日ポ)。
被官　「家来」(邦訳日ポ)。
身上　財産。

三方人　神鏡雑例に拠れば、山田は須原・坂・岩淵の三保に分れ、各保から八人ずつ、合計二十四人を以って三方会合を結成したという(豊田武氏『日本の封建都市』七一頁)。これら会合衆のことであろう。
年寄　中世後期には三方が年寄と若衆から構成されていた。
相渡世道　生活する。

時宜　礼儀。

主江一往之届可ㇾ有ㇾ之事。
附、一代被官、右可ㇾ為二同前一事。
一　雖ㇾ為二数代相伝之被官一、主人合点之上ニ而、人之養子成リ、其家相続者、勿論養親之可ㇾ着二主人一之事。
一　依二親類縁者之好*ニ一他之家を預り、其家帰リ居住之間ハ、其預り候家主之被官たるへき事。
右条々、依二古来作法一、如ㇾ此雖二書付候一、従者之無二不儀一、背二順儀一、若不届義有ㇾ之時、縦新主取候共、尤古主之申分不ㇾ可ㇾ有ㇾ之者也。
寛*永十九年十月四日

【古文書集】

九二　近江今堀掟

定証状之事
一　カ*チニハ、其一代駄荷之アツカイ不ㇾ可ㇾ有。背二此旨一仁躰《にんたい》ハ、惣庄に可ㇾ被ㇾ取、於二泊*市町一此掟不ㇾ可二相違一。仍而定所如ㇾ件。

卯法師
右馬五郎（略押）　四郎太郎（略押）
若衛門入道　ネ、左近三郎（略押）

【日吉神社文書】

好　「よしみ」か。「血縁のきずな。また、親類」(邦訳日ポ)。

寛永十九年　一六四二年。

〔九二〕　本定文の制定年代について、金本正之氏は、署名者の右馬五郎と若衛門入道の生存年代を神田納帳で調査し、「延徳年間（一四八九—九二）にかけての或る年」と推定された（「村掟」『歴史と地理』三〇一号、四〇頁）。

カチ　徒歩。駄馬を使わない商人。

泊市町　みなと・市場・町。

九三　近江四郷定条目

四*郷定条目之事

一　商買可レ行人者、百文充庵室持出帳ニ付可者也。万一不*《る》ニ経《へ》入《いれ》一仁《じん》在《あらば》者、為レ郷三百文可レ為レ咎。

【日吉神社文書】

九四　近江菅浦惣掟

諸公事聴*士之事

一　口*用之事。

一　祝事。

一　名之いわいの事。

一　御*楽《がく》とうの事。

一　あ*わのから之事。

一　入*道なり。

一　千*万さいあいふ之事。

一　*中老《ちゅうろう》成《なり》浜公事之事。

一　上中老成、下中老成之事。

〔九三〕

四郷　金本正之氏は「野々川商人(今堀郷得珍保内八郷を含む)の内部で今堀郷を中心とする四つの郷村」といわれる(前掲論文、四一頁)。

不経入　銭を納めない。経入は通常、銭などの立替えの意で、ここでは銭を入れる。

〔九四〕

聴士　聞役、すなわち仲介役、まとめ役か。刊本菅浦文書では「停止」と傍注される(三一九号)。

口用　「公用」か。雑税・夫役など。

楽とう　楽頭。天文十七年十一月三日敏満寺座の広名大夫が菅浦惣中へ神事能楽頭を売却している(菅浦文書)。↓〔三七〕補「サルカクノ六」

あわのから　粟の茎か。

入道なり　剃髪して法体になるときの祝儀。

千万さいあいふ　未詳。刊本菅浦文書は「千万さい」に「千秋万歳」と傍注される。「ふ」は「な」とも読めるように書いている。

中老成浜公事　中老成は、菅浦惣の老(おとな)の次に位する中老となる祝儀であろう。浜公事との関係不明。

一 *老成《おとななり》之事。
一 *トロ供券之事。
一 *カキシノ酒之事。
一 *東西何事ニも同心ニ談合可レ仕候。*□□ソムク仁躰者、為レ惣罪科、（以下欠損）

【菅浦文書】

九五　近江菅浦棟別掟

*就二棟別《むねべつ》一条々

一 本家百七十三文之事。
一 *かせや八十五文之事。
一 *つのや五十文之事。
一 奉行下人壱人事。
一 *むなはしらや七十文事。
一 やもめ除レ之事。
一 後家可レ為二惣並一事。
一 政所幷*てうふ除事。
一 下司・公文可レ為レ如二先年一事。
一 *うつは物除レ之事。

老成　→一九〇頁注
トロ供券　未詳。「供」は傍細書。「券」は「半分」とも読める。
カキシ　未詳。刊本菅浦文書は「カキ上」とする。
東西　菅浦惣中が天文十一年正月廿一日浅井氏に提出した証文に「惣別加判可レ進レ之候へ共、おとな二人・中老二人・若衆二人、以上六人加判進候」と記し、「西」三人と「東はま」三人の署名がある(刊本菅浦文書二六一号)。
□□　刊本菅浦文書は「以上」と読まれるが、影写本では欠損著しく解読不能である。内容上から考えて「此旨」か。
〔九五〕
就棟別条々　刊本菅浦文書では「□掟」につくる(一四六号)。
かせや　「caxeiye. カセイエ(悴家)貧しい家。これは人が自分の家を謙遜して言う語である」(邦訳日ポ)。ここでは謙称ではないが、悴家と関係あるか。かせやに住む人。
つのや　母家(おもや)から鈎の手に付け出した建物。ここではそこに住む人。
むなはしらや　未詳。
てうふ　近江東浅井郡志四は「定夫」と傍注する(三八〇頁)。
うつは物　未詳。

一　禰宜・神主・神子《みこ》・こ*も敷可ㇾ為ㇾ如ニ先年一事。
一　*おゑ立屋除ㇾ之事。
一　*堂聖・*鉢ひらき除ㇾ之事。
一　*道場可ㇾ為ㇾ如ニ先年一事。
一　所々除、何様之書物雖ㇾ有ㇾ是、誓紙於ㇾ無ㇾ是者、可ㇾ為ニ惣並一事。
一　下司可ㇾ為ㇾ如ニ先年一事。

以上

【菅浦文書】

こも敷　未詳。

おゑ立屋　未詳。

堂聖　菅浦文書には「聖」が殆どみえない。ただ年月日未詳菅浦惣庄乙名置文に「開発聖」「此庵室之出聖」「出入聖」などとみえるが、その内容は判らない。この堂聖が置文の聖と同じものか、菅浦に三昧堂聖(隠亡)がいたかなど詳でない。→〔二〇〕補「聖のかはりめ」

鉢ひらき　「乞食」(邦訳日ポ)。乞食坊主。中世法制史料集第三巻に多くの使用例を掲出してある。

道場　永正十六年十二月十七日正祐寄進状は地一所を「如法経道場」へ寄進したものであり、応永卅二年十一月廿七日阿闍梨玄重寄進状の玄重は「菅浦如法経庵室永代本願旦那」と書いてある。永正の道場と応永の庵室と同じものであろうか。この他に道場があったか否かは明らかでない。

〔一〕
かうたう　強盗。
なこ　名子。中世、名主に隷属していた下級農民。
ひころ　「日頃」か。
ゐしやく　会釈。配慮。
ふせい　風情。…のようなもの。
狼藉　乱暴。
との人　殿人。家人。
ひふん　非分。不正。
梵王　大梵天王の異称。仏教では世界を分って欲界・色界・無色界の三界とするが、梵王は色界の初禅天で、欲界の欲を脱した清浄の天。
帝尺　帝釈。欲界に六つの天があり、帝釈はその第二の天である忉利天(とうりてん)の主。梵王とともに仏法を守護する神。
四大天王　欲界の第一の天で四天王ともいう。帝釈の外将で、東は持国天、南は増長天、西は広目天、北は多聞天の四天。
みたけ　大和吉野郡の大峰山をいう。ここに金剛蔵王が鎮座する。
北陸道　五畿七道の一つ。北陸地方で、若狭・越前・加賀・能登・越中・越後・佐渡の七か国。
気多　気多神社または気多大神宮と称する。能登羽咋(はくい)郡にある能登の一の宮。
惣社　国内の各地にある神社を一所に勧請した神社。石川県史巻一に「能美郡国府村字古府にある石部神社なりとす。…一に府南総社といひ、中頃船見山王明神といへり」とある(二〇九頁)。
滝浪の五所大明神　石川県史巻一に「多

〔参　考〕

一　加賀軽海郷公文百姓等起請文

一　ぬす人*かうたうの悪名《あくみよう》候ハヽ、⌈　　⌋ちうちなとの候ハん時ハ、⌈　　⌋きゝかくし、百姓の*なこ・わ⌈　　⌋り候まて、さやうの事承及⌈　　⌋申入まいらせ候へく候。
一　御領を*ひころの様ニけちらし⌈　　⌋候物の候ハん時ハ、村々にふれ⌈　　⌋をよひ候はん程ハ留候て、い⌈　　⌋入るへく候。
一　守護の使に、内々*ゐしやく⌈　　⌋酒*ふせいの物かい候事候まし⌈　　⌋ひころの様に入たちて、*狼藉⌈　　⌋候ハん時ハ、留置候て、いそき申入る⌈　　⌋。
一　地頭殿の御*との人も、*ひふんに⌈　　⌋にあたられ候ハん時ハ、かくし申さす申あけへく候。若此条々いつはりをも申候物ならハ、
上《は》奉ㇾ始ニ*梵王《ぼんのう》・*帝尺《たいしやく》・*四大天王ニ、下者《は》*みたけ、王城の鎮守諸大明神、八□□所、*北陸道前後の鎮守*気多《けた》⌈　　⌋、殊ハ当国*惣社*滝浪の五所大明神、惣ハ日本国中の仏神之御はちを、公文百姓等子共・なこ・わきの物・下人等にいたはり候まて、ふかく□□をかふり候へく候。仍起請文状如ㇾ件。

*嘉暦四年六月十四日

【金沢文庫古文書】

伎奈弥神社」を載せ「能美郡山上村字長滝に在りて、今滝浪神社の字を用ふ。中頃白山社といひ、次いで滝浪社と称し、明治廿二年今の社号とせり」とある（一九二頁）。

嘉暦四年　一三二九年。

〔二〕

東寺八幡宮　東寺（教王護国寺）の鎮守。

久世　山城乙訓郡。京都の西南にあたり、桂川の西岸の地。建武三年、足利尊氏が上下久世庄の地頭職を東寺鎮守八幡に寄進した。

用途　銭。

放生会　陰暦八月十五日に八幡宮において行われた法会。捕えられた鳥や魚などを放した。

庄家　庄内の人々の総称。

一揆　一味同心。庄家の一揆は一五世紀にさかんになる土一揆の先駆的形態。

牢籠　疲弊。

涯分　己が力。

二　山城久世庄百姓請文

（端裏書）「久世百姓請文」

謹みて請け申す

*東寺八幡宮御領*久世《くぜ》の庄条々

一　御年貢に於ては、十一月以前一粒の未進なく、究済《きゆうせい》の沙汰を致すべし。御公事《みくうじ》*用途ならびに長日人夫役に至つては、定め置かるるの旨に任せて、日限を違越せずその弁《わきまえ》を致すべし。ただし八月分の御公事用途に於ては、*御放生会《ほうじょうえ》以前に必ずその沙汰を致すべし。このほか恒例臨時の御公事は、偏へに御下知の旨に任せて、子細を申すべからず。

一　或ひは人の語らひを得、或ひは私を存ずるによつて、事を左右《そう》に寄せ、訴訟に及ぶべからず。もし*庄家の歎きあるに於ては、穏かに訴訟を致し、御寺の御成敗を仰ぎ奉るべし。妄《みだり》に庄家の*一揆と称し、是非に就き嗷々の群訴を致すべからず。もしこの旨を背き嗷訴に及ばば、名田を収公し、その身を罪科に処せらるべし。

一　公私に就き庄家に違乱煩ひを致すの輩これありといへども、且うは地下*牢籠の基たるの上は、身命を惜しまず馳せ向ひ、*涯分の及ぶところ、警固奉公の忠勤を致すべし。

右条々、堅くこの旨を守り、敢て違越すべからず。もし一事たりといへども違犯《いぼん》せしむるに於ては、八幡・*稲荷《いなり》ならびに当庄*蔵王権現《ざおうごんげん》の御罰を、百姓等の身に罷り蒙るべきの状件のごとし。

*貞和二年七月十九日

越前介（花押）　兵衛四郎（花押）　左近二郎（花押）
安大夫（花押）　浄円（花押）　向仏（花押）
経阿弥（花押）　善阿弥（花押）　朝念（花押）
性願（花押）　慶舜（花押）

（端裏書）「久世百姓請文」
謹請申
東寺八幡宮御領久世庄条々

一於御年貢者、十一月以前無一粒之未進、可致究済之沙汰、至御公事用途幷長日人夫役者、任被定置之旨、不違越日限可致其弁、但於八月分御公事用途者、御放生会以前必可致其沙汰、此外恒例臨時御公事、偏任御下知之旨、不可申子細矣、

一或得人語、或依存私、寄事於左右、不可及訴訟、若於有庄家歎者、穏致訴訟、可奉仰御寺御成敗、妄称庄家之一揆、就是非不可致嗷々群訴、若背此旨及嗷訴者、可被収公名田、処其身於罪科矣、

一就公私致庄家違乱煩之輩雖有之、且為地下牢籠之基上者、不惜身命馳向、涯分之所及、可致警固奉公之忠勤矣、

右条々、堅守此旨、敢不可違越、若雖一事於令違犯之者、可罷蒙八幡稲荷幷当庄蔵王権現御罰於百姓等身之状如件、

（年次・署名略す）

【東寺百合文書イ】

稲荷　五穀を司る倉稲魂神（うかのみたまのかみ）のこと。この神を祀る稲荷神社の総本社は京都の伏見にあり、稲荷祭のときに、九条油小路の御旅所からの神輿の還幸にあたり、東寺に入り神供を受けた。東寺との関わりが深い。

蔵王権現　塵添壒嚢鈔に、役行者が吉野の大峰山に練行中、金剛蔵王は釈迦の忿怒神であることを感得したとある。これが吉野の蔵王権現である。ここの蔵王権現はこれが勧請されたものであろう。

貞和二年　一三四六年。

三　播磨矢野庄商人刑部大夫起請文

再拝再拝

立つる起請文の事

右元は、*矢野庄名主御百姓等政所殿を訴へ申し候。刑部大夫《ぎょうぶだゆう》に於ては、元より売買を本となし候の間、惣庄の嗷訴に与《くみ》せず候上は、向後《きょうこう》に於て、いよいよ野心私《わたくし》を存ずべからず候。なかんづく京田舎*物謂《ものい》ひ申すべからず候。次《つい》で政所殿方より寺家へ進められ候御料足、身が預り申しあげ候分三十貫文一銭の未進なく、これを弁《わきま》へ申すべく候。以前の条々、もし偽り申し候はば、八幡大菩薩ならびに当庄五社大明神等日本国中大小神祇の御罰を罷り蒙るべき者なり。よって起請文件のごとし。

*応永二年十一月十一日　刑部大夫（略押）

再拝々々

立起請文事

右元者、矢野庄名主御百姓等政所殿訴申候、於刑部大夫者、自元売買為本候之間、不与惣庄嗷訴候上者、於向後、弥不可存野心私候、就中京田舎不可物謂申候、次自政所殿方被進寺家候御料足、身預申上候分三十貫文一銭無未進、可弁申之候、以前条々、若偽申候者、可罷蒙八幡大井并当庄五社大明神等日本国中大小神祇御罰者也、仍起請文如件、

応永二年十一月十一日　刑部大夫（略押）

【東寺百合文書よ】

〔三〕紙は熊野山牛王宝印（ごおうほういん 護符）を用い、その裏に書いている。

矢野庄　播磨赤穂郡にあった東寺領庄園。現在の相生市にある。正和二年後宇多法皇が東寺に寄進した。

物謂ひ　「何か起こるに相違ないことについて広がる噂」（邦訳日ポ）。→二二八頁注「物いひ事」

応永二年　一三九五年。

四　東寺南大門茶売浄音請文

(端裏書)
「南大門茶売浄音入道請文　応永十八二十」

謹みて請け申す　*東寺南大門前茶商人条々

一　片時《かたとき》たりといへども、南大門壇上壇下ならびに築垣際《ついじぎわ》に於て茶を売るべからず。南寄の河縁《かわべり》に於て、堅くその沙汰を致すべき事。

一　茶売あるに依り、門内門外以てのほか穢々《わわ》敷《し》きか。毎日所役として掃除仕るべき事。

一　暫時たりといへども、門内に於て*茶具足《ぐそく》等、或ひは隠し或ひは預け置くべからざるの事。

一　*灌頂院《かんじょういんの》*閼伽井《あかいの》水ならびに堂社香火《こうか》等これを取るべからざる事。

一　遊君《ゆうくん》を集め、*茶按排《あんばい》に用ふべからざる事。

右条々、寺家政所として仰せ下さるるの上は、堅くこの旨を存じ、一事たりといへども違越仕るべからず。もし万一不法狼籍等の事出来の時は、急《きっ》と当所を追却せらるべし。その時曾て子細を申さざる者なり。よつて謹みて請申すところの状件のごとし。

*応永十八年二月十日　　沙弥浄音（花押）

(端裏書)
「南大門茶売浄音入道請文　応永十八二十」

謹請申　東寺南大門前茶商人条々

一雖為片時、於南大門壇上壇下幷築垣際不可茶売、於南寄河縁、堅可致其沙汰事、

〔四〕寛正四年十一月廿一日八条櫛笥の住人幸阿弥による殆んど同文の請文も現存する（大谷雅彦氏所蔵文書）。

東寺　教王護国寺。九条大宮にある真言宗寺院。

茶具足　茶道具。

灌頂院　仏の香水を弟子の頂上に灌いで法の印可伝授を行う儀式を灌頂といい、灌頂勤修の道場を灌頂院という。ここは京都教王護国寺（東寺）の灌頂院。

閼伽井水　閼伽は仏に奉る水（香水）をさしていう。閼伽香水を汲むための井戸の水。灌頂に香水を用いる。

茶按排　茶の接待のことか。

応永十八年　一四一一年。

一依有茶売、門内門外以外穢々敷歟、為毎日所役可掃除仕事、
一雖為暫時、於門内茶具足等、或隠或預不可置之事、
一灌頂院閼伽井水并堂社香火等不可取之事、
一集遊君、不可用茶按排事、
右条々、為寺家政所被仰下之上者、堅存此旨、雖為一事不可違越仕、若万一不法狼籍等事出来之時者、急可被追却当所、其時曾不申子細者也、仍謹所請申之状如件、

応永十八年二月十日　　　沙弥浄音（花押）

【東寺百合文書や】

五　左近太郎性金等連署起請文

（端裏書）
「性金告文《こうもん》并百姓連署状」

*おわきの彦太郎男《おとこ》、*親の左近太郎入道性金ニ*中をたかい候て、*保内をうせ候事、廿余年ニ及《び》候。たとひ彼彦太郎男非儀をふるまい候とも、保内惣しやうニもちい候ましく候。若《もし》いつわり申候ハヽ、日本国中大小権現、殊《には》伊勢天照大神・くまのゝ権現・*山王廿一社・八幡大菩薩《の》御罰《を》可ニ罷蒙一候。仍起請文状如レ件。

応永卅五年閏三月廿日

小今在家彦太郎男親
左近太郎入道性金（略押）

中野
馬四郎（略押）

いまほり
馬太郎（略押）

いまほり
左近太郎助（花押）

こほちつか
馬四郎入道教親（花押）

【日吉神社文書】

〔五〕
おわき　小脇。近江蒲生郡八日市近辺の地。署名の肩書の地名、小今在家・中野・今堀・破塚（こぼちつか）も小脇近辺の地。
男　目下の者の名前の下に付ける習慣があった。
中をたかい　中を違い。なかが悪くなり。
保内　得珍保内。得珍保内は八郷あり、小脇・中野・今堀・破塚などはこれに含まれる。
山王廿一社　山王は日吉大社（大津市坂本）の別称。山王廿一社は日吉神社の本社・末社の総称。本社の大宮・二宮に、聖真子・八王寺・客人・十禅師・三宮を加えて上七社といい、大行事・牛御子・新行事・下八王子・早尾・王子・聖女を中七社、小禅師・大宮竈殿・二宮竈殿・山末・岩滝・気比・剣宮を下七社という。

六　右衛門四郎起請文

敬白
　立《て》申《す》起請文《の》事
右之元者、去二月四日、太郎二郎とさへもん二郎とこうろん*の事ニより候て、よりあいの座しきを立、路次ニおいて、さへもん二郎と源四郎とさしちかへ候ける。其時子にて候物、おなしくはしり行《き》候由承《り》候程ニ、わかき物にて候間、しやうたいなき事*あるへく候よし存候て、こうそ*のため、かう*の座しきより、家へも帰らす、又子か方へもおわへて*罷たる事、かつて以《もつて》候はす候。したかい候ての条々。
一　今度地下へ立帰候事、一向寺家之御ふち*にて候上者《は》、此後いよ〳〵奉公をいたし等閑《とうかん》を存《ず》へからさる事。
一　此後下《げ》司《し》・公《く》文《もん》方以下、其外の人たち、やしんきやく心*の儀あるへからさる事。
一　子にて候物ほんくわ*治定《じじよう》*にて候上者《は》、自然しのひ〳〵座家のけない*へ立いらする事あるましくて候。いまはおや子のふん*にてもあるましく候間、更《に》きよこう*の儀あるましき事。
此条々、一事たりとも若《もし》偽《り》申《し》候者《はば》、
大日本国中大小諸神、殊ニハ東寺八幡大菩薩*ならひニ大師*の御はちを、右衛門四郎か身にまかりかうむり候へく候。仍起請文之状如ㇾ件。

〔六〕　この文書は「御影堂(みえいどう)牛王宝印」と印刷された牛王宝印の裏に書いてある。

こうろん　口論。

しやうたいなき事　正体(だい)無き事。「むちゃな締まりのない事」(邦訳日ポ)。
こうそ　「後訴」か。
かう　「講」か。
おわへて　追はへで。「をはへ」は「人のあとに続いて行く、または、人を追いかけて行く」(邦訳日ポ)。ここでは後者で、子を追いかけても行かずの意。
ふち　扶持。助け。
やしんきやく心　野心・隔心。
ほんくわ　犯科。
治定　決定。
けない　家内。
ふん　分。間がら。
きよこう　虚構。
東寺八幡大菩薩　東寺の鎮守神が八幡大菩薩で、空海が勧請したという。
大師　弘法大師空海。
永享六年　一四三四年。

〔七〕　→補
真盛上人　伊勢国一志郡小倭庄大仰(おおのき)の人。延暦寺に学び、のち近江国西教寺

　　　　永享*六年四月廿五日　　　　　　右衛門四郎（花押）

【東寺百合文書を】

七　伊勢小倭百姓衆起請文

*真盛上人《しんぜいしょうにん》様依ニ御教化《きょうげ》難レ有存一、於ニ末代一*成願寺《じょうがんじ》江*如在《じょさい》仕《る》間敷候、小山倭《おやまと》百姓衆以ニ起請一定申条々事

一　就ニ田畠山林広野等一、境をまきらかし、他人*作職《さくしき》を*乞落、一切作物を*盗穏作物を荒地畠、諸事猛悪無道なる事不レ可レ仕。

一　大道を損、*むめつちに不レ可レ取レ之。

一　家門等幷盗・焼・隠・殺、其外隠而《かくれて》互成レ懇《ねんごろ》事、自今以後不レ可レ有レ之。

一　盗賊悪党不レ可レ仕、幷不レ可レ打レ*博《ばくを》。

一　*当質可レ取事ありとも、本主か*可レ然ハ可レ取ニ其在所一。

右、此条々、互不ニ*見穏一、各々可レ有ニ糺明一、若此旨令ニ違犯一者、忝《かたじけなくも》*天照太神宮・八幡大菩薩・春日大明神、別而*山雄田・白山・気多・若宮・祇薗等蒙ニ御罰一、現世ニハ悪病、於ニ来世一ハ無間地獄落可レ申候。仍起請文如レ件。

*明応三年甲寅九月十五日

聖寿寺*披官　参頭○他に二十二名省略
瑞聖寺披官　五良兵衛○他に八名省略
妙音庵披官　藤内大夫○他に十名省略

に住し、戒を伝え、念仏に勧めた。越前・伊勢・伊賀に行化し、延徳四年伊賀西蓮寺で入寂した。行年五十三。天台宗真盛派の祖。

成願寺　山号は慧命山。真九法師が明応三年八月小倭庄に建立した寺（小倭成願寺文化誌）。

如在　おろそかにする。

作職　田畠の耕作者又は地主が、作物を収得する権利。

乞落　乞取る。

盗穏　「盗隠」の誤記。

むめつち　埋め土。「う」はしばしば「む」と書かれる。「うま（馬）」を「むま」と書くのは、その一例。

博　ばくち（博打）。ばくえき（博奕）のこと。

当質可取事ありとも　個人または団体が他の個人・団体から被害を蒙ったため、相手方の属する集団の成員や成員の動産を差押える必要が生じたとしても。勝俣鎮夫氏「国質・郷質についての考察」（『戦国法成立史論』三七頁以下）参照。

可然ハ　「不然ハ」の誤記。

見穏　「見隠」の誤記。

天照太神宮…春日大明神　この三神は一五世紀以降三社託宣という形式で、特別に一般の信仰を得た神々である。ここも三社託宣との関連を想定させる。

山雄田・白山　小倭成願寺文化誌は山雄田白山とされている。

明応三年　一四九四年。

披官　一般に「被官」と書く。家来。

薬師院披官
　三良大夫〇他に九名省略
福河披官
　弥二良〇他に三名省略
山下披官
　孫五良太夫〇他に九名省略
稲垣《いながけ》百姓衆
　若衛門〇他に二十四名省略
大村衆
　一良大夫〇他に二十六名省略
稲垣衆
　若大夫〇他に二十六名省略
大喜庵披官
　三良大郎〇他に七名省略
小山口披官
　三良兵衛〇他に五名省略
一坂披官
　衛門大夫〇他に十六名省略
佐田村衆
　一良大夫〇他に十四名省略
大仰《おおのき》衆
　二良太良〇以下二十九名省略
谷杣《たにそま》衆
　三郎大夫〇他に十九名省略
引接院披官
　兵衛五良〇他に十九名省略
中披官
　左衛門五良〇他に二名省略
慈雲寺披官
　左衛門二良〇他に十一名省略
垣内《かいと》衆
　孫大夫〇他に十七名省略
八対野《はったいの》衆
　八郎三良〇他に二十七名省略
常光寺界外
　地蔵堂道善〇他に九名省略

　　以上三百廿一人
　三賀野《みつがの》衆
形部四郎〇他に二十八名省略

【成願寺文書】

八　京本能寺前町町中起請文

今度上様自老《よりおとな》御あらため二付而、当町二老無二御座一候間、老相定申候。然者《しかれば》誰々に不レ寄、為二町中一相定申候上者《は》、御違乱二旁々《かたがた》於二是有一者《は》、為二町中一其仁人跡《の》、老を渡可《し》レ申候。若《もし》老も不レ致、又者《は》此右之おきめを申やふるにおいてハ、其人をはんし*可レ申候。右老に相定申候仁人違乱を申候ハヽ、其人をも則《ち》はんし可レ申候。

〔八〕
はんし　罰し。

右条々於ニ相背ニ者、
日本国中大小神儀*、別《べつして》*そうしの神・三十番神*・あみた如来《にょらい》何もねかひ申、御しゆう*
むになし可レ申候。仍起請文如レ件。
文禄四年*十一月吉日

与七（略印）　新五郎（花押）　藤右衛門（花押）
惣介（花押）　善六（略押）　助一（花押）
孫一（略押）　彦七（花押）　与左衛門（花押）
与九郎（花押）　彦三（花押）　喜兵衛（花押）
藤兵衛（花押）　けんさん（花押）　又七（花押）
弥三郎（花押）　千成（花押）

【本能寺前町文書】

九　近江宇治河原村十五人衆誓文

忝　誓文状之事
伊勢大*照皇大神宮・八幡大井《ぼさつ》・春日大明神・*油日《あぶらひ》大明神・*杣《そま》三社大明神、氏神南無*
天満《てんま》大自在天神御しやうらん被レ成候へ。只今談合申候儀、余所へも、又女房子共ニ
も他言申間敷候。又此十五人衆内ハ、いかやうにも多分ニ付キ、談合可レ仕候事。
一　入めん*・しつつい*参候共、互《に》*かりやい出シ可レ申候。是又しつついの儀ハ、惣中へ

神儀　「神祇」の当て字。
そうしの神　「そうし」は精進の訛か。精進神。「ひたすら仏道修行に精進すると信じられている神々。八幡神（はちまんしん）の八幡菩薩、春日神（かすがしん）の慈悲万行菩薩がこの類」（日本国語大辞典）。
三十番神　→二二二頁注
しゆうむ　未詳。
文禄四年　一五九五年。

〔九〕　→補
大　「天」の誤りか。
油日大明神　近江甲賀郡宇治河原村を流れる杣川の上流油日村にある油日神社の祭神。
杣三社大明神　近江甲賀郡宇治河原村の南方二キロの三大寺（現在水口町に属す）にある日吉神社の祭神。日吉神社は旧号を三大神社といった。
氏神南無天満大自在天神　甲賀郡志下巻に、貴生川村大字宇川字奥田鎮座天満宮社とある（七一五頁）。
入めん　入費。
しつつい　失墜。損失。
かりやい　借合。

さはかせ　唀(ばさ)かせ。処置させ。
かたやをひき　「かたや」は「相撲の相手。宝暦6両面鏡『誉る時片家の関は砂を嚙み』」(雑俳語辞典)、「ひき」は贔屓であろう。片方を贔屓して。
い儀　異儀。
慶長十年　一六〇五年。
宇治河原村　→二二五頁注

*さはかせ可レ申候事、我人かた*やをひきい*儀申間敷候事。

慶*長十乙巳年六月廿二日　*宇治河原村　十五人衆

久左衛門（花押）　中衛門（略押）　弥衛門（略押）

角衛門（略押）　上左衛門大郎（略押）　下ノ左衛門（略押）　徳衛門

若衛門（略押）　三郎衛門（略押）　弥一郎　若左衛門

助衛門　善阿ミ　与衛門　彦衛門

大郎衛門　五郎左衛門（略押）　四郎兵へ　三郎兵へ

鳥居本兵へ

【宇川共有文書】

庶民思想 2

申状

百瀬今朝雄 校注

紀伊阿弖河庄百姓等申状

一

(別紙)「阿弖河庄官百姓請文〈弘長元年十一月□御材木事〉」

阿弖川《あてがわ》御庄上下庄官百姓等謹言上。

欲レ被下蒙二御荒(広)恩一延中引御材木上子細事

件子細ハ、此御材木ニハ、二人のくさかりお(を)募《つのり》給て、御材木ヲ取進候之処ニ、御色目ニあわす候。未進と申、減納と申、巨多ニ候ニより候て、去秋比参洛仕候て、十月之内ニ、可下進二上御材木一仕候上へき(衍)由、御請文越(起)請文まいらせあけ候て、罷下候テ、百さう(姓)等ニ此由ヲ申相《もうしあわせ》候之処ニ、十月内ニ可二進上仕一事にて候ハヽ、日もちかつきて候へハ、用通にてかい候て、可二進上仕一由ヲ申候し間、三十貫の代充《あて》候て、さた仕候ニ、庄官百姓等募ヲ給て、此ヲ沙汰仕候ヲ、自二地頭殿一用通巨多なり。十貫もしハ十四貫ニハすくへからすとて、ゆへなくおしとゝめられ候しあいた、百さう等かならいすくなく候おハ、悦存候て、十四貫のとおりも、少々未進ハ候しかとも、御請文越(起)請文ニおそれ入候て、罷のほり候て、大工ヲかたらい候て、たひ(度)〳〵御材木相尋候へハ、御色目ニあふたる木も候ハす候。其上七九寸と申候木一支かい候ハんと申候へハ、五百文にハ一文もおち候ましき由ヲ申候。此御材木ハ、五六十貫ニかうへきにて□候へハ、当時のことくハ、庄官・百姓等すつつき(術尽)たる次第にて候。此七八年之間、雖二御材木取進上仕候一、未進減納と申ニより候て、毎年ニ請文申上候なから、かさねて申上候事、きわめたるおそれにてハ候へとも、まけ(枉)候て、明年三月内ニミなせ(水無瀬)の津ニつけ候て、可レ申二上子細一之由令レ存候。当時も庄官・百姓等罷のほり候て、ちうや(昼夜)にこれおなけ(歎き)入テ候。まけ候て御あわれミおか(を)ふり候ハんと令レ存候。しかるへく候ハヽ、此由ヲ見参ニ申入テ給へく候。此ヲ御あわれミ候ハす候ハヽ、庄官・百さう等、何テカあんと(安堵)仕候へき。返々《かえすがえす》もまけ候て見参ニ申入させ給へく候。此若かないかたく候ハヽ、本のくさかり二人ヲ、自二四月一日一九月卅日マテ罷つとめ候へく候。次ニハ又草かりヲ被レ召す候ハヽ、明年三月之内ニ、御材木ヲミなセの津ニつけ候て、可レ申二上子細一候。若申上候三月お罷過候之物ハ、度々申上候事にてハ候へとも、今度ニおき候てハ、百姓・庄官等身ニいかなるさいくわ(罪科)おも、蒙レ罷候へき之状如レ件。下給御色目ニハ、三百八十支にて候。此外くれ(榑)百寸お取くし候てまいるへく候。

弘長元年十一月　日

上公文酒部安則（花押）
同追補(捕)使安綱（略押）
下追補(捕)使真行（花押）
同公文紀光澄（花押）
百姓等
坂上貞成（略押）
伴宗行（略押）
あふりやうし(押領使)包成（略押）

【高野山文書　又続宝簡集七十八】

二

阿テ河ノ上村百姓ラツ、シテ(謹)言上

一　フセタ(臥田)ノコト。リヤウケノヲカタ(領家御方)エ、フセシツメラレテ候ヲ、ソノウエニチトウ(地頭)ノカタエ、マタ四百文フセラレ候ヌ。マタソノウエニ、トシヘチ(年別)ニ一タンニ二百文ツヽノフセレウ(臥料)ヲセメトラル、コト、タヘカタク候。

一　スナウ(収納)ノコト。イマ、テワ、百姓ユラツキ候ツレトモ、チトウノキヤウ(京)ヨリ、アラツカイニ、シモノクモン(下公文)シ郎ヲクタシテ、カハウ(苛法)ニセメ候エハ、タヘカタクシテ、セメトラレ候イヌ。

一　ヲワタ(苧綿)ノコト、百姓トカウ(左右)ナシリ候ツレトモ、マコシ郎トノ、百姓ノイエニ、タショノヒト(他所人)、ワカケニン(我下人)カレコレ廿ヨ人ノツカイヲツケテ、カハウニセメラレ候へハ、タヘカタク候テ、セメトラレ候イヌ。

一　ヲンサイモク(材木)ノコト。アルイワチトウノキヤウシヤウ(京上)、アルイワチカフ(下向)トマウシ、カクノコトクノ人フ(夫)ヲ、チトウノカタエセメツカワレ候ヘハ、ヲマヒマ(暇)候ワス候。ソノ、コリ、ワツカニモレノコリテ候人フヲ、サイモクノヤマイタシ(山出)エ、イテタテ候エハ、テウマウ(逃亡)ノアトノムキ(麦)マケト候テ、ヲイモトシ(戻)候イヌ。ヲレラカコノムキマカヌモノナラハ、メコトモ(妻小児)ヲヲイコメ、ミヽヲキリ、ハナヲソキ、カミヲキリテ、アマニナシテ、ナワ《(縄)》・ホタシ《(絆)》ヲウチテ、サエナマ《(嘖)》ント候ウテ、せメ《(責)》せンカウせラレ候アイタ、ヲンサイモクイヨ〳〵ヲソナワリ候イヌ。ソノウエ百姓ノサイケ《(在家)》イチウ《(一宇)》、チトウトノエ《(へ)》コホチトリ候イヌ。

一　スナウ《(収納)》コト、レウヲ、チトウノカタエせメラレ候ヘハ、せウ〳〵ハカリニマカリイテ、候ヘハ、ヒクレ《(日暮)》候イヌ。トモカラノイエニ、ヤト《(宿)》ヲトテ、トマテ候ヘハ、チトウノトノヒト《(殿人)》ヒヤウク《(兵具)》ヲソロエテ、百姓ノト、マリタルヤトエ、テマツ《(手松)》ヲサ、ケテ、十月ノ廿一日ヨナカハカリハヤク、百姓ノクヒ《(首)》ヲキラントシ候コシ《(越)》テ候。百姓ソレニヲ、キニヲトロキサワキテ、十方ヘニケチリ《(逃散)》候テ、ワツカニイノチハカリワイキテ候。

一　チトウノマコシ郎トノ、廿ヨ人クソク《(具足)》シテ、百姓ノクサノイヲリニ、十月八日ヨリシテ、三日カアイタせメラレ候。マタ十月ノ十八日、二日アイタ、せメせンカウせラレ候。ソノアイタニ、クシウツカマツリ候コト、二百せン《(銭)》マテソナヘ候コト、タヘカタク候。ソノホカニ、五人三人ノツカイワ、ヒマ候ワス。カクノコトキノクシウヲメシ候カウエニ、百姓クリ・カキヲ、トノヒトヲ、ヲイノホせ、ヲイノホせトラせテ、モカキメシ候コト、モノ《(物》マサナク《正無)》候ナリ。

一　コノ四人ノ百姓ラ、コリヤウ《(御領)》ニアントス《(安堵)》ヘキソト、コ《(御》チヤ《讒)》候ヘトモ、マスマスニ、チトウトノコカミヲカケラレ候ヘハ、コリヤウニエアントせス候。コレラコリヤウニアントシテ候ワハ、百姓ミクシ《(御公事)》ヲツカマツリ候トモ、イカ、百姓ヨロコヒ候ワン。

一　チトウノチヤウせ《(相折)》チノウマカイ《(馬飼)》ノコト。せレイ《(先例)》候ヌコトニテ候ヘハ、百姓ラヲ、キナルナケキ候。

一　カクノコトク、マコシ郎トノ、百姓ノイヲリニ、モノ《(物》、ク《具)》・ヒウク《(兵具)》ヲソロエテ、フミイリフミイリ、百姓ヲトリコメ〳〵、せタケ《(虐)》ラレ候ヘハ、イヨ〳〵百姓ウせ《(失)》候ナンスル候。

一　サメウシ《(左女牛)》ノワカミヤ《(若宮)》ヨウトウ《(用途)》ト候テ、三貫文せニ《(銭)》せメトラレ候コト、イマタせレイナキコトニテ候。

一　十月廿五日ヨリ、チトウタラウ・マコシ郎上下卅五人、百姓ノモトニシキヰ《(敷居)》候テ、イロ〳〵ノモノヲ、せメトラサランカキリ(限)ワ、ナン十日モタツ(立)マシト候テ、一日ニクリヤ(厨)三トツ(度)、シ候コト、タエクラウ(堪食)ハカリモ候ス。ソノウエニウマノカイノマクサ(馬飼秣)、一日ニ一斗三升せメトリ候。ソノウエニ、マメ・アツキ・アワ・ヒエヲトリカワル、コトタヘカタク候。

一　コノウマノカイヲソ(遅)クイル、トテ、カマ・クワ・ナヘ已上十五、シチニトラレ候イヌ。

一　ウスクマリタ(田)トナツケテ、タンヘチ(段別)ニ三百文ノせニせメトラレ候コト、せンレイナキコトニテ候アイタ、コトニ百姓スッ(術)ナキコトニテ候。

コノテウ(条)〳〵ノヒレイ(非例)ニテせメラレ候アイタ、百姓トコロニアントシタク(カ脱カ)候。

ケンチカンネン(建治元年)十月廿八日　　百姓ラカ上

【高野山文書 又続宝簡集七十八】

若狭太良庄百姓等申状

一

(礼紙端裏書)
「太良百姓申状　末武名主間事　文永七年七月四日到来」

畏《かしこまりて》申上候。先度便宜に御文まいらせて候へとも、御返事を不ㇾ給候間、重て申上候。脇袋兵衛《わきぶくろひょうえ》殿被㆓望《み》申《さ》㆒之由承候間、事実《ことじつに》候者、付ㇾ彼候て、百姓等不ㇾ可ㇾ然存候。当時こそ上にも一たんの望《み》申よりて、預《け》給候て候とも、上《の》御為にも可ㇾ然とも不ㇾ存候哉。其故は被㆓聞食㆒ても哉《や》候らん。鳥羽《の》庄之事、奥保事《のにき》付承候ても、始終領家御方并地頭方両方催促とも、一年二年に候とも、押ふたかり候て、御心にまかせ給候はん事不ㇾ安に覚候。能《よく》〳〵御れう(料)簡候て、可ㇾ有㆓御計㆒候哉。兼又大けうし殿御時、地頭方より付望申《つけのぞみ》給候て、御下文《くだしぶみ》をたい(帯)して下候しを承候て、此旨百姓等以㆓脚力《かくりき》を㆒、始終不ㇾ可ㇾ然之由申上候し時、神妙に申たりとて、御下文を被ㇾ止候て、廿石所当に被㆓下充《くだしあて》㆒之後、于ㇾ今御年貢無㆓懈怠《けだい》㆒候て、被㆓御進退㆒候し、兵衛殿申状付《つけ》給候てハ、可レ然とも不レ存候。此之由を能〳〵寺家に可レ有ニ御料簡《りょうけん》一候哉。其上故阿《あ》闍梨《じゃり》御房御時、在家跡を皆々注進仕《り》候て、脇袋殿まいらせて候と承候。可レ然候者《ば》、御計候て、御返事可レ給候。恐々謹言。

六月晦日　　勧心（花押）

真利（花押）

進上候　　時連（花押）

（礼紙）
「追申候。

かまえて〳〵能〳〵御料簡候へく候。兼又次郎入道殿方へ成《し》候とも、所をたしかるへしとも不レ覚候。聊之事候へは、守護方へ訴申て、所を煩わし、勧心・真利生《いきて》候時、かやうに候こそ、可レ然大師御誓と覚候。かまえて〳〵、せんあく（善悪）の御返事給候へ。」

【東寺百合文書ぬ】

二

若狭国太良御庄《たらのみしょう》百姓等謹みて言上す。

早く非分の競望《けいもう》を停止《ちょうじ》せられ、先例に任せて、百姓等に御配分あり。限りある御年貢といひ、御公事《くじ》といひ、懈《け》怠《だい》なく勤仕《ごんじ》せしむべきの由、御成敗を蒙らんと欲する、末武名の事。

件元《くだんもと》は、当御庄内末武名は、領家の御進止として、或ひは預所《あずかりしょ》殿御分に定め、或ひは百姓等に御配分のところ、去建長年中の比、辻入道殿不慮の外望申すの間、是非なく乗蓮に充《あ》つるの旨、愁ひながら罷り過ぐるところに、また彼の名田、脇袋兵衛尉殿に充て給ふ。この条存外の子細たりといへども、御計たるの間、恐れを成し罷り過ぐるのところに、件の輩《ともがら》等当時彼の名田畠を相論せしめ、剰《あまつさ》へ乗悟房の跡を尋ね、百姓等の分年来の田畠上げ取らるべきの由承り及ぶの条、堪へがたき次第なり。但し、件の兵衛尉殿幷びに藤一次郎入道殿等は、全く重代の儀にあらず。ただ猛悪の催しに任せ、故なく望み申すものなり。たとひ相伝の由緒《ゆいしょ》ありといへども、田地の法、数十ヶ年の年序を経る上、指したる謂《いわ》れなく上げ取らるるの事、傍例なきものなり。しかるに彼の輩等、御家人の所領、権門の御領と号し、守護の使等を語《かた》ひ入れ、百姓等を煩はし、同名等等下さる。

これ併しながら上の奉《おんため》末代の御敵なり。その故は、当御庄は、最少の所なるに、限りある百姓名を、御家人の跡と称して望み申し、領知せられなば、御年貢といひ、御公事等といひ、懈怠の基なり。これ則ち彼の非分の輩等の競望を停止せられ、且うは先例により、且うは傍例に任せて、或ひは預所御進止に定め置かれ、或ひは百姓等へ平均に配分せられなば、御年貢加増せしめ、御公事懈怠なく、御領煩ひなく、末代穏便《おんびん》の御(マヽ)たるべきものなり。然らばいよいよ御憲法《けんぽう》の貴を仰がん。よつて粗々《あらあら》言上件《くだん》のごとし。

文永七年七月　日　観心（花押）
真利（花押）
時末（略押）
宗安（略押）
宗綱（略押）

若狭国太良御庄百姓等謹言上、
早被停止非分競望、任先例、有百姓等御配分、有限云御年貢、云御公事、無懈怠可令勤仕由、欲蒙御成敗、末武名事、
件元者、当御庄内末武名者、為領家御進止、或預所殿御分定、或百姓等々御配分之処、去建長年中之比、辻入道殿不慮之外望申之間、無是非充乗蓮之旨、乍愁罷過処々、又彼名田充給脇袋兵衛尉殿、此条雖為存外之子細、為御計之間、成恐罷過之処、件輩等当時令相論彼名田畠、剰尋乗悟房之跡、百姓等之分年来之田畠可被上取之由承及之条、難勘(堪)之次第也、但件兵衛尉殿并藤一次郎入道殿等全非重代之儀、只任猛悪之催、無故望申者也、譬雖有相伝之由緒、田地之法、数十ヶ年之経年序上、指無謂被上取之事、無傍例者也、而彼輩等、号御家人之所領、権門之御領、語入守護之使等、煩百姓等、同名等等被下、此併奉上末代之御敵也、其故者、当御庄者、最少所々、有限百姓名於、称御家人之跡望申、被領知者、云御年貢云御公事等、懈怠之基也、此則被停止彼非分之輩等競望、且依先例、且任傍例、或預所御進止被定置、或被配分百姓等平均者、御年貢令加増、御公事無懈怠、御領無煩、末代可為隠(穏)便御(衍カ誤脱カ)者也、然者弥仰御憲法之貴、仍粗言上如件、

(年次・署名略す)

【東寺百合文書ぬ】

三
(端裏書)
「太良百姓等」
若狭国太良御庄百姓等謹みて言上す。

早く宗氏無理の濫訴を停止せられ、観心の譲りに任せて、重真領知相違あるべからざるの由、御成敗を蒙むらんと欲する、観心名半分の間の事。

件元《くだんもと》は、彼の名田は重真一円領知せしむべきの由、先度一同言上せしめ畢んぬ。しかるに百姓等別意趣を插《さしはさ》み執り申すの由、宗氏立て申すの条、極めて無実なり。其の故は、かくのごとき相伝の名田等、指したる罪科なく、掠め申すの輩《ともがら》に充て賜はるに於ては、今日は人の上たりといへども、明日はまた身の上たるものか。この条不便《ふびん》の次第たるによつて、且《かつ》うは土民の愁訴なからんがため、且うは御領静謐のため、言上せしむるものなり。尤も御賢察あるべきか。相伝の由緒に於ては、観心領知七十ヶ年に及び、その間領家また三代なり。かくのごとく年序を経て、更に他の妨《さまた》げなきのところ、勧心死去の後、宗氏種々秘計を以つて掠め申すの条、猛悪の至極なり。早く相伝の道理に任せ、重真一円拝領せしめば、いよいよ御憲法《けんぽう》の貴さを仰がん。よつて百姓等重ねて言上件のごとし。

弘安元年五月　日　　綾部時安（花押）

凡海貞守（略押）
小槻重真（略押）
大中臣友永（花押）
源時末（花押）

（端裏書）
「太良百姓等」
若狭国太良御庄百姓等謹言上、
欲早被停止宗氏無理濫訴、任観心譲重真領知不可有相違由、
蒙御成敗、観心名半分間事、
件元者、彼名田重真一円可令領知之由、先度一同令言上畢、而百姓等插別意趣執申之由、宗氏立申之条極無実也、其故者如此相伝之名田等、無指罪科、於充賜掠申之輩者、今日者雖為人之上、明日者又為身之上者歟、此条依為不便之次第、且為無土民愁訴、且為御領静謐、令言上者也、尤可有御賢察哉、於相伝之由緒者、観心心（衍カ）領知及七十ヶ年、其間領家又三代也、如此経年序更無他妨之処、勧心死去之後宗氏以種々秘計掠申之条猛悪之至極也、早任相伝之道理重真一円令拝領者、弥仰御憲法之貴矣、仍百姓等重言上如件、
（年次・署名略す）

【東寺百合文書イ】

四

（端裏書）「太良庄百姓等申状　正安元六九日」

太良御庄百姓等重ねて謹みて言上す。

地頭御方非分の御公事条々の事。

副《そ》へ進む。一通　名々《みょうみょう》より抜き取らるる畠注文。

一　百姓等の脇在家《わきざいけ》等に、御公事等を充て行はるるの例これなき事。

一　重役名内の畠地故なく召さるる事。

一　坂東夫は上関東御下向の時許りか。しかるに毎年夫功を責め取らるる例なき事。

一　入草《いりくさ》の事。

一　房仕《ぼうじ》役、日夜召し仕はるる事。

一　農中五六七、三ヶ月御公事を充て行はるるべからざる事。

正安元年六月五日

時光（略押）
守近（略押）
依真（略押）
厳円（花押）
真秀（花押）

（端裏書）「太良庄百姓等申状　正安元六九日」

太良御庄百姓等重謹言上、

地頭御方非分御公事条々事、

副進　一通　自名々被抜取畠注文、

一百姓等脇在家等、被充行御公事等之例無之事、

一重役名内畠地無故被召事、

一坂東夫者上関東御下向時許歟、而毎年夫功被責取無例事、

一入草事、

一房仕役日夜被召仕事、

一濃（農）中五六七三ヶ月不可被充行御公事事、

（年次・署名略す）

【東寺百合文書ヱ】

五

（端裏書）「太良損亡事　嘉元二　甲辰九月六日到る」

東寺御領若狭国太良御庄百姓等謹みて重ねて言上す。

早く申請の旨に任せて、御哀愍《あいみん》を垂れられ、損亡《そんもう》御免の御成敗に預かり、安堵の思を成さんと欲する、当年の作稲大損亡の間の事。

件の子細は、先度委細言上事旧《ことふ》り畢んぬ。然りといへども、

いまだ御成敗に預らざるの間、重ねて恐々言上す。当年大損亡に於ては、当庄に限らず、一国平均の大御公損なり。殊に当御庄内洪田《こうでん》四町余の損失に於ては、喩《たとえ》を取るに物なし。もし御不審を相貽《あいのこ》さば、御免を蒙り、起請文の詞を以て言上せしむべし。然らずんば、傍例に任せて、正直《しょうじき》御憲《けん》法《ぼう》の御使を下され、御検見《けみ》を遂げられ、御免に預かり、安堵の思を成し、御公物《くもつ》を全うし、進済《しんせい》致さんがため、恐々言上件《くだん》のごとし。

嘉元二年九月　日

(端裏書)「太良損亡事　嘉元二　甲辰九月六日到」

東寺御領若狭国太良御庄百姓等謹重言上、

欲早任申請旨被垂御哀愍、預損亡御免御成敗成安堵思、当年作稲大損亡間事、

件子細者、先度委細言上事旧畢、雖然未預御成敗之間、重恐々言上、於当年大損亡之者、不限当庄之、一国平均之大御公損也、殊当御庄内洪田四町余之於損失者、于取喩無物之、若相貽御不審者、蒙御免、以起請文詞可令言上之、不然者、任傍例之、被下正直御憲法御使之、被遂御検見、預御免之、成安堵思、全御公物、為致進済之、恐々言上如件、

嘉元二年九月　日

【東寺百合文書ヱ】

六

(端裏書)「太良庄百姓等申状　嘉元三　九」

太良御庄百姓等謹みて重ねて言上す。

早く御憐愍《れんみん》を垂れ、重ねて御成敗を蒙らんと欲する、当年損亡の間の事。

右、損亡の子細、両度言上せしむるのところ、五石御免の由、百姓等且《かつ》うは喜悦の眉を開くといへども、当年損亡の躰《てい》、早田は皆損分の所々立ち捨てしめ、残る所、且うは御公事私の身命のため、苅り納むといへども、有名無実の次第なり。中田大損亡の事、殊に損失の間、重ねて御成敗を蒙らずんば、苅り納めがたきによつて、作稲等に手を懸けず。恐々重ねて言上す。早く損亡の実正に任せて御成敗を蒙り、残る御年貢を全うせしめんと欲す。この条、もし御不審を相貽《のこ》さば、御免を蒙つて、起請文を書き進ぜしめんと欲す。凡そ当年の損亡は国中平均の上、当御庄殊《こと》なる損失の間、愁吟に耐へず。恐々重ねて言上件のごとし。

嘉元三年九月　日

(端裏書)「太良庄百姓等申状　嘉元三　九」

太良御庄百姓等謹重言上、
　欲早垂御憐愍、重蒙御成敗、当年損亡間事、
右、損亡子細、両度令言上之処、五石御免之由、百姓等且雖開喜悦之眉、当年損亡之躰、早田者皆損分所々令立捨之、所残且為御公事私身命、雖苅納、有名無実次第也、中田大損亡事、殊損失之間、重不蒙御成敗者、依難苅納、不懸作稲等手、恐々重言上、早任損亡実正蒙御成敗、欲令全残御年貢、此条若相貽御不審者、蒙御免欲令書進起請文、凡当年損亡国中平均之上、当御庄殊損失之間不耐愁吟、恐々重言上如件、
　嘉元三年九月　日
【東寺百合文書エ】

七

若狭国太良御庄百姓等重ねて謹みて言上す。

早く申請《もうしこい》の旨に任せて、御検見の御使を下され、内検《ないけん》を遂げらるるの後、御年貢を備進せしめんと欲する子細の事。

右、損亡の次第、先度具さに言上せしむるのところ、今年は熟年なり。訴訟に及ぶべからざるの由、御気色《きしょく》によって、申状を返し下さるるの条、術《じゅつ》なき次第なり。当年大損亡の事、殖女《うえめ》を催すの最中、長日大旱魃の間、田殖《たうえ》の時已に違《い》期《ご》せしめ畢んぬ。僅に雨降を待ち得て、これを殖ゑしむといへども、五月廿五六七両三日、俄かにまた大洪水出来《しゅったい》によって、且うは流失し、且うは朽失せしめ畢んぬ。その後、纔かに熟する稲穂は、七月廿七日八九の間大風大洪水の間、旁々《かたがた》以て大損亡勝《あ》げて計《かぞ》ふべからざる事、希代《きたい》の次第なり。なかんづく、地頭御分に於ては、実正に任せ、起請文を以て、言上せしむべきの由、仰せ下さるるに就き、委細関東へ言上せしめ畢んぬ。随つてまた御寺御年貢に至つては、御成敗に預からざるの間、重ねて言上せしむるところなり。所詮、御不審を相貽されなば、正直の御使を下され、御検見を遂げられ、作稲の分限《ぶげん》に随つて、御年貢を備進すべきものなり。はたまた申請ふ分もし御許容なくば、百姓等安堵の思を成しがたきによって、作稲取るに及ぶべからざるの間、恐々重ねて言上件のごとし。

　嘉元四年八月　日

若狭国太良御庄百姓等重謹言上、
　欲早任申請旨、被下御検見御使、被遂内検後、令備進御年貢

子細事、

右、損亡次第、先度具令言上之処、今年熟年也、不可及訴訟之由、依御気色、被返下申状之条、無術次第也、当年大損亡事、催殖女之最中、長日大旱魃之間、田殖時已令違期畢、僅待得雨降、雖令殖之、五月廿五六七両三日、俄又依大洪水出来、且流失、且令朽失畢、其後纔熟稲穂者、七月廿七日八九之間大風大洪水之間、旁以大損亡不可勝計事、希代次第也、就中於地頭御分者、任実正、以起請文可令言上之由、就被仰下、委細関東江令言上畢、随又至御寺御年貢者、不預御成敗之間、重所令言上也、所詮被相貽御不審者、被下正直御使、被遂御検見、随作稲分限、可備進御年貢者也、将又申請分若無御許容者、百姓等依難成安堵之思、不可及作稲取之間、恐々重言上如件、

嘉元四年八月　日

【東寺百合文書ヱ】

八

東寺御領若狭国太良御庄百姓等重ねて謹みて言上す。

現損の旨に任せて、憲法の御使を差下され、御検見を遂げられんがため、度々愁状を捧げ、百姓等上洛を企て、御検見の御使を下し給はるべきの旨、訴へ申し上ぐるといへども、御用ひなく、或る時は三石の御免、或る時は十五石御免除の由、仰せ出され、御使御下向なき間、打ち立て置くところの作稲等、霜にいよいよ以て御公損に及ぶの間、力及ばず、作毛を苅り取るといへども、洪田四町余に於ては、苅り取るに及ばざるものなり。残る十二町余に於ては、半損御免の御成敗を蒙り、安堵の思を成さんと欲する子細の事。

右、大損亡の躰は、度々言上せしむるごとく、当御領に限らず、一国平均の大損亡たるの間、近隣諸郷保、国富庄幷びに松永保百姓等は、三分一損・例損のほか、半損の御免に預り、安堵の思を成し畢んぬ。宮河保・津々見保は、御検見を遂げられ、或ひは半損、或ひは皆損の御免を蒙り、皆以て安堵の思を成す者なり。凡そ当御領の田地に於ては、先年知ろし食《め》さるるごときの大河流、其の上、東河・遠敷《おにゅう》河落合、三大河水の間、毎年損亡たるの条、顕然なり。なかんづく、当年の大損亡に於ては、喩《たとえ》を取るに物なし。早く申請の旨に任せて、御免の御成敗を蒙り、安堵の思を成し、残る御年貢を全うせしめんがため、重ねて謹みて言上件のごとし。

正和元年十月　日

東寺御領若狭国太良御庄百姓等重謹言上、
為任現損旨、被差下憲法御便(使)、被遂御検見、度々捧愁状、企百姓等上洛、可下給御検見御便(使)旨、雖訴申上、無御用、或時者三石御免、或時者十五石御免除由、被仰出、御使無御下向間、打立置処作稲等、霜弥々以及御公損間、不及力、作毛雖苅取、於洪田四町余者、不及苅取者也、於残十二町余者、蒙半損御免御成敗、欲成安堵思子細事、
右、大損亡躰者、度々如令言上、不限当御領、為一国平均大損亡之間、近隣諸郷保、国富庄幷松永保百姓等者、三分一損例損之外、預半損御免之、成安堵思畢、宮河保津々見保者、被遂御検見之、或半損或皆損之蒙御免、皆以成安堵思之者也、凡於当御領田地者、先年如被知食之大河流、其上東河遠敷河落合、三大河水之間、為毎年損亡之条顕然也、就中於当年大損亡者、無取喩物、早任申請旨、蒙御免御成敗之、成安堵思、為令全残御年貢之、重謹言上如件、
正和元年十月　日

【東寺百合文書エ】

九

東寺御領若狭国太良御庄百姓等謹みて言上す。

申　状（太良庄）

早く前例に因准《いんじゅん》せられ、根本の御例に任せて、御哀憐を垂れられ、御免の御成敗を蒙むらんと欲する条々愁ひ状。
右、明王聖主の御代と罷り成り、随つて諸国の御所務は旧里に帰し、天下の土民百姓等皆以て貴《たつと》き思を成すの条、その隠れなきものなり。なかんづく、当庄の領家職に於ては、御根本より当寺御領として、地頭非《ひ》勘《かん》を致さるるの時は、御沙汰を経られ、地頭の非法を停止《ちようじ》せられ、百姓等を不便《ふびん》に思《おぼ》し食《め》さるるものなり。ここに去る正安年中より以来、地頭職に於ては、関東御領と罷り成り、非法横法を張行《ちようぎよう》せらると云々。本所の御年貢御所務悉く相違せしむ。随つて百姓等責め損ぜられ、衰微せしむるの条、勝《あ》げて計《かぞ》ふべからざるのところ、関東御滅亡、今は当寺御領と罷り成り、百姓等喜悦の思を成すのところ、御所務かつて以て御内《みうち》御領の例に違《たが》わず、剰《あまつさ》へ新増せしめ、巨多の御使を付けられ、当時農業の最中呵責《かしやく》せらるるの間、愁吟《しゆうぎん》に絶えざるにより、子細を勒《ろく》して言上す。

東寺御領若狭国太良御庄百姓等謹言上、
欲早被因准前例、任根本御例、被垂御哀憐、蒙御免御成敗条

々愁状、

右罷成　明王聖主御代、随諸国御所務帰旧里之、天下土民百姓等、皆以成貴思之条、無其隠者也、就中於当庄之領家職者、自根本為当寺御領、被致地頭非勘之時者、被経御沙汰之、被停止地頭非法之、百姓等於不便被思食者也、爰自去正安年中以来、於地頭職者、罷成関東御領之、被張行非法横法之云々、本所御年貢御所務悉令相違之、随百姓等被責損、令衰微之条、不可勝計之処、関東御滅亡、今者罷成当寺御領、百姓等成喜悦思之処、御所務曾以不違御内御領之例、剰令新増、被付巨多御使、当時濃(農)業最中被呵責之間、依不絶愁吟之、勒子細言上、

一　御修理用途に於ては、関東の非法たるによつて、訴へ申すにつき、当国御内御領は、免許せられ畢んぬ。当庄同じく以て其の随一として免ぜらるるのところ、当庄を請所に成さるるの時、徳分の注文の内に入れられ、渡さるるといへども、非法たるによつて、訴へ申すものなり。いかでか当寺御領として、御憲法に、関東の非法を請け継がれ、当時難月の最中譴責せらるるの条、術なき次第なり。早く根本の御例に任せて、御免の御成敗を蒙り、非分の強責を止められん。

一於御修理用途者、依為関東非法、就訴申之、当国御内御領之者、被免許畢、当庄同以為其随一被免之処、被成当庄于請所之時、被入徳分之注文内、雖被渡之、依為非法之、訴申之者也、争為当寺御領、御憲法、被請継関東非法之、当時難月最中被譴責之条、無術次第也、早任根本御例、蒙御免御成敗之、被止非分強責之矣、

一　百姓等の名畠地子、これまた往古の例にあらざる上は、承前の御例に任すべきの旨、歎き申し上ぐるのところ、上御使平五郎殿を下され、地頭御代官・預所殿相共に三方の御使を放たれ、当時農業の最中、難月を顧られず、呵責せらるるの条、凡そ喩を取るに物なし。早く先例に任せて、百姓等の名畠地子に於ては、御免の御成敗を蒙らんと欲す。

一百姓等名畠地子、是又非往古之例上者、可任承前之御例之旨、歎申上之処、被下上御使平五郎殿之、地頭御代官預所殿相共被放三方御使之、当時濃(農)業最中、不被顧難月之、被呵責之条、凡于取喩無物、早任先例、於百姓等名畠地子者、欲蒙御免御成敗之矣、

以前の条々、大概かくのごとし。たとひ限り有る召さるべきの御年貢たりといへども、当時農業の最中、難月の折節《おりふし》、

三方の御使を放たれ、譴責あるべけんや。なんぞ況んや御非法の責をや。いかでか御哀みなからんや。早く両条御免を蒙つて安堵の思ひを成し、農業の励みを致し、限りある御年貢等を全うせんがため、謹みて言上件のごとし。

建武元年五月日

以前条々、大概如斯、縦有限可被召之雖為御年貢、当時濃(農)業最中、難月折節、被放三方御使之、可有譴責之哉、何況御非法之責哉、争無御哀之哉、早両条蒙御免、成安堵思、致濃(農)業励、為全有限御年貢等、謹言上如件、

建武元年五月日

【東寺百合文書ヱ】

10

(前欠)

一通　関東御下知□　嘉元二年二□御修理替物《かえもの》□べからず。

二通　六波羅御施行幷びに当国守護廻文案　嘉元二年二月□同二年三月八日。

右、当庄地頭職は、去る正安年□　□在家三十余家責め失はれ畢んぬ。これによつて所は荒廃地の条、顕然なり。随つて百姓等衰微せしめ、為方《せんかた》を失ふといへども、重代沈《ちん》淪《りん》落□□を悲しみ、罷り過ぐるのところ、今□　□当寺御領御一円の上は、百姓等益々貴き思を成すものなり。ここに□　□上司御方より仰せ出さるる御公事に於ては、善悪に就き怖恐し奉り、敢て舌を巻き、子細を言上せしめざるのところ、度々御書下《かきくだ》し幷びに御施行《しぎょう》に預るによつて、子細を勒《ろく》して言上す。凡そ当庄の御所務に於ては、関東御領の時内検を遂げられ、御公事料足《りょうそく》として、百姓名に至つては、九名四分一に結《ゆ》ひ定められ畢んぬ。然れども御一円の上は、永仁和与《わよ》の御状に任すべきの由仰せ下され、二名四分一を勘落《かんらく》せられ畢んぬ。今のごとくんば、御公事課役等に於ては、前代に違はざるのところ、はたまた助国・末武両名御公事対捍《たいかん》の条、併しながら残る五名損亡《そんもう》せしむべきの条、不便《ふびん》の次第なり。いかでか御哀憐無からんや。早く条々御公事課役等に於ては、永仁和与《わよ》の御例に任せ、御免の御下知に預からんがため、百姓等上洛を企て、恐々言上す。

(前欠)

一通　関東御下知□(案カ)　嘉元二年二□御條(修)理替物不可
□

二通　六波羅御施行幷当国守護廻文案　嘉元二年二月□同二
年三月八日、

右当庄地頭職者、去正安年□在家三十余家被責失之畢、依之所者荒廃地之条顕然也、随百姓等令衰微、雖失為方之、悲重代沈淪落□□罷過之処、今□当寺御領御一円之上者、百姓等益々成貴思之者也、爰□自上司御方於被仰出御公事者、就善悪奉怖恐、敢巻舌子細不令言上之処、依預度々御書下幷御施行、勅子細言上、凡於当庄之御所務者、関東御領之時被遂内検、為御公事料足、至百姓名者、被結定九名四分一之畢、然而御一円之上者、可任永仁和与之御状之由被仰下、被勘落二名四分一之畢、如今者於御公事課役等者、不違前代之処、将又助国末武両名御公事対捍之条、併残五名可令損亡之条、不便次第也、争無御哀憐之哉、早於条々御公事課役等者、任永仁和与御例、為預御免御下知之、百姓等企上洛之、恐々言上、

(裏花押)

度々御書下《かきくだ》し幷びに御施行《しぎょう》御状に云く。

一　上葉畠地子《じょうようばたじし》の事。近年三貫文沙汰すと云々。九百三十三文は預所《あずかりしょ》殿、残分は寺家召さるべきの由の事。当庄御所務に於ては、永仁和与の御状に任すべきの由、仰せ

下さるるの間、九百三十三文は進上沙汰せしめ畢んぬ。残分は承前の御例に任せ、御免を蒙らんと欲す。然れども事を御事書に寄せ、百姓等の名畠地子と称し、五六月の難月の最中、巨多の御使を放たれ、譴責せらるるの条、堪へがたき次第なり。早く御和与の御例に任すべきの由、仰せ下されんと欲す。

度々御書下幷御施行御状云、

一上葉畠地子事、近年三貫文沙汰云々、九百三十三文者預所殿、残分寺家可被召之由事、於当庄御所務者、可任永仁和与之御状由、被仰下之間、九百三十三文者令進上沙汰之畢、残分者任承前御例、欲蒙御免之、然而寄事於御事書、称百姓等名畠地子之、五六月之難月最中、被放巨多御使、被譴責条、難堪次第也、早可任御和与御例之由、欲被仰下矣、

一　御修理替物用途《かえものようとう》の事。全く以て所務の先例にあらず。御内《みうち》御領の時、当庄に限らず、国中御内御領分に一旦充《あ》て催さるるといへども、御非法の由訴へ申すによつて、所々皆以て免許せられ畢んぬ。よつてこの子細再三歎き申し上げ畢んぬ。然れども百姓等自由の対捍《たいかん》を致すの条、謂はれなきの由、御書下しを成し下さるるの条、術《じゅつ》なき

次第なり。よつて関東の御免の御下知状〈右に備ふ〉、御不審有るべからず。早く御免の状の旨に任せて、重ねて御成敗を蒙らんと欲す。

一御修理替物用途事、全以非所務先例、御内御領之時、不限当庄之、国中御内御領分一旦雖被充催、御非法之由依訴申、所々皆以被免許□畢、仍此子細再三歎申上畢、然而百姓等致自由之対捍之条、無謂之由、被成下御書下之条、無術次第也、仍関東之御免御下知状〈備右〉、不可有御不審之、早任御免状之旨、重欲蒙御成敗矣、

一　領家御方去年御年貢の事。悪党に同心せしむる百姓等、彼の語ひを得て、御米を他所に運び渡すと云々。罪科に処せられんがため、交名《きようみよう》を注進すべきの由の事。いかでか百姓等の身として、左様《さよう》の振舞を仕るべく候や。全く以てその儀なく候。凡そ去年の悪党人乱妨の事は、当庄に限らず、国衙《こくが》御領今富領内に打ち入る悪党人等、綸《りん》旨《じ》・国宣に応ぜず、合戦を致すによつて、乱妨人の大将軍多門房を討ち畢んぬ。これに就き若干《そこばく》の御年貢を悪党人等に責め取らるるといへども、百姓等に懸けざるものなり。敢て以て百姓等罪科に処せらるる事なし。随つて当庄内に打入る悪党人等の事、去年九月中旬より同十二月中旬に至る、以上四ヶ月の間、綸旨・国宣に違背せしめ、乱妨狼藉を致すの条、凡そ喩《たとえ》を取るに物なし。然りといへども、綸旨・国宣を以て御使に仰せ、退治せられ候ものか。然れども百姓等所行と称し、罪科に処せらるべきの由仰せ下さるるの条、百姓等の歎き、何事かこれに過ぎんや。早く不便《ふびん》の御成敗を蒙らんと欲す。

一領家御方去年御年貢之事、令同心悪党百姓等得彼語、運渡御米於他所之云々、為被処罪科、可注進交名之由事、争為百姓等身、可左様之振□□(舞仕)候哉、全以無其儀之候、凡去年之悪党人乱妨事、不限当庄、国衙御領今富領内打入悪党人等、不応　綸旨国宣之、依致合戦、討乱妨人之大将軍多門房之畢、就之若干御年貢於悪党人等雖被責取之、不懸百姓等者也、敢以百姓等被処罪科事無之、随当庄内打入悪党人等事、自去年九月中旬至同十二月中旬、以上四ヶ月之間、令違背　綸旨国宣、致乱妨狼藉条、凡無取喩物之、雖然以　綸旨国宣仰御使之、被退治候者哉、然而称百姓等所行、可被処罪科之由被仰下之条、百姓等歎何事過之哉、早欲蒙不便御成敗矣、

一　平五郎殿上洛粮物《ろうもつ》の事。この春御上洛の時、先例なしといへども、仰せ下さるるの旨に随つて、弐百文の用途

沙汰し進《まいら》しむるのところ、乏少と称し投げ返さるるの間、力及ばざるのところ、今度御上洛の時、過分の御上《のぼ》り用途を充てられ、公文殿を以て催促せらるるの間、かくのごとき御例古今になきの由、歎き申すところ、公文殿并びに散仕丸両御使を以て、百姓等の家々より、高質《こうじち》を召し取らるるの条、術なき次第なり。且うは百姓等は、農月の時は、妻子眷属《けんぞく》を引き具し、骨髄を摧《くだ》き農業の励みを致して、西秋の期《ご》を待ち、御年貢を備進せしめんと欲するのところ、農桑の妨を成さるるの条、先例なし。且うは当庄は、本より所狭く減少の地なり。然れども過分の上り用途を充てられ、呵責せらるるの条、不便の次第なり。いかでか御哀愍《あいみん》なからんや。所詮召取らるるところの質物等に於ては返し給はり、御上洛用途に至つては、先例なきの上は、御免の御成敗を蒙らんと欲す。

一平五郎殿上洛粮物事、此春御上洛之時、雖無先例之、随被仰下之旨、弐百文用途令沙汰進之処、称乏少被投遍(返)之間、不及力之処、今度御上洛之時、被充過分御上用途、以公文殿被催促之間、如此御例無古今之由歎申処、以公文殿并散仕丸両御使、自百姓等家々、被召取高質之条、無術次第也、且百姓等者、農月之時者、引具妻子眷属之、摧骨髄致農業之励、待西秋之期、御年貢欲令備進之処、被成農桑之妨条無先例、且当庄者、自本所狭減少之地也、然而被充過分上用途、被呵責之条不便次第也、争無御哀愍之哉、所詮被召取之処於質物等者遍(返)給之、至御上洛用途者、無先例之上者、欲蒙御免御成敗矣、

一　関東御内検の時、取出さるる百姓名の新田所当米并びに同じく名畠等地子に於ては、先例に優《ゆう》じられ、且うは和与の御例に任すべきの由、仰せ下され、いよいよ御憲法の貴さを仰がんと欲す。且うは当庄に至つては、御寺以《い》往《おう》末代の御領なり。随つて百姓等は末代までの御器なり。いかでか御哀憐なからんや。早く以往の御例を以て、御免の御下知に預り、いよいよ勇みの思を成し、御憲法の貴さを仰がんと欲す。

一関東御内検之時、被取出之於百姓名之新田所当米并同名畠等地子者、被優先例、且可任和与御例之由、被仰下之、弥欲仰御憲法貴之、且至当庄者、御寺以往末代御領也、随百姓等末代御器也、争無御哀憐之哉、早任以往御例、預御免御下知之、弥成勇之思、欲仰御憲法之貴矣、

一　助国名に於ては、請料銭《うけりようせん》を召さるべきの旨、仰せ下さるるによつて、御公事《くじ》足《あし》退転せしむるものなり。然るべくんば、早く元のごとく御公事足に立てられんと欲するか。たとひ近年の例として、永仁和与の御例に任すといへども、三郎丸幷びに一色名および四分一を勘落せらるるの上は、御公事足に立て給はらんと欲するか。なんぞ況んや、旧記より御公事料足たる上は、早く往古の例に任せ、御公事足に立て賜はらんと欲す。

一於助国名者、可被召請料銭之旨、依被仰下之、御公事足令退転之者也、可然者早如元欲被立御公事足之哉、縦雖為近年之例、任永仁和与之御例、被勘落三郎丸幷一色名及四分一之上者、御公事足欲立給之哉、何況自旧記為御公事料足上者、早任往古例、欲立賜御公事足矣、

一　当御領根本所務の御例は、百姓等衰微せしむる時は、農米を下し給はり、農業を遂ぐるは、以往の御例なり。然れども末代の流に至つては、かつて以て裁報の御意《ぎよい》なし。還《かえ》つて農月の最中、上の御使を下され、地頭御代官・預所御代官、三方の御使を放たるるの上、□使を相ひ副へられ、疲極難月の折節譴責せらるるの条、古今かくのごときの御例聞き及ばざるのものなり。百姓等の習ひは、未進の有無によらず、農月に望みては、勧農の励みを致し、農業を遂げ、御年貢を全うせしめんと欲するものなり。然れども農桑の妨げを成され、疲極難月に呵法《かほう》の責に預る条、不便の次第なり。いかでか御哀憐なからんや。坂東夫用途を充て召すべきの由、仰せ下さるるの条、愁歎極まりなし。関東御領の時、坂東夫仕る事は勿論に候。且うは御内《みうち》御領の時は、京上夫《きようじようふ》といひ、居土《いど》御公事といひこれなし。然れども関東御滅亡の今は、当寺御領として、坂東夫用途を充て召さるべきの由、御催促の条、百姓等の歎き申して余りあり。早く止めらるべきの旨、御下知に預らんと欲す。

一当御領根本所務御例者、百姓等令衰微時者、下給農米之、遂農業者、以往御倒(例)也、然而至末代之流者、曾以裁報無御意、還農月最中被下上御使之、地頭御代官預所御代官被放三方御使之上、被相副□使之、疲極難月折節被譴責之条、古今如此御例不聞及之者也、百姓等習者、不依未進有無之、望農月者、致勧農之励、遂農業、欲令全御年貢之者也、然而被成農桑之妨、疲極難月預呵法責条、不便次第也、争無御哀憐之

哉、可充召坂東夫用途之由、被仰下之条、愁歎無極之、関東御領之時、坂東夫仕事勿論候、且御内御領之時者、云京上夫云居土御公事無之、然而関東御滅亡今者、為当寺御領、可被充召坂東夫用途之由、御催促之条、百姓等歎申而有余、早可被止之旨、欲預御下知之矣、

一　当御領所務幷びに御公事等に於ては、永仁御和与の御状、同じく御下知の状明鏡《めいけい》の上は、今更御公事として、預所殿幷びに地頭御代官に対し、両御方の御書下しを成し下され、地頭御方を蔑如《べつじょ》せしめ、預所を以て子細を申すの条、姧訴なり。領家一円両方兼帯の上は、百姓等地頭方を閣《さしお》くの条、所行《しょぎょう》の企然るべからざるの由、仰せ下さるるの条、愁歎極りなし。且うは先段に載せ候ごとく、御所務に於ては、永仁和与の御例に任すべきの由、仰せ下され、二名《みょう》、四分一名《みょう》等を勘落せられ、御公事に於ては前代に超過し、京上夫と云ひ、農夫と云ひ、細々朝夕御公事等と云ひ、召し仕ひながら、地頭御代官を蔑如せしめ、預所を以て子細を申すの条、姧訴の由、仰せ下さるるの条、百姓等の歎き、勝《あ》げて計《かぞ》ふべからず。所詮この上は、永仁和与の御状幷びに御下知の旨に任せ、百姓等の御公事に於ては、一方に定められ、御下知に預り、御公事を勤仕《ごんじ》せしめんと欲す。

一於当御領所務幷御公事等者、永仁御和与御状同御下知之状明鏡之上者、今更為御公事之、対預所殿幷地頭御代官、被成下両御方御書下之、地頭御方於令蔑如之、以預所申子細之条姧訴也、領家一円両方兼帯之上者、百姓等閣地頭方条、所行企不可然之由、被仰下之条、愁歎無極之、且如載先段候、於御所務者、可任永仁和与御例之由、被仰下之、被勘落二名四分一名等之、於御公事者前代超過之、云京上夫云農夫、云細々朝夕御公事等、乍召仕之、地頭御代官令蔑如、以預所申子細之条、姧訴之由、被仰下之条、百姓等歎不可勝計、所詮此上者任永仁和与御状幷御下知之旨、於百姓等御公事之者、被定于一方之、預御下知之、欲令勤仕御公事之矣、

以前の条々、御書下し同じく御施行に付き、恐々言上、大概かくのごとし。早く御所務の先例により、且うは永仁和与の御例に任せ、悉《ことごと》く御免の御下知に預らんがため、百姓等上洛を企て、恐々言上件のごとし。

　建武元年七月日

以前条々、付御書下同御施行、恐々言上大概如斯、早依御所務先例、且任永仁和与之御例、悉為預御免御下知之、百姓等企上

洛之、恐々言上如件、

建武元年七月日

【東寺百合文書ツ】

二

（端裏書）「百姓等申状」

東寺御領若狭国太良庄百姓等謹みて言上す。

早く当地頭御代官を改められ、正直憲法《しょうじきけんぽう》の御使を以て、御年貢物の御収納あるべき由、仰せ下されんと欲する子細の事。

右、当庄御所務に於ては、以往の御下知分明《ぶんみょう》の上は、いかでか百姓等、先例に違《たが》ひ、虚言を構へ申すべけんや。然れども当地頭御代官は、当庄末武名主職として、往古の御公事の通り、御存知ありながら、先規を違へ、非法を張行せらるるの間、百姓等侘傺《たてい》の条、不便《ふびん》の次第なり。且うは当御領御一円の上は、百姓等悦喜の思を成し、喜悦の眉を開くのところ、かつて以て御寛宥の儀なく、凡そ御公事等に於ては、往古の御例幷びに前代の時に超過し、百姓等を責め仕《つか》はるるの条、術《じゅつ》なき次第なり。凡そ当時西秋の期《ご》に望み、愁吟に堪へざるにより、子細を勒《ろく》して恐々言上す。

（端裏書）「百姓等申状」

東寺御領若狭国太良庄百姓等謹言上

欲早被改当地頭御代官、以正直憲法御使、可有御年貢物御収納由、被仰下子細事、

右、於当庄御所務者、以往御下知分明之上者、争百姓等違先例可構申虚言之哉、然而当地頭御代官者、為当庄末武名主職之、往古御公事通乍有御存知之、違先規被帳（張）行非法之間、百姓等侘傺之条、不便次第也、且当御領御一円之上者、成百姓等悦喜思、開喜悦眉処、曾以御寛宥儀無之、凡於御公事等者、超過往古御例幷前代之時、被責仕百姓等条、無術次第也、凡当時望西秋之期、依不絶（堪カ）愁吟之、勒子細恐々言上、

一　当御代官の御手作《てづく》り田畠三町に及び御耕作の間、召し仕《つか》はるるところの農夫六百余人なり。古今かくのごとく百姓等責め仕はるるの事、全く以てこれなし。然る間、百姓等為方《せんかた》を失ひ畢んぬ。これによつて、百姓等の農業に於ては、作り後らしむるによつて不熟せしむるの条、不《ふ》便《びん》の次第なり。凡そ当庄の田地に於ては、元より最減少の地たるによつて、関東御領の時は、御年貢備進のほか

は、百姓等責め仕はるるの事これなし。当地頭御代官の御所行は、百姓等の損亡を顧みられず、苛責せらるるの条、堪へがたき次第なり。

一当御代官之御手作田畠及三町御耕作之間、被召仕之処農夫六百余人也、古今如此百姓等被責仕之事、全以無之、然間百姓等失為方畢、依之、於百姓等農業者、依令作後令不熟之条、不便次第也、凡於当庄田地者、自元依為最減少之地、関東御領之時者、御年貢備進之外者、百姓等被責仕之事無之、当地頭御代官御所行者、不被顧百姓等損亡之、被苛責之条、難堪次第也、

一　近夫と称し、脇袋《わきぶくろ》への夫丸《ふまる》、毎日召し仕はるるの条、百姓等の歎きにあらずや。凡そ脇袋と太良庄との間は、行き返りの路五里の間なり。然れども連日責め仕はるるの条、百姓等の費煩、勝《あ》げて計《かぞ》ふべからず。

一称近夫之、脇袋江之夫丸、毎日被召仕之条、非百姓等歎之哉、凡脇袋与太良庄之間者、行返之路五里之間也、然而連日被責仕之条、百姓等費煩不可勝計之矣、

一　当庄の御沙汰として、在京と称し、今年三月中より始めて今月中に至るまで、二十余人の京上夫を召し仕はるるの条、百姓等の歎き、何事かこれに過ぎんや。かくのごとき非法によつて、御年貢悉く衰弊《すいへい》の基なり。

一為当庄御沙汰之、称在京之、始自今年三月中至今月中、二十余人京上夫被召仕之条、百姓等歎、何事過之哉、如此依非法、御年貢悉衰弊基也、

一　当庄の御沙汰として、在京と称し、先例なき京都の長《なが》夫《ぶ》召し仕はるるの事、往古全く以てかくのごとき御例これなし。百姓等の歎きの中の愁訴《しゅうそ》なり。

一為当庄之御沙汰、称在京之、無先例京都之長夫被召仕之事、往古全以如此御例無之、百姓等之歎中之愁訴也、

一　末武名の御公事に至りては、御家人の武威に募《つの》り、勤《ごん》仕《じ》せられざるの条、これまた百姓等の歎きにあらずや。よろしく謹みて上裁を仰ぐべし。

一至末武名之御公事者、募御家人武威之、不被勤仕之条、是又非百姓等歎之哉、宜謹仰上裁之矣、

一　時沢名に於ては、当地頭御代官跡形《あとかた》なき不実を構へ出され、当名を闕所《けっしょ》の地として拝領の由、掠《かす》め申され、本名主と号し、充て賜はるべきの由、姧訴を致さるるの条、堅固の不実なり。凡そ彼の名を闕所に召さるるの事は、

古今これなし。随つて拝領の事、かつて以て承り及ばざるものなり。且うは地頭御代官として、かくのごとく違乱を百姓名に成さるるの条、非法の中の御非法なり。

一於時沢名者、当地頭御代官無跡形被構出不実、当名於闕所之地拝領之由、被掠申、号本名主可充賜之由、被致姧訴之条、堅固之不実也、凡被召彼名於闕所之事、古今無之、随拝領之事、曾以不承及之者也、且為地頭御代官、如此被成違乱於百姓名之条、非法之中御非法也、

一 城槨を構ふると称し、尫弱《おうじゃく》の早田《わさだ》出来《しゅったい》に付き、所当米を責め取らるるの条、堪へがたき次第なり。抑何篇《いずれへん》によつて堀を掘り、城槨を構へ、農業の最中百姓等を毎日召し寄せ、責め仕はるるの条、術なき次第なり。

一称構城槨之、付尫弱早田出来、被責取所当米之条、難堪次第也、抑依何篇堀(掘)於堀構城槨、農業最中百姓等毎日召寄、被責仕之条、無術次第也、

一 また代官順生房、正月の節食酒を百姓等に給はらざらんがため、若狭四郎殿御内《みうち》奉公人金山五郎二郎が許へ密《ひそか》に持ち運び、限り有る節食の時は、糟紋《そうこう》を百姓等に盛らるるの条、先例全くかくのごとき御例これなし。希代の所行なり。

一又代官順生房、正月節食酒為不給百姓等之、若狭四郎殿御内奉公人金山五郎二郎許蜜(密)持運之、有限節食之時者、糟紋被盛百姓等之条、先例全如此御例無之、希代所行也、

一 房仕《ぼうじ》の毎日食料止めらるるの事。これまた先例なき御非法なり。

一房仕之毎日食料被止之事、是又無先例御非法也、

一 馬上免畠百姓名の内《うち》良厳の名畠・尻高の在家一宇、壊《こぼ》ち召され、城槨を造進せらるるの条、術なき次第なり。御領内の在家作り重ぬるの事は、御領繁昌の源なり。然れども是非なく押へ壊《こぼ》ち召さるるの条、御領破壊の基なり。

一馬上免畠百姓名内良厳之名畠尻高之在家一宇、被壊召之、被造進城槨之条、無術次第也、御領内在家作重之事、御領繁昌源也、然而無是非被押壊召之条、御領破壊之基也、

一 城槨として、百姓等家々の片庇《かたびさし》壊ち取り、城槨を誘《こしら》ふべきの由、御書下《かきくだ》しを成し下さると称し、壊ち取るべきの旨催促せらるるの条、いまだ、かくのごとき地頭御代官を見奉らざるものなり。

一為城槨之、百姓等家々片庇壊取之、可誘城槨由、称被成下御書下之、可壊取之旨被催促条、未如此不奉見地頭御代官者也、

一　十禅神禰宜《ねぎ》藤二郎、当社の神田壱段を、丹後入道法円に沽却《こきやく》せしむるによつて、謀書の相論を致し、訴陳に番《つが》へ、二問二答の状を以て御注進の間、訴論人上洛せしむる跡、順生房論所の早田《わさだ》の作稲を苅り取らるるの条、非法何事かこれに過ぎんや。なかんづく、苅田《かりた》の狼藉の咎に於ては、御制殊に重し。然れども地頭御代官として、論所の作稲を苅り取らるるの条、堪へがたき次第なり。

一十禅神禰宜藤二郎当社之神田壱段、依令沽却丹後入道法円之、致謀書之相論、番訴陳、以二問二答之状御注進之間、訴論人令上洛跡、順生房論所之早田作稲被苅取之条、非法何事過之哉、就中於苅田狼藉之咎者、御制殊重之、然而為地頭御代官、論所作稲於被苅取之条難堪次第也、

一　順生房、弥二郎男《おとこ》に屋敷畠を充て行はるるの間、彼の畠に粟を蒔《ま》き立つるのところ、還つてまた安主に充て給ひ、蒔き立つるところの粟を鋤《す》き返さるるの条、術なき次第なり。

一順生房被充行弥二郎男仁屋敷畠之間、彼畠粟於蒔立之処、還又充給安主之、蒔立之処粟被鋤返之条、無術次第也、

以前の条々、大概かくのごとし。なかんづく、当地頭御代官脇袋殿、当庄御所務の先例、并びに寛元・宝治・永仁の御下知状等、および御和与状、皆以て御存知ありながら、往古の御例に違はしめ、はたまた前代関東御領の例に背き、悉く以て非法横法を張行せらるるの上は、早く当地頭御代官を改められ、御憲法《けんぽう》の御使を以て、御年貢物御収納あるべきの旨、仰せ下されんがため、百姓等一味神水《しんすい》仕り、恐々言上件のごとし。

建武元年八月

以前条々、太(大)概如斯、就中当地頭御代官脇袋殿、当庄御所務先例、并寛元宝治永仁御下知状等、及御和与状、皆以乍有御存知之、令違往古之御例、将又背前代関東御領之例、悉以被帳(張)行非法横法之上者、早被改当地頭御代官之、以御憲法之御使、御年貢物可有御収納之旨、為被仰下之、百姓等一味神水仕、恐々言上如件、

建武元年八月

【東寺百合文書は】

三

（端裏書）「正吉陳状」

太良御庄百姓紀藤太正吉謹みて重ねて陳じ申す。

早く先日御沙汰の淵底を究《きわ》められ、両通の御下知に預る上は、時真無道の越訴《おっそ》を停止《ちょうじ》せられんと欲する子細の事。

副《そ》へ進む。

二通　御下知案　時沢名を進退し、藤三郎時真を領掌《りょうじょう》すべき由の事

一通　預所御代官幷びに公文御代官紛失状《ふんしつじょう》案

正吉文書強盗に取らるる由の事

以上先に進じ畢んぬ。

右、時沢名四分一幷びに時真進退すべきの由、時友の慇懃《いんぎん》の状に任せて、名田を領掌し、時真を進退せしむるのところ、時真俄かに亡父時友の状に背き、主従敵対を成し、濫訴に及ぶの間、三問三答の訴陳を究められ、証文の道理に任せて、名田を領掌すべきの段といひ、時真を進退すべきの篇《へん》といひ、去年閏四月五日、両通の御下知に預り畢んぬ。ここに時真以前御裁許の旨を顧みず、越訴を致す謂《いわ》れなき条々。

（端裏書）「正吉陳状」

太良御庄百姓紀藤太正吉謹重陳申

欲早先日被究御沙汰淵底預両通御下知上者、被停止時真無道越訴子細事、

副進

二通　御下知案　進退時沢名、可領掌藤三郎時真由事

一通　預所御代官幷公文御代官紛失状案

正吉文書被取強盗由事

以上先進畢、

右、時沢名四分一幷時真可進退之由、任時友之慇懃之状、領掌名田、令進退時真之処、時真俄背亡父時友之状、成主従敵対、及濫訴之間、被究三問三答之訴陳、任証文之道理、云可領掌名田之段、云可進退時真之篇、去年潤(閏)四月五日預両通之御下知畢、爰時真不顧以前御裁許之旨、致越訴無謂条々、

時真重ねて申す状のごとくんば、当名の事に於ては、正吉亡父正弘一命以後は、時真に与ふべきの由、時友〈時真父〉遺状《ゆいじょう》明白なり。しかるに正弘一期《ご》、時真彼《か》の素意に違《たが》はざるの間、当名を以て返し与ふべきの由、正弘存日毎度約諾《やくだく》すと云々。

この条、正吉名田を領知せしめ、時真を進退すべきの段は、時真進みて自称の上は、子細に及ばず。但し彼の名田を時真に返し与ふべき由の事、支証何事か。時真進む所の時友の契状と号する元徳二年十二月廿日の状のごときは、無判の状也。然れば時真雅意《がい》に任せて謀作せしむるの条、顕然なり。無判の状を以て亀《き》鏡《けい》に備へられがたきの条、公武家の政道《せいとう》、古今不易《ふえき》の通例なり。御信用に足るべからざるの条、炳焉《へいえん》なり。なかんづく、彼の文章のごとくんば、権守《ごんのかみ》殿御心に違はず、御心安く候はば、一期の後は、彼の名田預け給ふべしと云々〈和字を以て漢字に摸す〉。たとひ実書たりといへども、時真逐電せしめ、正吉に仕へられず、結《けっ》句《く》敵論に及ぶの上は、いかでか名田を競望《けいもう》せしむべけんや。況んや無判の状たる上は、御沙汰の限りにあらず。

如時真重申状者、於当名事者、正吉亡父正弘一命以後者、可与于時真之由、時友〈時真父〉遺状明白也、而正弘一期時真不違彼素意之間、以当名可返与之由、正弘存日毎度約諾云々、此条、正吉令領知名田、可進退時真之段者、時真進而自称之上者、不及子細、但彼名田可返与于時真由事、支証何事哉、如時真所進号時友之契状元徳二年十二月廿日状者、無判之状也、然者時真任雅意令謀作之条顕然也、以無判之状難被備亀鏡之条公家武家之政道、古今不易之通例也、不可足御信用之条炳焉也、就中如彼文章者、権守殿御心ニ不違、御心安候者、一期之後者、彼名田可預給云々〈以和字摸漢字〉、縦雖為実書、時真令逐電、不被仕正吉、結句及敵論之上者、争可令競望名田哉、況為無判之状上者、非御沙汰之限矣、

同状にいふ。時友状の正文《しょうもん》を召し出さるべきの由、言上せしむるの刻《きざみ》、強盗に取らるるの由、虚誕《きょたん》を構ふ。所見と称し預所代等に進覧せしむるの状のごときは、文章といひ、儀理といひ、後証に足りがたし。且うは彼の状出帯の事知り及ばざるの由、公文正員〈願成〉発言の上は、正吉今案《こんあん》謀計の段勿論なりと云々。

この条、かくのごとき文書紛失の時、当所管領の仁に属して紛失状を申し給はるは、所々の傍例、都鄙の先例なり。公文正員、右筆《ゆうひつ》に合期《ごうご》せられざるの間、公文代順生房を以て書かるるの条、なんの子細かあらんや。其の段先陳に載せ畢んぬ。

同状云、可被召出時友状之正文由、令言上之刻、被取強盗由、

構虚誕、称所見如令進覧預所代等之状者、云文章云儀理、難足後証、且彼状出対(帯)事不知及之由、公文正員(願成)発言之上者、正吉今案謀計之段勿論也云々、
此条、如此文書紛失之時、属当所管領之仁申給紛失状者、所々之傍例、都鄙之先例也、公文正員不被合期右筆之間、以公文代順生房被書之条、何有子細哉、其段載先陳畢、
同状にいふ。時友元徳二年十二月廿日の状は、強盗に取られ、同年十一月十七日の状は、山賊に取らると称し、両通の状の正文終に以て出帯せざるのところ、彼の状等子細なきの由、時真承伏の間、当名といひ、時真といひ、服仕領掌すべきの旨、御下知の条、未尽の御沙汰掲炳《けちへい》なりと云々。
此の条、彼の状等強盗・山賊に取らるるの子細、度々言上せしめ畢んぬ。これに就いて、紛失状を立置くの次第先陳に載せ、言上せしむるところなり。しかるに去年問答の時、時友の状に於ては、謀書たるの由、存知せしむるや否やの由、御奉行より時真に尋ね仰せらるるの刻《きざみ》、いかでか謀書と申すべけんやの由、承伏の間、御下知に預り畢んぬ。なんぞ未尽の御沙汰の由申すべけんや。頗《すこぶ》る過分の申状なり。
同状云、時友元徳二年十二月廿日状者、被取強盗、同年十一月十七日状者、称被取山賊、両通之状正文終以不出対(帯)処、彼状等無子細之由、時真承伏之間、云当名云時真、可服仕領掌之旨、御下知之条、未尽之御沙汰掲炳也云々、
此条、彼状等被取強盗山賊之子細、度々令言上畢、就之、立置紛失状之次第載先陳、所令言上也、而去年問答之時、於時友之状者、為謀書之由、令存知哉否之由、自御奉行被尋仰時真之刻、争可申謀書哉之由、承伏之間、預御下知畢、何未尽御沙汰之由可申哉、頗過分申状也、
同状にいふ。時沢名の事、多年知行を致し、彼の地利《ちり》得分を以て、負物《ふもつ》の代を酬《むく》い取り畢んぬ。随ひて正弘一期の後は、時真に与ふべきの由、時友状案に明白なり。いかでか正吉相続管領《かんれい》の裁許に預るべけんやと云々。
この条、時友状のごとくんば、永代進退領掌すべきの由これを載す。それに就きて正弘・正吉父子二代領掌子細なし。永代田畠を避《さ》り渡しながら、地利得分を酬い取ると称し、悔返《くいかえ》さるるの法、かつて以て承り及ばず。自由の申状、御沙汰の限りにあらざるか。次で地頭御代官幷びに預所御代

官の請取藤三郎・藤太郎名字《みょうじ》両様の由の事、藤太郎名字を以て請取に書き誤らるるか。正文に於ては、山賊に取らるるの上は、存知せしめざるものなり。不審あらば、預所方に尋ね申すべき者か。所詮かの文書等に於ては、去年閏四月八日正吉若州に下向せしむる時、当国保家《ぼけ》の谷口に於て、山賊に取られ畢んぬ。しかして彼の山賊は、当御庄公文願成の聟《むこ》空心なり。山賊の段露顕せしむるの間、為方《せんかた》を失ひ、酔狂により、かくのごとき誤ちを致すの上は、取る所の物等これを返すべしと称し、地頭御方政所に於て、太刀・刀・衣裳以下の贓物《ぞうもつ》返さしむるの刻、無用の状等に於てはこれを出だし、簡要の状等に至りては、抑留せしむるところなり。しかして時真彼の山賊に同心せしむるの間、文書抑留の段を存知せしむるにより、正文を出対すべきの由、申せしむる者なり。所詮、空心山賊の段に於ては、両政所に於て贓物を出対せしむるの上は、時真いかでか与同の咎を遁るべけんや。早く公文幷びに時真等に懸け、山賊人といひ、抑留の文書といひ、召出さるべき者か。

同状云、時沢名事、致多年知行、以彼地利得分、酬取負物代畢、随而正弘一期之後者、可与于時真之由、時友状案明白也、争正吉可預相続管領之裁許哉云々、

此条、如時友状者、永代可進退領掌之由載之、就其正弘正吉父子二代領掌無子細、永代乍避渡田畠、称酬取地利得分、被悔返之法、曾以不承及、自由申状、非御沙汰之限哉、次地頭御代官幷預所御代官請取藤三郎藤太郎名字両様之由事、以藤太郎名字被書誤請取歟、於正文者、被取山賊之上者、不令存知者也、有不審者、可尋申預所方者歟、所詮於彼文書等者、去年潤(閏)四月八日正吉令下向若州時、於当国保家之谷口被取山賊畢、而彼山賊者、当御庄公文願成之聟空心也、山賊之段令露顕之間、失為方、依酔狂如此致誤之上者、所取之物等称可返之、於地頭御方政所、太刀刀衣裳以下贓物令返之刻、於無用之状等者出之、至簡要之状等者、所令抑留也、而時真令同心于彼山賊之間、依令存知文書抑留之段、可出対正文之由、令申者也、所詮於空心山賊之段者、於両政所令出対贓物之上者、時真争可遁与同之咎哉、早懸公文幷時真等、云山賊人云抑留之文書、可被召出者哉、

以前の条々、大概重ねて披陳かくのごとし。子細多しといへども、所詮時真の濫訴に就きて、去年三問三答の訴陳を究められ、対問を遂げ、理非を決せられ、両通の御下知に預るの上は、何篇《いずれへん》を以て改御沙汰《あらためごさた》に及ぶべけんや。然れば早く時真の無道の越訴《おっそ》を奇捐《きえん》せられんがため、重ねて披陳

言上件のごとし。

暦応五年二月　日

以前条々、大概重披陳如斯、雖子細多、所詮就時真之濫訴、去年被究三問三答之訴陳、遂対問、被決理非、預両通御下知上者、以何篇可及改御沙汰哉、然者早為被奇捐時真々（之ヵ）無道之越訴、重披陳言上如件、

暦応五年二月　日

【東寺百合文書ハ】

一三

太良御庄百姓等謹みて言上す。

早く、蓮仏の住宅に強盗打ち入るの間、守護使を入部せしめ見知《げんち》せらるるのところ、強盗の所見分明の上は、子細なき旨申すのところ、蓮仏惣百姓等古敵《こてき》と称し、故なく権門の者を庄家に引き入るる罪科遁れがたき子細の事。

副へ進む。

一通　死人所持の証文案　正文《しょうもん》に於ては、使馬允《うまのじょう》請取り畢んぬ。ハタマホリ(膚守)にこれ在り。

申　状（太良庄）

右、今月六日夜、蓮仏住宅に強盗打ち入るの間、即ち守護の御使馬允を入部せしめ見知《げんち》せらるるのところ、彼の強盗死人一人これ在り。所持の支証分明の上は、強盗の篇《へん》子細なきの由、披露し畢んぬ。ここに蓮仏百姓等古敵の篇と称し、誤りなき百姓等強盗せしむるの由、守護方に於て訴へ申すの間、是非に及ばず、同十六日使者渋屋〈実名を知らず〉馬四郎等入部せしめ、百姓等を召し取るべきの由の条、術なき次第なり。たとひ百姓等罪科ありといへども、尤も寺家に於て子細を申すべきのところ、其の儀なく、守護方に於て訴へ申すの条、罪科遁れがたきものなり。所詮、蓮仏に於ては、日来《ひごろ》定め置かるる御例に任せて、罪科に行はれんがため、粗〻《あらあら》言上件のごとし。

康永元年十一月日

太良御庄百姓等謹言上

早蓮仏住宅打入強盗間、令入部守護使被見知処、強盗所見分明上者、無子細旨申処、蓮仏惣百姓等称古敵、無故引入権門者於庄家難遁罪科子細事、

副進

一通　死人所持証文案　於正文者、使馬允請取畢、ハタマホリニ在之。

右、今月六日夜、蓮仏住宅打入強盗之間、即令入部守護御使馬允被見知之処、彼強盗死人一人在之、所持支証分明之上者、強盗之篇無子細之由、披露畢、爰蓮仏称百姓等古敵篇之、無誤百姓等令強盗之由、於守護方訴申之間、不及是非、同十六日使者渋屋〈実名不知〉馬四郎等令入部、百姓等可召取之由条、無術次第也、縦百姓等雖有罪科之、尤於寺家可申子細之処、無其儀、於守護方訴申之条、難遁罪科者也、所詮於蓮仏者、日来任被定置御例之、為被行罪科、粗言上如件、

康永元年十一月日

【東寺百合文書ヱ】

一四

（端裏書）「太良庄地頭方　損亡申状」

東寺領若狭国太良御庄地頭方百姓等謹みて重ねて歎き申す。

早く急速に御沙汰を経られ、御検使を差し下され、現損の旨に任せて、御検見《けみ》を遂げられ、不便《ふびん》の御成敗を蒙りて、安堵の思を成し、残分の御年貢、急速に其の沙汰を致さんと欲する、損亡の間の事。

右、当年損亡の事、先度具《つぶ》さに言上し畢んぬ。然りといへども御検見を遂げられざるの間、御免の御成敗を蒙る事なきの上は、作稲等を手に懸くべからざるのものなり。上田に於ては風損せしむといへども、寺家の御事を思ひ奉るによつて、少々苅り取り、形のごとく其の沙汰を致し畢んぬ。ここに洪田《こうでん》五反に於ては、池に罷り成るの間、耕作せざるの上は、作人これなし。然れば百姓等巨細《こさい》に当らざるものなり。領家方以て同前か。はたまた河懸《かわかか》りの田地悉く下地共流失し畢んぬ。上田に於ては風損せしむ。なんぞ況んや平畠等壱町余、これまた下地共これなし。然る間□寺家として御損、百姓等として侘傺《たてい》せしむるの条、不便の次第なり。歎きて余りあるものか。かくのごとき大損亡、先代未聞、古今あるべからざるのものなり。所詮、不作・河成・風損の段、下地明白の上は、御検見なくば、更に苅り取るべからざるの由、御代官方に対し奉り歎き申すのところ、世間物忩《ぶっそう》の折節《おりふし》なり。まづ苅り取り、何程たりといへども、且《かつがつ》御年貢沙汰を致すべきの由、仰せ下さるといへども、寺家の御左右《そう》を待ち奉らんがため、百姓等参洛を企て歎き

申すところなり。然れば早く御検使を差し下され、御検見を遂げられんがため、恐々重ねて言上件のごとし。

延文元年九月日

(端裏書)
「太良庄地頭方　損亡申状」

東寺領若狭国太良御庄地頭方百姓等謹重歎申

欲早被経急速御沙汰、被差下御検使、任現損旨、被還(遂)御検見、蒙不便御成敗、成安堵思、残分御年貢、急速致其沙汰、損亡間事、

右当年損亡事、先度具言上畢、雖然不被遂御検見之間、蒙御免御成敗事無之上者、不可懸作稲等於手之者也、於上田雖令風損、寺家御事依奉思之、少々苅取、如形致其沙汰畢、爰於洪田五反者、罷成于池之間、非耕作之上者、作人無之、然不当百姓等巨細者也、領家方以同前歟、将又河懸田地悉下地共流失畢、於上田令風損、何況平畠等壱町余、是又下地共無之、然間□為寺家御損、為百姓等令侘傺之条、不便次第也、歎而有余者哉、如此大損亡、先代未聞、古今不可有之者也、所詮不作河成風損段、下地明白之上者、無御検見者、更不可苅取之由、奉帯(対)御代官方歎申処、世間物忩之折節也、先苅取、雖為何程之、且御年貢可致沙汰之由、雖被仰下之、為奉待寺家御左右、百姓等企参洛歎申所也、然早被差下御検使、為被遂御検見、恐々重言上如件、

延文元年九月日

申　状（太良庄）

【東寺百合文書フ】

一五

敬白《けいびゃく》

再拝々々　起請文事

右元ハ、太良庄公文禅勝幷法橋《ほっきょう》実円等非法奸法不忠以下重々罪科十一ケ条、為《して》二一事一不実ヲかまゑ申候ハヽ、上ハ梵天・帝尺《たいしゃく》・四大天王ヲ始《め》奉テ、凡　日本六十余州大小神祇冥道《みょうどう》、殊《には》　伊勢天照《てんしょう》皇大神・八幡大菩薩・天満《てんま》大自在天神・当国鎮守上下大明神・当庄鎮守三社大明神、別《べっして》テ弘法大師等ノ御罰ヲ、太良庄百姓五十余人可二罷蒙一候。所詮、彼禅勝、寺家ノ御タメニハ於レ事《に》致二不忠一、地下ノタメニハ百姓ノ牢籠ヲ顧ス、悪行ヲ張行《ちょうぎょう》仕候之間、百姓等難二安堵仕《り》一候之間、所レ捧二連署之起請文一候也。於二禅勝一ハ、子孫ニイタルマテ、為レ被レ停二止庄内経廻《けいかい》一、起請文如レ件。

延文元年十月廿三日

・光阿弥陀仏(略押)　・十念(略押)西向(花押)　・小蓮(略押)
善阿弥陀仏(花押)　・中大夫(略押)　・丹後阿闍(花押)
・法阿弥陀仏(花押)　・豊前大夫(略押)　・妙蓮(花押)
・平護守(略押)　・右近しやう(花押)　江大夫(略押)
・三郎大夫(花押)　・三郎大夫(略押)　平大夫(略押)
弥介(略押)　・泉介(花押)　弥介(略押)
又五郎(略押)　太三郎(略押)　平四郎(略押)
・丹婆介(略押)　心小(略押)　平四郎(略押)
・中内(略押)　孫介(略押)　西阿弥陀仏(略押)
令介(略押)　平十郎(花押)　四郎三郎(略押)
さいくの介(略押)　平内二郎(略押)　善覚(略押)
左近しやう(略押)　やまとの介(略押)　・とう介(略押)
とう二郎(略押)　みこう房(略押)　二郎太郎(略押)
又六(略押)　泉介(略押)　とうない二郎(略押)
とう大夫(略押)　新けうきやう(略押)　とう介(略押)
真さいく(略押)　・三郎介(略押)　弥介(略押)
平四郎(略押)　太郎大夫(略押)　き二郎(略押)
・安大夫(略押)　ひこ二郎(花押)

【東寺百合文書し】

一六

善日女《によ》申す、若狭国太良庄真俊名半分名主職の事。

右名主職は、善日女重代相伝の条、御沙汰事旧《ことふ》り訖《おわ》んぬ。しかるに□□大高殿より作稲を刈り取らるるの上、度々侘《た》傺《てい》に及ぶによつて、不慮御□□□済の間、惣御百姓等銭貨五貫文を引き違《たが》へしめ、その弁《わきま》へを致し、下地を預るの間、今年に於ては、かの銭貨を百姓中に経返《へかえ》し、元のごとく□□せしめんと欲するのところ、当名主職を以て、大輔房《たゆうぼう》際祐に充《あ》て行はるるの条、堪へがたきの次第なり。所詮百姓非分に牢籠の時、御年貢未進によつて、一旦その所帯を召し放《はな》たるるも、後日かの未進を弁ふるの時、元のごとく本職に還補《げんぽ》せしむるの条、古今の流例たるか。然れば早く重代相伝の道理に任せて、安堵の充文《あてぶみ》を下し給はり、且うは惣百姓の秘計物を経返し、且うは御年貢以下の御公事を全うせんがために、恐々目安言上件のごとし。

延文元年十一月　日

□(善)日女申若狭国太良庄真俊名半分名主職事
□(右)名主職者、善日女重代相伝之条、御沙汰事旧訖、而□□自大高殿被苅取作稲之上、依及度々侘傺、不慮御□□□済之間、惣御百姓等令引違銭貨五貫文、致其□(弁)預下地之間、於今年者、経返彼銭貨於百姓中、如元欲令□□之処、以当名主職、被充行于大輔房際祐之条、所詮百姓非分窂籠之時、依御年貢未進、一旦被召放其所帯、後日弁彼未進之時、如元令還補本職□□(之条ヵ)為古今流例哉、然早任重代相伝之道理、下給安□(堵)充文、且経返惣百姓秘計物、且為全御年貢以下御□(公ヵ)事、恐々目安言上如件、
　□(延)文元年十一月　日

【東寺百合文書ツ】

一七

（端裏書）「長禄三　七月日」

畏《かしこまりて》申上候。
抑《そもそも》今度当国物忩《ぶつそう》之事、京　田舎無㆓其隠《そのかくれ》㆒候。さ候間、国中以外《もつてのほか》のさわき(騒)にて候つる間、在々所々の御代官御下向候て、分々に御領々の御けいこ(警固)を被ㇾ召候。さりなから思之外無為《ぶい》に成候間、皆々国の案堵仕候。これ程の大儀にて候ニ、御下向まてハ候ハす共、御中間《ちゆうげん》を一人被ㇾ下候て、国の時宜《じぎ》いかやうに候やと蒙ㇾ仰候ハす候。口惜《くちおしき》次第にて候。たとい御百姓をハ人とおほしめされ候ハす共、上様を大事ニ思召、御領を御領とおほしめし候ハヽ、かやうの御ふそく(不足)ハあるましく候哉。返々《かえすがえす》無㆓面目《めんぼく》㆒次第にて候。これほとにおもわれ申候てハ、已後とても、中〳〵無㆓申事㆒候間、御下向候共、御目ニかゝり申事、努々《ゆめゆめ》あるましく候。其外此一両年御下向候て、先《さきの》御代官之時、被ㇾ置ㇾ定候下地等悉《く》御違《たがい》候て、御すい(随意)ニめされ候事、大ニ歎入存候。次ニ旧冬より当年両度の御要銭公私の入目《いりめ》及㆓廿貫文㆒候。御不審候者、以㆓誓言《せいごん》㆒注文相副《え》、重而《かさねて》可㆓申上㆒候。又半済《はんぜい》故、今富を御のき候時、人夫等いかほと入候共不ㇾ存候。結句又湯山への夫丸《ふまる》五人御かけ候。中〳〵地下の計会《けいかい》無㆓申事㆒候。返々御代官事、なにと蒙ㇾ仰候共、もちい申ましく候。さ候間、中尾殿の事、ひさしき御代官の事にて候。もとのことく下申され候ハヽ、可㆓畏入㆒候。かやうニ申上候へハとて、地下御百姓等くわんたい(緩怠)の子細努々不ㇾ存候。御ゆるされ候ハヽ、いかやうのせいもん(誓文)をも仕候て、重而

可二申上一候。此旨御披露候ハヽ、可二畏入一候。恐惶謹言。

七月　日　　太良庄惣御百姓等上

進上　東寺惣御公文所殿参

人々御中

【東寺百合文書ぬ】

一八

（端裏書）「長禄三」

畏条々申上候。

一　源権守・法一か間之少免《しょうめん》事。先年道祐と申者所持仕候。岡弾正《だんじょう》殿御代官之時、彼道祐罪科子細候而、闕所《けっしょ》候て、公文方へ御預《け》候。其下ニて法一預《り》申候処ニ、源権守侘言《わびごと》申候とて、事問《とわ》すニ召放、源権守方へ御付《け》候。源権守も先祖之免ニて候之由申候へ共、此先祖之十念と申者も、先年徳政之張本仕候て、兄弟なから守護方へ被二召取一候てきられ候間、先祖と申候て望候ハん者《は》、あるましく候哉《か》。

一　左衛門大夫・平大夫か間之田事。憑子《たのもし》の懸米《かけまい》平大夫無沙汰ニより候て、永代之書放《かきはなち》を仕候て、左衛門大夫方へ渡候。縦《たとい》徳政行《ゆき》候て、憑子破候共、永地《えいち》之徳政行候ハすハ、此下地を返ましく候へ共、押召放、平大夫方へ御付候。無《き》レ謂《いわれ》次第ニて候哉。

五郎右衛門・右近細田境目之事。くいを本ニ申候へ共、久《ひさしき》事ニて候間、不レ存候由、右近申候て承引不レ仕候。か様之境目事ハ、此下地ニ不レ限、境を見失候へハ、乍《ながら》レ存不レ申候。又五十年百年過候へ共、くいを見出候へハ、其を本ニ申沙汰候ならひニて候。為レ其昔くいを打をかれ候。さ候間、口入《くにゅう》人立候て、此謂《いわれ》を申候間、右近領《りょう》掌《じょう》仕候て、別之所を替地《かえち》ニ出候処ニ、是も御代官之御意ニて取返候て、又菟角《とかく》申候。肝要ハ、以二御上使一御見地（検知カ）候て、其ニ御不審候者、其時湯火之間之誓文をさせらるへく候。

一　二郎五郎・右近か間之屋敷事。此右近か屋敷ハ有レ謂《いわれ》ニより候て、五郎右衛門知行仕候を、右近屋敷ニ事を闕《かき》候て、替地を五郎右衛門方へ出候て、家を作候て、其後御代官をかたらひ申候て、直《じき》ニ預申ニ仕候て替地を取返、結句屋敷せハく候とて、二郎五郎か屋敷をも一つニかいこめ候。家をも立候へとしきりニ申候ても、いまた家をハ立候ハて、しへき（四壁）をハ悉被レ取候。二郎五郎も代々の屋敷ニて候。是も御代官御意ニて候之由申候。如レ此之条々御代官方へ御侘言可レ申候へ共、右近ハ政所《まんどころ》屋之事ニて候間、如レ此之振舞仕候間、中〱私ニて道行《みちゆく》ましく候と存候て、くわんたい（緩怠）なから直ニ申上候。はや惣庄一身同心ニ誓文を仕候て上《あげ》申候上者《は》、当御代官之事者、努々《ゆめゆめ》叶《い》申ましく候。縦御承引候ハて御下向候共、惣庄悉《く》乞食《こつじき》を可レ仕候。此旨可レ然様御披露候て、別之御代官を被二下《し》申一候者、可二畏入申一候。恐惶謹言。

長禄参卯

八月廿九日　　　大良庄惣御百姓等上

進上東寺御奉行所参

人々御中

【東寺百合文書ハ】

一九

畏《かしこまりて》　申上候。

抑《そもそも》当所損免之事。捨田《すてだ》分者《は》、以二注文一申上候。此分者、一粒《りゆう》も御入あるましく候。其外平田損免之事者、国中引懸《ひつかけ》不レ可レ有二其陰《そのかくれ》一候。親名《おやみよう》事候間、今富を本ニ、在々所々ニ申候。半分御免と被レ仰候へ共、三分二損と申候。其分ニ御免あるへく候。此旨更々緩怠を不二申上一候。若《もし》偽を申上候者、

日本国中大小之神祇・伊勢・熊野・当国上下大明神、殊者《ことには》、御大師八幡・当庄之三社明神之御罰を可レ蒙レ罷候。仍誓文《せいもん》之状如レ件。

長禄四年九月廿三日　　　太良庄御百姓等

道見（筆軸印）　介大夫（略押）　二郎大夫（略押）

介三郎（筆軸印）　彦介（筆軸印）　妙連（略押）

七郎二郎（筆軸印）　五郎衛門（花押）　三郎右近（略押）

道教（筆軸印）　孫二郎（花押）　左衛門大夫（略押）

馬大夫（筆軸印）　宗音（略押）　小介大夫（略押）

平大夫（筆軸印）　三郎二郎（略押）　中大夫（筆軸印）

平内大夫（筆軸印）　左衛門二郎（略押）　孫介（筆軸印）
平大夫（略押）　馬二郎（筆軸印）
道一（筆軸印）　安二郎左近（筆軸印）　豊前大夫（筆軸印）
弥大郎（筆軸印）　二郎大夫（筆軸印）
進上　東寺御奉行所参

【東寺百合文書フ】

三〇

（端裏書）
「寛正参」

畏《かしこまり》申上候。

抑御反銭配符《たんせんはいふ》入《り》候。則《ち》進上仕候。配符之外にかけ（懸）そ（副）へ卅文加《え》候て、八十文ニ装束あるへく候。其外、配符銭百文取立《とりたて》ニ可レ仕之由、申候て、御中間《ちゆうげん》まわり候。さ候間、去年之御一献之事、只今も涯分奔走《がいぶんほんそう》可レ仕候へ共、耕作に取《り》向《い》候時分から（柄）迷惑候。五貫文分秋ニ成候者、早々取立《て》進納可レ仕候。さ候へ者、去年納所へ四貫五十文入《れ》申候。上使之御礼、脚《きやく》力粮物《りきのろうもつ》已下、又九百五十文進上仕候迄、拾三貫ニ及《び》候間、御百姓等之たすかりも過分にハ候ハす候。此五貫文之事者《は》、御請を申候上者《は》、更々緩怠あるましく候。無沙汰仕候者《ば》、堅《く》可レ預ニ御催促一候。今度之御一献之事者、涯分奔走申へく候。次ニ春成《はるなし》事、公田《くでん》者《は》悉沙汰仕候へ共、散田《さんでん》無ニ了簡一候て、無沙汰申候。はやせいらく相残分、如ニ大法一加ニ利《り》平《ひよう》一、秋沙汰可レ仕之由、御請《うけ》を申候。此分にて御扶持候者、可ニ畏入一候。返々御反銭事、早々御申御沙汰候て、御免除下《し》給《わり》候者、御目出畏《り》入《り》候。日限過候者、定大使《おおつかい》可レ入候。さやうニ候て者、過分のつい（費）へあるへく候。延引候ハヽ、少つゝ納所《なつしょ》をも申、又いつものことく上使ニ御礼をも申へく候。上使も、公方上使・国方之上使あまた御入候間、御礼銭過分ニ可レ入候。委細者、此僧可レ被ニ申上一候。恐惶謹言。

卯月廿三日　　太良庄御百姓等上

進上　御政所殿参　人々御中

【東寺百合文書フ】

二

（端裏書）
「就二太良庄一献料一百姓等注進状」

畏申上候。

抑《そもそも》御不入《ふにゅう》方御一献之残拾貫文之事、計会《けいかい》ニより候て、無沙汰仕候処、堅《く》御せつかん（折檻）候之間、先《まず》御請状《うけじょう》を仕《り》候。当秋《に》成《り》候ハヽ、早速ニ取《り》立《て》奔走可レ仕候処、晩田《ばんでん》之在所にて候間、于レ今延引、恐《れ》入《り》存《じ》候。只今拾貫文進上仕候。但、此内半済《はんぜい》方御代官、保《ほ》一色《いっしき》五段半手《を》作《り》候。四百五十八文にて候。催促申候へ者《ば》、是者《は》不入方御一献にて候間、京都聞得《のきこえ》難儀《に》候。為《して》レ私難《とき》レ計《い》由被《れ》レ仰《せ》候。御侘事《わびごと》を申候へ者《ば》、何様追而《なにさまおって》可レ出由被レ仰候。地下《じげ》之引違《ひきたがえ》も大事《に》候間、先《まず》相残《る》分九貫五百卅九文進上仕候。御下向之時、巨細《こさい》を被レ仰候て、御催促あるへく候哉《か》。仍利平《りひょう》等之事者、可レ預二御扶持一候。去年も様々御侘事如二申上候一、請状までも御入あるましく候。来秋者、必々奔走可レ仕由、度〳〵申上候へ共、堅被二仰下一候間、御意おもく候て、請状を仕候。如二御存知一、地下之式法《に》過《ぎ》候。やう〳〵奔走仕候。万事御披露肝要候。能様《よきよう》ニ御申候て、利平等之事、預二御扶持一候者、可二畏《り》入《る》一候。御下地等苅納候ハヽ、御百姓参洛仕候て、御礼等可二申上一候。いまた次《に》田舎者《は》事外《ことのほか》長つゆにて、秋中ハふりくらし候。二日三日とも晴やらす候て、計会仕候。結句去月晦日之大風けしからす吹候て、晩田者《は》半損ニ過候。又犬・しゝ以外多候て、畠物其外沢田なとハ毛付《け》なく候。はや洪田へおり候て、ふミ（踏）したき、くいそん（喰損）さかし候。言語道断《ごんごどうだん》なる式にて候。更々追ゐす候。当所ニ不レ限事候へ共、不レ及二了簡一候。彼是《かれこれ》計会無二是非一候。雨と申、しゝと申、御下地なと、事之外しほれ候て、未レ得レ苅候。定《て》御下向之時まて、稲なと御入あるへく候間、可レ懸二御目一候。又御放生会《ほうじょうえ》人夫之事、堅被二仰下一候間、八月十五日の御神事ニハ不二出申一候。今月十日　上下宮御神事にて候。九日の晩景ニ使をあまた付《け》候て、堅催促候。其分問答仕候へ共、承引なく候。注進申候ハんも、俄事《にわかのこと》候間、五人出候て、侘《わび》候へ者《ば》、十日の日重而《かさねて》人を被レ上候て、此間未進ニ悉《く》かり取候ハん由申候て、大さうとら（取）せ遣候間、様々侘候て、又三人出候。軈而《やがて》注進仕候ハんすれ共、京都ふつそう（物忩）なる由承候間、不二申上一候。此人夫を出候ハす者、本所御百姓一人も守護方の地をふますましき由評定候と承候間、一日も小浜《おばま》へ出入仕候ハてハかなわぬ在所にて候。さやうニ候てハ、弥〱御六借《むつか》敷《しく》成候ハんと存候て、先国をつくのい(償)申候上にて、しかと御定候て、後々菟《と》角《かく》被レ申候ハぬやうニ御さたあるへく候。以後にて候共、御代官も御座候ハぬに、為《して》二御百姓一《と》、国方へ立合申候ハん事難儀候。内々御心得候て御申あるへく候。天瀧(龍)寺御領なとも、守護方へ立合候て、守護方の地に関をするゐられ候て、四五十日被レ留候て、御百姓手をすり候て、守護しんたい(進退)ニ成候。かやうの引懸《ひっかけ》ある事候間、大事候。殊ニ御不入事ハ、半済方にもそむく事にて候。今ハ御百姓身持《みもち》大事《に》候。半済方よりも、縦《たとい》不入ニ成候共、公事者、以前ニ相替《かわる》ましき由、京都より被二仰下一候間、其分にてあるへき由、連々被レ仰候。内々其儀にて候間、地下内にて、さのミそむき申候ハん事、御百姓の難儀《に》候。度々如二申上一候、当代のあいしらい、先々ニ相替候。尚々も、しかと御申定《しめ》候て、御百姓大事ニなり候ハぬやうニ御さた候ハヽ、御目出度候。御下向時、京都にて御定《じょう》候て、以後之煩なきやうにめされ候へく候。内々為二御心得一申上候。返々彼利平等之事、可レ然やうニ御披露候て、請状を下給候者、可二畏入《りる》一候。万事御扶持を奉レ憑《たのみ》候。恐惶謹言。

九月廿七日　　太良庄
　　　　　　　　御百姓等上

進上　御政所《まんどころ》殿
　　　　まいる

【東寺百合文書ぬ】

三

(端裏書)「太良庄百姓注進状」

畏《かしこまり》申上候。

抑《そもそも》今度段銭《たんせん》御免除之事、早速御□候て下給《しわり》候。畏入存候。仍御一献拾貫文被二懸《け》仰《せ》一候。いかやうにも奔走可レ仕候へ共、去年の御一献当年まて色々ほんそう仕候間、地下之計会無二申計《すり》一候処、今度之反銭《たんせん》にも、国にて御礼、御奉行へ壱貫文、納所《なっしょ》へ五百文仕候。其後ふさた(無沙汰)仕候とて、譴責《けんせき》を可レ被レ入由被レ申候間、重罷出《てまかりいで》候て、種々侘《わび》申候へ共、叶ましき由、堅《く》被レ申候間、五百文振舞候て、様々侘事申候。彼是《かれこれ》弐貫文入候。是をさへ御公平《くびょう》にて御侘事可二申上一由、申候へハ、御代官御せつかん《(折檻)》候間、不レ及レ力三貫文さた仕候ハんと申候へ共、中〳〵御取次あるましき由、被レ仰候間、五貫文奔走可レ仕候。以二此分一平ニ預二御扶持一候ハヽ、可二畏入一候。次《に》去年利平《りひよう》事、叶《う》ましき由、被二仰下一候。かやうの御一献さへ迷惑仕候間、御閣《さしおき》候て、御百姓等を御助候ハヽ、返々可二畏入一候。可レ然様ニ御披露候て、請文《うけぶみ》を下給候ハヽ、忝《かたじけなく》可レ存候。何も御扶持を奉レ憑候。為レ其態々《わざわざ》百姓まかり上候。委細者可二申上一候。恐惶謹言。

十一月　日　　　太良庄御百姓等上

進上　東寺惣御公文所《くもんじょ》殿
まいる

【東寺百合文書ハ】

二三

□安

畏言上候。太郎庄御百姓等歎申条々之事。

□、歎申条□やく御きゝ入候者、畏入候へく候。守護方よりりんしゆ《(臨時)》の御公事等かけられ候時ハ、先《の》御代官□□御出候て、御歎候て、御百姓等お御たすけ候。当御代官者、更ニ守護方へも御出候ハて、御百姓等つやさ《(費)》れ□□《(候事)》せひ《(是非)》なく候。御てつくり《(手作)》ともおゝくさせられ候間、御百姓等のなけき、申□《(は)》かりなく候。地下ニ一大事とも《(共)》の候時も、せうはう《(諸方)》のたんな《(檀那)》まわりお《(を)》させ給候て、御百姓等おも、公方おも、一大事ともさ□候ハて、御百姓等おなやまされ候事、せひ《(是非)》によお《(およ)》はす候。守護方への御公事のれう《(料)》に、御年貢米の内おせうし《(少事)》御めん候よし、御百姓等うけ給候へ共、御百姓等中へハ、一立《(粒)》も御出候ハす候。かやうの歎お申上候へハ、更□《(々カ)》御せういん《(承引)》なく候へハ、御百姓等つへ《(費)》申はかりなく候。恒枝方へ三丁おとしとられて候下地にも、去年ハたんせん《(段銭)》おさせられ候。かやうの御公事ともせんれい《(先例)》ハ、更々なき事にて候ゑハ、守護方へ御出候て、御もんたう候へと、御百姓等申候へ共、更々御もちい候ハて、けつく《(結句)》御百姓等おきめられ候て、せんれいし候ハす候たんせん《(段銭)》をさせられ候。かやうに無沙汰にわたり候御代官にて御わたり候間、御百姓等御りやうちう(領中)にあんと(安堵)しかたく候て、てうさん(逃散)仕候。いかやう(如何様)の御代官お御下《し》候ハヽ、御百姓等もけんちう(還住)仕候て、かう作おも仕候。又御公事のちうせん(忠節)いたし申へく候。かさねて申上候。よの御代官お御下候ハてハ、御百姓等けんちう仕かたく候。此御代官お御ひいき候て、御かゐ候ハて、もとのことく御代官に御おき候ハヽ、御百姓等けんちう仕候ましく候。しかるへく候ハヽ、いかやうの御代官を御くたし候ハヽ、かしこまり入候へく候。仍目安言上如レ件。

二月日　　　　太良庄御百姓等上

東寺
　御公文所

【東寺百合文書ツ】

一四

畏申上候。

抑御要銭《ようせん》之事。先度注進仕候処ニ、無二御返事一候間、重而申上候。入目《いりめ》等事、去年のことく過分ニ候。御使を被二付《け》置《か》一候て、きふく(急)御さいそく被レ召候間、高利之御料足を借申候て立《て》申《し》候。地下之取合《とりあい》迷惑無二申事一候。

一　御夏地《なつじ》子《し》之事も、今月中ニ尤《も》奔走可レ申候へ共、田舎つまり(詰)候と申、又御要銭之引違《ひきたがえ》、彼是《かれこれ》庄下(家)の計会にて候。早米出来候ハヽ、必々取立申候て、一度ニ進上可レ申候。今月中の事ハ、可レ然やうニ御披露候て、可レ預二御扶持一候。縦御催促ニ人を御下候共、奔走難レ申候。万事御ふち候ハヽ、可二畏入申一候。田舎のつまり、中〳〵無二申事一候。

一　御屋《や》形上様《かたかみさま》芸州御下《げ》向夫《こうふ》事。如二去年一在々所々かゝるへき由、風聞候。定而被レ仰候へく候。

一　内裏《だいり》反銭《たんせん》事。是も一定《いちじょう》かゝるへき由承候。余《よ》所《そ》を承候へハ、はや京都にて御侘言《わびごと》候て、御免除被レ召候方もあまた御入候。何も兼日ニ御申御さた候て、御免除を被レ召候て、配符入候ハぬやうニ御さた候て被レ下候者、公私御目《め》出《で》畏入可レ申候。已《い》後《ご》被レ仰候へハ、国の御礼、京都御一こんと(献)申、過分ニ失墜候へハ、迷惑にて候。兼日ニ御申候共、御一こんの事ハ、いかやうにもほんそう(奔走)申へく候。配符入候までも、御入あるましく候。余所も皆々御侘言候て、御免状出候。尚々御要銭事、国にて請《うけ》かい申候へ共、京都にて御侘言候て、御免候在所もあまた御入候。毎年かくのことく候ニ、結句去年当年過分ニ被㆓懸《け》仰《せ》㆒候。めいわく仕候。次ニ冬の御反銭廿余貫文仕候。去年の作毛わるく候て、計会仕候処ニ、かやうの臨時申、かれこれ地下のたいくつ(退屈)にて候。国方のりんし(臨時)色々の事、其御あいしらい大事候間、御代官事御在庄めされ候へと、度々申上候へ共、其儀も御座候ハす候。御百姓之あつかい少も緩怠候ハヽ、上様の御大事たるへく候。又ハ御代官之御座候ハねハ、諸事ニ地下を御あなつり(侮)候間、何事の御侘言も不㆑立候。いかにも御領をつよく御知行候ハんために申上候。更々御百姓等緩怠にてハ、不㆓申上㆒候。尚々公私無為《ぶい》無事ニ御座候ハん事、千秋万歳《せんしゆうばんぜい》御目出候。尚々御要銭事、国の請かいハ仕候へ共、京都之御侘言立候て、御免ニなり候方も、あまた御入候に、如㆑此仕候へハ、別ニ被㆑召候て、結句過分ニ毎年被㆓懸仰㆒候事、地下のたいくつにて候。此旨能々御披露候て、預㆓御扶持㆒候者、可㆓畏入申㆒候。恐惶謹言。

六月　日　　太良庄御百姓等上

進上　御政所殿参　　人々御中

【東寺百合文書フ】

三五

(端裏書)「太良庄百姓等状」」

太良御庄百姓等畏《りて》申上候。

抑去年当御庄乱妨事、度々両御雑掌方令《へ》㆓注進㆒候上者《は》、定《めて》寺家ニ御披露候歟。庄家散々《さんざんの》(式)職罷成候間、無㆑力事候。上御使御覧之上者、不㆑当《ら》㆓巨細《に》㆒候。百姓等も今者こらへかね候て、庄家罷出候までにて候。難㆑遂㆓濃業(農)㆒候間、後日公平《くびよう》と申、又百姓等侘傺《たてい》、庄家すいへ(衰弊)と申、中〳〵無㆓申《す》計《ばかり》㆒候。急速ニ被㆑経㆓御沙汰㆒、しゝう(始終)能《き》様ニ可㆑有㆓御計㆒候。

尚々御無沙汰□(之)御事あるへからす候。

一　被㆓仰下㆒候御借物事。尤可㆓借進㆒候之処、三宅より、去年十二月廿六日より打㆓入当庄㆒之、数多《あまたの》使等百姓等家《や》内《ない》ニ放《ち》入《れ》、朝夕夜のひまなく被㆓譴責㆒之間、心のひま候ハて、乍レ思不二借進一候。御事遅々、歎入候。所詮、当庄いつしつ《(鎮)》まりかたく候。当国のいつまの衆御憑《たのみ》候ハてハ、不レ可レ有二正躰《しょうだい》一候歟《か》。先《の》御代官此衆御憑候歟。然ニ彼莅《りう》生殿ハ当庄ニ名田一所も被レ持候上者、いかなる被レ現二不忠《を》一候ハん時ハ、御かんき《(勘気)》候ハんにハ、不レ可レ有二子細一候。彼仁を可レ有二御憑一候。あなかち百姓等《の》身として、か様ニ可レ申ニ候ハす候へとも、所詮、寺家の公平《くびょう》を存知仕候間、如レ此令レ申候。只しゝう《(始終)》庄家吉様《よきよう》、可レ有二御計一候。尚莅生方奉二為《おんため》寺家一やわか不法不忠いたし候へき。自余様《じょさま》の国人《こくじん》等ニ思食《おぼしめし》かへられ候ましき御事候。彼仁被二仰付一候者、定《めて》庄家《しょうけ》無為□ハ被二仰下一候之処、御借物不レ可レ有二子細一候。

一　当両御雑掌そゑん《(所縁)》に参り申事候ハす候。国中之狼藉をハ、つや〳〵御しつ《(鎮)》めあるましき御事ニ候間、庄家おんひ《(穏便)》の事候ましきまゝに、如レ此申上候。いつれも〳〵百姓等申ところ御ふし《(不審)》を御のこし候ハヽ、当庄の仏神三宝も御せうらん《(照覧)》あるへき御事候。早々可レ有二御計一候。又請料《うけりょう》あまりに〳〵被二譴責一之間、寺家の御さ右為《ため》二奉《り》レ待《ち》候ハん一、無力請文をいた《(出)》して候。不レ被レ取候以前ニ、吉様ニ可レ有二御沙汰一候。以二此旨一可レ有二御披露一候。恐惶謹言。

二月八日　　　太良庄百姓等

進上　乗真御房

【東寺百合文書ハ】

二六

目安

東寺御領太良庄御百姓等謹《みて》言上《す》。

右、言上候旨者、去月以二目安一申上候処ニ、正月中ハ寺家御さたあるへからさる由、仰《を》蒙《り》候間、かさねて申上候。

一　当御代官加ふうす《(副寺)》就二諸事ニ一候て無二正躰《しょうだい》一候。早々ニ新御代官を御下候て、御公事等御さた候ハヽ、為《ため》二寺家一、御二為庄家一、可レ然存候。

一　とくせい《(徳政)》の儀ニ付候て、自二去年一地下のさくらん《(錯乱)》中〳〵無二是非一候。か様のさくらんも以前申上候ことく、四人百姓の所行《しょぎょう》にて候。とりわけ道性入道ちやうきやう《(張行)》

の本人にて候。御代官定候とも、まつ早々ニ上使を下申
され候て、公文相ともニ地下の様すを、御しつめ候へく
候。さ候ハすハ、地下の御したち(下地)あれ候へく候。
一　小守護代今月十一日松山と申仁下て候。いそき〳〵地
下の事もしつまり候ハすハ、御寺領へいかゝ候へきと存
候。尚々先代官のちうけん(中間)、ちう夜ニ京いなか上下仕候。
如何様の事をハたくミ候らんと、心もとなく候。是非ニ
おき候て、かふうす(加副寺)をハ代官□ミ申ましく候。
一　半済《はんぜい》方の御百姓等も、とく一円ニ御なり候へかしと、
まち申候。さ候間、同心仕候。か様ニ候処ニ、けつく吉
原殿御もち(持)と申候て、ちけい(地下)よ〳〵さくらん候。今程の
時分、いそき〳〵御さた(沙汰)あるへく候。
一　御年貢地頭領家の分、去年のはる内々申入候ことくニ、
御かんちやう(勘定)あるへく候。その内にて、定《じょう》のそき(除)あるへ
く候。
一　地頭方の米のハし(和市)、石別一貫百余、領家方一貫余、た
いかい(大概)此分にて候。
一　御代官の事、先立《せんだつて》おりかミ(折紙)をもつて、別紙ニ申入候仁《にん》
躰《たい》を定め申され候ハヽ、御百姓等、いよ〳〵ちうせつ(忠節)を
いたすへく候。委細の事ハ、此御百姓等可二申上一候。恐
惶謹言。

二月廿二日　　太良庄本所《ほんじょ》半済地頭

領家　　御百姓等上

【東寺百合文書し】

二七

畏申□

抑当所捨田《すてだ》弐丁余□　□申候之処ニ、無二御承引一□
□計会仕候。堅歎申候へ者、緩怠之至候へとも、当年者、
事外《ことのほか》損し候之間、かさねて申上候。一粒も取候ハぬ御下
地の御年貢弁《え》申候ハんこと難儀にて候。乍ㇾ去、二丁内一
丁之分者《は》、御年貢ほんそう(奔走)可ㇾ仕候。相残分を可ㇾ預二御扶
持一候。御ゆるされも候ハヽ、いかやうの請文おも仕候て、
進上申へく候。
一　多田院段銭御一献之残事、蒙ㇾ仰候。難ㇾ及二了簡一候へ
共、かいふん(涯分)たしなミ申候て、進上可ㇾ仕候。利平等事

者、可レ預ニ御扶持一候。

一　御鐘持運賃車力之事、被ニ懸仰一候。これより今津まで人夫五十人にてつき(継)申候。此入目《いりめ》五貫文にて候。為《して》レ惣《と》借違《りい》候。少者《すこしは》御公平《くびょう》おも申候て、一方之利平《りひょう》にも仕候ハんと存候処ニ、結句《けつく》運賃さゐ蒙レ仰候。中〱不下及ニ了簡一申上候。

一　宝蔵御造栄(営)米事、蒙レ仰候。京都ニハさやうニ御座候共、田舎の大法者、神社仏物をきらわす徳政ニやふり候。此御米ニかきり候て沙汰仕候ハヽ、又とくせいをあらたむるにて候。さやうニ候ハヽ、御領もわつらい候ハんと存候。別而御奉加にハまいり候共、此御米を沙汰仕候ハん事、難儀と存候。平ニ御扶持可レ蒙候。御代官御下向候て、如レ此之条々、日々堅せ(責)め御ふ(伏)せ候之間、驪も注進可レ仕候へ共、半済《はんぜい》方之御公事ニ付候て、御百姓等とはうを異候。さやうの取乱《とりみだれ》ニより候て、于レ今遅々仕候。あまりに〱御百姓等計会仕候間、重而なけきを申上候。此旨しかるへきやうニ御披露御申候て、万事者、御扶持あるへく候。返々御たすけ候ハてハ、地下之案堵も難レ叶候之間、如レ此申上候。恐惶謹言。

十一月　日　　　　太良庄御百姓等上

進上　東寺惣公文所殿　まいる

【東寺百合文書ツ】

摂津阿理野庄百姓申状

一

四天王寺御領阿理野《ありの》御庄百姓伴《ともの》則安謹みて言上す。

当御庄百姓字《あざな》源太郎〈実名を知らず〉として、今案《こんあん》の不実を構へ出し、則安の親父貞安の負物《ふもつ》有りと称し、猥《みだ》りに預《あずかり》所《しょ》御方幷びに寺家御方に申さず、七月より御仏聖田《ぶっしょうでん》平町一段屋敷前二段を点定《てんじょう》し、作稲を朽損《くちそん》ぜしめ、御仏聖幷びに段米を失はしめんと擬《あてが》ふ、謂《いわ》れなき子細の事。

右、件の子細は、源太郎今年六月始め跡形《あとかた》なき不実の虚誕を申出し、貞安参貫文の利銭《りぜに》を取ると称し、預所御方幷びに寺家御方に申さず、理不尽に草印《くさじるし》を仏聖田の作稲に立て、去《さんぬ》る七月より朽《くち》損ぜしむるの条、所行の企、甚だ以て姧謀なり。当時申すごとくんば、すでに四十七年に及ぶと云々。この条、貞安存生《ぞんじょう》の時、更に知るに及ばず聞き及ばず。すでに死去せしめて十七ケ年なり。随つてまた源太郎の親父円蓮房存生の時、貞安幷びに則安等に相触れずして、去年死去せしめ畢んぬ。もし子細あらば、貞安存生の時、円蓮房これを申すべし。また円蓮房存生の時、則安に相触るべきものなり。しかるに其の儀なく、五十年に及びたる今、かくのごとき姧謀を申出《い》だし、理不尽に草印を立て、御仏聖田の作稲を朽損ぜしむるの条、所行の企《くわだて》、甚だ以て常篇《じょうへん》を絶つ僻事《ひがごと》なり。尤も御察《さっし》に足るべきものか。所詮、早くまづ彼の草印を抜かれ、御仏聖・段米以下の御公事を全うせしめらるるの後、負物の真偽を糺明せられなば、まさに正直憲法《しょうじきけんぼう》の貴旨を仰ぎ奉るべし。よつて粗〻《あらあら》言上件のごとし。

永仁四年八月

四天王寺御領阿理野御庄百姓伴則安謹言上

為当御庄百姓字源太郎〈不知実名〉、構出今案不実、称有則安親父貞安負物、猥不申預所御方幷寺家御方、自七月点定御仏聖田平町一段屋敷前二段、令朽損作稲、擬令失御仏聖幷段米、

無謂子細事、

右件子細者、源太郎今年六月始申出無跡形不実虚誕、貞安称取参貫文利銭、不申預所御方幷寺家御方、理不尽立草印於仏聖田之作稲、自去七月令朽損之条、所行之企、甚以姧謀也、当時如

申者、已及四十七年云々、此条、貞安存生之時、更不及知不聞及、已令死去十七ヶ年也、随又源太郎之親父円蓮房存生之時、不相触貞安并則安等、而去年令死去畢、若有子細者、貞安存生之時、円蓮房可申之、又円蓮房存生之時、可相触則安者也、而無其儀、及五十年今、申出如此奸謀、理不尽立草印、令朽損御仏聖田作稲之□□(之条カ)所行之企、甚以絶常篇僻事也、尤可足御察者歟、所詮早先被抜彼草印、被令全御仏聖段米以下御公事之後、被糺明負物真偽者、将奉仰正直憲法之貴旨、仍粗言上如件、

永仁四年八月

【大日経疏妙印抄口伝裏文書】

二

四天王寺御領阿理野御庄住人源貞吉謹みて弁申す。

同御庄百姓則安として、負物の事により、弁《わきま》ふべき由触れ申すところ、謀訴を捧げて上方を掠《かす》め奉り、御仏聖《ぶつしょう》并びに段米等を失はしむるの由訴へ申す、その謂《いわ》れなき子細の事。

副《そ》へ進む。

一通　則安親父貞安借用状案文《あんもん》　建長三年十二月廿八日

右、件の条は、則安親父貞安去る建長年中のころ、利銭本《りぜにもと》参貫文を借用せしむるの問、証文の旨に任せて弁ふべきの由、触れ申すのところ、限りある負物《ふもつ》を弁へず、上方を掠め奉り言上せしむるの条、甚だ自由なり。負物の事を責め申すによつて、御仏聖并びに段米等を失ひ奉るべきの□、限りある御仏聖・段米已下御公事等緩怠せしめんがため、事を負物に寄せ、かくのごとく上方を掠め奉り、剰《あまつさ》へ御状を申し下すの条、罪科いよいよ軽からず。所詮文書の道理に任せて、負物に於ては、急《きっ》と其の償《まどい》を致すべし。また御仏聖并びに段米等に於ては、いかでか弁へ進めざらんや。これ併《しか》しながら則安言ふに足らざるの申状なり。御信用に足るべからざるものか。よつて恐々披陳言上件のごとし。

永仁四年八月　日

四天王寺御領阿理野御庄住人源貞吉謹弁申

為同御庄百姓則安、依負物事、可弁由触申処、捧謀訴奉掠上方、令失御仏聖并段米等由訴申、無其謂子細事、

副進

一通　則安親父貞安借用状案文　建長三年十二月廿八日

□(右)件条者、則安親父貞安去建長年中之比、令借用利銭本参

貫文之間、任証文之旨可弁由、触申之処、不弁有限負物、奉掠上方令言上之条、甚自由也、依責申負物事、可奉失御仏聖幷段米等□、有限御仏聖段米已下御公事等為令緩怠、寄事於負物、如此奉掠上方、剰申下御状之条、罪科弥不軽、所詮任文書之道理、於負物者、急可致其償、又於御仏聖幷段米等者、争不弁進哉、是併則安不足言之申状也、不可足御信用者哉、仍恐々披陳言上如件、

永仁四年八月　日

【大日経疏妙印抄口伝裏文書】

三

四天王寺御領阿理野御庄百姓伴則安謹みて重ねて言上す。

同御庄百姓源真吉として、陳方なく舌を巻く上は、早く苅り置かるるところの作稲、元のごとく則安に返付せられ、御仏聖幷びに段米以下の御公事を全うせんと欲する子細の事。

右、件の子細は、先度委細言上し畢んぬ。ここに本《もと》真吉進むるところの偽書のごとくんば、去る建長二年なり。それより以来当年に至りてすでに四十箇年□、然れば、廿年以後訴訟の事、理非を論ぜず棄て置かるるの由、御式条分明《ぶんみょう》なり。しかるに彼の偽書の事、則安の親父貞安存生の時はこれを申さず。しかして貞安死去せしめ、すでに十七箇年を経畢んぬ。また真吉親父円蓮房存生の時はこれを申さず。しかして円蓮房去年死去せしめ畢んぬ。円蓮房死去の後、今年六月始めて真吉申出さしむるの条、甚だ以てその謂れなきの由、先度具《つぶ》さに言上せしむるのところ、陳方なく舌を巻く。ただ負物を弁へざるの由、掠め陳じ申さしむるの上は、併しながら偽書の条、遁るるに所なきものなり。尤も御察《さつし》に足るべきものか。両方父母存生の時、その沙汰なく、両方父母死去の後、その子四十余年の偽書を構へ出《いだ》し、汝が父の負物と称し、譴責濫妨せしむるに於ては、尫弱《おうじゃく》の百姓等、一人として安堵しがたきものか。いかでか賢慮に相叶ふべけんや。しかうして憲法徳政の御代なり。尤も御察に足るべきものか。所詮、早く御式条の旨に任せて、真吉非分の濫妨を棄て置かれ、元のごとく彼の作稲を則安に返付せられなば、まさに正直憲法の貴旨を仰ぎ奉るべし。よつて重ねて言上件のごとし。

永仁四年九月　日

四天王寺御領阿理野御庄百姓伴則安謹重言上

為同御庄百姓源真吉、無陳方巻舌上者、早所被苅置作稲、如元被返付則安、欲全御仏聖幷段米以下御公事子細事、

右件子細、先度委細言上畢、爰如本真吉所進偽書者、去建長二年也、自爾以来至于当年已四十箇年□、然者、廿年以後訴訟事、不論理非被棄置之由、御式条分明也、而彼偽書事、則安之親父貞安存生之時不申之、而貞安令死去、已経十七箇年畢、又真吉親父円蓮房存生之時不申之、而円蓮房去年令死去畢、円蓮房死去之後、今年六月始真吉令申出之条、甚以無其謂之由、先度具令言上之処、無陳方巻舌、只不弁負物之由、令掠陳申之上者、併偽書之条、無所于遁者也、尤可足御察者歟、両方父母存生之時、無其沙汰、両方父母死去之後、其子構出四十余年偽書、称汝父負物、所(於ヵ)令譴責濫妨者、尫弱百姓等於(為ヵ)一人難安堵者歟、争可相叶賢慮哉、而憲法徳政之御代也、尤可足御察者歟、所詮早任御式条之旨、被棄置真吉非分濫妨、如元被返付彼作稲於則安者、将奉仰正直憲法之貴旨、仍重言上如件、

文(永)仁四年九月　日

【大日経疏妙印抄口伝裏文書】

四

四天王寺御領阿理野御庄住人源真吉謹みて重ねて弁申す。

同御庄百姓則安として、負物《ふもつ》の事により、弁ふべき由触れ申さしむるところ、剰《あまつさ》へ謀訴を捧げ、上方を掠め奉り、還《かえ》りて苅り置かるるところの作稲を、則安に返付せらるべきの由、言上せしむる、謂れなき子細の事。

件の子細は、披陳《ひちん》先に言上し畢んぬ。しかれば則安親父貞安去る建長年中のころ、利銭本参貫文を借用せしむるの間、証文の道理に任せて弁ふべき由、触れ申さしむるのところ、彼の負物を弁へず、剰へ上方を掠め奉り、種々の猛悪を構へ、事を仏聖・段米等に寄せ、結句《けっく》この借書は、去る建長三年なり。それより以来当年に至る四十六箇年なり。廿年以後の訴訟、理非を論ぜず棄て置かると云々〈詮《せん》を取る〉。この条、存外《ぞんがい》の申状なり。則安いかでか武家御式条を証とし申すべけんや。凡そ当御領は、忝くも太子聖霊《しょうりょう》の御領なり。なんぞ則安の身として、武家御式条の旨に引混ずるの条、罪科いよいよ軽からず。則安親父貞安借書分明の上は、いかでか則安、貞安の子として論じ申すべけんや。これまた言ふに足らざる申状なり。次に則安申して云く、この負物は、貞安存生の時相触れられずと云々。貞安存生の時、

連々催促を加ふといへども、すべて以て弁へざるの間、証文の旨に任せて、入れ置くところの質物に於ては、点ぜしむるところなり。則安、貞安の遺跡を続《つ》ぎ、その子たりながら、なんぞ彼の負物を弁へざるか。これ併しながら貞安不忠の致すものなり。貞安以て則安の申状御信用に足らざるものか。次に負物証文の旨に任せて、責め申さしむるは通例なり。尫弱の百姓等一人も御領内に安堵せしめがたきの由これを申す。これまた希代《きたい》の申状なり。負物の事を責め申すによつて、百姓等を安堵せしめざるとは、何事か。尤も御尋ね沙汰あるべし。次に苅り置くところの作稲に於ては、則安に与へ給ふべきの由、預殿御口入《くにゅう》あるにより、まづ作稲に於ては、則安に与へ給ひ畢んぬ。下地《したじ》に於ては、入れ置く負物・質券の道理に任せて、真吉進退領掌《りょうじょう》仕るべきなり。次に則安重ねての訴状に云く、文仁と書載《の》せしむ。文仁の年号は、何月より改元あるか。これまた存知せしめがたき□、次に憲法《けんぽう》徳政の御代なりと云々。事新しき申状なり。所詮証文の道理に任せて、真吉御成敗を蒙らんと欲す。よつて恐々重ねて披陳言上件のごとし。

永仁四年九月日

四天王寺御領阿理野御庄住人源真吉謹重弁申
為同御庄百姓則安、依負物事、可弁由令触申処、剰捧謀訴、奉掠上方、還而所被苅置作稲、可被返付則安由、令言上、無謂子細事、

件子細者、披陳先言上畢、而則安親父貞安去建長年中之比、令借用利銭本参貫文之間、任証文之道理可弁由、令触申之処、不弁彼負物、剰奉掠上方、構種々之猛悪、寄事於仏聖段米等、結句此借書者、去建長三年也、自爾以来至于当年四十六箇年也、廿年以後訴訟、不論理非被寄（棄）置云々〈取詮〉、此条存外之申状也、則安争可証申武家御式条哉、凡当御領者、忝太子聖霊之□（御ヵ）領也、何為則安身、引混武家御式条旨之条、罪科弥不軽、則安親父貞安借書分明之上者、争於（為ヵ）則安貞安之子可論申哉、是又不足言申□（状）也、次則安申云、此負物者、貞安存生之時不被相触云々、貞安存生之時、雖加連々催促、都以不弁之間、任証文旨、於所入置質物者、所令点也、則安続貞安之遺跡、乍為其子、何不弁彼負物哉、是併致貞安不忠者也、貞安以則安申状不足御信用者哉、次任負物証文之旨、令責申者通□（例ヵ）也、尫弱之百姓等一人難令安堵御領内之由申之、是又希代之申状也、依負物事於責申、不令安堵百姓等者、何事哉、尤可有御尋沙汰、次於所苅置作稲者、可与給則安之由、依有預殿御口入、先於作稲者、与給則□（安）畢、於下地者、任入置負物質券之道

理、真吉可進退領掌仕也、次則安□(重カ)訴状云、文仁与令書載、文仁之年号者、自何月有改元哉、是又難令存知□(之カ)、上人(上人ハ次ノ誤写カ)憲法徳政之御代也云々、事新申状也、所詮任証文之道理、真吉欲蒙御成敗、仍恐々重披陳言上如件、

永仁四年九月日

【四種護摩裏文書】

五

四天王寺御領阿理野御庄住人則安謹みて重ねて言上す。

早く停止せられんと欲す、同御庄百姓真吉の謂れなき謀陳の事。

右、件の子細は、則安親父貞安建長年中、真吉親父の用途《ようど》を借請くと云々。この条、則安存知せざるところなり。先々責め申すと云々。この条、また跡形《あとかた》なき事なり。銭主《せんしゅ》といひ取人といひ、すでに以て死去せしめ畢んぬ。真吉申すごとくんば、共に存生の時、なんぞ訴訟に及ばざるか。かくのごとき田畠を質物に差置くの習ひ、本証文に手継《てつぎ》等を相副ふる事は、所々の先傍例《せんぼうれい》なり。捧ぐるところの借書のごとくんば、一切その議を見ず。いかでか御信用あらん

や。子細多しといへども、所詮、四十余年の間、訴訟に及ばず、無沙汰の上は、なんぞ地本《ちほん》を点領すべけんや。然れば、真吉無道の謀陳を停められ、道理に任せて御成敗を蒙らんがために、重ねて言上件のごとし。

永仁四年九月　日

四天王寺御領阿理野御庄住人則安謹重言上

早欲被停止、同御庄百姓真吉無謂謀陳事、

右件子細者、則安親父貞安建長年中、借請真吉親父□(之)用途云々、此条則安所不存知也、先々責申云々、此条又無跡形事也、云銭主云取人、已以令死去畢、真吉如申者、共存生之時、何不及訴訟哉、如此之田畠差置質物之習、相副本証文手継等之事者、所々先傍例也、如所捧借書者、一切不見其議、争有御信用哉、雖多子細、所詮四十余年之間、不及訴訟、無沙汰之上者、何可点領地本□(哉カ)、然者被停真吉無道之謀陳、任道理為蒙御成敗、重言上如件、

永仁四年九月　日

【四種護摩裏文書】

六

四天王寺御領阿理野御庄住人源真吉謹みて弁申す。

同御庄百姓則安として、負物を弁へず、剰へ種々の猛悪を構へ、謀訴《ぼうそ》を捧げ、上方を掠め奉る、謂れなき子細の事。

件の子細は、披陳言上し畢んぬ。しかして則安親父貞安、去建長年中のころ真吉親父の利銭本参貫文を借用せしむるの間、証文の道理に任せて弁ふべきの由、責め申さしむるのところ、彼の負物を弁へず、剰へその理《ことわり》なきの間、種々の猛悪濫訴を構へて、上方を掠め奉り、申して云く、この借書は、年季《ねんき》四十余年に及ぶと云々。この条、存外の申状なり。連々催促を加ふといへども、これを弁へず。結句かくのごとき猛悪を申さしめ、負物を弁へず、遁避《とんぴ》せしめ畢んぬ。たとひ何ヶ年を経るといへども、則安、貞安の遺跡を続ぎながら、いかでか彼の負物を弁へざるべけんや。随つて連々責め申すの上は、別の子細あるべからず。また則安、太子聖霊の御領に居住しながら、いかでか武家御式条を証とし申すべけんや。かたがた以て罪科軽からず。次に則安全く存知せしめずと云々。これまた言ふに足らざるの申状なり。なんぞ則安、貞安の子として存知せざるべけんや。銭主といひ取人といひ、已に以て死去せしむと云々。真吉は父の遺跡を続ぎ、証文の道理陳（マヽ）ある間、責め申す者なり。則安は貞安の子たりながら、なんぞ貞安借用せしむるところの負物を弁へざるべけんや。次に則安申状に云く、かくのごときの田畠を質物《しちもつ》に差置くの習ひ、本証文に手継等を相副ふるは、所々の先傍例なりと云々〈詮を取る〉。この条、不可説の申状なり。出挙《すいこ》利銭を借用するの習ひ、借書を以て借り請くるは、所々の傍例なり。なんぞ本証文手継なしに質に置くの由これを申さん。希代の珍事なり。借書分明の条は、勿論なり。いかでか則安論じ申すべけんや。かたがた以て遁るるところなし。この上は、質物に入れ置く所の下地に於ては、真吉進退領掌仕るべし。然らざれば、負物を弁ふべきのところ、則安今に至り、種々の今案を構へ出して逃る。しかして謀訴を捧げて上方を掠め奉り、子細を言上せしむるの条、罪科いよいよ軽からず。尤も禁《いまし》め御沙汰あるべきものか。所詮、早く則安の虚訴を停止《ちょうじ》せられ、証文の道理に任せて、真吉御成敗を蒙らんがために、恐々重ねて披陳言上件のごとし。

永仁四年十月　日

四天王寺御領阿理野御庄住人源真吉謹弁申

為同御庄百姓則安、不弁負物、剰構種々猛悪、捧謀訴、奉掠上方、無謂子細事、

件子細者、披陳言上畢、而則安親父貞安去建長年中之比、令借用真吉親父之利銭本参貫文之間、任証文之道理可弁由、令責申之処、不弁彼負物、剰無其理之間、構種々之猛悪濫訴、奉掠上方、申云、此借書者、年季及四十余年云々、此条存外之申状也、雖加連々催促、不弁之、結句令申如此猛悪、不弁負物、令遁避畢、縦雖経何ヶ年、則安乍続貞安之遺跡、争可不弁彼負物哉、随而連々責申之上者、不可有別子細、又則安乍居住太子聖霊之御領、争可証申武家御式条哉、旁以不軽罪科、次則安全不令存知云々、是又不足言之申状也、何於(為カ)則安貞安之子可不存知乎、云銭主云取人、已以令死去云々、真吉者続父之遺跡、証文之道理有陳間、責申者也、則安者乍為貞安之子、何所令貞安借用可不弁負物乎、次則安申状云、如此之田畠差置質物之習、相副本証文手継等者、所々先傍例也云々(取詮)、此条不可説之申状也、借用出挙利銭之習、以借書借請者、所々傍例也、何無本証文手継之置質之(由脱カ)申之、希代之珍事也、借書分明之条者、勿論也、争則安可論申哉、旁以無所遁、此上者、所入置于質物於下地者、真吉可進退領掌仕、不然者、可弁負物之処、則安至于今、構出種々今案逃、而捧謀詐(訴)奉掠上方、令言上子細之条、罪科弥不軽、尤可有禁御沙汰者哉、所詮早被停止則安虚訴、任証文之道理、真吉為蒙御成敗、恐々重披陳言上如件、

永仁四年十月　日

【大日経疏妙印抄口伝裏文書】

播磨大部庄百姓申状

（端裏書）「申状　嘉暦元十一廿七到来」

大部《おおべ》御庄百姓平内謹みて言上す。

早く同庄住人彦三郎殿が質券証文の道理に任せて御成敗を蒙らんと欲する、出挙《すいこ》米《まい》の間の事。

副へ進む。一通　参石の証文案　正和四年十二月十日

件の証文に於ては、もし十月中を過ぎなば、イクシノ本作六段永く取り作るべき者なりと云々。然ればこの証文に任せて弁《わきま》へらるべきの旨、申さしむといへども、子の負物《ふもつ》に於ては、全く親弁ふる法なきの由、母尼御前《あまごぜん》仰せらるるの間、力及ばず罷り過ぐるのところに、尼御前他界の後、彦三郎殿の遺跡相伝の仁に対し、弁へらるべきの由申さしむるのところ、彼の負物に於ては、件の質券の田は先年作り取らさする由、返答せらるるの条、跡形《あとかた》なき不実なり。その故は、この三石の証文より已前、四石の見米《げんまい》を以て買得仕り、作らしむる所なり。然りといへども、公方《くぼう》より下作《したさく》させられ所当米を懸け奉り、庄例に任せて作仕《さくじ》するところの者なり。全く彼の三石の証文代に耕作仕らざる者か。然れば証文の道理に任せて御下知を蒙らんがため、よつて粗《あらあら》〻言上件のごとし。

嘉暦元年十一月　日

（端裏書）「申状　嘉暦元十一廿七到来」

大部御庄百姓平内謹言上

欲早任同庄住人彦三郎殿質券証文道理蒙御成敗、出古(挙)米間事、

副進　一通参石証文案、正和四年十二月十日

件於証文者、若過十月中者、イクシノ本作六段永可取作者也云々、然任于此証文可被弁之旨、雖令申、於子之負物、全無親弁法之由、母尼御前被仰之間、不及力罷過処ニ、尼御前他界後、彦三郎殿遺跡対于相伝仁、可被弁由令申処、於彼負物者、件質券田先年為作取由、被返答条、無跡形不実也、其故者、自此三石証文已前、以四石見米買□(得カ)仕、所令作也、雖然、自公方奉被下作所当米懸、任庄例所作仕者也、全彼三石証文代ニ不耕作仕者哉、然者任証文道理為蒙御下知、仍粗言上如件、

嘉暦元年十一月　日

【竹内文平氏所蔵文書】

播磨矢野庄例名内是藤名名主実長申状

東寺御領播磨国矢野庄例名《れいみょう》内是藤名々《これふじみょう》主実長□
早く急速御沙汰に預り、大輔房頼金《たゆうぼうらいきん》掠め賜はるところの御充文《あてぶみ》を召し返され、且《かつ》うは御寺敵寺田法念の一族として、且うは謀書人余党《よとう》の一人たる上は、重ねて罪科に処せられ、永く庄家の径廻《けいかい》を止められ、実長に於ては、伯父信阿・亡父実円等数箇条忠節恩賞に任せて、元のごとく安堵の御下知を成し下されんと欲する、是藤名の間の事。
副《そ》へ進む。

三通　御充文并びに安堵状同じく御下知案

建武二年十月十三日
同四年四月三日
観応《かんのう》元年六月日

一通　重《かさね》ての安堵状案　永和二年十二月廿七日

右、当名は、亡父実円数ケ条の忠節によつて、恩賞を被《こうむ》りてより以来、四十余年、一日片時《へんし》たりといへども、かつて牢籠なきの地に候。当寺御領の初、悪党人寺田法念等御領を乱妨せしめ、すでに亡所と成らんとするの時、故金蓮院《こんれんいん》殿・同弁殿《べんのとの》、当庄に御下《くだ》りあり、数ケ度に及び御合戦、その時伯父信阿彼の御手に属し、寺家の御ため、身命《しんみょう》を軽んじ無弐の軍忠を致す。弁殿すでに御手を負ひ、討たれ給はんとするの時、御中を隔て、御命を助け申し、還つて信阿半死半生の疵を蒙り畢んぬ。その勲功抜群と申すべし。また建武の初、重ねて彼の法念余党等、大勢を率ゐて地下に打ち入るの時、故南端殿・阿波《あわ》帥律師《そちのりつし》御房また御下りあり、御要害を大僻殿山上に構へられ、度々御合戦をなすのところ、亡父実円御寺の御方人《かとうど》として、身命を捨て昼夜合戦仕り、しかのみならず城に御兵粮なくなれば、兄弟〈信阿・実円〉種々秘計を廻らし、奥山より御兵粮を入れ、南端殿并びに軍勢を助け申す。これ言語道断の忠節なり。御領内に名主百姓多しといへども、未だかくのごときの軍忠なし。傍若無人なるものか。終に悪党を追ひ落し、御領今に至るまで無為《ぶい》御知行あり。然れば則ち彼の恩賞によつて、当名を拝領仕る。御充文等明白なり。子孫の面目、亡父の高名なり。

東寺御領播磨国矢野庄例名内是藤名々主実長□
欲早預急速御沙汰、被召返大輔房頼金所掠賜御充□（文ヵ）、
且為御寺敵寺田法念一族、且為謀書人余党一人上者、重被処
罪科、永被止庄家径廻、於実長者、任伯父信阿亡父実円等数
箇条忠節恩賞、如元被成下安堵御下知、是藤名間事、

副進

三通　御充文并安堵状同御下知案　建武二年十月十三日
同四年四月三日
観応元年六月日

一通　重安堵状案　永和二年十二月廿七日

右当名者、亡父実円依数ヶ条忠節、自被恩賞以来、四十余年、
雖為一日片時、曾無牢籠之地候、当寺御領之初、悪党人寺田法
念等令乱妨御領、既為成亡所之時、故金蓮院殿同弁殿、有御下
於当庄、及数ヶ度御合戦、其時伯父信阿属彼御手、為寺家御、
軽身命致無弐軍忠、弁殿已負御手、為被討給之時、隔御中、助
申御命、還而信阿蒙半死半生疵畢、其勲功可申抜群、又建武初、
重彼法念余党等率大勢打入地下之時、故南端殿阿波師律師御房
又有御下、御要害於大僻殿山上仁被構、為度々御合戦之所、亡
父実円為御寺御方人、捨身命仕昼夜合戦、加之城仁御兵粮成無
者、兄弟〈信阿実円〉廻種々秘計、自奥山入御兵粮、助申南端殿
并軍勢、是言語道断之忠節也、御領内仁名主百姓雖多、未無如
此軍忠、傍若無人者哉、終追落悪党、御領至于今無為有御知行、
然則依彼恩賞、拝領当名仕、御充文等明白也、子孫之面目亡父
之高名也、

遠く七代までは、敢て御改動ありがたき恩賞の名主職なり。なかんづく貞和御検注の時は、故若狭法橋《わかさほつきよう》御房・大夫《たゆう》殿并びに実円相共に、数十ヶ日田頭《でんとう》に立ち、立錐《りつすい》の段歩《たんぶ》を残さず、後田《こうでん》以下悉く公平《くびよう》に結《ゆ》ひ入れ、莫大の御年貢足《あし》を加増せしむ。これまた亡父実円の抜群の忠功なり。随つて実円自筆を染めて彼の検注帳を書き進むるところなり。今に至るまで寺家永代の亀鏡《きけい》として御影堂《みえいどう》に納め置かるるの由、遙かに承り及び、公平の忠節、子孫の面目、一庄誰か以て比肩すべけんや。また観智院殿、学衆御方御所務の時は、随分の計略を廻らし、御年貢を全うし、庄内を無為になし申し畢んぬ。御感《ぎよかん》あり、別して恩賞あるべきの旨仰せ下さるるところなり、兼てまた毎年廿貫文の御公事銭は、代々の御代官多年隠密《おんみつ》せられ、公平に備へざるのところ、往古の故実を実円申上ぐるによつて、貞治年中以来、地下よりこれを運送せしむ。年々分を勘ふれば、若干《そこばく》の公平たるものなり。これ併《しか》しながら両給主の後勘を恐れず、偏へに私を忘《ぼう》ずるの忠節なり。尤も抽賞に預るべきの由、御寺の御

下知を蒙るのところ、死去の上は、尤も実長に充《あ》て思《おぼ》し食《め》し充てらるべし。

遠七代万天者、敢難有御改動恩賞之名主職也、就中貞和御検注時者、故若狭法橋御房、大夫殿弁実円相共、数十ヶ日立田頭、不残立錐段歩、後田以下悉結入公平、令加増莫大御年貢足、是又亡父実円之抜群忠功也、随而実円染自筆所書進彼検注帳也、至于今為寺家永代亀鏡被納置御影堂之由、遙承及、公平之忠節、子孫之面目、一庄誰以可比肩哉、又観智院殿、学衆御方御所務之時者、廻随分計略、全御年貢、庄内於成申無為畢、有御感、別而可有恩賞之旨所被仰下也、兼又毎年廿貫文御公事銭者、代々御代官多年被隠密、不備公平之処、往古之故実於実円依申上、貞治年中以来、自地下令運送之、勘年々分者、若干為公平者也、是併不恐両給主後勘、偏忘私之忠節也、尤可預抽賞之由、蒙御寺御下知之処、死去之上者、尤充実長可被思食充、

次に当庄公文職《くもんしき》の事は、根本この職なし。阿波与一殿一旦の御恩として始まりたる所職なり。御寺御不知行《ふちぎよう》の後、返付せらるるの刻《きざみ》として、元のごとく公平に結はるべきの由、再三実円申し上げ畢んぬ。当公文殿・法橋御房その時庄家御代官として、御存知あるところなり。これ偏へに寺家未来の公平を存ずる故、上総法眼《かずさほうげん》御房の御恨を顧みず、御寺に申し上げ畢んぬ。しかるに法眼御房申し御賜るの間、小川殿、御祈禱料足《りようそく》と号すといへども、真実は人給《にんきゆう》たるの旨、守護殿に申さるるによつて、また小川殿に返し下さる。所務の綺《いろい》といひ、人夫名々の煩《わずら》ひといひ、御煩ひ違乱と罷りなるの条、亡父実円申し置く詞《ことば》の末、只今符合せしむ。寺家定めて思し召し合はさるるものか。そのほか庄家の御不審出来の時は、実円を召し上げられ、御尋ねある事、数ヶ度に及ぶ。毎度公平《くびよう》に就き意見を申す。今実円不肖といへども、自然の事御尋ねあるに於ては、実円注《しる》し置く旨に任せて、ありのままに申し上ぐべし。かつて私曲を存ずべからざるものなり。ここに当名の事、不易の御充文に預るの条、先段事旧《ことふ》り畢んぬ。

次当庄公文職事者、根本無此職、阿波与一殿一旦御恩為始所職也、御寺御不知行之後、為被返付之刻、如元可被結公平之由、再三実円申上畢、当公文殿法橋御房其時為庄家御代官、所有御存知也、是偏存寺家未来公平故、不顧上総法眼御房御恨、申上于御寺畢、而法眼御房申御賜之間、小川殿雖号御祈禱料足、真実者為人給之旨、依被申守護殿、又被返下小川殿、云所務綺云人夫名々煩、罷成御煩違乱之条、亡父実円申置詞之末、只今令

符合、寺家定被思召合者哉、其外庄家御不審出来之時者、被召上実円、有御尋事及数ヶ度、毎度就公平申意見、今実円雖不肖、自然事於有御尋者、任実円注置旨、有之間々仁可申上、曾不可存私曲者也、爰当名事、預不易御充文之条、先段事旧畢、

去る観応元年、今の大輔房の先祖慶若丸と号するが、寺家に参り訴訟を致すの間、実円に尋ね下され、数反《へん》の訴陳に及び、御沙汰の淵底を窮めらるるのところ、彼の慶若丸はただに悪党真殿《まどの》の余流たる許りにあらず、結句謀書を致す。彼といひ此といひ、申す所沙汰の立つる所なきによつて、慶若丸の訴訟を棄て置かれ、謀書の罪科に処せられ、実円得理《とくり》の御下知を下し賜はるの上は、今更実長に対し、いかでか一言の対論をなすべけんや。既に謀書人の手継を受け、事新しく寺家に於てその歎きを申すべけんや。謀書人に於ては、永く後訴を断たるるの条、公方《くぼう》の式目なり。早く御禁断あるべきものなり。しかるに去年以来自科を隠密し、謀書等また正《まさ》なき卅余年の古反故《こほご》ありと称し、当名を掠め賜はるの条、猛悪不思議の所行なり。御寺敵の余類として、七代までは庄家の経廻を止めらるべし。且《かつ》うは執り申す輩但馬房《たじまぼう》以下同罪に処せらるべきものなり。これ等の子細存知せしめながら許容、太《はなは》だ然るべからず。御禁断あるべし。たとひまた大輔房由緒を立て申し、上聞を掠め申すといへども、先立つて永和二年重ねて安堵に預るの上は、一度は尋ね下さるべし。しかるに一方の申詞《もうしことば》によつて、是非なく召し放たるるの条、殊に歎き存ずるところなり。ただし大輔房内々掠め申す趣を承るに、上総法眼御房非法猛悪の事、惣庄名主百姓、一同訴訟に及ぶの時、張本人を致す由掠め申すと云ふ。支証何様《なにさま》の事か。惣庄五十余名の名主数十人一味同心に連判を以て訴へ申す時、いかでか一人異儀を存ずべけんや。もし惣庄の一揆に背かば、忽ち罰せらるべきの間、一旦の難を遁れんがため、本意にあらずといへども、判形《はんぎょう》を加ふる許りなり。何事によつて、独り張行せしむるの由、訴へ申すべけんや。当名を奪ひ取らんがため、申し沈めんと欲するの企なり。御還迹《きょうじゃく》に足るべし。もし地下連判の者悉く罪科たるべくんば、一庄の住人悉く其の咎に行はるべし。すでにその儀なく、祝師《ほうりし》は、去年行貞名を充て行はる。

去観応元年今之大輔房之先祖号慶若丸、参寺家致訴訟之間、被尋下実円、及数反訴陳、被窮御沙汰淵底之処、彼慶若丸只非悪党真殿之余流許、結句致謀書、云彼云此所申依沙汰之無立所、被棄置慶若丸訴訟、被処謀書罪科、実円下賜得理御下知之上者、今更対実長、争可為一言対論哉、既受謀書人之手継、事新於寺家可申其歎哉、於謀書人者、永被断後訴之条、公方之式目也、早可有御禁断者也、而去年以来隠密自科、称有謀書等又無正卅余年古反故、掠賜当名之条、猛悪不思議之所行也、為御寺敵余類、七代万手者可被止庄家経廻、且執申輩但馬房以下可被処同罪者也、此等子細乍令存知許容、太不可然、可有御禁断、縦又大輔房立申由緒、雖掠申上聞、先立永和二年重預安堵之上者、一度可被尋下、而依一方申詞、無是非被召放之条、殊所歎存也、但承大輔房内々掠申趣、上総法眼御房非法猛悪事、惣庄名主百姓及一同訴訟之時、致張本人由掠申云、支証何様事哉、惣庄五十余名々主数十人一味同心仁以連判訴申時、争一人可存異儀哉、若背惣庄一揆者、忽可被罰之間、為遁一旦難、雖非本意、加判形許也、依何事、独令張行之由、可訴申哉、為奪取当名、欲申沈之企也、可足御行寂(還迹)、若地下連判物(者)悉可為罪科者、一庄住人悉可被行其咎、既無其儀、祝師者、去年被充行行貞名、

次に井上入道道円は、上月《こうづき》弥五郎と最初判形の衆なり。しかのみならず、自名の未進数年に及ぶの間、今年春厳密の御書下《かきくだ》しをなさる。然るに未だその弁へに及ばざるものなり。ここに別して被《こうむ》る恩賞を召上げられ、学衆御方御代官の忠節に賜ふは何事か。寺家の御沙汰は、無偏《むへん》の御成敗たるべきのところ、なんぞ父祖の忠節他に異なる実長に限り、罪科に行はるべけんや。悲歎の至極なり。その上庄家の訴訟は、上総法眼御房の非法によつて、地下申し上ぐるところ寺家聞し召し開かれ、法眼房に於ては御代官職を退けらる。この上は庄家の訴訟その謂《いわ》れある故なり。然ればなんぞ訴訟申す名主百姓等罪科の由、御沙汰に預るべけんや。地下僻事を申さざるの段顕然の上は、何篇《いずれへん》を以て、その内一身にその咎を仰せらるべきか。不便《ふびん》の次第なり。

次井上入道々円者、与上月孫五郎最初判形之衆也、加之自名未進及数年之間、今年春被成厳密御書下、然未及其弁者也、爰別而被恩賞被召上、賜学衆御方御代官忠節何事哉、寺家御沙汰者、可為無偏御成敗之処、何限父祖忠節異于他実長、可被行罪科乎、悲歎之至極也、其上庄家訴訟者、依上総法眼御房非法、地下所申上寺家被聞召開、於法眼房者被退御代官職、此上者庄家訴訟有其謂故也、然者何訴訟申名主百姓等罪科之由、可預御沙汰哉、地下不申僻事之段顕然之上者、以何篇、其内一身可被仰其咎哉、不便之次第也、

凡そ当御領の内闕所の名等これ多し。徒らに散田せらるるか。大輔房、御寺敵謀書人たりといへども、抽賞せらるべくば、かくのごとき地を以て充て行はるべし。何篇《いずれへん》を以て当名を召し放たるべけんや。なかんづく、上総法眼、地下百姓を懲されんがため、数多の悪党を相語らはるるの時、莫大の借物《しゃくもつ》あるによつて、自名《じみょう》大略質物に入れ置かれ、結句領知の名を以て、権門の人々に沽却《こきゃく》せらるるの間、御年貢といひ負物の返弁といひ、縡《こと》難儀たるべきによつて、住宅を打ち捨て在京せらる。始終は、御年貢の失墜、庄家の煩ひと罷り成るべし。不日彼等の名を点じ置かれ、別人に行はれなば、尤も御年貢の公平たるべきものなり。この段今度訴訟の肝要にあらずといへども、寺家の御為を存ずるの間、粗〻《あらあら》申し驚かす許りなり。宜しく御沙汰在るべし。所詮伯父・亡父、身命財を捨て、無弐の忠節を励むは、子孫のためなり。子孫また奉公の勤労を致すは、父祖の名を呈《あらわ》さんがためなり。然れば早く大輔房掠め賜はるところの御充文を召し返され、謀書人悪党の余流によつて、速かに庄内を追放せられ、姧訴の罪科に処せらるべし。実長に至つては、父祖忠功の子孫として、その身全く咎なきの上は、元のごとく安堵の御裁許に預り、いよいよ御年貢以下御公事の忠節を致さんと欲す。よつて粗〻恐々言上件のごとし。

康暦元年八月　日

凡当御領之内闕所名等多之、徒被散田歟、大輔房雖為御寺敵謀書人、可被抽賞者、以如此地可被充行、以何篇可被召放当名哉、就中上総法眼為被懲地下百姓、被相語数多悪党之時、依有莫大借物、自名大略被入置質物、結句以領知名、被沽却権門人々之間、云御年貢云負物返弁、縡依可為難儀之、打捨住宅被在京、始終者、可罷成御年貢失墜庄家之煩、不日被点置彼等名、被行別人者、尤可為御年貢公平者也、此段雖非今度訴訟肝要、存為寺家御之間、粗申驚許也、宜在御沙汰、所詮伯父亡父、捨身命財、励無弐忠節者、為子孫也、子孫又致奉公勤労者、為呈父祖之名也、然者早被召返大輔房所掠賜御充文、依謀書人悪党余流、速被追放庄内、可被処姧訴罪科、至実長者、為父祖忠功之子孫、其身全無咎之上者、如元預安堵御裁許、弥欲致御年貢以下御公事忠節、仍粗恐々言上如件、

康暦元年八月　日

【東寺百合文書よ】

丹波大山庄市井谷百姓等申状

一
「大山庄百姓注進〈京着八月四日則令㆓披露㆒〉」《端裏書》

かしこまて申あけ候。

そも〳〵きつたはう《切田方》の御下地の事。しやうし《庄司》これにて御うけとり候へきよし、しやうしおほせ候ところに、御下地一ちやう一反廿代候ハぬよしおほせ候て、御たいくわん《代官》御わたし候ハす候お、しやうしちけ《地下》の御ひやくしやう等かんほう《奸謀》申候やうにおほせ候て、この御下地御たいくわん《代官》はう《方》より御ひやくしやう等かくし申候へと、かたくおほせ候間、御ひやくしやう等なんき《難儀》この事候。しよせん《所詮》一ちやう一反廿代の御下地わ、御たいくわんの御かたにまゐらせ候。このよしこれにて申候へハ、御たいくわんかたく御さゝゐ候間、らつきよ《落居》のほとは、御ひやくしやう等まつたいさん《退散》つかまつり候。このよし申あけす候へハ、まつたい《末代》寺けの御ひやくしやう等にて候か、ふちう《不忠》にあたり候間、かくのごとく申あけ候。いそき〳〵御みちやり《道遣》候て、御ひやくしやう等地下ゐかゑし給候ハヽ、かしこまり候。このよし御ひろう《披露》にあつかり候ハヽ、かしこまり入候。恐惶謹言。

七月廿八日

おゝやま《大山》のしやう《庄》いちいたに《市井谷》の御ひやくしやう等

注進　御奉行所

【東寺百合文書に】

二

かしこまて申上候。

一　さきたん《先立》て申上候きつ田はうの御したち《下地》の事。一町一反廿代御たいくわん御かくし候て、御ひやくしやうらになけきお御かけ候事。

一　御たいくわんにうふ《入部》ののちそんもう《損亡》おしけ《寺家》より給候お、上下のろうふつ《粮物カ》引て給候てのこり候わんお、御たいくわんめされ候。けんく《結句》応永廿二年そんまう、たに《谷》ハ三分一にて候お、四分一になしてめされ候。

一　しけ《寺家》の御ねんく《年貢》お、いなかに御おさめ候て、御ひやく

しやうらにきやうしやうふ(京上夫)とおほせられ候て、いちねん
ちうに六十三人夫お御のほせ候。
一　きよねんのやくむたくまい(役夫工米)の事。おうつかい(大使)かたくさ(催
いそく(促)候ところに、御ふちハ(扶持)候ハて、けんく五貫文御た
いくわんめされ候て、御ひやくしやうらのそん(損)に御なし
候。このほかくはう(公方)御めん候とて、一こんふん(献分)とて又三
貫文めされ候。
一　しゆこ(守護)夫の事。御たいくわん御もち(持)候て、ちけ(地下)にハつ
かまつらぬようにおほしめし候へとも、きよねんも代二
貫五百文、米四斗三升入候。かやうに候ほとに、御たい
くわん御もちのかいなく候。
右ちやう(条)〳〵、かやうにひはう(非法)御入候間、御たいくわんの
御ひはうハ、はうしやういんの御はからいと存候間、はう(宝
せんいん(泉院)御もち候ハ、御ひやくしやうらなかくちくてん(逐電)つ
かまつり候へく候。このほかひはうおゝく候へとも、この
御はう(房)おゝ申《す》ましきしんすい(神水)つかまつり候間、存から(な脱カ)申上
す候。しけより御たいくわん給候て、御ひやくしやうおも
御かへし候ハ、かしこまり入候。

八月五日　　大山庄
いちいたにの御ひやくしやう等
御公文所

【東寺百合文書に】

三

謹言上。
抑今月五日御代官地下御出候しか、同七日寺家より御百性
等歎悉《く》御叶《い》候とて、地下へ御代官御入候て大勢御座候。た
とゑ御百性等歎《き》悉《く》叶《い》候とも、彼御方宝泉院御治(知)行候ハんほ
とハ、御百性等まかりかゑり候事中〳〵叶ましく候。先度
目安条々申上候へ共、重《て》申候。一町一反廿代きつ田方《ほう》の御
下地御代官御陰(隠)田候へハとて、御百性等御きうめい(糺明)ニあつ
かり候事歎《き》、此事に候処ニ、又かさねて寺家より御道遣《みちやり》候
とて、当所の事ハ一夜もしゝ・さるおお(を)わてかなわす候処
お、大勢御座候間、恐《れ》申候て此四五日守《まもり》おも不レ仕候。かや
うに御百性等御扶持候ハす候間、歎入存候。一両日の間に
寺家より直《じき》ニ御代官御下《し》候て、御百性等おかへし不レ給候
ハ、、とても逃散《ちようさん》仕候間、なかく他国可レ仕候。此旨預ニ御

披露㆒候ハヽ、畏入候。恐惶敬白。

八月十二日　大山庄市井谷御百性等

公文所御奉行所

【東寺百合文書に】

四

尚々、のひ〳〵に候ハヽ、御百性等叶ましく候。なおも宝泉とのより御下候て、先《まず》地下の御代くわんの御しつめ(鎮)候ハヽ、可㆑然候。

畏申上候。

抑地下の事、度々御上候処ニ、上使御下、先御目出度《く》存候。随《い》候てハ、地下軈《やがて》上使御うけとり候かと存候へハ、無㆓其儀㆒候て、御のほり候間、御百性等いよ〳〵力おうしない候処ニ、御代くわん方いよ〳〵作まふ(毛)なん(等)とあらされ候間、無㆓是非㆒候。いそき〳〵守護方御打渡状候ハてハ叶ましく候。又やまさきとの御注進の御ためにかさねて御のほ(上)り候お、あまりに〳〵たのミ申候方も候ハす候間、とゝめ申候。

所詮、一両日の間、御道遣《みちやり》候ハす候ハヽ、たとゑ道行《みちゆき》候とも、御百性等立かゑりかたく候。此旨預㆓御披露㆒候ハヽ、畏入候。恐惶謹言。

九月十五日寅時　市井谷御百性等

注進　御奉行所

【東寺百合文書に】

五

畏申入候。

一　兵粮米事、一円に可㆑被㆑召旨蒙㆑仰候。畏入候。

一　陣夫《じんぶ》入足《いりあし》残分くわへ、一円に御本所被㆑召候て下《し》給候へのよし、連々歎を申入候へ共、不㆑可㆑叶之由蒙㆑仰候事、歎入存申候。

一　御本所の御意おもく百性等存《じ》申候。よつて如㆑此申入候。残分事ハ給ましく候。

一　陣夫・同陣日《のひ》役《やく》人数五百卅九人にて候。此内日役百廿五人分、いつもの守護役の通に半分立にて可㆑給候。此通をハ仰《に》随《い》申候。

一　陣夫一円之分、幾重も堅歎を可ニ申上一候。当国何《いずれ》の権門之御領も、陣夫入足之事ハ一円にめされ候事、無レ隠《かくれなき》御事に□□(て候)。□(御)本所様□ひとつの御事にて御座候へハ、定《めて》可レ被レ聞御事にて候。更々偽不レ申候。

一　当年々作日《ひ》焼《やけ》と申、長々陣夫、朝夕守護殿御公事と申、百性計会無ニ是非一候。陣夫一円の通無ニ御扶持一候者、定御百性等地下の勘忍ハ難レ□□(仕候)。如レ此申上候事、かん(姧)曲とおほしめさるへく候間、乍レ恐かう(告)もん(文)をさゝけ申候。

十一月廿八日　　一井谷御百性等

御代官殿

一　立申起請文事

当庄六所大明神、別而大師八幡御罰、御百姓等各に可ニ罷蒙一候。此陣夫礼銭二ヶ条ニおいてハ、いくゐも堅歎申上候へく候。此旨御本所へ可レ然様ニ御申候て、御百性を御ふち候て給候ハヽ、可ニ畏存一候。仍起請文之状如レ件。

一井谷御百性中

(文安二年)十一月廿八日　　兵衛(略押)　道幸(花押)

申　状(大山庄)

大夫(略押)　　大夫太郎(略押)
さこ(略押)
大夫(略押)　　大夫三郎(略押)
さこ(略押)　　ゐもん(略押)
助(略押)
かもん(略押)　　三郎四郎(略押)
さこ五郎(略押)
兵衛三郎(略押)

【東寺百合文書に】

山城上久世庄名主百姓等目安

(端裏書)「井料之御助成之目安 嘉吉二 二廿四」

謹《みて》言上《す》　上久世《かみくせ》庄名主御百姓等目安之事

右件志《の》者《は》、井料《いりよう》之事、度々再三訴訟申候処ニ、わつか五石分両三度ニ可レ被レ出之由、蒙レ仰候条、言語道断之次第にて候。さ様に以《て》二少事《を》一可二道行《みちゆく》一子細にて候ハヽ、送二数日一、堅不レ可レ有二歎申事一候。当年彼溝口《みぞくち》、事之外ニ依下及二大儀一候上、連々歎申候。所詮、拾五石分下給候者《ば》、涯分ほるへく候。其又大儀ニ被二思食召(マヽ)一候て、御不審相残候者、自二兼日一如二申入一候、以二検使一、入目分預二御散用一申候者、可レ然候。今程者、苗代《なわしろ》をも可レ仕候処ニ、彼溝をほらせられす候。よて種をも水ニ不レ入候之間、当作毛《さくもう》延引候。近郷者さ様之用意共仕候処ニ、限二当所一候て、無二其用意一候。無二勿躰《もったいなき》一至極候。殊更来二日土用入候。更ニ無二余日一候間、さ様之次第申上候ハんするためニ、名主御百性等一同ニ連参仕候て、如レ形《かたのごとく》捧二目安一申候上者、縦雖レ為二過分《の》訴訟一、上として可レ有二御扶持一候。まして於二此題目一者、溝をもほり候て、無為ニ当作仕候ハんすると申あけ候事ハ、涯分忠節と存候。至二此両条一者、一道《みち》現蜜(厳密)ニ無二御成敗一候者、不レ可レ有二水路一候之間、おのつから苗代をもゑ仕候へからす候間、御領者《は》悉ニ可二不作仕一候。さ様に候ハヽ、諸御公事等をも不レ可レ仕候由、御百性等堅歎申候。此段無為候様ニ、為《め》二御成敗《に》預申《さんが》一。粗々言上如レ件。

嘉吉弐年二月　日

【東寺百合文書を】

大和惣国百姓等申状

追つて申し上げ候。

この御返事、高安の茶屋まで下さるべく候。

今度国炎干《えんかん》の儀に就き、百姓等悉く以てかんにん一向に叶ひがたく候の間、南都幷びに官符の御方へ、御徳政の事、色々歎き申し上げ候。万一徳政の御儀なく候はば、百姓等悉く以て正躰《しょうだい》あるべからず候。然らば来年の耕作已下まで、一円に相ひ捨つべく候。併《しか》しながら御慈悲の御儀を以て、早々御徳政行かれ候はば、各々忝く畏り存ずべく候由、然るべきの様、寺家に於て御披露畏り存ずべく候。恐惶謹言。

七月卅日　　大和惣国百姓等上

法隆寺公文代《くもんだい》御房

中院へ参る

追而申上候、

此御返事、高安之茶屋まで可被下候、

就今度国炎干之儀、百姓等悉以かんにん一向に難叶候之間、南都幷官符之御方へ、御徳政之事、色々歎申上候、万一無徳政之御儀候者、百姓等悉以不可有正躰候、然者来年之耕作已下まて、一円可相捨候、併以御慈悲之御儀、早々御徳政被行候者、各々可忝畏存候由、可然之様、於寺家御披露可畏存候、恐惶謹言、

七月卅日　　大和惣国百姓等上

法隆寺公文代御房

中院へ参

【法隆寺文書】

近江商人・職人等申状

一　近江小幡住民等申状

（端裏書）「目安　南谷」

目安　日吉《ひえ》大宮神人《じにん》小幡《おばた》住民等謹みて言上す。

早く御奉行所に達し申し商買物の新儀を停止《ちょうじ》せられんと欲する間の事。

右、商人の立庭《たちば》堺《さかい》の事。先年〈三井西殿・栗田殿〉両人御服《ごふく》方御代官として、保内《ほない》川を堺に定められ畢んぬ。両方支証これなしといへども、三十余年相論なきものなり。凡そ廿ヶ年を過ぐる事は、棄捐《きえん》せらるるの条、公方の大法なり。無為に属し、既に三十余年を過ぐるのところ、今度保内の者、猥りに堺を越え、買売せしむるの間、当御服御代官、杉江西郡方に於て落居仕り畢んぬ。商売の事は先規に任すべきの由、下知の状これ在り。商人中相論これ在る時は、御服御代官方に於て対決落居仕り候事は、先々の故実なり。然りといへども、保内なほ以て山上を掠め申し、新儀を企つる上は、当方幸ひに往代の神人なり。いかでかこれを申し披《ひら》かざらんや。

保内より申し上ぐるの趣、参差《しんし》の条々

一　保内院宣《いんぜん》を帯するの間、商人の惣領たるべきの由構へ申す。商人中に於ては、かつてこれを用ひざるところなり。下さるるところの院宣は、商人中の惣物《そうもつ》なり。金柱宮の宝蔵に納め置くのところ、紛失せしむと云々。もし捃拾《くんしゅう》の儀あり、所持仕り候といへども、棟領たるべき条、何事か。

一　伊勢国沙汰用途無沙汰によりては、鈴香山を立たざるなり。これによつて当国中商買の在所、相支へらるべけんや。更に以てその謂《いわ》れなきものなり。日野市《ひののいち》ニ立たざる事は、保内川より南たるによつて、罷り立たず候なり。これは堺を守り先規を糺《ただ》す故なり。

一　杉江方に於て対決の事。両方既に契約を致し、日限を定めながら、保内の者出合はざるの上は、理運なきの条、左右《とこう》能はざる事。

一　今度保内の荷を取る事。愛智《えち》河に於てこれを取り畢んぬ。保内川より一里余り北なり。その隠れあるべからざるのところ、結句保内河より南たるの由、訴へ申すの条、希代の姧曲たる事。

一　保内川より南へは、小幡の者立つべからざるの由、連署の状これ在りと云々。これまた更に以て当方存知せざる事なり。

一　この確執の事は、去年三月ごろ、保内の者堺を越し買売せしむるの間、荷を取り畢んぬ。然りといへども、縁を以て種々歎くの間、別儀を以て返付し畢んぬ。理運の沙汰に於ては、いかでか驚歎の儀あるべけんや。縡《こと》すでに静謐の間、安全の思を成すのところ、当年新儀を企つといへども、杉江方に於て落居の趣、右に載せ畢んぬ。近日また山上の御下知と号し、買売を雅意に任せ、剰《あまつさ》へ荷を押し取るといへども、山上の御下知を怖れ、まづ謹みて訴状を捧ぐるものなり。所詮、御扶持に預かり候はば、畏《かしこま》り入り候。もし然らずんば、神役を閣《さしお》き、神人の安否を思ひ定むべく候。よつて目安言上件のごとし。

応永三十三年七月四日

（端裏書）「目安　南谷」

目安　日吉大宮神人小幡住民等謹言上

欲早被停止違申御奉行所商買物新儀間事、

右商人立庭堺事、先年〈三井西殿栗田殿〉両人御服方為御代官、被定保内川於堺畢、両方支証雖無之、三十余年無相論者也、凡過廿ヶ年事者、被奇(弃)捐之条、公方大法也、属無為、既過三十余年之処、今度保内之者、猥越堺、令買売之間、当御服御代官於杉江西郡方落居仕畢、商売事可任先規之由、下知之状在之、商人中相論在之時者、於御服御代官方対決落居仕候事者、先々故実也、雖然、保内猶以掠申山上、企新儀上者、当方幸往代之神人也、争不申披之哉、

自保内申上之趣、参差之条々

一保内対(帯)　院宣之間、商人可為惣領之由構申、於商人中、曽所不用之也、被下所　院宣、商人中之惣物也、金柱宮納置宝蔵之処、令粉(紛)失云々、若有捃拾之儀、雖所持仕候、可為棟領条、何事哉、

一伊勢国沙汰用途依無沙汰者、不立鈴香山也、依之当国中商買之在所、可被相支哉、更以無其謂者也、日野市ニ不立事者、自保内川依為南、不罷立候也、是者守堺紀先規故也、

一於杉江方対決事、両方既致契約、乍定日限、保内之者不出合之上者、無理運之条、不能左右事、

一今度保内之取荷事、於愛智河取之畢、自保内川一里余北也、不可有其隠之処、結句自保内河為南之由、訴申之条、希代之為姧曲事、

一自保内河南へ者、小幡之者不可立之由、連署之状在之云々、是又更以当方不存知事也、
一此確執事者、去年三月比、保内之者越堺令買売之間、取荷畢、雖然、以縁種々歎之間、以別儀返付畢、於理運之沙汰者、争可有驚歎之儀哉、綷已静謐之間、成安全之思処、当年雖企新儀、於杉江方落居之趣、載右畢、近日又号山上御下知、任買売於雅意、剰雖押取荷、怖山上御下知、先謹捧訴状者也、所詮預御扶持候者、畏入候、若不然者、閣神役、可思定神人安否候、仍目安言上如件、

応永三十三年七月四日

【日吉神社文書】

二 近江小幡商人等申状

(端裏書)「小幡より出」

条々　従ニ愛智《えち》川一北《の》市之□(事)

一　長野郷一日市之事、当国親市にて候。昔大廓成清と申《す》人、和州三輪《みわ》の市をまなひ被レ立□□(由)申伝《え》候。毎年正月十一日に立初《め》候。御ふく(服)・あい(相)物□(其カ)《の》外座人等ゑほし(烏帽子)・すわふ(素袍)・松かさりにて、市神《いちのかみ》祝《い》申候。就レ其、座之次第、有ニ古実(故)一儀候。雖レ然、野野川商人罷立候事、曾《かつて》以無レ之儀ニ候。

一　愛智川中橋市・四十九院《しじゆうくいん》市・枝村市是新市也・出路市・高宮市・尾生市、此等之市、何人《なにびと》も野々川商人不ニ罷立一候。此北市へ罷立候あい物商人事、くつかけ(沓掛)・四十九院・小《こ》甲良《こうら》・高宮・かいて(開出)今村、此等の在所ニ候。自余商買者《は》、小幡《おばた》・愛智川・枝村等之者、罷立候様躰大形如レ此候。猶以座之次第、又商買に付而、有ニ古実古法一事候。然処、野々川商人北市へ罷立由申上候□、以外《もつてのほかの》偽之申事に候。

一　先年九里半《くりはん》新開に付而、数度出銭等之事、野々川衆不ニ存知一由申上候。可レ為ニ勿論一候。五ケの商人さいはん(裁判)仕儀候。其次第、以ニ一書一申上候。

已上

六月七日

【日吉神社文書】

三 近江五ケ所商人等申状

(端裏書)「小幡其外五ケより申商人事」

条々　若州道九里半之事

一　九里半之事者、高嶋南市、同南五ケ、又今津之馬借《ばしやく》、

同北五ヶ之商人、進退仕事、不レ可レ有二其隠一候。然処、
野々川衆彼道を罷《り》通《り》、若州江商買可レ仕造意《ぞうい》、新儀ニ候。
被二聞召開一、無二相違一被二仰付一候者、可二忝存一候。

一 雖レ為二五ヶ内《のうち》一、子孫仁付而罷立候。無二由緒一者《もの》ハ、不二罷立一候。但五ヶ商買の足子《あしこ》、所々に在レ之事候。これも由緒次第ニ候。

一 野々川衆申事、何様の滞(帯)ニ証拠《を》一申上候哉。商買に付而、昔者《は》 御院宣、或《は》山門之御下知等、被二下置一族《やから》候。雖レ然、左様之以二筋目《すじめ》一、世上ほしいまゝに商買不レ被レ成事ニ候。国々津湊《つみなと》各別に立場《たちば》候て、商買仕候。商買のしな数多《あまた》ある儀《に》候。何《いずれ》も其座候に立入、せきあい(塞合)候。市売・里売迄、悉差別次第、商買道の古実ニ候。

一 八風《はっぷう》・千《ち》草越《ぐさごえ》、伊勢商買之事、四本と申候て、石塔《いしどう》・野々川・小幡・沓懸、此等罷立《ち》候。薩摩《さつま》・八坂《はっさか》・田《た》中江《なかえ》等之者、更不二罷立一候。

一 猶以野々川衆、若州江望事、一向有名無実の申事候。小幡・薩摩の商人のあい物を、野々川衆買取《り》、市売を仕候。但《し》五ヶの内にも有二子細一、市売仕在《る》所在レ之事候。

一 如レ此、野々川衆市売難レ仕《り》候。愛智川より北へハ不二罷立《た》一候。

一 九里半道に付而、往古以来数度大事の公事出来候。樽《たる》銭《せん》・礼物、或商買仁付候て、出銭・礼物等の事、南北五ケ、南市の商人、其支配仕候。野々川衆曾以存知不レ仕候。

已上

【日吉神社文書】

四 近江得珍保内商人中惣分申状案

於二伊勢道一、木綿《もめん》・真綿《まわた》保内へ取候条々

一 去天文拾九年候也。八風道相谷《あいだに》坂頭ノと申《す》関屋にて、木綿荷取候人□□(数事)。

今堀 兵衛三郎
今堀 若左衛門
今堀 又三郎
今堀 二郎左衛門
今堀 左衛門二郎
ヘヒミそ(蛇溝) 又衛門

今堀　千世兵衛四郎
同　左衛門太郎
今在家　与二郎

右為㆓人数㆒取候所ニ、たて(蓼)畑大道助樽一荷にて、色々侘《わび》言《ごと》仕候。木綿一駄事《のに》候間、落居《らつきよ》仕候事。

一　右前後ニ候間、木綿二駄、是も相谷関屋にて、保内へ取候時、侘言ノ人数。

南又左衛門尉方
いはら彦左衛門
相谷のくほ

右自㆓三人㆒代物五百文、幷徳川にて、色々懇望候間、落居仕候事。

一　七八年以前候也。伊勢まい田商人の真綿、幷苧《お》、於㆓千草道山中㆒ハ、保内へ取候て、たうけ(峠)の宿善左衛門ニ預ケ置候人数。

今堀　衛門二郎
同　兵衛三郎

右為㆓両人㆒取候所ニ侘言之人数。

栗か小庭ノ宿
そと(外)ハか(墓)ひら(平)ノ宿

為㆓此両人㆒ハ、様々侘言仕候て、五百文持せ来り候て、一てうし(銚子)つき候間、指置候事。

一　去年永禄弐年九月五日ニ千草道禰《ね》の上《かみ》にて、木綿二駄取候人数。

中野　彦二郎
今堀　衛門二郎

右為㆓両人㆒取候処ニ、侘言仕候人数事。

畑勘解由左衛門方被官　落合ノ木戸
禰の上の善左衛門
禰の上宿二郎衛門

右為㆓三人㆒ハ、壱貫文にて侘言仕候。色々理《ことわり》ニ候間、一貫文内三百文、三人ニ指置候。定《じよう》七百文にて落居仕候事。如㆑右見付候時ハ、取候事不㆑珍《めずらしからざる》次第《に》候。於㆓度々侘言候人数㆒ハ、何も存生候。於㆓御不審㆒者、被㆓召出㆒ハ、可㆑被㆑成㆓御尋㆒事。

一　自㆓往古㆒取来候事、度々の数を可㆑知様無㆓御座㆒候。

先以近年分如レ此候。殊今度　御下知被レ下候間、弥知行を全可レ仕覚悟候処ニ、去月十日比にや、三河商人木綿荷通候。見付候間、取申候所ニ、畑勘解由《かげゆ》左衛門尉方、当郷今在家ニ四五日在庄候て、色々様々懇望候間、代物参貫文、樽二荷三種にて、相果し申候。明日にても見付候ハヽ、自レ昔今迄如二有来一、任レ例、何時にても又取可レ申候。弥先規之筋目無二相違一様、千草殿へ被二仰届一候て被レ下候者、忝《く》可レ存候由、可レ預二御申一候。猶辻村方・谷孫右衛門方、可レ有二御申一候。

右

十一月九日　　　　保内商人中
　　　　　　　　　　惣分

孤月斎

降幡《ふりはた》源右衛門尉殿

平柳藤助殿

観音寺へ参候跡書《あとがき》也。

【日吉神社文書】

五　近江唐川桶大工申状

乍レ恐謹言上

申　状（近江商人職人）

一　今度佐《さ》和《わ》山《やま》御普《ふ》請《しん》付て、在々御奉行被レ下、御改被レ成候。然《れ》ハ我等式《の》義ハ前々より桶大工仕候て、今迄もくろかやハ御免被レ成候。其筋目を申上候。日記ニも其通書《り》付《け》御理《ことわり》申上候。御奉行御掟にハ、後家・屋もめ（鰥）・しよく人、用ニ不レ立《たたざる》除《き》、残り公事人《くじにん》家数何ほとゝ御せんさく被レ成、則其通ニ公事人家迄を書付御座候間、我等式《の》義も其分と存候へは、思《の》外百姓ふみ入、しちを取申事迷惑存、如レ此申上候。

一　桶大工ニ御座候へハ、はや三成様桶御用として、御仕事も申上候。向後《きょうこう》は御用次第ニ可二罷越一候間、くろかや役は御免候て被レ下候様ニ御理申上度候。さりとて、今迄不レ仕義ニ御座候間、迷惑申候事。

一　をや代々国役ハ不レ仕候。なつか様御代官被レ成刻も、御理申上候へハ聞召分、御免（許）居之儀ニ御座候間、当佐和山之御普請も公事人ニ被二仰付一、我等式《は》桶仕事之儀、如二先々一被二仰付一候様ニ、御申忝可レ存候。（以下欠）

【河路文書】

近江菅浦・大浦両庄申状

一

（端裏書）
「ひさし・もろかわのをきかきなり」

文安二年乙丑就二日差《ひさし》・諸川《もろかわ》公事《くじ》出来《しゅったい》由来《のゆらいに》一者《は》、同年の三月比《ころ》、敵方大浦より状をこし、大浦山へ地下人《じげにん》不レ可レ入由《の》状付了《けおわんぬ》。然者《ば》ひさし・もろかわへ大浦の者入へからすとて、同六月八日敵方のかま《(鎌)》を七ちやう取、同日地下人大浦へのりて候船ををしとゝむる《(押留)》。然所ニ海津《かいづ》西浜乙名《おとな》、中人《ちゅうにん》にて鎌と船を本々ニ取かゑ畢《ぬ》。さ候程ニ、かなたこなたの物ゆいせひ《(是非)》をわきまゑす、かくてあるへきニあらねはとて、堅《かた》田《だ》殿と申人、大浦又菅浦うわのり《(上乗)》たる間、中人ニなり候へとも、大浦ひいきにて、地下のふそく《(不足)》なるによんてもち《(つ)》いす。こゝに又西野中北方と申柳野中峰殿の聟なり。又大浦と知音《ちいん》にて媒介あり。然者如レ本たかいニ山へ可二入相《いりあう》一とさたまりけり。

かゝるところニ、大浦者ハこなたへ入、こなたは大浦山へハ入ましきとさためて候をは不二存知一、七月二日地下若衆向山へ二卅人、船十そうはかりにて入ところを、大浦より大勢をそつ《(率)》してをしかくる、されとも仏神のかゝゑ《(拘)》又ハ地下のうんつをくし《(運強)》て、一人もうたれす、しつ〳〵《(静)》とふねニのり、一度ニとんとわらいて帰けり。

さ候程ニ、大浦にはこなたよりよせ《(寄)》ぬ事ハあらしとて、海津東はま・今津・堅田・八木浜勢を入、雖二相待と一よせさる間、つゐ〳〵てこらゑ《(堪)》かたくて、七月四日牛《(午)》時、自二大浦一をしよする。地下にはかねて申承候勢をも不レ入、只、西野・柳野勢四五十騎と地下勢はかりにて待かけたり。八木浜・堅田勢船数十そうにて海上ニひかゑたり。うしろの山猛勢にてをしよする。地下無勢なれ共、散々ニ合戦す。大門のきと《(木戸)》ニ火をかくる間、こなたの小家二煙上《えんじょう》あり。かくて敵方引《く》程ニ、追て出、大明神のまゑにて合戦ありて、敵方あまたうち手をふせ《(負)》て、地下勢うたれす高名なり。かくてハいかゝ《(如何)》あるへきにて、同七月十日大浦へをしよする。地下勢ニハ八木公文殿・安養寺殿・河道北南・西野・柳野・しほつせい《(塩津勢)》・はる《(春)》の浦・海津西浜勢を引率してよする也。すの浦《ハマ》をは、かいつにしはま（海津西浜）うけとりてよする。其時かいつ勢六人うたれて候。山口をは地下勢と公文殿勢にてかゝゑたり。安養寺・河道・西野・柳野ハふなよせ（船寄）よりうゑの山へをしまわし（廻）よするなり。はるの浦勢・塩津勢ハおそ（遅）なわり候て用にもたゝす。はやす（早）のはまをは、かいつせいにてをしやふる（破）也。山口ゑもうち入。其時中二郎と申者一人うたれ畢。上の山の勢もきし（岸）をおり、面々ニ放火すといゑとも、ふなよせをやふらさる間、柳野中峰殿一そく（族）九人まてうたれさせ給う。此恩末代まてわするへからす。かくて其秋ハ田をはこなたへかり（刈）て取候。京都へ自二地下一も大浦よりも注進す。雑掌人上《り》色々たいけつ（対決）す。然間大浦には当御所のため、をちこの御僧相国寺常徳院と申をゑん（縁）ニとる間、まつ大浦へ安堵の状裏松殿被二成下一畢。其冬ハひさし・もろかわの桑木を大浦へきられ畢。しかれとも上意たる間、まつこらゑ畢。

次の年三月十六日、平三と申者一人、山にてうたれ畢。是ハこなたの者なり。其時船を一そう大浦へとられて（衍カ）候。その比より京へ人をのほせなけき申最中也。同四月八日大浦より大勢をもよを（催）して、ひさしの田をうち畢。又地下より出立《でち》、田うちニ向ふ。敵方こらゑすしてもろ川へひきぬ。こなたの勢かさなる間、白山ニ居たるかたき（敵）も引。こなたの勢ハ白山をちん（陣）ニとる。敵方ハもろ川ニひかゑて矢いくさあり。爰ニ高名を申せは、山田かミね（峰）にてとゝめ（止）たり。地下勢ハわつかに十人はかりなり。敵方ハ百人計にてかゝるといゑとも、さん／＼ニいられておいをとされ、はたへのひこ大夫と申者ハ五藤三郎と申者の矢一にてうたれたり。本人にて候間、こなたの喜これなり。万一山田かミねやふれなは、白山もあやうかりしかとも、敵方をおいおとし、地下のめいよ（名誉）これなり。其年ハ耕作とゝまり候。

同五月十四五日比《ころ》赤崎の麦を少々大浦へかる間、そのたう（当カ）ニ大浦さひ（在）大つくミ・小つくミの大麦をこなたへかり取也。大浦まゑニ船をけいこ（警固）ニするゑ、こミ水ハ多し、こなたハいかる間、敵方ハ一人も不《ず》二出合《でわ》一。これハ五月十九日之事なり。春ふねをとりて候ふん（分）には、同の十八日ニ大浦の大船を二そうまて取て候。そのふそく（不足）にや、赤崎ニ残《る》麦を同月廿日やわた（八幡）山ニけいこをするゑ、かり候ほとに、こなたよりをいやふり、あまた手をふせ畢。ひさしの田をこなたより少々うゑて候へハ、同五月廿五日猛勢にて田をふミかゑす。自二地下一出合《う》。敵方ハほりきりをちん《(陣)》ニとる。こなたハけうらはうそのミねを陣ニ取。辰の剋より申の時までにらミあい、たかいニまつ所ニ、海津ひかしはませい《(東浜勢)》をまちつけてかゝる。こなたもあいかゝりニし、敵方ハ数万騎なり。地下勢ハ只七八十人計にてよせあわせ、散々ニ矢いくさ仕、酉のおわりニ敵方を追落、六七人打、あまた手をふせ《(負)》て引。高名と云、本意をとくると云、何事か如レ之《これにしかん》。地下勢ハ一人もうたれすして、悦喜無二申《す》計《り》一候。

又同六月十五日ニ大浦者《の》八郎三郎・藤九郎二人、向山大浦谷まめのはまといふところニて打候。其夜やかて山田小山へをしよせ、放火し一人打候。然所ニ、七月九日ニ地下者ひかしあふミ《(東近江)》へ越ところを、敵方人をやとい、代をいた《(出)》したのミて、平二郎・平三郎兄弟、清別当、二郎太郎と申者四人まてうたれて候。向後も路次うちハかなふ《(叶)》へからさる者也。これは八郎三郎・藤九郎を路次うちニしたるいわれなり。このふそくニ大浦へをしよせ、本意をとけんと若者共申といゑとも、京都へなけき申、公事中半《なかば》にて候間、不レ可レ然とて京より下知状被レ下間、思なから留りつ。

一、公事無為之趣をたつぬれは、山門花王院《けおういん》御力を得、山の使節の挙状《きょじょう》をとり、官領《かんれい》へさしつけ列参仕《り》、それより奉行へ申、道理ある支証等も数通さしいたす。雑掌ハ清検校と申《す》人、粉骨至《いたし》はしまわる間、任二先規《の》道理《に》一令二安堵一者也。

又京にてハ　内裏《だいり》　山階《(科)》殿御代官大沢長門守、奉行飯尾《いいのお》ひせん《(肥前)》殿と知音《ちいん》ニよん《(つ)》て無二御等閑《とうかん》一。その雑掌ハ田中兵衛也。

かやうにひきまわし候て落居仕者也。

自今以後も若《もし》此公事出来《しゅったい》候ハヽ、如レ此京都をもつくろい、地下人もけなけ《(健気)》ニつ《(強)》をくもち候へく候。万一大浦へよする事候ハヽ、山口と上の山よりハかゝるへからす。勢ハ多候とも、船よせからと、すのはまと二手ニよせて敵方を一方へおいたすやうに仕候へく候。七八十の老共も弓矢を取、女性《にょしょう》達も水をくミ、たて《(楯)》をかつく事なり。後も如レ此ふるまい候へく候。

京都の入目《いりめ》代ハ二年ニ二百貫也。地下兵粮五十石、酒直《さかじき》五十貫文なり。此入目ニ五六年ハ地下計会して借物多く候也。
為ニ向後《きようこう》心得一如レ此書付畢。

文安六年二月十三日　菅浦　惣庄（裏花押）

執筆越後公《えちごのきみ》也。

【菅浦文書】

二

寛正《かんしよう》弐年辛巳七月廿四日、当所者《のもの》為レ商《あきない》、色々物を所持仕《り》、大浦庄内山田罷越《へりし》候処、無明《むみよう》無実生涯《しようがい》させ候。此方よりもちて候雑物《ぞうもつ》もなし、ぬすミたると申雑物も見へす、生口《いけくち》にてもおかす、理不尽ニ生涯させて候。其不足依レ為ニ千万《せんばん》一、同廿九日山田へ押寄、人を四五人打、放火仕《る》。聽自《て》ニ大浦一令ニ注進一、当所よりも注進至《いたす》ニ於京都一。理非の趣依レ無ニ御存知一、両方令ニ上洛一、日野殿於ニ御前一可レ遂ニ対決一由、度々召符《めしふを》被レ下。山田本人も罷上候。当所には山田ニて生涯仕候物ハ独身にて、親類兄弟も候ハぬ物にて、上《のぼす》へき仁なし。老母の候か、我罷上雖レ及ニ問答一、猶以依レ不ニ《るに》事《こと》行《ゆか》一、既及ニ湯請文一。両方手を地頭松平遠江守一見せられ候。山田物《の》ハ若者なり。殊ニ男にて候間、少はれて候、老母ハやせて候程ニ、大ニ見へ候て、山田百姓方へ理《ことわり》を相付《いけ》、当所者《の》ハ盗人の罪祥（科）になされて候。

さ候程ニ、日野殿御いきとをり以外ニ候て、可レ加ニ対治一由御状下され候。此事如何〳〵と雖レ為ニ談合一、盗人の名取《なとり》たる間、不レ及ニ了簡一、大浦百姓ハ古敵当敵とた（な）るニよん（つ）て、私には不レ遂ニ所存一、公方相共ニ無念をさんし候ハんとて、合力あるへき方へ状をつかハし、勢をひき、当所を永代せめうしなふへき手たて（立）不レ及レ申候。又京都へわひ事状十ケ度まて進上仕候へ共、ぬすミをするのミならす、山田百姓を四五人生涯させ、放火し、馬牛を焼ころし、なへ・かまをうちはり（破）候。かやうの事ハ、一向地頭へたいして不足なりとて、更々無ニ御承引一候。地下の談合には、かねて申承候方へハ、皆々京都より御奉書付、ふさかり、弓矢のまゐには無ニ御心元一ハ、我も〳〵と状をこし、合力あるへきよし候へしか共、盗賊の名取にて日野殿よりの御勢相向ときゝ、又ハ御奉書をつけまわさるゝ間、地下よりたのむといふとも、公方事候ハ、、をくれ(後)候ハすハ、面目なき事にてあるへく候。

さるまゐハ余所勢ハ一人も不レ入。只地下勢はかり、ゆにも水にも成候ハんと一味同心候て、枕をならへ打死仕候ハんとおもひきり、要害をこしらゐ相待候処ニ、同十月十三日ニ松平遠江守を大将ニて、しほつ(塩津)・熊谷《くまがえ》上野守・いまにし・くまかゐ・山本・浅見、率二大勢一、彼の敵方ハ便宜《びんぎ》をかたらい、松平殿勢には、三河よりものほる。日野まき(牧)・くつき(朽木)勢数万騎引率して、大手大明神前へつめられ候。大浦勢ハ七村を二ニ分、大峰より西谷へくたす。尺迦《しやか》か頭・高の手には山田・小山、はたへ勢ハ尾崎まて責《め》下《る》、山本・今西勢ハいわしか尾ニひかゐ、からめて(搦手)ニハ海津・東西八木浜勢、数万そうの船にてうかむ。地下にはわつかに老若百四五十人にて、城をかため、只一すちニ枕をならへ打死□候へ。目と〳〵見あわせ、二三度の時のこゐをもあわせす、ひそかにしつまりきんて候ところを、よせて(寄手)こわ〳〵やおもわれ候ける。くまかゐの上野守の手より籌策《ちゆうさく》をめくらし、色々依二口入《くにゆう》一、煙をあけ、けし(解死)人には道清入道・正順入道命を捨、しほつとのゝ同道にて、松平遠江守まゐ出、かうさんをいたし候て、地下ニ無為無事《ぶいぶじ》に候し。相構《あいかまえて》〳〵少々の不足候共かんにん候て、公事の出来候ハぬやうに、末世《まつせ》末代までこれを手本ニしてかんにん候へく候。最初ハさしたる題目にてハ候ハねとも、如レ此大ニなり候間、為二心得一書しるしをき候。

寛正二年十一月三日　書レ之

【菅浦文書】

三

謹《みて》言上《す》大浦自二下庄一申上《しぐる》目安《の》事。

享徳《きようとく》元年閏八月六日ニ御百姓二人生涯させられ候。其外三人地下を御うしなひ、跡をけんしよ(闕所)めされ候。か様の御沙汰ハさしたる題目にあらす。先年ひさし(日差)・もろ(諸)川の下地《したじ》ニつゐて、菅浦と相論之時、松平殿すかの浦を御ひゐき候間、其子細をかたく申ニより、御意にちかひ、か様ニなされ申候。既十二年か此方《このかた》、地下への御あたりさま(当様)中々申ニ不レ及候事条々申上候。

一　大浦の下庄ハ廿五名《みょう》と申といへ共、一名半ひさし・もろ河ニ候。残廿三名半之内五人の跡九名の分、十二年か此方《このかた》、かんらく《(勘落)》めされ候て、残御百姓九人ニ此名の諸公事をさせられ候間、計会法ニ過候。さ様のひ《(非)》公事を仕候ニよて、地下のしつつゐ《(失墜)》候。御年貢少事も未進仕候へハ、年々をくり《(送)》高利をくわへ、堅御さいそくニ預申候間、了簡ニ不ㇾ及候て、名田を此分ニ参上候。かれと申、ひ公事と申、迷惑候。さ候間、御百姓五人御罪科之事ハ、さも候へ。又子孫をも召出され、御公事等をもさせられ候ハて、其まゝ永《ながく》名田をも召上られかんらく候、結句残《る》御百姓をも已前の様ニ名田をかんらくめさるへき御あてか《(擬)》い、あまりに御なさけなき事候。

一　此かんらくの下地共、皆々さんてん《(散田)》ニめされ候て、下《した》作人《さくにん》ニ御おろし候時、請料《うけりょう》と被ㇾ仰、壱反別ニ二百文充《ずつ》の一献《こん》を仕候。か様ニ候て、其ものちかい《(違)》なき間ハ、後の一献も不ㇾ入《いらず》候を、毎年請料をさせられ候ハんために、万《よろず》のひ《(非)》公事《くじ》を仰《おおせ》かけられ候間、作人も少々地下をかけおち仕候。あるいハ御年貢少事未進仕候へハ、せひ《(是非)》のあき《(明)》らめもなく、当座ニ御さいくわ《(罪科)》めされ候。又おひうしなわれ申候。尤公方《くぼう》さん《(散)》田計《り》仕候て、本よりの事にて候。あるいハ寺庵御公事仕《る》名田之内、下地等作《り》仕《り》候物を、其まゝ田畠の上之毛《け》さく《(作)》まてめされ、跡をけんふ《(検封)》候へハ仏所もたへ《(絶)》候。御百姓のなけき此事候。

一　地下の山畠之事。昔より此方御公事仕候名田の内、あるいハ寺其外の野山ハ、地下人木柴を取、身命をつき候を、悉御はやし《(生)》候て、地下のもの木柴を取候ハんする在所もなく候之間、人民のなけき此事候。自然牛馬はなれ候て、草の一口あらし候へハ、其を事もとめ《(求)》ニめされ、一こん《(献)》をかう〱《(嗷々)》にさせられ、あるいハ地下をおいうしなわれ申間、迷惑此事候。

一　地頭して、昔より此方、於㆓地下㆒手作《てづくり》めされたる其ためしなく候を、地下人ニ悉仰《く》付《け》、かんしき《(間食)》をた《(だ)》にも不ㇾ被ㇾ下、二百人三百人とめしつかわれ候へハ、さやうの事ニよて、地下の耕作もおそくひらき候へハ、りんかう《(隣郷)》の作物より、大浦下庄ハ毎年わろく《(悪)》候て、地下人迷惑此事に候。

一　やく(役)の夫と申ハ、京に十六日、上下四日仕候。一名として二年ニ一度ならてハ不レ仕候へ共、今ハ名主ハすくなく御なし候て、公事ハ同物ニ候間、しけく(繁)まハり候間、事の外つゐ(費)へ無二申計一候。又立帰《たちかえり》と申人夫ハ、一やくニその荷ニよて四百五百つ〻つかい候て罷上候。本ハ年ニ四五ならてハ(マヽ)仕候を、今ハ月ニ七八御上候事、余ニ不便《ふびん》ニ存候。ちかこありき(近小歩)と申て、地下にて御代官の御仕《つかい》候物、これも月ニ五人三人の事にて候を、今ハ日毎ニ廿人卅人めしつかハれ申候へハ、一年中の間にハ其数をしらす候。これハ御代官はかりの事にて候。其外の御披官《ひかん》さままても、用ことにかんしきをたにも下され候ハて御つかい候間、皆々地下の計会無二申計一候。

一　月迫《げつばく》ニ御代官御上洛之時、人夫二三十人御立候。既《に》御過書《かしょ》にハ人夫百五十人と御さ(座)候へ共、関なとをも御侘事申候へ共、御承引《しょういん》なく悉代にてめされ候。御過書百五十人と候へ共、其かいもなく候。

一　魚をとるゑり(魞)の事。むかしより五所・八幡両宮の御神事ニ付たるゑりにて候間、名主中よりさし候て、御こく(み御供)を備申候を、おさへめされ候て、十貫余の入目にてさし候を、御百姓ニ被二仰付一さ〻せられ候。魚を取候へハすし(鮨)にめされ候て、廿人三十人の人夫にて京都へ取御上候。御百姓のつゐゑかきりなく候。八幡の御こくいまハとまり、地下のさいれい(祭礼)も十二年か此方絶うせ候へハ、いよ〳〵ミやうかん(冥感)も計かたく候。

一　昔より田舎にて御代官のために小炭の代と申て、代を出申候外ニ、炭を卅石四十石とめされ候。此すミやき候在所へハかた道三里、大山をこし候。たわら一つ〻やう〳〵おいこし(負越)候間、一人にハ代百文のつゐゑを仕候て、取よせ申候。驪而京都まて付させられ候へハ、御百姓の大儀此事候。

一　此間松平殿御中間太郎右衛門内子を地下ニ御おき候て、家を作、地下の森林、人の恒(垣カ)中の竹木、その外人足を仕、かい(雅意)にまかせ、いミしきはたらく(働)くわんたい(緩怠)申はかりなく候間、父子共ニ生涯させ申候。一向是も松平殿の御あてかい(擬)御なさけなきニよて如レ此候。

一　菅浦の物、先年大浦庄之内山田と申在所ニぬす人ニ入候処を、地下人かきあひ、うちとめ候を、帰《(知)》てすかの浦の面々へ山田をはんかう《(発向)》仕候間、をしよせ、一弓矢取へく候へ共、先松平殿へ注進仕候し処、しんさい《(神裁)》いまでもなく候を、すかのうらを御ひゐきニよてしんさいニ及候。神にまかせ申、しんさいにも取かち《(勝)》候。さ候上ハ、菅浦を御たいち《(退治)》も候て、大浦の面目をもほとこされ候ハて、かう〳〵《(嗷)》の一こんをめされ、無為ニさしをかれ候間、弥《いよ》々《いよ》大浦庄面目をうしなひ申候。か様の事、万《よろず》御あてかい御なさけなく候間、松平殿御子孫ニおきて、御代官にハ叶申ましく候。よの御代官をも御下候て、地下をも御たすけニあつかり候ハヽ、御忝《く》可レ存候。とても久しき御本所の御事にて御座候間、早々余人ニ被二仰付一候へく候。松平殿におき申候てハ生後叶申ましく候。其為ニ地下を罷出候上ハ、なんねんニても候へ、罷帰ましく候。乍レ恐此旨預二御披露一者、可二畏入一候。

寛正四年九月二日　　大浦下庄七村御百姓等

進上

御奉行所

申　状（菅浦大浦両庄）

四

松平遠江守益親謹言上

江州大浦下庄の御百姓等ほしまゝ《(マヽ)》に掠《かすめ》二上聞《を》一姧訴条々

右、去享徳元年潤《(閏)》八月二日の夜、御百姓等他所より数勢の悪党をかたらひよせ、夜盗と号し、政所へおしよせ、益親に生涯いたさすへき企を仕処《ゐ》に、彼人数の中より、返忠《かえりちゅう》の者あつてつけ《(告)》しらするによつて、用意仕相待間、支度相違して、他所の悪党とも各退散せし事其隠《かくれ》なき間、塩津より熊谷をかたらひ、かの合力《こうりよく》をもつて、張犯《(張本)》の輩を召取、二人誅罰する処に、罪科を身におほゆる百姓三人ハ、おのれと逐電《ちくでん》仕畢。しかるを、ひさし・もろ川相論の公事に、菅浦を贔屓《ひいき》仕て沙汰いたすよし申かすむる歟。

かの相論の事は、先年飯尾《いいのお》肥前・同加賀入道を奉行につけられ、両方御糺明の時、菅浦よりハ数通の支証を出帯するといへとも、大浦にはさらに証文なきによつて、支証にまかせて、上意として御裁許あるものなり。然《しかるに》益親か過分の一献を受用して成敗いたすよし申事、言語道断次第也。

一　罪科人の跡闕所として散田におろす事ハ、当所にかきらさる太(大)法也。大犯《だいぼん》三ヶ条の上ハ、いかてか永代かれらか子孫安堵仕へきや。現身《うつしみ》にあたりての敵なり。何《ぞ》益親か知行の間に許容仕《る》へき哉。

一　散田を作人に宛行《てう》時の請料《うけりよう》の事ハ、代官に相尋《ぬる》処に、一段別に百文宛請料を出す事ハ候。地下の法として、名主とも下作の儀、皆如レ此。その百姓未進懈怠なきにいたんてハ、雖レ為二何ケ年一無二改替之儀一。しかるを毎年弐百文宛かけとるよし申事、あとかたなき姧曲也。ことに去疫癘《るえきれい》の年より、地下人若干《そこばく》餓死仕《る》と申、飢饉と申、旁《かたがた》以《て》計会の間、田地耕作の事をたに申付かぬる上ハ、百文宛の請料をも沙汰いたさする事なきよしを申もの也。但於二此題目一者、益親直《じき》に不レ存間、請料沙汰仕《る》百姓あらハ、請取をもんて罷上《り》、私か代官と対決つかまつるへき歟。

一　当所山畠、其外寺野山等悉はやす間、柴木かるへき所なき由申事、これ又毛吹《けをふい》て疵をもとむるもの歟。此在所ハ四方山林にして、地下人薪《たきぎ》をたつねかぬる事ハ更《に》なし。地下《じげ》の井溝《いみぞ》修造の時、方々奔走して他所におひて材木を買処に、かんかふ(勘合)山と申山を、地下人等のはからひとして柴木を切取《り》、数艘の舟をもんて他所へいたす事あり。この山は先々ハはやしおき、か様の用木にめしつかふよし聞出す間、此十ヶ年あまりはやすものなり。田畠を林になす事更《に》なし。かんかふ山をもいまの刻《きざみ》、雅意にまかせ切売《る》由承及也。

一　御代官手作《てづくり》仕《る》事ハ、去餓死の年より御百姓過半減少する間、耕作かなハさる田地とも、そのまゝ捨置へきにもあらす。又一年不作する下地は、後年に開といへとも新開と号し、しはらくハ年貢を不レ備間、一人に米一舛あて下行《げぎよう》いたして手作仕候事ハ勿論なり。然食物を下行仕候さるよし申事ハ、御高察もあるへし。既《に》食物の秘計かなハさるによんて、自作の田地をさへ上表《じようひよう》仕《る》御百姓等《に》不レ与レ食者《ば》、可レ応二課役一哉《や》。名田闕所の間、残《る》名主役《やく》夫《ぶ》以下之事、非公事を仕由申といへとも、公文名分《くもんみよう》に四ヶ月の役あり。これハ先々雖レ為二各別一、彼闕所以来加《くわえ》用《うる》者也。次立帰の事、一月に二度には過へからす。現夫のなき時ハ、二百五十文あて出すをもんて、地下人の中にも罷《り》のほるなり。然《る》を一人の夫銭過分の由申かすむる物也。又ちかこ(近小歩)ありきと号して一日二卅人国にてめしつかふ由申事、代官にたつぬるに、更にその分なき由申といへとも証拠なし。御百姓を可レ被二召合一也。

一　月迫に代官罷上時、夫二三十人たつるよし申事、以外の相違也。十余人にすくる事なき也。

一　魚とるゑりの事ハ、むかしハ御代官の進退たりしを、地下として掠領するよし聞出すにつゐて、塩津以下隣郷のゑりも、みな百姓の我物に仕在所ハなき間、其引懸《ひっかけ》をもんて沙汰いたすといへとも、まことに五所・八幡両社の神物たらハ、その支証あるへし。御百姓証文を出帯して申さむにいたんてハ、更にその旨をやふるへきにあらす。たゝほしいまゝに口上をもんて姧訴をいたさハ、向後たりといふとも、たれか承引あるへきや。又ゑりさす入目、地下の失墜たるよし申、何事哉《か》。二三貫文にて竹木を買て、一年さゝせつれハ、そのまゝ四五ヶ年もおくものなり。その上地下の失墜になす事なし。この在所ハ余所《よそ》のゑりの様に、魚も甲斐〳〵しく入事なき由を申、年中に鮨《すし》一二百ならてハのほする事なし。しかれはすしのため二卅人の夫をつかふと申事、大なる私曲なり。

一　炭の事ハ、やく在所より大浦まて、連々にとりよせさする事ハ勿論なり。但《し》年中十廿石にハすきす。京上の事ハ舟を借てめしのほせ、坂本ニあつけおきて、用の時とりよするもの也。京都まて人夫にてつけ(付)さする由申事曲事也。

一　益親兼《かねて》より地下に触《れ》置《く》子細ハ、被官人等百姓ニたいし、聊《いささか》も不儀をふるまふ事あらハ、いはれを申たてゝ、一往はそのぬしにわひ事すへし。若《もし》承引せすハ、いそき注進仕れ。かたく成敗いたすへき由、再三申おくといへとも、事とハす太郎左衛門父子ともに生涯いたさする上は、死人ニたいして種々の非を申かくる事なきを、証拠として実否を落居すへき哉。雅意にまかせたる緩怠至極なり。

一　先年菅浦と大浦と盗相論の事は、菅浦より申様ハ、商売のために敦賀《つるが》へまかりこゆる処に、大浦山田のともから、山立《やまだち》を仕て殺害するよしを申、大浦にハ夜盗に入、さかいを見合て討とゝむる由を申間、両方召上対決いたすといへとも、理非不二分明一間、及二湯精(請)文一者也。然《しかれ》者《ば》菅浦犯科《ぼんか》露顕のうへハ、罪科のため既《に》大儀をおこして罷下、猛勢を率して発向仕砌《るみぎり》、菅浦古老の御百姓等数輩、責口へまかりいてゝ頸をのへ降参仕り、熊谷民(部脱)少輔をたのミ、地下あやまりの段、ひらにたすけをかうふるへき由、色々申上ハ、且ハ弓箭《ゆみや》の儀理と申、且ハいつれも領知の百姓たる間、合戦におよハす引帰畢。然《る》を偏頗《へんば》のひいきによんて、大浦めんほくをうしなふ由申歟。両方ともに当奉行の地たり。何の親疎かあるへき哉。其時の成敗の次第ハ、近隣の郷庄までも、そのかくれあるへからす。御たつねあるへき者歟。所詮、御百姓申上《ぐる》旨奸謀繁多なりといへとも、一向御不審《方の申状》ひらきかたく、張犯(本)の御百姓をめしのほせられ、以二対決一可レ被二聞食一歟。仍粗言上如レ件。

寛正五年四月　日

【菅浦文書】

五　(端裏書)「当所年貢十石十貫文成　事書なり」

菅浦日差・諸川之事。自二往古一当所知行于レ今無二相違一之条、目出候。然ニ長久年中官符以下代々倫(綸)旨・院宣・御教書・奉書・代々手次《てつぎ》御書、明鏡《めいけい》而無二其隠一候。雖レ然、大浦下庄依レ為二近所一、度々成二競望《けいぼう》之儀一、動《ややもすれば》致二濫妨一事、雖レ及二数度一、無二其甲斐一候。暦応・康暦年中依二競望一、自二公方様一拾石拾貫之在所廿石廿貫被レ成事、自二其時一去年文明三年十二月まで運上仕畢。公方者日野殿、其時代官松平式部丞　(中欠)

年中ニ又自二大浦一、就二日差・諸川一、成二競望一時、件道清入道依《て》レ為《たるに》二山門代官一罷上、山《の》以レ力致レ談二合官領《かんれい》一、奉行所罷出、問答を致、遂二対決一、数通以二支証一当所理運之段、勿論也。乍レ然、此仁ニよりたる子細なり。ゐ中ハ一味同心之心得にて、毎度雖レ及二弓矢一、一度《も》不レ取二不覚《を》一、打勝々々《うちかちうちかつ》。敵方依レ失二面目一、自《より》二　公方様一　被レ成二載(裁)許一事、無二其煩一。自レ元如《き》レ此次第事書《ことがきに》雖レ記、重而書置者也。其時清九郎検

校、今宿老而《にして》戒名道清入道此《これ》也。爰又為二地下人一棲徳庵と
て利根《りこん》第一《の》僧あり。於二公事辺《くじへん》一更ニ偏頗もなき人なり。此
仁松平方と依二知音《ちいん》一、為二地下《の》一を思、又ハ地頭と無《なきに》二他 異《にことなる》
事一よんて、始終ともに当所与《と》松平方《の》為レ力、大浦庄を知行
のたよりニたのミ憑《たの》まれ申さんといふ契約を至《し》、日夜朝暮
大浦へ罷越、以二内々一依レ驚、文明参年辛卯（マヽ）十二月より如二
先規一拾石拾貫成事、支証取ちかゐ、末世末代尽未来際《じんみらいさい》、当
所之老若・童男・童女までも聞二此事一、不レ悦と云事なし。
是ハ大浦代官地下へ不レ可レ入支度なり。いまは山門東堂（塔）東
谷花王院《けおういん》、自二日野殿様一御寄進之領地と成事、更ニ私之
不レ儀《ぎならず》。此旨能々地下人心得、始終無為無事の談合にて如
レ此上ハ、千秋万歳目出度《し》と存 砌《ずるみぎり》也云々。

文明参年辛卯十二月日　　其時宿老名云。

道清　道立　清五検校（道清弟也。）　清源太別当
新二郎大夫　江介　清大夫　左近
助大夫　道順　彦左衛門　新五郎大夫
清介　与一別当　藤五左近　平細工
六郎太郎　弥大夫　左近　孫太郎別当

申　状（菅浦大浦両庄）

文明四年九月十四日　　書レ之。

【菅浦文書】

孫太郎等三名連署申状

畏《り》申上候。仍《よつて》孫太郎か事、彼後《のご》家子《けの》にてハなきよし申候。無レ謂《いわれなき》事候。此《の》孫太郎事者、妙浄ふたい（譜代）のけこ（家子）にて候へとも、彼《の》彦三郎子かなきニより候て、彼《の》孫太郎を三子歳《みつごのとし》より子ニ仕候。乍レ去《さりながら》彼物一向おさなきニより候て、本親九歳まてそたて候て、彼彦三郎方へ渡候事、無二其隠一事《に》候を、彼後家けこにて候よし申候間、曲事候。けこにてあるへきにて候ハヽ、三郎衛門こそ可二召使一事にて候へ。子ニ仕候より候て、于レ今如レ此けいやく（契約）仕候。若重而《もしかさねて》兎角《とかく》申《す》子細候者《ば》、孫太郎之親被二召合一候て、可レ被レ及二対決一候。仍申状如レ件。

八月十八日

又三郎（花押）

小三郎（花押）

孫太郎（略押）

【東寺百合文書ア】

〔参　考〕

一　葛川訴論人申状

（端裏書）「再御堂のかうし請文也」

滝山のくるミの根堀可答（問カ）事

一　訴人中八男申云、去六月十三日ひはさみ山へそき（曾木）の板取入天罷帰処、黒太郎・石太郎二人滝野ニ宗次男荒堀のそハ（側）の幷率都婆《ならびそとは》のかけ（陰）ニ立隠ヲ見合テ、弥藤次か家前ニまちうけて、ことはをかけ候ぬ。

一　論人黒太郎・石太郎申云、去十三日於㆓西山㆒くるミの根を堀罷《りり》出処、弥藤次男家前にして、中八男罷合候き。然而今申状のことくは、率都婆のかけニ立隠云々。盗人之由存ハ、其時何とよみ（動）をもいたし、からめもとらすして、遙《に》道をへたて丶、弥藤次か前の大道にて行合たる物ヲ、盗人と申へきや。其上弥藤次妻女ニ合天問答上者、実事あらは、何《いか》て二人をひきと丶めて、彼妻をも証人ニたてさらんや。幸件家前にて罷合と申上ハ、尤《も》所見ニたつへきところニ、一向くをく（胸臆）の申状をもつて、ことは（詞）をかけたるよし申条、無㆓跡形《あとかた》㆒不実也。其上滝山の材木取の事ニよりて、法花会《ほつけえ》の時より蓮花会《れんげえ》時まて、敵人として問答上者《のは》、無㆓所見㆒して、敵以㆓くをくの申状を㆒御沙汰ニをよふや否《いなや》、尤はうれいニまかせらるへし。次滝山のくるミの根事ハ、六月十一日政所のやねいふき（屋根葺）の時有㆓沙汰㆒、をふれ村の紀平大夫件跡を見知之上者、かれハ十一日以前のこと也、これハ十三日罷合上ハ、前後顕然也云々。

右、大略訴論人之申状如㆑件。

正和五年九月晦日

訴人中八（花押）
論人黒太郎（略押）
同　石太郎（略押）
新源次（略押）

【明王院文書】

二　うはたらう母質券

いけはたとの（池端殿）丶御うち（内）に、子息うはたらうわらわ（童）、生年九になり候を、ようとう（用途）二百もんに、いれをき（入置）まいらせ候事。

右、今年ハき〻ん《(飢饉)》にて候ほとに、わか身もかのわらわも、うゑしぬへく候あひた、御うちにおきまいらせ候。た〻したうし《(当時)》の二百もんハ、日ころの二くわんもん《(貫文)》にもあたり候。うゑさうせい《(飢増盛カ)》と申《し》、かのき〻んに給ハり候御をん《(恩)》をわすれまいらせ候て、もしらい九月中に、ふほう《(不法)》なる事候はハ、かのわらわを、ゑいたいをかきりて、さうてん《(相伝)》の御との人と、めしとられまいらせ候へきなり。又かの御ようとうハ、らい九月中にいちはい《(一倍)》をもて、わきまゑ申所ち〻《(実)》なり。もし又九月中すき候は〻、このしやう《(状)》をはうけん《(放券)》として、ゑいたいをかき《(限)》て、かのうはたらうわらわを、さうてんふく《(服)》し《(仕)》せられ、まいらせ候へきなり。よて状如レ件。

建武五年四月八日　うはたらうかは〻（略押）

【薩藩旧記雑録前集十五　池端氏文書】

三　馬借トヤ辞世歌

一　先段馬借《ばしやく》張行《ちようぎよう》曲事《くせごと》トテ、茶六トトヤト両人張本人トテ、前陳《(陣カ)》ヨリ申越、中《の》坊へ召捕、令二生害一了。其時末期《まつご》ニ、トヤ一首。惣シテ歌モシラヌ者也シカ

メコ《(妻子)》トモヨ跡テ湯水ヲムクルナヨ
　茶六トツレテ道ヲ行ナリ

トヨム。トヤ又一首、

メコトモヨアトニヲイメ《(負目)》ハヨモアラシ
　馬借トツレテ我ハ行ナリ

トヨミ了ト。

【多聞院日記　天正十二年十月十六日条】

四　深井坊盗人了行法師白状

深井坊盗人了行法師白状事。

右、二月三日夜、い所のより千松丸か父ノ生阿ミた仏と千松丸と了行かふるあねむこ《(旧姉聟)》のいや《(弥)》七と申候三人つれ候て、了行かもとへき候て、南のはし《(端)》の僧坊へ入テ物をとらうと申候て、われもいさとらせうと申候ほとに、いやと申候ハ〻、のちに人にかたりなうすと思候て、やかてわか身をさしころし候いなうすと思候て、のちハともかくも候へかしと思候て、りやうしやう《(領掌)》して候いしほとに、さらハおちつ

きを候へと申候へハ、いやくうましき所《ぞ》と申候て、千松丸おやこ又弥七三人ハ、般若坊の経蔵をもてのきた《(北)》の部屋江入候て、了行をはよふ《(呼)》に、いて人のかたへけちしをうするを見候へと申候ほとに、般若坊の西向のゐんの下のかへ《(壁)》のあなのもとにて、人のけち□□ミ候いし間、くわしき色□者ハゐミす候。　（以下欠）

【東大寺文書】

庶民思想 3

落書・祭文・盆踊唄

佐藤進一
百瀬今朝雄 校注

落書

一 正元二年院落書

*年始凶事アリ　*国土災難アリ
*京中武士アリ　政ニ僻事アリ
朝議偏頗アリ　諸国饑饉アリ
天子二言アリ　院中念仏アリ
*当世両院アリ　*ソ、ロニ御幸アリ
*女院常御産アリ　*社頭回禄アリ
*内裏焼亡アリ　河原白骨アリ
安嘉門白拍子アリ　持明院牛アリ
*将軍親王アリ　*諸門跡宮アリ
*摂政二心アリ　*前摂政追従アリ
*左府官運アリ　*右府果報アリ
*内府ニシ、アリ　*花山ニ出家ノ後悔アリ
*四条権威アマリアリ　*按察使《あぜち》ニカシラアリ
大弁ニ院宣定アリ　*除目《じもく》僧事《そうじ》ニ非拠アリ
*嵯峨殿ニハケ物アリ　祇園神輿アリ
*五条殿ニ天狗アリ　園城寺ニ戒壇アリ
*山訴訟ニ道理アリ　*寺法師ニ方人《かたうど》アリ
*前座主冥加アリ　当座治山ニ勝事《しょうじ》アリ
*高橋宮ニ嘉寿アリ　綾小路ニシソク*アリ
大僧正ニ月蝕《がっしょく》アリ　正僧正察会*アリ
*円満院乱僧アリ　*桜井ニ酒宴アリ
聖護院ニ穏便アリ　*東寺ニ行遍アリ
南都ニ専修アリ　大乗院馬アリ
学生ニ宗源俊範アリ　*武家過差《かさ》アリ
聖運ステニスヱニアリ

正元二年庚申正月十七日院御所落書云々

【続群書類従巻九百八十】

年始凶事アリ…　正嘉元年、園城寺が戒壇設立の勅許を求めたことに端を発する園城寺・延暦寺の争いは翌二年、翌々正元元年に及び、正元元年九月には幕府が乗り出し、鶴岡八幡宮別当隆弁を上洛させて、園城寺のために斡旋させ、続いて数百人の武士を上洛させて延暦寺に威圧を加えた。このような情況下に翌正元二年正月四日朝廷は、さきに園城寺が戒壇設立の代案として出した三摩耶戒を以て法臈を定めることの奏請を許可する宣旨を、園城寺に与えた。同六日、延暦寺は日吉・祇園・北

野社等の神輿を擁して入洛し、これを棄てて去るという、常套の嗷訴を以て、強硬な抗議を行い、同十九日朝廷はこれに屈して、園城寺に下した三摩耶戒の勅許を取り消した。落書にいう「年始凶事アリ」「京中武士アリ、政ニ僻事アリ、朝議偏頗アリ」「天子二言アリ」「園城寺ニ戒壇アリ、山訴訟ニ道理アリ」は以上のような情況を、叡山側もしくは叡山シンパの立場から諷刺したものである。

国土災難アリ…　正嘉二年八月諸国暴風雨によって田畠被害甚だしく、同十月には鎌倉に甚雨洪水あり、その結果、翌年春より飢饉・疫病諸国に蔓延して、死骸河原に満ちる惨状を呈した。いわゆる正嘉の大飢饉である。よって三月廿六日、正元と改元したが、この年も翌正元二年もなお諸国飢饉に悩まされた。落書の「国土災難アリ」「諸国飢饉アリ」「河原白骨アリ」は右の災害をさす。

京中武士アリ　正元二年正月四日、三摩耶戒許可の官宣旨が園城寺に下されると、叡山の大衆蜂起して、日吉社の神輿を振って入洛し、防禦の武士が京中に充満したと、天台座主記に見える。その内容は恐らく、大番の武士、在京武士及び前年鎌倉から送りこまれた数百の武士たちであろう。

当世両院アリ　正元元年十一月廿六日、後嵯峨上皇の意志によって後深草天皇は皇位を弟恒仁親王に譲って上皇となった。新帝は亀山天皇であり、上皇は後嵯峨・後深草の二人となった。

ソヽロニ御幸アリ　五代帝王物語には、後嵯峨上皇の熊野・八幡・賀茂・高野等への連々御幸の叙述があり、ことに正嘉二年三月の高野御幸の盛儀は「来しかた行末もためしあらじ」と評され(増鏡、おりゐる雲)、落書の前年に当たる正元元年だけについて見ても、正月五日に西園寺実氏の北山第へ、同廿三日に石清水八幡宮へ、同廿九日賀茂・北野両社へ、三月四日再び北山第へ、六月廿六日仙音寺へ、八月十七日冷泉殿へ、十月廿一日前左大臣二条良実の二条殿への御幸が数えられる。

女院常御産アリ　女院は後嵯峨の中宮藤原姞子(西園寺実氏の女)。大宮院という。正元二年当時三十六歳(後嵯峨四十一歳)。本朝皇胤紹運録によれば、後嵯峨との間に後深草・亀山の二天皇、雅尊・貞良二親王、綜子(月華門院)計五人の子女を生んだ。宛かも正元二年二月六日東寺に於て、同十三日父実氏の今出川亭に於て大宮院御産の祈が行われ、同廿九日皇女誕生のことが天台座主記・妙槐記等に見える。

社頭回禄アリ　正元元年四月十一日坂本の梅辻辺の小屋より出火、大風に煽られて日吉の本社以下八王子・三宮・早尾・大宮彼岸所その他大小神殿を焼亡した大火をさすのであろう。

内裏焼亡アリ　正元元年五月廿二日、閑院内裏が放火によって焼亡したことをいう(百練抄・五代帝王物語ほか)。

将軍親王アリ　建長四年四月、後嵯峨上皇の第一皇子宗尊親王が鎌倉に迎えられて、征夷大将軍となった。落書のこの一項は、単に右の事実だけを述べたものではなく、これによって後嵯峨院政が幕府の絶大な支持を得ていることをも含意していると思われる。

諸門跡宮アリ　後嵯峨上皇の兄弟では、仁助が寺門の円満院に、最仁が山門の三千院に、尊助が山門の青蓮院にそれぞれ入室し、後嵯峨の皇子では、円助・浄助が円満院に、性助が仁和寺に、覚助・忠助が聖護院に、最助が三千院に、慈助が青蓮院にそれぞれ入室した。

摂政二心アリ　摂政は「関白」の誤りで、鷹司兼平のことであろうと、三浦周行は推測している(『鎌倉時代史』)。もっとも、兼平は正元元年十一月廿六日亀山天皇受禅即日、「関白如元、准摂政」の宣下をうけているので摂政とよんだのかもしれない。「二心」を「忌」の誤写と見て、正元元年五月四日前摂政近衛兼経の死と解する説もあるが(群書解題)、次句の「前摂政追従アリ」との対照から言えば、「二心」の方がよさそうである。

前摂政追従アリ　前摂政は「前関白」の誤りで、二条良実のことであろうと、三浦周行は推測している(『鎌倉時代史』)。「追」は底本「進」。意を以て改めた。

左府官運アリ　西園寺実氏の二男公相は、嘉禎二年十四歳で従三位に叙し、暦仁元年十六歳で権中納言に任じて以来、順調な昇進をとげ、建長四年三十歳で内大臣、同七年三十三歳で右大臣となり、正嘉元年一旦右大臣を辞したが、正元元年十一月十四日三十七歳の若さで左大臣に昇任した(公卿補任)。この人は額大きく広く、頸短かくて、目が顔の中央にあるような、「外法がしら」の相貌の上に、薄情で、気性激しく、人望がなかったと記されている(増鏡、北野の雪)。

右府果報アリ　西園寺公経の三男洞院実雄は、嘉禎二年二十歳で従三位に叙し、仁治三年二十六歳で権大納言に昇り、その後暫らく官運停滞したが、正嘉元年四十一歳で内大臣、翌正嘉二年に右大臣に進んだ。正元二年(改元して文応元年)十二月実雄の娘佶子は亀山天皇の女御となり、やがて皇后(のち京極院)となって父実雄に権勢をもたらした。

内府ニシヽアリ　内府は近衛基平。正嘉二年十一月内大臣に任じ、文応二年三月右大臣に転じた。シヽは肉で、肥満の意であろうか。

花山ニ出家ノ後悔アリ　前右大臣花山院定雅、康元元年十一月廿七日、三十九歳で出家(公卿補任)。

四条権威アマリアリ　正元二年当時、四条家の当主は大納言隆親、年五十九歳。四条家はさして家格の高くない公卿だが、代々有能な院司が出たこと、娘を西園寺の如き権勢の家に入れて閨閥を固めたことなどによって、京都の政界に隠然たる勢威を築いた。この当時に則して言えば、隆親の姉貞子は西園寺実氏に嫁して姞子・公子の二女を生んだ。姞子は後嵯峨の中宮となって、やがて大宮院と称せられ、公子は後深草の中宮となって、東二条院と称せられた。貞子はのち北山准后とよばれて九十歳の長寿を保った。また隆親の妻能子は早くから土御門の皇子邦仁の乳母となり、この邦仁が皇位について後嵯峨天皇となるや、天皇は隆親の第を里内裏とした。なお、隆親の叔父に鶴岡八幡宮の別当隆弁があった(園城寺戒壇問題で隆弁が活躍したことは注「年始凶事アリ…」参照)ことも、隆親にとって絶大なうしろ楯であったろう(角田文衛氏『平家後抄』参照)。

按察使　権中納言藤原顕朝。当時、後嵯峨上皇の院司として、正元元年四月十日山門大衆に神輿帰座を促す院宣を奉じ、翌正元二年正月十四日再び山門衆徒を慰諭する旨の院宣を奉じ、かつ叡山の僧綱らを召致して院宣を伝えている(天台座主記)。院のスポークスマンとして、山門の攻撃にさらされる立場にあった人物である。

除目僧事ニ非拠アリ　除目は俗人の官職の任免・昇降・転還等をいい、僧事は僧官僧位の人事をいう。当時、円満院宮仁助が僧の人事に絶大な力をもっており(後注「円満院」参照)、山門寺門の争いで、仁助が寺門勢力の頂点に立っていたことを考えると、ここで「僧事ニ非拠アリ」と非難されているのは仁助であろうか。

嵯峨殿　後嵯峨上皇が京都の西郊嵯峨の亀山の麓、大井川北岸の辺に建てた殿舎。亀山殿ともいう。百錬抄に、建長七年十月廿七日嵯峨殿御所移徙の儀を行なったとある。

五条殿ニ天狗アリ　五条殿は、後嵯峨上皇の后、大宮院姞子の御所として、父に当たる西園寺実氏が築造したものであるが、その当時から「変化ども」が棲みついているという噂さが立ち、正嘉元年二月再度の火災に遭って「天魔の所為」といわれた(五代帝王物語)。この頃、再築竣成して、正元元年七月廿五日、新造の五条殿に於て、天台座主尊助法親王が鎮宅のために不動法を修している(天台座主記)。

山訴訟ニ道理アリ　所謂「山階道理」と同じく、理非にかかわらず叡山が勝訴する、叡山のごり押しには勝てない、という意だが、この落書が、園城寺戒壇設立の申請に発する山門寺門の争いのさ中に、山門側に立って、寺門及びこれに贔屓する院や幕府を諷刺・嘲笑していることを考えると、むしろこの一句は、文字通り叡山の言い分に道理があるのだという、開き直りと解すべきか。

寺法師ニ方人アリ　延暦(山門)・園城(寺門)両寺の争いにおいて、鎌倉幕府が寺門側に肩入れしている、という意。

前座主冥加アリ…　園城寺の戒壇設立をめぐって延暦・園城両寺の争いが熾烈化しつつあったさ中の正元元年三月廿六日、天台座主尊覚法親王は建長元年以来十年の任を辞して、尊助法親王に代った。尊助は土御門天皇の皇子で、後嵯峨の兄に当る人物である。ところが座主交代半月後の同年四月十一日、先代未聞といわれる大火が起って日吉社の本社以下大小神殿悉く焼失した(前注「社頭回禄アリ」参照)。尊助は座主新任早々にこの災厄に遭い、反対に尊覚は危うく災厄を逃れたわけである。すなわち、これ尊覚の冥加であり、尊助の不運である。「勝事」は凶事の意。

高橋宮ニ嘉寿アリ　高橋宮は土御門天皇の皇子尊守法親王。母は法橋覚宴の女。後嵯峨の兄に当たる。この落書の年文応元年十月廿三日五十一歳で没しているから、落書にいう嘉寿とは五十の賀の意味であろう。

シソク　「ク」は底本「リ」。意を以て改めた。

察会　恐らく「密会」であろう。

円満院　園城寺三門跡の一つで、歴代皇族の入室する門跡寺院。後嵯峨上皇の同母兄に当たる仁助法親王が円満院に入って、園城寺長吏となり、後嵯峨より院政の諮問に与かり、幕府の信任もあって、僧中の人事は彼の左右するところと言われた。弘長二年四十八歳で寂。後嵯峨の皇子円助も建長元年円満院に入室、正嘉元年園城寺長吏に補せられたが、叡山の反対で園城寺戒壇設立の申請の却けられた同二年、長吏を辞して引退した。

桜井　桜井宮。後鳥羽天皇の皇子覚仁法親王。熊野三山検校。文永三年四月十九日六十九歳で寂。

東寺ニ行遍アリ　行遍(一一八一―一二六四)は仁和寺菩提院に入って出家、嘉禎二年東寺四長者、仁治元年僧正、同二年法務、そして宝治二年大僧正、東寺一長者となった。長講堂領の領主で貴族社会に隠然たる力をもった宣陽門院に早くより接近して、その庇護を得て東寺の復興に力をつくした。晩年は大宮院の庇護を得て、この女性のために屢々御産の祈りを修した。文永元年八十四歳で寂(網野善彦氏『中世東寺と東寺領荘園』参照)。

武家過差アリ　過差は奢侈、ぜいたく。鎌倉幕府の過差禁制については、弘長元年二月廿日の関東新制条々(『中世法制史料集』第一巻一九六頁以下)を参照。

二　二条河原落書

口遊《くちずさみ》　去年八月二条河原落書云々　元年歟

此比都ニハヤル物　夜討強盗*謀綸旨《にせりんじ》
召人早馬虚騒動《そらさうどう》　生頸還俗自由出家
俄大名迷者　安堵恩賞虚軍《そらいくさ》
本領ハナル、訴訟人　文書入タル細葛
追従讒人《ざんにん》禅律僧　*下克上《げこくじよう》スル成出者
*器用堪否《かんぷ》沙汰モナク　モル、人ナキ*決断所
キツケヌ冠上ノ*キヌ　持モナラハヌ笏持テ
内裏マシハリ珍シヤ　賢者カホナル*伝奏ハ
我モ〳〵トミユレトモ　巧ナリケル詐ハ
ヲロカナルニヤヲトルラム　*為中美物《いなかびぶつ》ニアキミチテ
*マナ板烏帽子ユカメツ、　気色メキタル京侍
タソカレ時ニ成ヌレハ　ウカレテアリク色好
イクソハクソヤ数不レ知　内裏ヲカミト名付タル
人ノ*妻鞆《めども》ノウカレメハ　ヨソノミル目モ心地アシ
尾羽ヲレユカム*エセ小鷹　手コトニ誰モスエタレト
鳥トル事ハ更ニナシ　鉛作ノオホ刀

太刀ヨリオホキニコシラヘテ　前サカリニソ指ホラス
*ハサラ扇ノ五骨　*ヒロコシヤセ馬薄小袖
日銭《ひぜに》ノ質ノ古具足　*関東武士ノカコ出仕
*下衆《げす》上﨟ノキハモナク　*大口ニキル美精好《せいごう》
鎧直垂猶不レ捨　弓モ引エヌ犬追物
落馬矢数ニマサリタリ　誰ヲ師匠トナケレトモ
遍《あまねく》ハヤル小《こ》笠懸《かさがけ》　事新キ風情也
京鎌倉ヲコキマセテ　一座ソロハヌエセ連歌
在々所々ノ歌連歌　点者ニナラヌ人ソナキ
譜第非成ノ差別ナク　自由狼藉ノ世界也
*犬田楽ハ関東ノ　ホロフル物ト云ナカラ
田楽ハナヲハヤル也　*茶香十炷ノ寄合モ
*鎌倉釣ニ有鹿ト　都ハイト、倍増ス
町コトニ立篝屋*ハ　荒涼五間板三枚
幕引マワス役所*鞆《とも》　*其数シラス満々リ
諸人ノ敷地不レ定　半作ノ家是多シ
去年火災ノ空地共　*クソ福ニコソナリニケレ
適ノコル家々ハ　*点定《てんじょう》セラレテ置去ヌ
*非職ノ兵仗ハヤリツヽ　路次ノ礼儀辻々ハナシ
*花山桃林サヒシクテ　牛馬華洛*ニ遍満ス
四夷ヲシツメシ鎌倉ノ　右大将家ノ掟ヨリ
只品有シ武士モミナ　*ナメンタラニソ今ハナル
朝ニ牛馬ヲ飼ナカラ　夕ニ賞*アル功臣ハ
左右ニオヨハヌ事ソカシ　*サセル忠功ナケレトモ
過分ノ昇進スルモアリ　定テ損ソアルラント
仰テ信*ヲトルハカリ　天下一統メツラシヤ
御代ニ生テサマ〳〵ノ　事ヲミキクソ不思議共
京童ノロスサミ　*十分一ソモラスナリ

【内閣文庫　建武記】

謀綸旨　建武元年五月十三日の雑訴決断所牒に、出雲国牛蔵寺住僧栄空・朝豪「令謀作綸旨、濫妨三刀屋郷事」が見え(三刀屋文書)、建武四年山城国上桂庄に関する東寺と源氏女との争訟においても、建武元年三月廿四日付綸旨の謀書か否かが争われていて(東寺百合文書イ)、新政期における謀綸旨横行の一端がうかがわれる。

下克上　「下剋上。下、上に剋つ。低い身分のものであり、家来でありながら、すぐれた才能と知略、あるいは、幸運とによって、勢力を得て主君となり、主君の方が家来、あるいは、身分の低い者になること」(邦訳日ポ)。源平盛衰記二十六に「馬侵さるまじき鼠に巣を作らせ、子を生ませたり、既に下剋上せり」、太平記二十七に「臣君ヲ弑シ子父ヲ殺シ、力ヲ以テ争フベキ時到ル、故ニ下剋上ノ一端ニアリ」、東寺廿一口評定引付、明徳五年正月廿二日条に「所詮百姓等令下剋上、併奉忽諸於寺家故也」(東寺百合文書ち)、大乗院寺社雑事記、文明七年五月十日条に「近日可然種性ハ被下凡下、国民等ハ令立身、自国他国如此、是併下極上至也」などの用例がある。

器用堪否… 器用は才能、能力。堪否は「勘否」、能力の有無。能力の有無を調べもしないで、誰彼なく任用する。類従本「器用ノ堪否」につくる。

決断所 ↓七二頁補

キヌ 底本「キス」。類従本によって改めた。

伝奏 天皇に政務を奏上する役。建武二年三月の伝奏結番によれば、四番制、各番月に六日交代勤務と定められ、右大臣洞院公賢以下の公卿が各番に五名(計二〇名)が選定配属された。この章句、伝奏たちは何れも賢者顔で我こそはと自信たっぷりだが、取扱う案件の詐謀を見抜けないようでは、愚者にも劣るというべきか、という意。

為中美物ニ… 美物は「おいしい料理あるいは食物。殊に魚で作ったものを言う」(邦訳日ポ)。「美物ト云フハ、ヨキクヒモノ歟、魚鳥ノ名歟、両様ニ通ル也、美物ト云テ、魚味トオモヒナラハセル事モアリ」(塵添壒嚢抄)。新政下、都鄙往反の激増にともなう田舎料理の流入、氾濫をいうか。尺素往来に、点心の菜は多きを要せず、三種ばかり設けるのがよいと説いて、その品数の多いを元弘様と号し、当世の物笑いなりと述べているのは、或いはこれと関係あるか。

マナ板烏帽子 歯長寺縁起に、建武新政の功臣名和長年が数百騎の家子郎等を率いて、所々の臨幸に供奉した際、彼らの着した烏帽子の折様が特異だったので、世人これを「伯耆様」(ほうきよう)と呼んで(長年の伯耆守なるによる命名)、もてはやしたとある。マナ板烏帽子はこれと関係あるかもしれない。

妻鞆ノウカレメ 妻鞆は妻共。歴とした妻女たちの遊び女まがいの所行。

エセ小鷹 太平記十二に建武新政の功臣千種忠顕の栄花を叙して「宴罷テ興ニ和スル時ハ、数百騎ヲ相随ヘテ、内野北山辺ニ打出テ、追出犬、小鷹狩ニ日ヲ暮シ給フ」。

ハサラ扇 バサラはもと梵語 vajra でバザラともいい、縛曰羅・跋曰羅・伐折羅・跋闍羅等と音訳し、金剛・金剛杵と訳す。金剛杵はインドの武器で三股槍の如きもの。また十二神将の一つに伐折羅大将があり、武装して忿怒の姿をとる。建武式目は「近日号婆佐羅、専好過差、綾羅錦繍精好銀剣風流服飾、無不驚目」(本書上巻一四七頁)、太平記二十一に「佐々木佐渡判官入道々誉ガ一族若党共、例ノバサラニ風流ヲ尽シテ、西郊東山ノ小鷹狩シテ帰リケルガ」などと用い、「(1)華美な服装でかざりたてた伊達な風体。室町時代の派手な洒落者についていう。(2)派手・乱脈にふるまうこと。はた迷惑になるような、ふざけた無法なふるまい」の意(岩波古語辞典)。なお「Basarana. 服装その他自分自身のことにそそっかしい、あるいは、乱れてだらしがない」(邦訳日ポ)という解釈がある。そして、扇・団扇・絵馬などに画いた粗放な風流絵を「ばさら絵」といい、ばさら絵を画いた派手な扇を「ばさら扇」といった。

ヒロコシ 広輿か。

関東武士ノカコ出仕 弘長元年二月廿日の鎌倉幕府の新制条々の中に、殿上人以上幷び僧侶及び六十歳以上の御家人を除いて、鎌倉中の乗輿を一切禁止した一条がある(『中世法制史料集』第一巻、追加法三八二条)。「カコ」は底本「カユ」。類従本によって改めた。

下衆上﨟ノキハモナク 類句として田植草紙に「上郎けすのきわを見ば…」あり(日本古典文学大系『中世近世歌謡集』二八九頁)。

大ロニキル美精好 大ロ↓四七頁注。精好は、たて糸、よこ糸共に練糸、またはよこ糸を生糸で織り出した厚手の美しい絹織物。建武元年九月七日発布の服制の中に「地下輩、精好大ロ一切停止之」(玉英記抄)、同じく新政下の武者所輩の服制に「精好大ロ一切停止之」(本書七九頁)とある。

犬田楽 北条高時が闘犬(犬くひ・犬のくひ合)・田楽を好んだことは太平記二十七・増鏡、むら時雨に見え、ことに太平記には、高時の田楽愛好について「関東亡ビントテ、高時禅門好ミ翫シガ、先代一流断絶シヌ」と、この落書と符合する記述があるほか、金沢文庫古文書に収める(正中二年)正月卅日金沢貞顕の書状も、執権高時の行状を報じて「田楽之外、無他事候」と述べている。

茶香十炷の寄合 十種類の茶を会衆に飲ませて、茶の銘柄を当てさせる闘茶の遊戯を十種茶といい、同じく十種の香を嗅ぎ分けさせる遊戯を十種(炷)香〈ジッシュコウ・ジシュコウ〉といった。「十炷」は厳密には茶には用いないが、ここでは「十種」と同音で、茶・香の両方にかけたものであろう。

鎌倉釣ニ有鹿ト 釣は「連(れつ)」で、「鎌倉づれにありしかど」か。

篝屋 鎌倉幕府が暦仁元年、洛中警衛のために、御家人に命じて夜間辻々に篝火をたかせたのに始まり、洛中四十八ケ所篝屋の制が整った。建武新政下にも、篝屋の制があったことは、伊賀盛光が津軽合戦に従軍した故を以て、建武元年分の三条東洞院篝役の免除を請うていることで知られる(小西文書)。

役所鞆 役所は篝役勤務の場所。鞆は共に同じ。

其数シラス満々リ 「シラス」は底本「シラヌ」。類従本によって改めた。「満々(みちみて)リ」は類従本「満々タリ」。

クソ福 「くそふく」は厠、便所の意。類従本「クワ福」、禍福か。

点定 没収または強制的借上げ。京中私宅の点定は、新政が破れた直後の延元元年三月、武士たちの京中止宿状況を調査した時の注文(報告書)が残っていて(竹内文平氏所蔵文書)、この時代の私宅点定の一斑をうかがわせる。また足利尊氏の建武式目の中にも「可被止私宅点定事」の一条がある(本書上巻一四八頁)。なお、点定した宿所には、札を立てて、そのことを明示したようである(護国寺供養記)。

非職 岡見正雄氏は「非職は寺社などに住みついてはっきりした職についていない浪人の類」と推定(角川文庫『太平記㈠』補注四一六頁)。

花山桃林サヒシクテ… 史記、周紀に「武王已克殷、縦馬於華山之陽、放牛於桃林之虚」云々とあって(書経、武成にも同意の章句あり)、武王が殷に勝って、再び牛馬を用いて戦争をすることのない意志を天下に示したとある。この故事を否定的に引用して、折角天下一統したと思ったら、また洛中が騒がしく戦争のにおいがすると諷したもの。太平記十二にも同様の表現が見える。

華洛ニ 底本「華洛モ」。類従本によって改めた。

ナメンタラ 温故知新書に「並堕落 ナメンタラ」、大乗院寺社雑事記、長享二年二月廿三日条に「凡下なめんたらと申事を行候き、天下御沙汰以外次第也」などとあって、だらしないさま、秩序の失われた状態を意味する。この語は今、対馬方言に遺り「ナンメンダラクナ(いい加減なやりロ)」(大西巨人『神聖喜劇』二巻三五五頁)の如く用いられるという。

賞 類従本「変」につくる。

サセル 底本「ナセル」。類従本によって改めた。

信 徳(得と同義)の異体字(徳)の誤記とする説がある(文英堂『国民の歴史』6、福尾猛市郎氏『京・鎌倉』二六五頁)。

十分一ソ 類従本「十分一ヲ」につくる。

三 永正元年東寺落書

(端裏書)「□□□落書」

きやうのとの御しんたひ(進退)ニつき候て、くせ事のこと候。れん〳〵女をめされ候へ共、于レ今《いまに》不レ申候所に、なを〳〵見くるしく候。くせ事にて候間、一筆令レ申候。此しんたひ御ふしんに候ハヽ、いつミこけ(和泉後家)にたんねう侍へく候。さためて御きうめい候ハヽ、きこへ可レ申候。

永正元年霜月一日

【東寺百合文書し】

四　永正元年東寺落書

（端裏書）「永正元落書」

ネウハウ《女房》ヲネスム*寺そウ《僧》ノコト

東寺ミエイタウ《御影堂》ニトト《度々》ハリ《張》文ヲツカマツリ候エトモ、五ヒ*ロウナク候。クせ《曲》事ニテ候。せイハイ《成敗》ナクハ、ネンネウ《年預》ノ五《御》坊モ五方*ヨリツカイヲタテ申候。

エン《永》正クハン《元》ネン十一月五日

【教王護国寺文書巻八】

ネスム　「寝住む」で、定まった女を妻として通い続ける意。すなわちこの事書は「女房を盗む寺僧」(女犯僧)の糾弾である。

五ヒロウナク　御披露なく。披露は議事にかけること。女犯僧について(恐らくその名と事実)、一度ならず張紙をして、告知(もしくは糾弾)したけれども、寺家側でこれを取上げない。

五方　東寺の渉外部門で、しかもそれは固有の独立組織ではなく、寺内各部門から選出された代表によって構成された寄合組織と推定されている(佐々木銀弥氏『中世商品流通史の研究』二三八頁)。

五　東寺落書

（端裏書）「四月十三　戌刻」

テ*ウソウカ又五ラウカハヽ《母》、アマニナリテ、タツホウシ《法師》カモトニイタリ、クせコトナルヲ、二*十イツク《口》ノフキヤウ《奉行》ニテ、サタナキハ、ムスコヲフチ《扶持》セラル、ユヱカ。コレモ*ツタイナキシタイナリ。イソキ《急》ヲイウシナ《追失》ワルヘシ。又タツホウシメクせモノ《曲者》ナリ、ヲナシクヲン*ハライアルヘシ。カタ〱《旁々》クせコト〱。

【教王護国寺文書巻八】

〔五〕教王護国寺文書の編者によれば、この落書は、戦国時代前期(長享元年—享禄五年)のものと推定される。

テウソウ　又五郎を召仕っている寺僧の名であろう。

二十イツクノ…　二十一口方の奉行が、又五郎の母尼破戒の事実を取り上げて、これを処罰しようとしないのは、又五郎の主人(テウソウ)に憚っての故であろうか、の意。東寺には真言教義の研学に従事する学衆と、法会に従事し勤行を旨とする供僧があり、それぞれ自治的な集会組織をもった。供僧は延応二年五口の設置に始まり、次第にその数を増して十八口となり、正和三年この十八口の本供僧に三口の新供僧を加えて本新供僧二十一口となった。二十一口供僧方とは即ちこの供僧集団の自治的集会組織である。

モツタイナキシタイ　勿体なき次第。甚だ不都合、不届きである。

ヲンハライ　御払い。上文の「ヲイウシナワルヘシ」と同じく、御追放あるべしの意。

六　東寺落書

観*智□《院》□　□事、言語道タン□　□　□《母ハ》□

ノ三位カイモ(妹)ト、父ハイナハ□□(因幡堂)ノ門ノマヱノ経師□(ガ子ニテ候ヲ)、地□(下)のアきう(商人)とノタ*ノシキ物、ヤ*シ□□(ナヒ)コニシテ候。サ*ルホトニ、□　□ナクシ候テ、大内方ノ物ナント、□(申)候事、以外ノクせ事ニテ□(候)。此*事、タイコ・仁ワ寺・サカクレ(隠)ナク候て、東寺ニコソ、ミソヤ・経師ナントノ子ヲチコ(児)ニシテ、衆トニナセトテ、物ワライニテ□(候)。此物若衆分ニナリ候ハ、、東寺法師ヲハ、、本*寺ノマシワイサスマシキニ□(候カ)。寺家老若コレホトノ事ヲシ□(ラ)ヌカヲ(顔)シテヲカレ候事、せ*ヒナ□□(ク候)。所詮、児《ちご》カ事ハ申ニヲヨハス、坊主カヤウノハ*ウラツフシキノ物ヲトリヲキ候間、寺ケ(家)ノナヲリ(名折)ニテ候。イソキ(急)〳〵両人トモニヲイ□□(ハラ)ワルヘク候。此児ヲヲカレ候ハ、、坊□(ニ)火ヲツケヤキウシ(焼失)ナイ□(申)へく候。

【教王護国寺文書巻八】

〔六〕　教王護国寺文書によれば、この落書も戦国時代前期のものと推定される。

観智(院)　東寺の塔頭。延慶年中後宇多法皇の立願で創建。同寺塔頭十五ヶ院の随一とされる。

タノシキ物　裕福な人。

ヤシ(ナヒ)コ　養子。↓掟書〔三七〕補「ユイシ」

サルホトニ…　欠文があって文意をとりにくいが、何某の三位の妹と経師との間に生まれて、商人の養子となった人物が、観智院の僧の稚児となったばかりか、さらに大内氏の被官と称して何らかの言動に及んだことが問題となって、「以ての外の曲事」と糾弾されたのであろう。

此事…　この事は、醍醐寺・仁和寺・嵯峨(大覚寺?)辺りに知れ渡り、東寺では、味噌屋・経師風情の子を児にし、衆徒にしているなどと、物笑いになっている。

本寺ノマシワイ…　本寺の交わり。本寺の出入を禁止すべし。

せヒナ(ク候)　是非なく候。論外である、とんでもないことである。

ハウラツフシキノ物　放埒不思議の者。放縦でけしからぬ人間。

七　中宮寺盗人沙汰落書起請定書

(端裏書)
「竜田社一党評定置文」

定め置く　中宮寺盗人沙汰落*書披き規式の間の事

一　実*証十通以上あるに於ては、実犯の躰に治定せしむべし。風*聞は、三十通を以て、実証十通に准拠して、其の沙汰あるべきなり。一通たりといへども、通数未満に於ては、これを閣《さしお》かるべきの事。

一　実犯の躰露顕せしめば、たとひ親子・兄弟・所従・眷属たりといへども、相ひ共に発*向せしめて、其の身に於ては、これを搦め捕へ、住宅に於ては、即時に焼失せしむべきの事。

一　もし強勢の仁ありて炳誡に拘らずは、寺門幷びに当方の一党落書を捧げ、庄々同心合躰せしめて、*力の及ぶに随ひて其の沙汰あるべき事。

右条々かくのごとし。堅く此の旨を守り、速疾に誡め沙汰あるべきものなり。もし此の規式に背かば、日本国主天照大神を始め奉り、金峰・熊野・正八幡宮、特には*当国守護春日の和光、惣じては日本国中大小諸神の御罰を身中に蒙るべきの状件のごとし。

建武四年十一月廿四日　公文寺主覚延（花押）

僧慶祐（花押）　沙弥阿念（花押）（以下僧及ビ沙弥九名ノ署名省略）

竜田庄険断代実弘（花押）

（端裏書）「竜田社一党評定置文」

定置　中宮寺盗人沙汰落書披規式間事

一於有実証十通以上者、可令治定于実犯之躰、風聞者、以三十通、准拠于実証十通而、可有其沙汰也、雖為一通、於通数未満者、可被閣之事、

一実犯之躰令露顕者、設雖為親子兄弟所従眷属、相共令発向而、於其身者、搦捕之、於住宅者、即時可令焼失事、

一若有強勢之仁而不拘炳誡者、寺門幷当方一党捧落書、庄々令同心合躰而、随及力可有其沙汰事、

右条々如斯、堅守此旨、速疾可有誡沙汰者也、若背此規式者、奉始日本国主天照大神、金峰熊野正八幡宮、特当国守護春日和光、惣日本国中大小諸神御罰可蒙于身中之状如件、

（年次・署名略す）

【法隆寺文書】

落書披き規式　落書を開披して、その内容によって犯否を認定する場合の規定。
実証十通以上…　確かに何某が犯人であるとする落書が十通以上あれば、その名指された人物を犯人と認定する。
風聞は三十通を以て…　風聞として、何某が犯人だと聞き及んでいる、とする落書は、三十通を以て、実証十通の准拠とする。
発向　軍勢・集団など複数の者が、討伐のために押し寄せること。
力の及ぶに随ひて　力の及ぶ限り。
当国守護春日の和光　大和国の守護である春日の神仏（春日神社と興福寺）。鎌倉時代以来、大和国には守護が置かれず、興福寺に守護権が与えられた。和光とは、和光同塵の意。仏や菩薩が自分の威光を和らげ、その本地を隠して、この世に別の姿となって現われて民衆を救うことで、本地垂迹説の理論的根拠。

八　落書起請文

敬白　天罰起請文事

右、*けいせいころして候事、*やまふしはき（剝）て候事、*さめこ

ほうしはきて候事、いつれも〳〵ゆめ〳〵しりまいらせ候す候。もし*そら事申候はゝ、大仏八幡の御はち(罰)をまかりかうふり候へく候。

暦応三年十月廿九日

【東大寺文書】

けいせい　傾城。遊女をいう。
やまふしはきて候事　「はく」は着物を剥ぐ意で、山伏が追剥に出あった事件である。
さめこほうし　さめ小法師。「さめ」は固有名詞か。
そら事　虚事。虚言に同じ。うそ偽り。

九　落書起請文

たて申きしやうもんの事

右、*しちやのうせ物の事、*うちよりとよみをもいたさす候あひた、よそよりもいてあわす候。たゝしかの人のおとゝにて候物のして候よし、□(う)けけ(衍カ)給て也。もしこのほかに存ちして候ハヽ、大仏八幡の御はち(罰)をかうふるへく候。よてきしやうもんの状如ㇾ件。

暦応三年十二月十一日

【東大寺文書】

しちやのうせ物　質屋の失物。この落書は、質屋が質物を失った場合について、盗賊に遭うなど不可抗力によるものか否かについて、落書による証言を求められたのに応えたもの。
うちよりとよみをもいたさす　「どよみ」は鳴り響く音、騒ぎ声。質屋の内から大きな叫び声、騒音も聞こえなかった（盗賊に押し入られた形跡もない意か）ので、近隣他家の者もとび出して相手になることもありませんでした。

一〇　盗人罪科記録

記録　盗人罪科の間の事

右、去三日夜北中院盗賊の事。*大犯《だいぼん》の随一、誠に禁《いまし》めざるべからず。しかれば人の語《かた》ひによらず、私曲偏頗《へんぱ》を存ぜず、見聞推量の覃《およ》ぶところ、実正に任せて、*雨落書《あめらくしょ》五通以上、もし一通たりといへども、分明の実証あらば、寺僧分においては、永く*寺帳を擯出《ひんじゅつ》し、非寺僧に至りては、住宅を破却し、其の身を搦め捕へ、重科に処せらるべし。*通数満足、支証分明の時、*引汲《いんきゅう》の衆議に及ぶに於ては、同科たるべし。此の条、もし偽り申さしめば、　(以下空白)

記録　盗人罪科間事
右去三日夜北中院盗賊事、大犯之随一、誠不可不禁、尒者不依人之語、不存私曲偏頗、見聞推量之所覃、任実正、雨落書五通以上、若雖為一通、有分明之実証者、於寺僧分者、永擯出寺帳、至非寺僧者、破却住宅、搦捕其身、可被処重科、通数満足、支証分明之時、於及引汲之衆議者、可為同科、此条、若令偽申者、

【東大寺文書三・四】

大犯　鎌倉幕府は大番催促・謀叛・殺害人の三つを守護の職権事項と定めて、これを大犯三箇条とよび、これに夜討・強盗・山賊・海賊を加えたが、室町幕府の治下、大番制の廃絶もあって、大犯三箇条の内容は大きく変化して、応永永享頃とも推定される和泉国大鳥庄中村座中定置条々に「大犯〈夜焼・盗人・殺人〉輩者…」（堺市史続編第一巻所収、中村結鎮御頭次第紙背文書）、長禄頃の摂津国勝尾寺々僧状案に「西庄衆大犯三ケ条之輩候、山伏殺害・盗取・放火」（箕面市史、史料編二、勝尾寺文書）、そして日ポに「Daibon. ダイボン（大犯）大罪。…（大犯三箇条、すなわち、家焼き、人殺し、盗み）。三つの大罪で、これを犯した者は、その罪によって死刑に処せられる。それは放火、殺人、盗みの三つである」（邦訳日ポ）とあって、遅くも一五世紀には、日ポにいう放火・殺人・盗みの三事に固定したようである。

雨落書　匿名の投書で犯人や犯罪容疑者を指名摘発する落書起請の一種である。「任㆓無相之想㆒」、「任㆓無想興隆思㆒無㆓偏頗矯飾㆒」、即ち公正無私に記載することが要請されるところから、雨無想落書ともいった。なお渡辺澄夫氏「中世社寺を中心とせる落書起請について」（『史学雑誌』五六ノ三）参照。

寺帳を擯出　寺帳からその名を抹消して、寺帳登録の僧衆から追放する。「ヒンジュツ（擯出）追い出すこと、または、放り出すこと。例、（故郷を擯出す）生まれ故郷から追い出され、追放される。文書語」（邦訳日ポ）。

通数満足…　見聞推量の落書が規定の通数（五通以上）を満たし、或いはまた明確な実証ある落書が一通でもあれば…。

引汲　弁護する、ひいきするの意。

二　盗人沙汰落書通数注文

（端裏書）「下司庫盗人事」

下司庫盗人

下　浄昭房　一一一一已上四通

蓮順房　一手播壱通

順教房　一手播一一一一一已上六通

順専房　一一一已上参通

長禅房　一コマ一一一已上四通

十郎殿　一手播壱通

福石丸　一モチテ壱通

已上七人

治定落書十一通

不定落書十七通

【東大寺文書】

三　大法師円印起請文

敬白　*天判起請文の事

右、所従亀松丸が事に就き、先年落書の時、通数未満とい

へども、向後召し仕ふべからざるの由、触れ承り候に付き、*通数未満の輩に於ては、皆罪科を閣かるるは傍例なり。然れば、披き申すべきの由、歎き申すの上は、御無沙汰たるべけんやの由、返答申すの後は、重ねて承る事なく候間、自然年序を経了《へおわん》ぬ。しかるに今度若狭阿闍梨の事に就き、御沙汰に及ぶの由、其の身を□□せらるるにより、已に逐電候ひ了ぬ。此の上は、向後召し仕ふべからざるの条、勿論に候。もしまた見懸くる事候はば、速かに其の身を召し進むべく候。更々扶持の儀あるべからず候。此の条、もし当難を遁れんがため、虚誕を構へ申し候はば、日本国主天照大神を始め奉り、六十余州普天率土之神祇冥衆、殊には大仏・四王・八幡三所の垂跡和光の部類眷属、別ては二月堂大聖観自在尊之神罰・冥罰を、円印が身八万四千の毛孔ごとに罷り蒙るべきの状件のごとし。

嘉暦四年卯月六日

大法師円印（花押）

敬白　天判起請文事

右就所従亀松丸事、先年落書之時、通数雖不満、向後不可召仕之由、触承候付、於通数不満之輩者、皆被閣罪科者傍例也、然者、可披申之由、歎申之上者、可為御無沙汰哉之由、返答申之後者、重無賜承事候間、自然経年序了、而今度就若狭阿闍梨事、及御沙汰之由、依□□□其身、已逐電候了、此上者、向後不可召仕之条、勿論候、若又見懸事候者、速可召進其身候、更々不可有扶持之儀候、此条、若為遁当難、構申虚誕候者、

奉始　日本国主天照大神、六十余州普天卒土之神祇冥衆、殊ニハ大仏四王八幡三所垂跡和光部類眷属、別テハ二月堂大聖観自在尊之神罰冥罰ヲ、毎円印身八万四千毛孔可罷蒙之状如件、

嘉暦四年卯月六日

大法師円印（花押）

【古文書集四】

天判起請文　ある事柄を誓約して、もしそれを破った場合には、我が身に神罰を受くべし、つまり神罰を厭わない云々という文言を書き添えたものを、天判起請文といった。

通数未満の輩に於ては…年序を経了ぬ　あらかじめ落書起請の規定を設けて（たとえば、(七)参照）、落書による名指しが規定の通数に達しない場合は、その者を罪に問わないのが傍例である。それで、通数未満にもかかわらず追放処分となった亀松丸について、その旨を弁明し、免除の嘆願をして、それ以上罪の追究をなさるべきではないと申し入れ、それに対しては寺家より何等の御返答もなく、いつの間にか長い年月がたってしまった、の意。

祭文

一　夫妻和合祭文

夫妻和合の祭文

*維《こ》れ、日本国月日、主人沐浴潔斎して礼奠を設け奉る。

謹みて請ふ東*方和合青帝将軍。

謹みて請ふ南方和合赤帝将軍。

謹みて請ふ西方和合白帝将軍。

謹みて請ふ北方和合黒帝将軍。

謹みて請ふ中央和合黄帝将軍。

謹みて請ふ上方和合紫帝将軍。

謹みて請ふ下方和合緑帝将軍。

*和合一切の官属等皆来り、座に就き、献ずるところを饗《う》けさせたまへ。再拝。酒をたてまつる。

夫婦和合祭文

□□(維日)本国月日、主人沐浴潔斎奉設礼奠、
謹請東方和合青帝将軍、謹請南方和合赤帝将軍、
謹請西方和合白帝将軍、謹請北方和合黒帝将軍、
謹請中央和合黄帝将軍、謹請上方和合紫帝将軍、
謹請下方和合緑帝将軍、
□(和合一切)官属等皆来就座、所献尚饗、再拝、上酒

謹みて降臨の諸神等に啓す。某、生を六合*の間に受けて、命を二*儀の中に保てり。謹慎を致して天道を敬ひ、忠貞を抽んでて地祇を重《たっ》とむ。しかるに何の譴過によりてか不祥を致すべきか。抑々《そもそも》*ム縁友ム急に*魮《ひ》鮰《もく》の契りを忘れて、心を他女に通はす。ややもすれば鴛鴦の親を棄てて、身を他処に寄す。茲に因りて、錦帳の内の空閨《ねや》冷《さび》しく、繡衾《しゅうきん》の下に無人誰にか服す。白暮《ひる》ては独り荒室に眠り、朝闌《た》けては*鎮《とこしな》へに離別を歎く。門外の媿《はぢ》、家中の哀れみ、ただ此より外のことなし。ここに於て、和合諸神の恩にあらずば、いづれか身心の不安を慰《やす》めん。しかれば則ち、まさに本誓を憑《たの》みて、殊に礼奠を献る。諸神饗納したまはんに、あに冥感なからんや。伏して願はくは、離別の心を改めて、和合の思を成し、縁夫妾の意に叶はむこと、流水の下に降るごとく、浮雲の風に随ふごとく、夫婦相共の*伉儷《こうらい》の契り百

年にても衍《ゆた》かならず、*芝蘭の語《かた》ひ万代に相伝へんことを。謹みて啓す。再拝。酒をたてまつる。

謹啓降臨諸神等、某、受生於六合之間、保命於二儀之中、致謹慎而敬天道、抽忠貞而重地祇、而依何譴過歟可致不祥乎、抑厶縁友厶急忘鮍鮔之契、通心於他女、動棄鴛鴦之親、寄身於他処、因玆、錦帳之内空閨冷、繡衾之下无人誰服、白暮独眼(眠)荒室、朝闌鎮歎離別矣、門外之媿家中之哀、只无自此之外、於是、非和合諸神之恩者、何慰身心之不安、而則、馮将本誓、殊献礼奠、諸神饗納、豈无冥感乎、伏願、改離別心、成和合思、縁夫叶妾之意、如降流水之下、如随浮雲之風、夫婦相共伉儷之契百年不衍、芝蘭之語万代相伝、謹啓、再拝、上酒

謹みて重ねて諸神等に啓す。夫おもんみるに、心肝の鏡明《あき》らめば余慶の影を顕はす。身正の玉を研いでは良祥の光を有《たも》つ。是れを以て、*単微《たんみ》の礼を捧げて、誠を尊神に凝《こら》し、無二の志を繋けて、思を冥道に寄す。祈念の至り、一心勇《ゆ》猛《みよう》なり。冥感の理、あに以てこれを捨てんや。伝へ聞く、*王昭公《くん》が鴈山《がんざん》の雲外に去《す》てられて、袖を紫塞《しそう》の露に湿ししも、明神に祈りて旧夫を得き。*昭陽公が馬嵬《ばかい》の堤の下《もと》に棄てられて、肝を赤炎の焔に焦《こが》ししも、冥道を祭りて先夫を得き。凶を変じて吉となすことは、神祇の所作なり。災を払ひて福を致すは、尊神有心なり。況んや義を以てこれを動かせば、上天驚くこと易く、音を以てこれを呼ばば、虚空必ず応ず。然れば則ち、東方青帝将軍早く縁夫を帰さしめ、南方赤帝将軍早く縁夫を帰来せしめ、西方白帝将軍早く縁夫を帰来せしめ、北方黒帝将軍早く縁夫を帰来せしめ、上方紫帝将軍早く縁夫を帰来せしめ、下方緑帝将軍速かに縁夫を帰来せしめたまへ。*桃顔春暮れて、*九夏の契りに恋を増し、緑髪秋過ぎて*三冬の寒に独り慕《しの》ぶ。原《たず》ぬればそれ東王霊神は西王天女を以て縁妻となし、北天尊神は南方海女を以て縁婦となす。是を以て、男、女を求むるは往古の旧風なり。女、男を求むるは当今の新例なり。神自ら貴からず、人の貴ぶによりて貴し。人自ら安からず、神の助によりて安し。然れば則ち、諸神の霊験疑はずば、感応*斯《し》須《しゅ》ならん。もし祈請に答へざれば、誰か明霊を貴しと仰がんか。誠に神在さば、必ず所念を成就せしめたまへ。謹みて啓す。再拝。散供。

謹重啓諸神等、夫以、心肝之鏡明而顕余慶影、研身正之玉而有

良祥光、是以、捧単微礼、凝誠於尊神、繫无二之志、寄思於冥道、祈念之至、一心勇猛也、冥感之理、豈以捨諸乎、伝聞、王昭公去鴈山雲外、湿袖於紫塞之露、祈明神而得旧夫、昭陽公棄馬嵬堤下、焦肝於赤炎之焰、祭冥道而得先夫矣、変凶成吉、神祇所作、払災致福、尊神有心、況以義動之、上天易驚、以音呼之、虚空必応、然則、東方青帝将軍早令縁夫帰、南方赤帝将軍早令縁夫帰来、西方白帝将軍早令縁夫帰来、北方黒帝将軍早令縁夫帰来、上方紫帝将軍早令縁夫帰来、下方緑帝将軍速令縁夫帰来矣、桃顔春暮、九夏之契増恋、緑髪秋過三冬之寒独慕、原夫、東王霊神以西王天女為縁妻、北天尊神以南方海女為縁婦、是以、男求女者往古旧風、女求男当今新例也、神自不貴、依人貴貴、人自不安、依神助安、然則、諸神霊験不疑、感応斯須、若不答祈請者、誰仰明霊於貴乎、誠在神者、必令成就所念、謹啓、再拝、散供

イマハトテサリニシ人ヲチハヤフル神ノシルシニカエラカシマセ。

招夫心来帰来夫意　三返北方に向きこれを招く。

謹みて重ねて降臨和合の諸神に啓す。忝《かたじけな》くも昔日の深約によりて、当時の薄礼を献ず。三爵礼し畢んぬ。光影西斜して、神座淹《ひさ》し。諸神本府に返り、今日以後夫婦相共に万年を保たしめたまへ。謹みて啓す。再拝。礼し畢んぬ。

支度

神座七前・幣帛二丈七尺・藉布二丈七尺・紙三帖・三種人形《ひとがた》各〻二枚・黄皮・鹿皮、*子須毛知木《ねずもちの》の面を合はせてこれを祭るべし。しこうして然る後各〻の人形を以て、一枚つゝを以て、*人の陰たるの処を和合して立つ。穴《あな》賢《かしこ》々々。他人に知らすべからず。折櫃一合・供神料米二石・時の菓子・和布・竪魚・塩・土器大小・莚薦各〻三枚・桶杓各〻一口、自余の物これを注せず。

康暦三年辛酉二月廿三日　見真

イマハトテサリニシ人ヲチハヤフル神ノシルシニカエラカシマセ

招夫心来帰来夫意　三返向北方招之、

謹重啓降臨和合諸神、忝依昔日深約、献当時之薄礼、三爵礼畢、光影西斜神座淹久、諸神返本府、今日以後夫婦相共保万年、謹啓、再拝、礼畢

支度

神座七前　幣絹(帛)二丈七尺　藉布二丈七尺　祇(紙)三帖

三種人形各二枚　黄皮　鹿皮、子須毛知木面合而可祭之、而然後以各人形以一枚ツ、ヲ、和合人為陰之処而立、穴賢々々、不可知他人、折櫃一合供神料米二石時菓子和布竪魚塩土器大

小、莚薦各三枚、桶杓各一口、自余物不注之、

康暦三年〈辛酉〉二月廿三日　見真

【元興寺極楽坊文書】

維れ日本国　底本、「維日」の二字虫損。後出、離別祭文を参照して、意を以て補った。

東方和合青帝将軍　夫婦の和合をつかさどる東方の神。以下、南方赤帝、西方白帝、北方黒帝、中央黄帝、上方紫帝、下方緑帝と全七方主宰の神々を挙げる。この中、東南西北中の五方に青赤白黒黄の五色を配するのは、陰陽五行説による。また上下二方に紫・緑を配するのも中国の伝統的観念にもとづくとされる(『元興寺庶民史料集成』解説一〇三頁参照)。

和合一切　底本、この四字虫損。後出、離別祭文を参照して、意を以て補った。

六合　東西南北上下の六つの方角。世界中の意。

二儀　天地の意。

ム縁友ム　この祭文の後半で「縁夫」が七回用いられ、「縁婦」の語も見えるから、ここの「縁友」も「縁夫」の誤写とも見られるけれど、河音能平氏「丹波国田能庄の百姓とその『縁共』について」(人文研究三六ノ一一)に、一二・一三世紀代の「縁共」「縁友」の用例が挙げられて、「縁友」の語が用いられたことが分る。恐らく「エントモ」と訓んだのであろう。この祭文を含めて、用例について考えると、縁友(縁共)は、夫婦の一方から他方を指称する語で「つれあい」の意であろう(河音氏の解はこれと異なるところがある)。ムは某の異体字。従って、実際に祭文が書かれる時は、上のムに妻の名、下のムに夫の名が書かれるわけである。峰岸純夫氏「金石文などにおける『縁友』について」(鎌倉遺文月報一〇)参照。

魮鮰の契り　夫婦の契りの意。魮鮰ともに魚の名で、唐の盧照鄰に、鴛鴦と対照して夫婦の契り深きをうたった詩がある。

鎮へに　常に、いつでも。**伉儷の契り**　夫婦の契り。伉も儷も、並ぶ意。

芝蘭の語ひ　美しい交わり。

単微の礼　少しばかりの粗末な供え物。

王昭公　王昭君。底本、「公」に「クム」と傍訓あり。王昭君はもと斉王の娘で前漢の元帝の後宮に入ったが、元帝は彼女を匈奴の呼韓邪単于に与えた。遠く胡国に送られた王昭君の哀怨は、文選・白氏文集等の題材となり、日本でも文華秀麗集・和漢朗詠集などに、これを詠じたものが多い。紫塞は万里の長城の異名。

昭陽公　楊貴妃をさす。唐の玄宗、楊貴妃を愛して宮中の昭陽殿に居らしめたが、安禄山が叛して帝都長安に迫ると、玄宗は楊貴妃をともなって西に走り、陝西省の馬嵬に至って、人をして楊貴妃を殺さしめた。のち道士が玄宗の命をうけて、大海を渡り仙宮に於いて楊貴妃と再会し、かたみの鈿《かんざし》をもち帰って玄宗に奏報したと長恨歌にうたわれている。

桃顔　少女の桃花のような顔色。大江匡衡の対策に「桃顔之粧漸改」とある(本朝文粋三)。

九夏　夏九十日間(陰暦四・五・六月)をいう。

三冬　冬三ヶ月間(陰暦十・十一・十二月)をいう。

斯須　しばらく、暫時。

子須毛知　ねずみもち(鼠黐)。モクセイ科の常緑低木でタマツバキともいう。長楕円形の果実は強壮薬に用いられる。樹液に強い粘着力のあることが、この木が和合の呪物の用材とされた主な理由と見られている(『元興寺庶民史料集成』解説一〇三頁参照)。

人の陰…　人の陰部に当たる箇所を合わせるようにして立てる。

二　夫妻離別祭文

離別の祭文

維れ、日本国歳次月日吉日良辰、主人沐浴潔斎して礼奠を設け奉る。

謹みて請ふ東方離別青帝将軍。

謹みて請ふ南方離別赤帝将軍。

謹みて請ふ西方離別白帝将軍。

謹みて請ふ北方離別黒帝将軍。

謹みて請ふ中央離別黄帝将軍。

謹みて請ふ上方離別紫帝将軍。

謹みて請ふ下方離別緑帝将軍。

離別一切の官属等皆来り、座に就き、献ずるところを饗《う》けさせたまへ。再拝。酒をたてまつる。

離別祭文

維日本国歳次月日吉日良辰、主人沐浴潔斎奉設礼奠、
謹請東方離別青帝将軍、謹請南方離別赤帝将軍、
謹請西方離別白帝将軍、謹請北方離別黒帝将軍、
謹請中央離別黄帝将軍、謹請上方離別紫帝将軍、
謹請下方離別緑帝将軍、
離別一切官属等皆来就座、
所献尚饗、再拝、上酒

謹みて降臨の尊神等に啓す。某丸、生れて聚落に居すといへども、敢て狂芸なし。長じて渧《なくな》く人倫に交りて、専ら正務を好む。上、天道に順ひて緩《おこたり》なく、下、地理に協ひて如在なり。しかるを伉儷の縁友凶悪を以て本となす。恐るるは*五障の身、*七朴《ぼく》の思を成すといへども、元よりこれ愚昧の上、更に為方《せんかた》を知らず。ここに於て神恩を蒙るにあらざれば、いづれか悪夫の*寃陵《えんりよう》を免れんや。抑《そもそも》弱きを撫して賎しきを矜《あはれ》むは、良夫の意、咎を宥めて罪を赦すは、慈夫の計なり。しかるに当夫の所行例人に似ず。所以《ゆえん》は何ぞ。善心は万の一なり。凶悪は千の万なり。己の邪心を以て、妾が正直を失ふ。玆に因り、夫を棄て避《さ》らんと欲すれば、これ女の所行にあらざるなり。堺を越えて退かんと欲すれば、亦身を容るるに拠《よんどころ》なし。しかれば則ち*断金の契り永く絶え、芝蘭の語《かたら》ひ急に棄て、悪夫を*千里の阿《くま》に去《す》てて、良夫を*万方の内に保たん。伝へ聞く、*須女は尊神を護つて、永く*高羽の愛執を絶ち、青女は冥道を離《さか》りて、早く*赤竜の気念を棄てきと。よつて単微の礼を設けて、明神の恩を蒙り、早く所念を成就せしめたまへ。謹みて啓す。再拝。酒をたてまつる。

謹啓降臨尊神等、某丸、生雖居聚落、敢无狂芸、長渧交人倫、

専好正務、上順天道无緩、下協地理如在、而伉儷之縁友以凶悪為本、恐五障之身雖成七朴之思、元此愚昧之上、更不知為方、於是非蒙神恩者、何免悪夫之冤陵乎、抑撫弱矜賤、良夫之意、宥咎赦罪、慈夫之計也、而当夫所行不似例人、所以者何、善心万之一也、凶悪千之万也、以己邪心、失妾正直、因玆、棄夫欲避、是非女所行、越堺欲退、亦无拠容身、而則断金契永絶、芝蘭語急棄、去悪夫於千里阿、保良夫於万方之内、伝聞、須女護尊神、永絶高羽之愛執、青女離冥道、早棄赤竜之気念、仍設単微礼、蒙明神恩、早令成就所念、謹啓、再拝、上酒

謹みて重ねて降臨の諸神等に啓す。漢朝が古風を尋ね、鄭国が旧規によりて、聊か薄礼を捧げて、恩を祈り福を求む。たとひ凶夫の運といへども、理運の夫に当り、急にこれを去り立ちどころにこれを退く。尊神は形見えずして、祈る時は楽び、雲月の水に浮ぶごとし。明神は姿を隠したまへりといへども、祀れば即ち念に随って声の響に応《こた》ふるに似たり。是を以て、東方青帝将軍早く悪夫を離別せしめ、南方赤帝将軍早く悪夫を離別せしめ、西方白帝将軍早く悪夫を離別せしめ、北方黒帝将軍早く悪夫を離別せしめ、中央黄帝将軍早く悪夫を離別せしめ、上方紫帝将軍早く悪夫を離別せしめ、下方緑帝将軍早く悪夫を離別せしめたまへ。神剣を瑩《みが》きて以て、悪夫の道を切り、威力を揺して、悪夫の路を遮りたまへ。昔の偕老枕を千秋に並べ、同穴神を万春に重ぬ。今は鴛鴦の契りを棄て、比翼の志を絶つ。一宅に合衾の内といへども、同心すれば親近する縁友なり。他郷に離別せんと欲すれば、二心の疎人なり。もし祈請に答へざれば、神霊なきなり。よりて今度の所望を以て、神の有無を知らん。謹みて啓す。再拝。散供。

謹重啓降臨諸神等、尋漢朝古風、依鄭国旧規、聊捧薄礼、祈恩求福、縦雖凶夫之運、当理運之夫、急去之立退之、尊神形不見、祈時楽、如雪(雲)月浮水、明神雖隠姿、祀即随念似応声響、是以、東方青帝将軍早令悪夫離別、南方赤帝将軍早令悪夫離別、西方白帝将軍早令悪夫離別、北方黒帝将軍早令悪夫離別、中央黄帝将軍早令悪夫離別、上方紫帝将軍早令悪夫離別、下方緑帝将軍早令悪夫離別、瑩神剣以切悪夫道、揺威力而遮悪夫路、昔偕老並枕於千秋、同穴重神於万春、今棄鴛鴦契、絶比翼志、雖一宅合衾内同心親近縁友、欲為離別他郷二心疎人、若不答祈請、无神霊也、仍以今度所望、知神有无、謹啓、再拝、散供

謹みて重ねて降臨離別の将軍等に啓す。忝くも昔日の深約によりて、当時の薄礼を献げ畢んぬ。光景西斜して、神座

*淹久《ひさ》し。諸神府位に移りて、今日以後凶夫遙かに他方郷に去りて、まさに良夫を千年に保たしめたまへ。謹みて啓す。

再拝。礼し畢んぬ。

別離の祭支度和合のごとし。ただし人形松木六後《うしろ》合せにてこれを祭る。申の日酉の日背合せを放ち去る。金剛木の女・宍皮の男背合せに作る。又*犬たで・山鳥の尾等入るべし。

咄呋岡鬼鬼鬼〈申の日申の時これをなし、府を放ち去るなり〉

咄呋岡竜形鬼鬼鬼〈酉の日酉の時これをなし、府を放ち去るなり〉

康暦三年辛酉二月廿三日　見真

謹重啓降臨離別将軍等、忝依昔日之深約、献当時薄礼畢、光景西斜、神座淹各(久)、諸神移府位、今日以後凶夫遙去他方郷、保将良夫千年、謹啓、再拝、礼畢

別離之祭支度如和合、但人形松木六後合而祭之、申日酉日放去背合、金剛木女宍皮男作背合、又犬多天山鳥尾等可入、

咄呋岡鬼鬼鬼〈申日申時為之、放去府也〉

咄呋岡竜形鬼鬼鬼〈酉日酉時為是、放去府也〉

康暦三年〈辛酉〉二月廿三日　見真

【元興寺極楽坊文書】

五障の身　女の身。女人には生れながらに、梵天王・帝釈天・魔王・転輪聖王・仏になれないという五つの障りがあるとの法華経の所説にもとづく。

七朴の思　未解。

冤陵　罪のないものをしいたげ苦しめる。

断金の契り　きわめて堅い交わり。

千里の阿　遠い所の意。阿は、曲りかど。

万方の内に保たん　あらゆる手だてをつくして、良夫をしっかりつかまえて離さないようにしよう、の意か。

須女　織女星の南の四星。賤女。謙語であろう。

高羽の愛執　未解。

赤竜の気念　未解。

犬たで　犬蓼。葒草。その強い匂いが、離別祭文に用いられる所以といわれる。

咄呋…　この二行は呪詞であろう。

盆踊唄

一

盆踊

たゝとのこ《殿御》ハ*人ころしておやり候。

一 たち《太刀》・なきなた《薙刀》をふりかたけ、ふけて《更》しの《忍》ひの夜あるきも、又つちきり《辻斬》か、人ころし。

一 たきしめてにほふ*玉つさ《章》ひきむすひ、しのひやかにをくらるゝ、さすかいやともいはれすや、もしあらハれは、人ころし。

一 たうせい《当世》のはやりものてハおやれとも、ならいめされぬ*くすしたて、わかいとのこにあハ《似合》すや、これもひとつの人ころし。

一 いとま《暇》もくれすめもかけす、うらミのふかきなみた《涙》川、身をなけんこゝろのつき候そ、人ころし。

一 とし月のうきもつらさもいはせすや、まれにあふ夜のよもすから、しめつかゝめつめさるれは、たゝ人ころし。

人ころし 「ヒトコロシ（人殺し） 人を殺すことの好きな残忍殺伐な者」（邦訳日ポ）。
玉つさ 消息、手紙の意。前半は、消息文に香をたきこめて、それを結び封に仕立てて、ひそかに届けられる、との意。
くすしたて 「くすし」は「クスシ（薬師・医師） 医者」（邦訳日ポ）。「たて」は「ダテ（だて） 何か物を誇示して見えを張ること。カシコダテ（賢だて）、ホウコウダテ（奉公だて）、ケナゲダテ（健気だて）、リコウダテ（利口立て）、リコンダテ（利根立て）、ワカモノダテ（若者立て）、ゾンブンダテ（存分だて）を参照」（邦訳日ポ）。医師でないのに、医師めかして振舞う。

二

いけん《意見》さまふさう《申》か*御聞らうか

一 ていしゆ《亭主》〳〵のるすなれは、となり《隣》あたりをよひあつ《呼集》め、*人ことい ふて大ちや《茶》のミての大わらい、いけんさまふさうか。

一 よめ《嫁》やむすめ《娘》のわかき人、まいさるかく《舞猿楽》*にはつれねハ、けんふつ《見物》このミの人そとて、たれもみしりてれい《例》の物そとゆひ《指》をさす。いけん。

一 この比ハまとのかおほくあらハるゝ、心きつかいめされいなふ、たいたん《大胆》なるかわろく候。いけん。

一　いちと《度》二とこそしのふなれ、たひ《度》かさなれは*ふてこゝろ、*しやてんはち《天罰》とおし《仰》やるこそ、なによりもつて*せうし《笑止》なれ。いけん。

一　わかき時さのミ*けんしや《賢者》もいや《厭》て候、人のいひよるたよりなし、としかとりてのこうくわい《後悔》。

【御状引付】

御聞らうか　隆達小歌集に「ぬれてこそ帰るらう、君は朝露に、我か袂もかはかぬ物を」とあり、ラウは推量の助動詞ラムの転化したもの。

人こと　人の噂、世間の噂。

はつれねハ　「はづる」(迦)は、逸する、もれる、の意。舞・猿楽は、かかさずに見物する。

ふてこゝろ　ふてくされた心、か。「ふて」については、「ふてくさる」(天明二年)、「ふてぶてしい」(寛政六年)、「ふてらこい」(享和二年)、「ふてる」(明和七年)など近世後期に用例があり(前田勇『江戸語の辞典』による)、「おふまたに廊下をあるくふて禿」(宝暦中)も「ふてる」の用例とされる(鈴木勝忠『雑俳語辞典』)。

しや　人をあざけりののしる時に発する語。「霜の白菊、うつろひやすやなふ、しやたのむまじの一花ごころや」(閑吟集)の如し。

せうし　「ショウシ(笑止)　心を痛めること、あるいは、憐れみ同情すること」(邦訳日ポ)。

けんしや　「ケンシャ(賢者)　賢明で堅実な人、または、その行ないが確固不動で自立した人」(邦訳日ポ)。二条河原落書に「賢者カホナル伝奏ハ」(本書三四五頁)とあるを参照。

補注

見出し項目の下の（ ）内の数字は、本文の頁と行数を示す。たとえば、（一〇1）は一〇頁一行であることを表わす。

制符 事書 他

風を観て…或ひは革め…（一二4）　詔勅・官符・宣旨等に、中国の古言・故事の引用される例の少なくないことは、改めて言うまでもないが、そのような故事・古言引用の文章は、時には同じ形で、また時には多少表現を変えて、後代のものにくり返し用いられることがある。この「風を観て（時機を捉えて）教を垂れ…世々軽重あり」という文章も恐らく、弘仁格式序の「（律令格式）四者相須足以垂範、譬猶寒暑遞以成歳、昏且迭而育物、有沿有革、或軽或重、寔治国之権衡、信馭民之轡策者也」や、延喜格序の「陰陽寒温、天道所以成歳、政令寛猛、人君所以導民、随時立教、或革或沿、観風制法、世軽世重」などを下敷きにしていると思われる。

明王政を布くに…を知る（一二5）　類似する先行の文章に、天長元年九月三日太政官奏「聖帝登枢、事期済世、明王布政、理貴適時」、天長七年閏十二月廿六日太政官奏「聖人垂教、沿革在於適時、元后臨民、法令貴於便物」、承和七年九月廿三日太政官奏「夫観時革制、為政之要枢、論代立規、済民之本務、是以明王馭俗、術非一途、哲后治邦、豈拘膠柱」、斉衡二年九月十九日太政官符「施制之義、取於適時、立言之規、貴於便物」（以上、三代格）などがある。

先格後符（一二7）　延喜二・永観二・長久元・寛徳二・天喜三年などの諸法のあとをうけ、延久元年には有名な記録荘園券契所の設置による後三条天皇の整理令が出された。ここでは、本条が直接その影響を受けたと思われる保元元年閏九月十八日、保元の乱後間もなく発令された新制の原文を載せておく。

一可令下知諸国司、且従停止且録状、言上神社仏寺院宮諸家新立庄園事
仰、九州之地者一人之有也、王命之外、何施私威、而如聞、近年或語取国判、或称伝公験、不経官奏、恣立庄園、論之朝章、理不可然、久寿二年七月廿四日以後、不帯宣旨、若立庄園、且従停廃、且令注進、国宰容隠不上奏者、即解見任、科違勅罪、至于子孫永不叙用者、

一可令同下知諸国司、停止同社寺院宮諸家庄園、本免外加納余田幷庄民濫行事
仰、件庄園等、或載官省符、或為勅免地、四至坪付券契分明、而世及澆季、人好貪婪、号加納、称出作、本免之外、押領公田、暗減率法、対捍官物、蚕食之漸、狼戻之基也、兼亦以在庁官人郡司百姓、補庄官、定寄人、恣募名田、遁避課役、郡県之滅亡、乃貢之壅怠、職而此由、庄園相共注出加納、停止濫行、令従国務、若庄家寄事於左右、不弁決理非者、国司勘状、早経言上、随其状跡、且停廃庄号、且召取庄司、下検非違使、宜令紏弾、但帯宣旨幷白川鳥羽両院庁下文者、領家進件証文、宜待天裁、

世の憲法（一四11）　文章上は上の「神の鑑誡」に対応する章句で、現世の大法の意であるが、具体的には、下記のような沿革のある、代々の神社修造規定をさすと考えられる。即ち延喜式、神祇三に「凡諸国神社随破修理」とあり、弘仁二年九月廿三日の官符に「応令神戸百姓修理神社事」として有封の神社修理の法を定め、同三年五月三日の官符に「応無封神社令禰宜祝

等修理事」として、有封の神社と同じく「毎有小破、随破即修之、不得延怠令致大破、国司毎年屢加巡検」と規定した(両官符とも三代格)。以上が律令国家の神社行政における社殿修造の原則であって、延長四年・長保元年、同趣の禁制が重ね発せられ(新抄格勅符抄)、降って保元二年・治承二年の両度に亙って、従前の原則に「其中顚倒無実、及大破等、私力難及者、各勒在状、不日言上」という但書を付した新令が発せられた(続左丞抄)。この4条では以上のような社殿修造の原則を重ねつつ、諸国の一二宮及び宗たる霊社と、それ以外の国領内の霊社との間に、手続の上で差等を設けた点が注目される。また末尾の「社家の全破を注進」は保元二年・治承二年両制符の但書と同趣と見てよいであろう。なお、保元・治承に至る公家諸制符の趣旨は御成敗式目1条に受けつがれて、「兼又至有封社者、任代々符、小破之時、且加修理、若及大破、言上子細、随于其左右、可有其沙汰矣」(上巻八頁)と規定されている。

弊を受くること…(一六1)　宝亀十年十一月廿九日の官符に「民之受弊、無甚於此」と全く同じ表現があり、延暦十五年十月廿一日の官符には「民之承弊、率皆由是」と類似の表現が見えている(以上、三代格)。

如在の礼(一七19)　「如在」の語は、論語、八佾に「祭如在、祭神如神在」より出て、「祭如在」という名句として、源為憲の世俗諺文(寛弘四年成る)・藤原孝範(一一五八―一二三三)の明文抄に採録され、また長保元年の官符に「祭祀之礼務在潔…而時世漸久、憲法已緩…事渉非礼、勤異如在」(新抄格勅符抄)、中右記、寛治八年八月八日条に「今致如在之礼也」、治承二年の官符に「礼奠之庭専背如在、供祭之物多非本色」(続左丞抄)、御成敗式目1条に「如在之礼奠、勿令怠慢」(上巻八頁)などと用いられた。

内裏殿舎の修理(一九8)　保元の乱後造営された大内裏は、治承四年四月の大火によって焼失し、幕府の成立後頼朝の奏請もあって、その復興が企てられ、文治五年十二月ほぼその工を終えた。工事を巡検した兼実は「関東所課国、其勤莫大、他国々大略如無其功、就中両三ケ国、一切不懸手、宰吏之懈怠責而有余」とその日記『玉葉』に記し、幕府側の尽力に対比して、諸国の懈怠の著しかった様を歎いている。水戸部正男氏は「本条発布の建久二年三月は大内裏竣工から一年三ケ月後にすぎないにも拘らず、殿舎や築地、瓦等修理を必要とするに至ったことを思わせる条文が存するのは、成功輩の中に事を粗略にするものがあったからであろう」と推測されている(『公家新制の研究』一一六頁)。なお、このときの大内裏は安貞元年焼失し、その後復興しなかった。

久安・保元の制(二〇2)　久安元年七月廿八日新制九ケ条が発布されたことは知られるが(本朝世紀)、その内容は伝わらず、また保元の制も本文の伝わらない保元二年令に含まれていたと考えられる。ここではそれらを受けて発布された治承二年七月十八日令をあげておこう。

一応停止諸国済物壱年中令責催壱任所当事

右同宣、奉勅、諸国調庸参期有限、而諸司猥寄少分公用、責催数百之納物、計一年之所当、過四廻之租調、諸国之衰弊尤在此事、任久安保元符、下知諸司早令停止者、

権任の禰宜(三四3)　権禰宜は祭主の権限で補任され、平常の職掌はなく、遷宮・公卿勅使等の大規模な儀式に参勤するのみで、平安時代には著しく増加し、この権禰宜層の進出は、国家的機関としての神宮よりも、私物化しつつある神宮を象徴していた(萩原龍夫氏『中世祭祀組織の研究』四七九頁)。

格条(三六2)　三代格、貞観十年六月廿八日太政官符

一応任用神主事

…太政官延暦十七年正月廿四日下五畿内諸国符偁、奉勅、掃社敬神、銷禍致福、今神主等、一任終身、侮黷不敬、祟咎屢臻、宜自今以後、簡択彼氏中潔清廉貞堪神主者補任、限以六年相替、秩満之代点定言上者…

任限は式条に載す(三七8)　建長五年七月十二日新制(追加法二七九条)に、「一可為諸寺執務者、以四ケ年任限事、仰、有封之寺已有治力、被置執務者、為令荘厳也、赴挙之日、巧称治力、補任之後、更無其実、只犯用資財、徒破壊堂塔、因玆任貞観符、以四ケ年為遷替期、若有殊功者、可被延任、於致緩怠者、不秩満可被改其職」とあるをさすか。なお右条中の貞観符は未詳。

延暦・弘仁・貞観の符(三八2)　延暦十七年四月十五日、弘仁三年七月十日「応僧尼之犯依令条勘事」、弘仁九年五月廿九日「応許昼男入尼寺、女入僧

寺事」、貞観八年六月四日「応禁制僧侶飲酒及贈物事」(以上、三代格)等の太政官符を指すと考えられるが、ここには延暦の符の全文を引用する。

太政官符

応教正僧徒事

右被大納言従三位神王宣偁、奉勅、沙門之行護持戒律、苟乖斯道豈曰仏子、而今不崇勝業或事生産、周旋閭里無異編戸、凡庶以之軽慢、聖教由其陵替、非只黷乱真諦、固亦違犯国典、自今以後、如此之輩不得住寺以充供養、凡厥斎会勿関法莚、三綱知而不糺者与同罪、自余之禁一依令条、若有改過修行者特聴還住、使夫住法之侶弥篤精進之行、猒道之徒更起慚愧之意、所司承知立為恒例、

延暦十七年四月十五日

能言は国師なり(三八3)　「能言不能行国之師也、能行不能言国之用也、能行能言国之宝也、三品之内、唯不能言不能行為国之賊也」(止観輔行伝弘決巻五之一)。この文言は、最澄の山家学生式(六条式)に「古哲又云」として引用され、更に「凡国師国用、依官符旨、差任伝法及国講師」と論じられている。詳しくは安藤俊雄・薗田香融両氏『最澄』(日本思想大系4)四二七頁補注「能く言ひて…」参照。

僧綱召(三八4)　西宮記巻十三に、

僧綱召事〈付　任天台座主事〉

延喜十四年四月内論議問、□綱内供官符〈一通治部、一通国〉阿闍梨奏解文〈賜官符云々〉

上卿一人依召候御前〈敷円座〉、召所紙硯依勅任〈内供・阿闍梨・三会已講、皆依仰〉、任了奏聞、上卿着陣、仰内記、仰宣命奏草及清書、遺参議少納言於綱所読宣命、史催諸司、或於陣任之、任一両人口勅、賜官符治部、

折中の法(三九6)　すでに賊盗律の疏文に「執憲履縄、務従折中」なる言葉を見出すが、平安鎌倉時代には公家の法曹家に慣用的に用いられた。たとえば坂上氏の法書、法曹至要抄が「質物焼亡事」条に「置質之物焼亡、所謂水火損敗之色、不可備償也、亦所負之物不可弁補、然則彼是無損、自叶折中之法、被強盗亦同」と引用するが如し。一般に、基準となるべき古法が存在するが、それと現実との間の乖離が著しくなると、法と現実の間に新たな基準を設定し、その正当性を折中の法によって根拠づけた。古法そのものを否定することは、明法家として自己否定につながるが、同時に当面する現実の処理にも迫られた当時の公家法の法思想を象徴する文言といえようか(解説三九八頁以下参照)。

寄沙汰・点定物(四二14)　寄沙汰は、訴因をもつ者が自ら当事者となることなく、訴を第三者に委託し(沙汰を寄せる)、委託を受けた者がこれを受託し(沙汰を請取る)、該訴権の実現につとめる行為をいうが、沙汰を請取った者がとる手段によって二種に分れる。一つは、朝廷・幕府などの公権力の法廷内で、いわゆる「面を替える」行為。いま一つは、公権力の裁断をまたず、実力で敵人の財産の差し押えなどを実行する行為で、苅田狼藉などとならぶ中世的自力救済の一種といえよう。点定物とは、この後者の寄沙汰とほぼ同義の私的差し押えを意味するものと考えられる。寄沙汰の受託者は広範な層に及んでいるが、とくに山僧・神人等であり、これらの寄沙汰を抑圧し、公的な裁判機能を復活させることが、いわゆる鎌倉徳政の課題の一つであった。

先綸(五二8)　従類の制限令は新制発布の度に発令されるが、たとえば僧正・僧都の場合で先行法と比較してみると、次第に制限が強化されているのがわかる。

	僧正 従僧	僧正 中童子	僧正 大童子	僧都 従僧	僧都 中童子	僧都 大童子
建久二・三・廿八	4人	4	8	3	3	6
建暦二・三・廿二	4人	2	6	2	1	4
寛喜三・十一・三	3人	2	4	2	2	2
弘長三・八・十三	4人	2	2	1	0	2

飛礫(五四17)　印地ともいわれる集団的投石行為で、平安中期から主に山僧・神人らの所為として出現し、諸社の祭・行事の際に行われたが、その後都市の「遊手浮食の輩」も参加し、突然生起することもあったといわれる。岡見正男氏が白河辺の徒党との関連から、飛礫が悪党的兵法と結びつくことを論じられるなど(「白河印地と兵法」『国語国文』27-11)、民俗学・国文学の様々な視角からの研究が行われているが、網野善彦氏は最近、飛礫をよくする人々たる「山僧・神人・駕輿丁らが、一方では狩猟・漁撈・商工業・金融など非農業的生産に従事する人々であった事実」に注目され、この時期に「飛礫が人の目をひくようになったのは、こうした人々が都に居住、出入することが多くなったため」であるとされた。また氏は寛喜三年の法令で幕府が、「諸社祭之時、非職之輩、好武勇之類、礫飛之次、刃傷殺害之条、固可被加制止也」としながらも、「但於礫飛者、非制之限」とし、本条に至って朝廷がその全面的停止を立法化したことへの変化を「時頼の時代が恐らくその転換期と思われる」と推測されている(「飛礫覚書」日本思想大系月報28)。

後状を用ゐるべし(五八7)　父母の前後譲状のうち、いずれを有効とすべきかという論議は、中世の法律家たち間の論争点の一つであり、中原・坂上両氏、さらには中原氏内部での意見の対立は、「明法条々勘録」第1条(本書一〇六頁)にみえるとおりである。本条が「後状説」を明示したことの背景には、文永の章澄の勘録が影響することもあったかもしれない。本条でとくに注目されるのは、文中にいう「時宜」であろう。よく知られているように、幕府は御成敗式目に於て、女子への処分所領に対する親の悔返し権(18条、上巻一九頁)、安堵下文下付ずみの所領に対する親の悔返し権(26条、上巻二三頁)を、いずれも認めているが、その背景には一般の相続における「後状有効論」をその原則としていたことは明らかである。既にこの頃、式目は全国的に諸々の裁判権力に超越する影響力をもち始めていたが、そのことが単なる法解釈にとどまらない、現実に有効な規範としての「後状有効説」を社会的に定着させていたものと考えられる。本条が「時宜」と称するものは恐らくそうした社会的実態であったろう。そして同時に「時宜」を法文中に取り入れようとする立法者の態度は、この弘安八年法全体の性格を考えるうえできわめて重要である。

糸綸を降して窂籠を救はる(六七16)　前出〔一〕「綸旨」の頭注に記したように、佐藤進一説では本文の「この法」を〔一〕とみなし、したがって失われた旧領を回復するための綸旨の下付と解釈する(『南北朝の動乱』二六頁)。これに対し黒田俊雄氏は、「糸綸」は当知行安堵の綸旨であるとし、本法の趣旨は『士卒民庶』へ綸旨を降すことはやめて、一律に当知行安堵を布告し、今後問題があれば国ごとに処置させるという点」にあったとされる(『日本中世の国家と宗教』一七五頁)。公家法上の「安堵」については不明な部分が多いが、少くとも武家法では、通常の状態における当知行の安堵は、申請自体が違法であり、何らかの特別な事情がなければ行われない。従って個別の当知行安堵の停止とみる黒田説はその意味で説得的である。しかし黒田説の難点は「窂籠」の理解であろう。当知行はいうまでもなく占有の継続状態を示し、たとえば、この頃「今又悉被召放者、公家被官之仁、弥可窂籠乎」(建武式目5条、上巻一四九頁)のごとく用いられた「窂籠」の用法に合致しない。占有が単に妨害されているだけでは、恐らくこの語を用いなかったのではないだろうか。この点を含めてなお本条の理解には未解決な部分が多い。

決断所(七二11)　太平記十二に「雑訴ノ沙汰ノタメニトテ、郁芳門ノ左右ノ脇ニ決断所ヲ造ラル」とある。設立時期は明らかでないが、元弘三年九月以前であることが比志島文書に収める雑訴決断所番文(一種の職員構成表)によって知られる。太平記には、初め三番制をとったように記しているが、上記の番文では、五畿七道を四つに区分して、各一局二道を管轄する四局制、職員は各局頭人以下十六乃至十八名(但し史料に一部欠落があって確定的ではない)、総員数六六～六八名(?)であった。建武元年八月、これを八局に拡大して、各局五畿七道の各一道を管轄、局員も各局一二乃至一四名、総員数一〇三人とした(雑訴決断所交名)。

諸国諸庄園検注(七四20)　従来は後出〔三〕にみえる「廿分一税」と連関させて、全国の国衙領・庄園の面積確定のための政策的検注とみなすのが通説的である。しかし条文本文にみる限り、綸旨は「給主等の請に就きて」下付されている。「給主」は知行者一般とみることもできるが、むしろ元弘収公地を新恩給付された新給人のみを対象にしている可能性が大きく、彼らが自己の収益を増大させるために、綸旨の力によって検注を強行しようとしたのではあるまいか。とすれば建武政府は少くともこの時点では、「給主」らの行き過ぎをチェックする立場にあったとも考えられる。

改銭（七五14）　我国貨幣の歴史は八世紀初めの和同開珎に始まり、その後私鋳銭の横行をおさえるため、天平宝字四年に開基勝宝（金銭）・大平元宝（銀銭）・万年通宝（銅銭）が鋳造された。以後一〇世紀中頃の天徳二年までの間に十種の銅銭が鋳造されたという。平安後期から鎌倉にかけては、宋銭・元銭の渡来銭が圧倒的な流通をみせた。佐藤説では後醍醐天皇による新たな造幣について、それが単なる天皇絶対観念の普及のための観念的政策ではなくて、一三世紀から急速に発展してきた貨幣経済の中心的な荷い手である座商人を、一元的に統制しようとする現実的構想が秘められていたと推測される（『南北朝の動乱』五三頁）。

買主…限りにあらず（七七10）　この部分についても黒田氏の解釈を紹介しておく（『日本中世の国家と宗教』一八〇頁）。氏はこの「買主」は厳密には直前の「質券沽却」「年紀沽却」だけにかかるとみざるを得ず、とすれば何故この二つにだけ（「負物」や「本銭返」は除外されて）、この規定があるのかその理由がわからない、との限定をつけられたうえで、「買主」以下の部分の文意は「ただしそれら条件つき売買の場合、買主が何らかの事情で得分をとっていなくても、すでに売買から十ケ年を過ぎておれば、買主は物件の返却にさいして半倍の債権さえも主張することはできない」となるとされている。

所出廿分の一（八七8）　太平記によれば、建武元年正月「大内裏可被造」との公卿の議奏によって、その費用に充てるために、安芸・周防両国を造営料国とするほか、「日本国ノ地頭・御家人ノ所領ノ得分二十分一ヲ被懸召旨」が決定されたという。本条はこの年の収穫期を迎えて、その納入を確保するために、実施の細目を定めて諸国に通達したものであろう。なお造営は翌年六月に至ってようやく「造内裏行事所始」が行われた状況で、新政存続期にはほとんど実際の工事は行われなかったものと思われる。

建武二年二月日（八九15）　森茂暁氏は、建武元年三月ごろ円覚寺雑掌が綸旨・国宣を帯びて越前守護新田義貞に下地の遵行を請うたところ、「可申成牒」という返答に接し、牒の下付を決断所に申請した史料（円覚寺文書、雑掌僧契智申状案）をあげ、これは明らかに5条の効果であり、したがって（一四）を建武二年二月の発令とするこの付年号は信用できないとされた（「建武政権の法制」『史淵』一一六）。したがうべき指摘と考えるが、ただ「牒なくば遵行すべからず」という原則そのものが、5条によってはじめて法制化されたものと断定してよいかどうか、若干の疑問がのこる。

明法勘文

章職・章国・章兼・章直・章澄・章貞・章重（一一〇15〜20）　これらは皆、法家中原氏の人々である。いま、布施弥平治氏「明法家列伝」（『明法道の研究』所収）、利光三津夫氏「内閣文庫本『明法条々勘録』の研究」（『律令制とその周辺』所収）、今江広道氏「法家中原氏系図考証」（『書陵部紀要』27号）を参照して、これに瀬多文書・祇園社記等若干の史料を補って、章職以下の略歴を一括して掲げる。

章職　章重の子。仁治元年十二月十八日修理権助、寛元四年四月右衛門尉として文殿衆に加えられ、宝治元年十二月には左衛門尉に在任、建長二年明法博士在任（?）、同八年四月五日大判事を兼ね、正嘉三年明法博士を辞し、文応二年再任、弘長三年再びこれを辞した。この間、平戸記、寛元三年七月九日条に章職勘答のことが見え、経俊卿記、康元二年三月廿二日条に「推押使章職」と見えている。

章国　章宗の子。暦仁元年十月左少志在任、仁治元年十二月十八日右大志、寛元二年六月廿二日右衛門尉。寛元三年七日九日章国勘答のことが平戸記に見え、文永五年十二月十九日左衛門少尉章国の勘答が続左丞抄（三）に見えている。

章兼　今江氏の紹介された中原氏系図に見えず、系譜関係不明。寛元二年三月六日少判事に任、建長四年右少志兼少判事在任、同五年正月修理左宮城主典、同年四月八日右大志に転、建長七年四月十二日右衛門少尉、文永二年七月解官、同年十月還任。以後、外記日記、文永四年十一月三日条に「検非違使章兼」とあり、田中氏本(旧金沢文庫本)令集解巻六奥書に「建治二年後三月三日引合正親町判官章兼本校合了」と見えて、建治二年までの在任が知られる。

章直　中原氏系図には章貞の子となっているが、明法条々勘録には「明法博士章貞之弟子」とある。恐らく師弟の関係から章貞の猶子となったものであろう。父(師?)章貞の活動年代が後述の如く応保〜建久年間であり、子(弟子?)章重の活動年代が後述の如く承久頃であるから、章直の活動は凡そ一二世紀末から一三世紀初めにかけてであろう。

章澄　章久の子。嘉禄元年誕生。寛元二年右少志に任、宝治元年十二月八日強盗追捕の賞として右衛門尉に転、正嘉元年九月左衛門尉在任、同月廿七日叙留(高倉大夫判官とよばれたことが新抄、文永元年四月廿七日条に見える)、文永四年二月一日追捕の賞として明法博士に任ぜられ(時に四十三歳)、同年八月廿二日検非違使別当徳大寺公孝の父として庁務を執る徳大寺実基の諮問に応じて「明法条々勘録」を勘進したのである。弘安元年二月明法博士を兼ねて大判事に在任、同四年九月大判事兼明法博士として神宮雑訴沙汰の寄人に加えられた。弘安十年九月一日大判事章澄が犯人追捕の賞として正五位上に昇叙されたことが外記日記・勘仲記に見えており(時に六十三歳)、これが章澄について知られる最後の事実である。

章貞　明法博士季盛の子。この人物の活動については布施弥平治氏の研究がある(上掲書)。これによれば、章貞は応保二年以前より検非違使として活動しており、同三年六月から長寛二年十月の間に明法博士となり、爾来文治初年(或いは建久四年)まで引続き同官に在任したらしい。玉葉によれば、文治二年六月廿八日当時、章貞は正六位上明法博士左衛門少尉の官位を帯していた。章貞自身すぐれた明法家として長期に亙る活動の跡をのこしたばかりでなく、その子孫から上掲章職・章国・章澄はじめ多数の傑出した明法家が輩出した。なお、最近吉田早苗氏によって紹介された京都大学附属図書館所蔵、兵範記紙背文書の中に、中原章貞の署記した明法道請奏が二通ある。それによると、章貞の官途は、㈠仁安二年十二月十日、正六位上行(明法)博士兼左衛門大志、㈡仁安三年正月十一日、修理左宮城主典正六位上行(明法)博士兼左衛門大志である(東京大学史料編纂所報14号)。

章重　中原氏系図には章直の子となっているけれども、明法条々勘録に「弟子章重」とある。恐らくこれも章貞と章直の関係と同じく、章重は師弟の関係から章直の猶子となったものであろう。吾妻鏡、承久二年十二月廿日条に六位史兼検非違使章重の名が見え、続左丞抄㈢に年次未詳九月十三日付の明法博士章重の勘文が遺っている。

終りに、後出(一一九・一三四頁)の分を含めて、明法勘文所出の明法家の略系図を示しておく(上掲の今江氏紹介の中原氏系図による)。

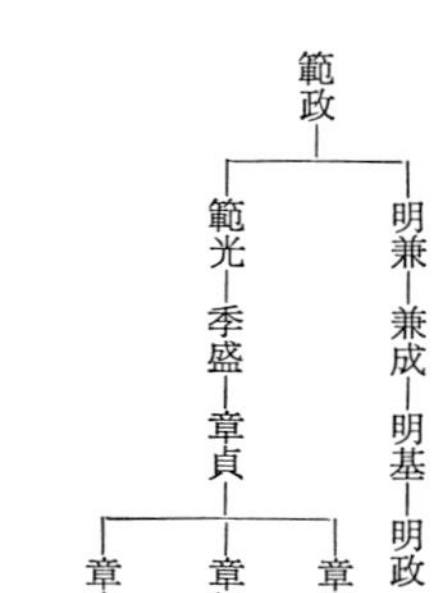

戸令に云く…(一一六6)　戸令、七出条に「凡棄妻、須有七出之状、一無子、二婬泆、三不事舅姑、四口舌、五盗窃、六妬忌、七悪疾、皆夫手書棄之、与尊属近親同署、若不解書、画指為記」とある。ここに見える「指を画いて記と」する署記方法を画指(かくし)という。画指はもと中国に起ったと考えられ、日本・朝鮮・西夏・ヴェトナム等の東アジア諸国で行われた。文字の書けない者の自署代用法の一種であって、指節(指の横すじ)を示すものである。中国でも日本でも、男子は左手、女子は右手を用い、中国では中

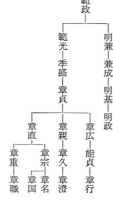

指、日本では食指を用いるのが一般的であって、指の先端を上、つけ根の方を下にして(逆の例もある)、単に指節のみを記するもの、指の全長を記した上で指節を示すもの、指の形を画いて指節を示すものなど、種々の方法があった。日本では天平勝宝元年の文書を初見として、平安時代かなりの例があり、鎌倉初期の建仁二年のものが最も新しい遺存例である。但し離婚文書の実例は見出せず、奈良時代には請負文書・借銭文書・土地売買文書に用いられており、平安以降は殆んど土地売買文書である。また使用者は平安以降、女子に限られており、地域的には、畿内及びその周辺地域に限られ、大和・河内のものが多い。なお黒板勝美「大宝令に見えたる官位の称呼幷に画指について」(『虚心文集』五所収)、仁井田陞『唐宋法律文書の研究』、同「敦煌発見の唐宋取引法関係文書㈠附載、画指文書」(『中国法制史研究—土地法・取引法』所収)、平凡社『世界歴史事典』4巻「カクシ」の項(弥永貞三氏)を参照。

章親・章茂・能貞(一二九12)　一一〇頁補注「章職…」と同じく、布施・今江氏の論著を参照して略歴をまとめて掲げる。なお前掲中原氏略系図を参照。

章親　明法博士中原章貞の子。治承三年正月廿二日少判事に任じ、やがて明法博士、左衛門少尉に任じて、建仁年中(平戸記、寛元三年四月十四日条)、承元二年(本文の明法勘文)、建保六年六月(民経記紙背文書)いずれも明法博士として勘答を行なっている。

章茂　章の通字をもつ点より見て中原氏の一人と考えられるが、中原氏系図にも見えず、他に事歴の所見がない。

能貞　明法博士中原章広の子。三長記、建永元年七月二日条に「検非違使能貞」とあるのはこの人物であろう。

傍例(一三〇3)　公家法においては雑令以来、本銭一倍を超過する利息徴集を禁止する法理が一貫して続き、中世でも建久二年三月廿八日・嘉禄元年十月廿九日の新制にもその条項があり、法曹至要抄また「公私出挙者、雖経多年、其利不可過一倍也」とする。同時にまた公家法では、同書が「以質券、不可領田宅之条、理以無疑」とするように、質物入流を認めなかった。したがって、利息が元本と同額に達した場合、質物は債務者に返還されるのを原則としたのである。しかし武家法では一倍超過後の質流れを認め、同時に御成敗式目が廿ヶ年年紀法を定立したため、たとえば永仁徳政令でも年紀超過後の質券売買地は債権者の領有が認められた。「押領せしめすでに廿箇年に及」ぶという本件のごときは、武家法であれば当然債権者の有に帰したであろう。このように公武両者の間に齟齬があり、双方ともに時代的な変化もあったため、一倍超過後の質物の帰属は裁判で常にくり返された争点の一つであり、とくに本所法では複雑で、小早川欣吾氏は建保四年の文書を史料として、東寺領の「庄例として当時利息が元本に一倍超過するまでに弁済なき場合は、目的抵当地は流質となるべき慣例の存した事を示す」といわれている(『日本担保法史序説』一九四頁)。このように当時種々の「傍例」が並存していたと思われるが、本文書の勘進者は、公家法の原則に忠実な立場から、勘文を作製していることがわかる。

中原明政(一三四7)　前掲の布施氏の著書に史料を補って述べれば、中原(本姓坂上)明基の子。承元二年(本文の明法勘文)には明法博士左衛門少尉として(民経記紙背文書)勘答を行なっている。嘉禄二年四月四日卒したという(坂上系図)。

奏状

苟しくも…(一三八3)　左伝、隠公三年「苟有明信、澗谿沼沚之毛、蘋蘩蘊藻之菜、筐筥錡釜之器、潢汙行潦之水、可薦於鬼神、可羞於王公」よりの引用(底本の時は「沚」に通ずる)。「澗谿沼沚之毛」は谷川や沼の水辺に生えた草。「潢汙行潦之水」は水たまりの水やチョロチョロの流れ水。いずれも粗末な供え物をいう。この左伝の文章はそのまま明文抄五、神道にも採録されており、大江匡衡願文に「苟有潔信、潢汙之水非穢」(本朝文粋十三)、また藤原茂範(永仁二年出家、五十九歳)作、平義宗一切経供養願文に「潢汙行潦之流、早疊浮図水之文」(鳩嶺集上、神祇)など、類似の章句が見える。

なお清原宣賢の毛詩抄巻一に「澗潦ハ左伝ノ字ゾ、二字引切テヲイタゾ、質朴ヲ云タゾ」と釈して、右の左伝の文章を引いている。

魏徴云く…(一三九16)　貞観政要、択官七「徴対曰、知人之事、自古為難、故考績黜陟、察其善悪、今欲求人、必須審訪其行、若知其善、然後用之、縦令此人不能済事、只是才力不及、不為大害、誤用悪人、縦令強幹、為患極多、但乱代惟求其才、不顧其行、太平之時、必須才行倶兼、始可任用之」からの引用。なお前半部の「知人之事…不為大害」は13条に引用される。貞観政要は、唐の太宗と彼の臣下、房玄齢・魏徴等との問答録であって、太宗の自撰にかかる帝範や、太宗が魏徴等に勅して撰録せしめた群書治要などとともに、儒教を基調とした帝王学の教科書として、日本はじめ東アジア諸国に大きな影響を与えた。→一四一頁補「唐の太宗」

古人云く…(一三九17)　資治通鑑、周紀一、威烈王二十三年「臣光曰、智伯之亡也、才勝徳也、夫才与徳異、而世俗莫之能弁、通謂之賢、此其所以失人也、夫聡察彊毅之謂才、正直中和之謂徳、才者徳之資也、徳者才之師也、…是故才徳全尽謂之聖人、才徳兼亡謂之愚人、徳勝才謂之君子、才勝徳謂之小人、凡取人之術、苟不得聖人君子而与之、与其得小人、不若得愚人、何則君子挾才以為善、小人挾才以為悪、挾才以為善者、善無不至矣、挾才以為悪者、悪亦無不至矣、…夫徳者人之所厳、而才者人之所愛、愛者易親、厳者易疎、是以察者多蔽於才、而遺於徳、自古昔以来、国之乱臣、家之敗子、才有余而徳不足、以至于顚覆者多矣、豈特智伯哉、故為国為家者、苟能審於才徳之分、而知所先後、又何失人之足患哉」よりの引用である。

これを以てこれを思ふに(一四〇2)　この3条で実基は、古人の言・魏徴の言などを引いて、その結論として「才名ありといへども、賢行なき者、用ゐるべからず」とする。これは魏徴の、太平の時は「才行倶兼」を必須条件とする説と同じである。しかし、実基の主張はそれで終らずに、そのあとに「明王」云々の帝範の文を引いて、いわば建前に対する権宜の道を説く。恐らく実基の主張の重点はここにあり、建前をそのまま現実に適用することの危険を警告するのが主旨だったと見るべきではなかろうか。

明王の臣を用ゐるは…(一四〇3)　これより「良匠は材を棄てず」までは、帝範、審官四「夫設官分職、所以闡化宣風、故明王之任人、如巧匠之制木、直者以為轅、曲者以為輪、長者以為棟梁、短者以為栱桷、無曲直長短各有所施、明王之任人、亦猶如是也、智者取其謀、愚者取其力、勇者取其威、怯者取其慎、無智愚勇怯兼而用之、故良匠無棄材、明君無棄士」に拠っている。なお右の帝範「明王之任人…有所施」「良匠無棄材、明君無棄士」の文は、明文抄二、帝道下に採られ、降って室町時代に成った金句集(伊達家本)にも採られている。

顕季卿…(一四〇19)　藤原顕季は隆経の子、同族実季の猶子となる。長治元年(一一〇四)五十歳で従三位、非参議、修理大夫、ついで正三位に昇叙されたが、保安四年(一一二三)六十九歳の時、非参議のまま出家、同年の中に没した(公卿補任・尊卑分脈)。六条修理大夫とよばれ、母親子が白河天皇の乳母となった関係から、白河院政期に権勢を得た。彼が任参議の望みを達しえなかったことは、今鏡、釣せぬ浦々に「此(白河院)御時ぞ、昔の跡をこさせ給ことは多く侍りし、人のつかさなんどなさせ給、よしありて、たはやすくもなさせ給はざりけり、六条の修理大夫顕季といひし人、世に覚えにてをはせしに、敦光といひし博士の、など殿は宰相にはならせ給はぬぞ、宰相になる道は七つ侍る、中に三位にをはすめり、又五国治めたる人もなるとこそは見え侍れといひければ、顕季もさ思ひて、御気色とりたりしかば、それも物書く上のことなりと仰せられしかば、申にえたらで止みにきとぞいはれ侍りける」とあるのに符合して、白河院の時のことと知られる。また、本文にいう「参議に任ずべきの募り一にあらず」、即ち参議に任ぜられて然るべき複数の理由とは、この今鏡の文によれば、三位の年労と五ヶ国の受領の経歴であったようだが、この二点は江次第以下の公事政要書に明記されていて、その客観性が証せられる。まず、大江匡房(一〇四一—一一一一)の江次第、正月除目には「参議　蔵人頭毎度闕、被任凡非参議大弁、近衛中将有年臈者〈以下久絶〉、式部大輔為侍読者、五箇国旧吏政迹叶格式、散位経年労者」とあり、西宮記・北山抄・佐理抄・行成抄などの外、藤原長房(一〇三〇—九九)の長房卿抄を最も多く引用して、その後の著作の見えないところから、江次第とほぼ同じ頃の成立かと見られる参議要抄、下、臨時には

「凡任参議道有七　蔵人頭〈近代毎度被任〉、大弁〈往年毎日有官奏、仍被重大弁、如蔵人頭少内給之故也〉、近衛中将有年労者、式部大輔為侍読者、五箇国受領政績合格式者、左中弁、散三位」とある。なお、平基親（一二〇六年出家、五十六歳）の官職秘抄になると、受領の経歴が厳しくなって、「参議　有七道、蔵人頭、大弁〈為位階上﨟者、先以大弁任之〉、近衛中将有年労、左中弁、式部大輔為帝王師者、七箇国合格受領、散三位等也」とあり、北畠親房の職原抄はほぼこれを受けて「参議八人　任参議有数道、左右大弁幷近衛中将有其才者、蔵人頭、及勘七箇国公文受領等是也」と説いている。

四韻詩（一四一1）　四韻詩の詩才がなくて、弁官昇任を逸した話も、今鏡に見えている。前注に引いた文章の続きに「又顕隆ときこへし中納言、世には夜の関白など聞えしも、又下﨟におはしける時、弁になさむとおぼしめすに、詩つくらではいかゞならん、四韻の文（尾張徳川黎明会本は「四韻詩」につくる）つくるものこそ弁にはなれとおほせられければ、驚きてこのみなんどせられけるとかや」とあるのが、それである。

唐の太宗…（一四一2）　唐朝第二代の皇帝（五九八―六四九、在位六二六―六四九）。高祖李淵の次子、名は世民。父の創業を助けて功あり、即位ののちは律令格式の制定、五経正義の編集など文治につとめるとともに、外征・外交に偉績を挙げて、「貞観の治」とよばれる中国史上の一大極盛期を現出した。ここに引かれた「侍臣にいひて云く」云々の太宗の詞は、貞観政要、択官七「貞観元年、太宗謂房玄齢等曰、致理之本、惟在於量才授職、務省官員、故書称、任官惟賢才、又云、官不必備、惟其人、孔子曰、官事不必摂、焉得称倹、若得其善者、雖少亦足矣、其不善者、縦多亦何為、古人亦以官不得其才、比於画地為餅、不可食也、卿宜詳思此理、量定庶官員位」に見えるもの。

弘仁の詔書…（一四三12）　嵯峨天皇の弘仁二年二月廿日の詔「詔、応変設教、為政之要枢、商時制宜、済民之本務、故有堯舜異道而天下帰仁、湯武殊治而蒼生欣頼、朕還淳返朴之風、未覃下土、興滅継絶之思常切中襟」（三代格）の引用である。

魏徴云く…（一四三13）　貞観政要、政体二「貞観七年太宗与秘書監魏徴、従容論自古治政得失、…封徳彝等対曰、三代之後、人漸澆訛、故秦任法律、漢雑覇道、皆欲治而不能、豈能治而不欲、魏徴書生、不識時務、若信魏徴所説、恐敗乱国家、徴曰…若言人漸澆訛、不反純樸、至今応悉為鬼魅、寧可復得而教化耶」よりの引用である。この「若言人漸澆訛…而教化耶」の文章は、明文抄一、帝道上に、貞観政要よりの引文として採録されている。なお底本、「不反純樸」の「反」を「及」につくる。原典によって改めた。

末作を棄てて…（一四五1）　臣軌、利人に「勧農之急、必先禁末作、末作禁則人無遊食、人無遊食則務農、務農則田墾、田墾則粟多、粟多則人富、是以古之禁末作者、所以利農事也、至如綺繡纂組雕文刻鏤、或破金為砕、或以易就難、皆非久固之資、徒艶凡庸之目、如此之類、為害実深、故好農功者、雖利遅而後富、好末作者、雖利速而後貧、但常人之情、罕能遠計、棄本逐末、十室而九、纔逢水旱、儲蓄皆虚、良為此也、故善為臣者、必先為君除害興利、所謂除害者末作也、所謂興利者農功也」とあり、貞観政要、貢献附篇に「貞観九年、上謂侍臣曰、為政之要、必須禁末作」とあり、明文抄、人倫に右の臣軌より「棄本逐末、十室而九〈本謂農功末謂末作〉、好農功者雖利遅而後富、好末作者雖利速而後貧」を引く（但し、典拠を誤って帝範と注する）。以上によって、本業が農を意味し、末作が工を意味することは明らかである。しかしながら、この奏状が、あらかじめ提示された条項（末尾の書状にいう「注し下され候篇目」）について書かれた徳大寺実基の意見であり、「遊堕の衆を禁じて」云々の事書が、それらの条項の一つであるとすれば、実基が、遊堕の衆を工人にあて、民業を農業と解したことは明らかであるとしても、意見を求める院の側も、実基と同じ理解の上に立って、この事書を提示したとは必ずしも断定できまい。院より提示された事書の意味を、実基の方で誤解もしくは曲解して、その上に立って報答した可能性もなくはないからである。ここではしばらく「租税賦斂民の煩ひなく、風雨水旱時を失はざ」る限り、遽かに工作の業を禁ずる要はない、とする実基の見解を確認するにとどめたい。

六正六邪の文（一四六3）　説苑、臣術に「人臣之行、有六正六邪、行六正則栄、

犯六邪則辱」として、聖臣・良臣・忠臣・智臣・貞臣・直臣の六種の正臣と、具臣・諛臣・姦臣・讒臣・賊臣・亡国臣の六種の邪臣を挙げる。この説苑の文は、貞観政要、択官七や臣軌、公正四に引載されている。

呉客…(一四六4)　明文抄一、帝道上にも採録されている後漢書、馬廖伝「呉王好剣客、百姓多瘢瘡、楚王好細腰、宮中多餓死」(呉では民が王の好みにならうので、刀疵が多く、楚では宮女が王の好みを迎えようとして、餓死する者多し)の故事を下敷きにして、呉客・楚人のように、上の好むところを、下欲せずして止むなくこれに倣い、これを迎えるようなことを、どうしてしようぞ、即ち上の好悪の沙汰に、臣下はみな欣然として従うであろう、と説くのである。なお上記後漢書の文は、菅原文時の封事三箇条(本朝文粋二)にそのまま引用されており、同じ逸事が平家物語十二、六代被斬にも見えている。

晏子…(一四六17)　名は嬰、字は平仲。斉の霊公・荘公に仕え、景公の相となった。晏子春秋八巻は彼の著といわれるが、実は後人が彼の行事及び諫諍の言を撰録したもので、同書(巻七、外篇、重而異者第七)にも、この話が、「景公置酒泰山、四望而泣、晏子諫」という題で載っている。

孟子に所謂…(一四九8)　この奏状は1条と4条の二ケ所に、孟子を引いている。1条の引用は、梁恵王篇「(梁襄王)問曰天下悪乎定、吾対曰定于一、孰能一之、対曰不嗜殺人者能一之」に当たり、4条の引用は、公孫丑篇「孟子曰、天時不如地利、地利不如人和」をさす(但し人和を底本「人利」につくる)。

ところで孟子は、臥雲日件録抜尤、文安五年五月五日条に「大外記(清原業忠)…曰、吾朝用漢士書、必有朝廷施行之命、如孟子、則未施行之書也」とあって、わが国では未施行の書として知られ、それの明らさまな禅譲放伐思想が未施行の所以であると説かれた(山田孝雄氏『国史に現れた日本精神』)。漢籍の施行とは、太田晶二郎氏によれば、漢籍官許の制度であって、史料の上では平安末の寿永三年(元暦元)まで溯ることができ、官許の具体的効果としては、講書や改元難陳における引書などが挙げられる(『日本学士院紀要』七巻三号「漢籍の『施行』」)。他面、井上順理氏によれば、孟子はすでに令集解の古記にも引かれ、藤原佐世の『日本国見在書目録』にも見え、藤原頼長の如き熱心な読者があり、鎌倉時代に入っては、円爾弁円が渡宋帰朝の際に孟子の新註を将来し、虎関師錬・中岩円月らは著作の中に孟子を多く引用し、俗界でも花園天皇・北畠親房らが熱心な孟子受容者として登場する(『本邦中世までにおける孟子受容史の研究』)。たしかに、日本における孟子の受容が古く長い歴史をもつことは井上氏所説の通りであろうけれども、右説の如く、施行には一般人の読書や著作への引用などとはちがった問題が含まれているのであって、わが国の経書受容史における孟子の特異性を認めないわけにはいくまい。また典拠について言えば、孟子未施行の説は室町中期の臥雲日件録以前には遡りえないけれども、右の史料でこの説を述べているのが、代々儒学の家であり、当代の「儒宗」と仰がれた清原業忠であることを考えれば、この説には、単なる室町時代の所伝といってしまえない重みがある。そして、宋学の流入、新註の将来が孟子受容史の画期をなしたこと井上氏所説の如くであるとすれば、虎関・中岩・花園・親房と時を同じうして吉田定房が、諫奏という形式の天皇批判文書に孟子を引用した事実は、刮目に値いするといわねばならない。露骨に革命説を説く、未施行の書、孟子が、新註によって読まれ、諫奏にまで引用される事実そのものに、鎌倉後期思想界の一断面を見ることができる。

舜その三苗を服する事(一五一10)　史記、五帝紀に「三苗在江淮荊州、数為乱、於是舜帰而言於帝(堯)請…遷三苗於三危」とあって、江・淮・荊州即ち今の湖南・湖北・江西省の地にあった三苗という部族を、舜が西方辺境の地、三危に移したことが見え、同書、夏紀に「帝舜…命禹、女平水土、維是勉之…禹乃行相地宜所有以貢、及山川之便利…原隰厎績、至于都野、三危既度、三苗大序」とあって、禹の治績によって、三苗が秩序あるようになったと述べている。

〔一〇〕**あんそ**　漢字では「案書」「安書」と書かれている。盗難、忘失などにより文書を無くしたとき、その証明書として作成する文書。紛失した本人のみ署名のものも、在地の有力者が署判しているものもある。前者には、応永三十三年十一月二十七日祇樹庵宗椿案書（刊本『菅浦文書』二〇四号）、後者には、永和三年三月日紀伊木本両庄公文代等連署案書（『和歌山市史』第四巻、六一六頁）がある。なお、本文に掲げた案書と関連すると思われる年月日、差出を欠く土代が菅浦文書にある（刊本二〇三号）。

定置　失文書案書之事

合一通者

右件置文者、（傍書細字〔如被定置、古老人案書七本ニ七枚之文書失了、菅浦庄之在家別に壱貫ツ、充、〕）依有急用、用途を充負物、文書ヲ七枚作テ置了、然彼文書ヲ、然彼七枚之文書中ヲ、二枚ハ自性心房本（許）いたされ候、如此上者、今残五枚文書、自何れ方出来候て、雖致其沙汰候、此致類文お候者、性心房の子孫可被申明者也、尚以此重々の背置文、有申子細煩人者、可被処罪科也、

案書はまた「あんもん」と称したことは、長禄三年（一四五九）の文書により知られる（菅浦文書）。

御借用文書あんもん事

合八百文

右あんもん、御代八百文、嶋より御ひけいを惣庄へ申て（候カ）処ニ、借状見うしない候て出不申候間、あんもんをしたゝめ候てまいらせ候、若なんときにて候とも、文書たとへ見出候とも、ほんくとあるへく候、為其あんもんを仕候て、まいらせ候、いらん煩申ましく候、仍為後日あんもん如件、

新五郎大夫（略押）

長禄三年六月廿五日

惣庄へ

まいる

〔一一〕　本規定は、今堀郷における正月結鎮の頭と九月九日の頭勤仕に関するものであるが、永徳三年正月左近次郎の結鎮の頭勤仕をめぐって問題がおこり、これを契機に制定されたものではなかろうか。左近次郎の勤むべき頭を、新入でまだ惣の寄合に出仕したことのない者が勤めたのか、左近次郎自身が「新座の輩」に当り、かれが非分に頭役を勤仕してしまったのか分明でないが、今後、新入の座員は、一度でも座に出仕したら、順序に従って次回以降頭に差定されるというのが、規定の内容であろう。この結鎮と九月九日の神事などに必要な物を定めた注文が日吉神社文書の中にある。

結鎮頭入物注文

五升《八合升》　的帳　一斗　座酒　三升　女房座　一升　さいの神

一升　的前　八升　神供米《ミ五く》

十三日堂頭事

頭人二人　酒　四斗　六升　大仏供

九月九日頭事

五升　御水　三斗　座酒

永徳四年正月日

依衆儀評定、所定如件、

このような入物費用捻出に当てられた神田の一つが、規定にみえる九日神事のための「かうか谷の神田」であろう。

〔一二〕**馬頭料頭**　応永十五年十二月十三日姫石女放状には、粉河寺領東村字中尾にある畠一反三十歩を、「弥次郎法師カ馬頭料頭一貫五百文充、惣村へ進申事実正也」とみえる（『和歌山県史』中世史料一、王子神社文書一〇八号）。弥次郎法師が馬頭料頭一貫五百文を負担できぬため、その母かあるいは近縁者と思われる姫石女が畠地を料足の代りに惣村へ付与したのである。

〔一三〕**中人**　全くの推測にすぎないが、同じくオトナ成といっても、その祝儀料は村人の格によって違っていたことが、〔三六〕の直物の掟によって知られ

る。そこには馬牛飼人は四百文ずつ、その他は三百文と規定されている。とすると、この差が村人生活の中に反映することがあるとすると、中人とはこの馬牛を飼わぬ人ということではなかろうか。

〔一四〕　粉河寺は紀伊河の流域で二毛作の一般化している地帯で、肥灰が地力維持の大宗として極度に珍重されているという(古島敏雄氏『日本農業技術史』上、二〇四頁)。本定は、預所代・公文代が連署している上、文章も衒学的で、領主法に入れるべきものかも知れないが、三ヶ所沙汰人の署名もあり、且つまた村人生活の根幹である生産関係の規定なので、村人の意嚮が含まれているものと考え、ここに収めた。

〔一五〕　規定の内容は、「ヤマトノレウトウ」を三斗ずつの負担に決めたが、時の米価が百文について七升以上の割合ならば(米が安くなった場合)、三斗を減免するよう願出てはならないということで、逆にいえば、七升より下の場合(米が高い)には、三斗の負担につき考慮をしようという意を含んでいる。このような理解の参考となる規定が、近江栗太郡志那の天正二年(一五七四)六月十四日三大神御神事勤仕定にみえる(藤田文書)。

一饗料一頭ニ弐貫五百文充、然共五百文者、減少候て、弐貫文可被出、
　和市事者、百文ニ壱斗八升相定候、但二斗和市時高下於在之者、其時
　　各可有談合候而、可被出事、

後半の但書は文章がやや乱れているが、意味は次のようになろう。神事の饗料は一人の頭あたり二貫五百文だが、五百文を減じて二貫文を出すこと。米の和市(わし相場)は百文で壱斗八升と定めた。けれども和市が百文で二斗(米が安くなった)のとき、和市の変動に随って、皆が談合して負担額を決めて出させる。粉河寺東村の「ウリカイ七升」が右の和市にあたることがわかる。

〔一六〕　萩原龍夫氏は『中世祭祀組織の研究』の中で、嘉吉二年(一四四二)の神田注文にみえる「十一月三日御コク田十禅師」の記載を霜月祭(新嘗祭)の開始と考え、本定も十一月であるので、祭の開始される直前のものではないかと述べておられる(二五九頁)。

〔一七〕　碑は大和添上郡柳生村(現在奈良市)にある高さ三メートルの花崗岩の巨石である。石の中央には通称疱瘡地蔵とよばれる地蔵菩薩を彫り、その右下方の縦三三センチ横二一センチほどの彫刻面に、本文に掲げた記文が陰刻されている。永原慶二氏は碑についてこのように述べておられる(中央公論社版『日本の歴史10』七三頁以下)。ところで、この記文が石刻された時期について、永原氏は正長元年(一四二八)の土一揆によって徳政が行われたそのときのものとされ、永島福太郎氏は、この岩には永禄・天正の紀年銘のみえる仏像および五輪塔が刻まれていて、この刻文もその永禄・天正の頃のものと考え、永禄五年(一五六二)、奈良多聞山城主松永久秀が馬借に徳政を要求されたことがあり、柳生の馬借がその要求の裏付けに正長元年の徳政を掲げたものと推測された(『奈良県の歴史』一〇五頁)。

〔一九〕　今堀と同じく得珍保に属する金屋の野々宮に、今堀の定に先立つ十四年前永享二年(一四三〇)十禅師権現社(野々宮神社)の境内保護のための規定とされるものに、始めて木草採取の項目がみえる(『近江神崎郡志稿下』八六頁、野矢氏文書)。

一　木草かるべからざる事
一　馬牛かうべからざる事
一　屋々とほるべからざる事
一　岸の土とるべからざる事
一　於木草者、可為惣請合之事

右、於背此旨者、可為三百文過怠者也、不可有親疎偏頗、若見かへ(くノ誤)し候ハ、十禅師権現可蒙御罰者也、千万過怠難渋候儀出来者、惣之可有沙汰者也、仍所定如件、

　　永享二年庚戌八月日

仙服院判　　神主判　　衛門五郎判
花木判　　源六判　　兵ヱ門五郎判
(以下欠)

〔二〇〕**聖のかはりめ**　本文中に「当聖」「聖のかはりめ」とあるのは、交替制であったからであろう。このような制度は湖北の伊香郡菅浦でもみられる。南北朝時代ごろと思われる菅浦惣庄置文に左の如くみえる(菅浦文書)。

弥藤太弥介(略押)

善阿弥陀仏(花押)
正現房(花押)
惣庄乙名
正真房(花押)
高真房神主(略押)
藤介神主(花押)
六郎別当神主(略押)　開発聖良噶(花押)

任此置文面、年具(貢)・加地子、限十月十日、従其日間(限ヵ)以前ニ、皆ニ厳蜜(密)可至(致)催促、背お若此旨輩者、可被其下地等取離者也、此庵室之出聖ハ、七月十六日可直者也、年具・加地子ハ、出入聖各半分充之定也、

〔二一〕**ヨソカラキテ村子…村ツケ**　「村子」は刊本『今堀日吉神社文書』は「物子」と解読する。「村」は手偏に書かれていて、総体の感じとしては「物」のようであるが、恐らく木偏のつもりで「村」の草体ではなかろうかと思う。次に「ヱホシキテ村ツケ」について。肥後和男氏『近江に於ける宮座の研究』には、滋賀県蒲生郡鎮山村大字橋本の左右神社の年頭行事を紹介された中に、「この村に生れたものは十歳前後に「村附」のことあり、これを「よぼし」を着るといひ、祭の前に当り本人希望の日に拝殿で行ふ」(三〇四頁)と報告されている。この「よぼし」は「烏帽子」で(同上書九八頁)、「村附」は同郡苗村で氏子になることをいう(九六頁)とも述べられている。先の「村子」の推定が正しいとすると、本項は、他所から来たものを(村人が連れて来るのであろうか)村人の子であるといって、烏帽子着の行事をして、村入りさせる(村人の資格を与える)という解釈になる。恐らくその禁止規定であろう。

〔二二〕**支証**　草刈をされたとき、鎌を証拠に差押えた史料がある。年月日未詳の注文であるが、琵琶湖東北岸今西(東浅井郡湖北町)の者が、対岸菅浦の南方の半島の先端つぶらを山(葛籠尾山)で山刈をしたとき「支証にかまをとり候」と記している(刊本『菅浦文書』三三一号)。

〔二三〕**まゑ田**　前田に関しては、本置文の二ヶ月前にも前田百姓中置文が作成されている(菅浦文書)。

定

前田年貢山門運上之事、毎年壱反三斗一升ツ、可被計也、本々ハ壱石二斗ツ、といゑとも、花王院へ依御佗事、如此候者也、
壱石山上江　本年貢
壱斗　両社上分
壱斗三升　毎年地下乙名達方へ、地下升定、
已上壱石壱斗、四反半より召たて申さるへく候、仍状如件、
文明二年卯月廿日
前田百姓中置文

計算の方法がよく判らぬが、それは措き、「壱斗三升　毎年地下乙名達方へ」の部分に注目すると、本文に掲げた六月の置文の「七斗の内徳」は反当りのものでなく、前田全体からの乙名達(あるいは惣)の収得分であろうか。

内徳　三浦圭一氏は内徳を「加地子」と規定し、この置文を、菅浦惣庄の乙名層が村落内部に対する規制として加地子斗代を決定したと捉え、乙名層の支配体制が出来あがっていたと評価された(「惣村の起源とその役割(下)」『史林』五〇—三、三八頁)。

土田　天文二十二年浅井氏の徳政条々事書の第七条に「万一公用不渡田地并植付下地者、来秋徒(従〈ヵ〉の誤り)土田本主へ可返付事」とある(菅浦文書)。現在作付してある土地は秋になり作物を刈取った後の土田をもとの持主へ返すべきこととの意であろう。

〔二四〕**暦応年中之時…**　暦応元年(一三三八)ごろ菅浦と大浦との中間にある日差・諸川について、大浦庄が光厳院庁に、同庄内の地であると提訴した。これを受けて二問二答が行われ、翌二年七月十九日には院文殿で召決も行われ、結局文殿の勘申に従って同三年三月廿日大浦庄が勝訴した。ところがその年五月菅浦は審議不十分での判決と異議を称え、再審を請求している(以上すべて菅浦文書)。本文の文明四年置文にみえる竹生嶋雑掌の活躍は、このときのことであろう。そしてまたこの置文によれば、再審の結果、菅

浦が逆転勝訴したのであろう。

〔三七〕**他所之人を地下ニ…**　他所者を在所に置くことを禁じた規定は他にもみえる。近江蒲生下郡白部の天文七年(一五三八)卯月二日のものである。

右、於白部定条目事、他所者在所ニ不可置者也、万一此旨をそむく者、
是あらは、為在所きうめいあるへき者也、仍而定条目如件、
天文七年卯月二日

白部は中世白部庄とも白部村ともみえ、今の近江八幡市北部の白王の地で、有名な奥島庄のすぐ南にあたる。この文書は同地の若宮神社に伝わる文書であるが、実見の機会を得ず、『近江蒲生郡志』巻六所載のものを掲げた(一九二頁)。制定者は本文中の「為在所きうめいあるへき者也」との文言および同社文書中に「白部惣中」のみえるものもあり(一九〇頁)、白部の惣であろう。

犬かうへからす事　塚本学氏は、犬について、一七世紀を中心に多角的視点、広大な視野をもって考察を行われたが(「犬をめぐる政治」『月刊百科』二〇五号)、そこで、犬を飼わぬよう村人や村々が申し合わせた事由を三挙げられた。「第一は、狂犬病の流行に対する措置、第二は、犬が畑を荒すことに対する防御、そして第三は、一語でいえば倹約」である。けれども、一五世紀末、この今堀地下掟中の犬飼育の禁は「町人身分内に特殊な優越者が出現することへの抑え」と提言されている。

サルカクノ六　湖北の菅浦の文書に、天文十七年十一月三日見満寺座の広名大夫の神事能楽頭職売券があり、春秋二度分を一貫文で惣中へ売却している(刊本『菅浦文書』三五五号)。春秋の神事に際して演能し、その得る報酬(禄)の権利を売却したものである。また同文書には、応永十七年三月六日猿楽用途日記があり、村人らが拠出した総額三貫七百二十三文の内訳が記されている(ただし内訳の中途欠脱がある。同上書八〇三号)。この用途は、猿楽役者による演能のためのものか、手猿楽のためのものか分明でないが、恐らく前者であろう。なお見満寺は申楽談義に「近江はみましの座、久座也」とみえるものである。能勢朝次氏は『能楽源流考』で、「みましの座」が看聞日記応永二十五年九月十日条にみえる「近江猿楽未満寺」であることを指摘され、続けて、青池竹次氏が未満寺の地を犬上郡敏満寺村に当て、「みましの座」を犬上郡多賀大社の神事猿楽に奉仕した地方の猿楽役者とした説を紹介された(九二四頁以下)。

ユイシ　近江蒲生郡武佐村長光寺南谷小里衆中の定に「ゆいし」がみえる(『近江蒲生郡志』巻六、二七三頁、八幡十二神社文書)。この地では、家の断絶を避けるため、後嗣なき者の養子を奨励している。

定南谷小里衆中之事
於伴人者、結縁寺江不可入者也
ゐほしき、地下に居度方々者、地下のやくを可仕者也、
あとめなき人は、ゆいしをいたす可事、
天文八年(己亥)拾月十八日　当年行事
音九郎　○
連署人数　彦太郎衛門(花押)
浄円入道(花押)
左近二郎衛門(花押)
藤三郎兵衛(花押)
彦二郎衛門　○

〔三八〕公文の諸公事に関する明応九年(一五〇〇)の規定がある(菅浦文書)。

定　公文殿諸公事条々
一　粟ト麦ハ六十四人充、
一　油ハ　　三にんなり、
一　廿五文銭ハ　六十人、
一　七文銭ハ地下の定使そろへ候て、渡可申者也、仍所定　如斯、
明応第九年(庚申)十二月十四日

この時期、菅浦惣庄は公文新三郎から所務を買取っている。明応六年十二月五日の新三郎売券では、五把草を一貫文で(刊本『菅浦文書』一二一四号)、文亀三年(一五〇三)六月廿四日の売券では、酒手麦を二貫五百文で惣庄が買っている(同上書三四二号)。本文掲載延徳元年の所務定および右の明応九年の公事定の作成は、この公文所務の一部買得と関係あるのではなかろうか。

〔三四〕**一寸物**　塵添壒囊鈔巻四に、

イッス物ト云ハ何事ソ、常ニ鳥目廿文ノ厚サ一寸アル故ニ、廿文各出ヲ一寸物ト云リ、甚下賤ノ僻言也、一種物ナルヘシ、一種物ト云事ハ、朝廷古来詞也、喩ヘハ、各一種物ヲ随身シテ、殿上ニ於テ興宴アリ、是ニ擬ヘテ下様マテモ各一種物ヲ随身シテ会合スル也、

と説き、続けて、崇徳天皇の保延三・四年(一一三七・八)のころ藤原公能が廃絶していた殿上の一種物を再興したときには、公能が薫物(香)を中に入れた蛤《はまぐり》を持参して皆に配り、藤原親隆は大鯉、鷹飼の府生下毛野敦忠は鳥を肩に掛けて持参、その他の人々は多く雉《きじ》を出したと述べている。

奇土　寄土は〔四二〕の四項にもみえ、ソキ草・ヨせ土が禁止されている。さて寄土という言葉はないが、滋賀県蒲生郡桐原村中小森菅田神社文書の享保八年(一七二三)九月地下法度に、「他之土手・畔・道端共に坪土持候儀、幷他之畑之草刈候事」の禁(『近江蒲生郡志』巻五、二二三六頁)、宝暦十一年(一七六一)二月廿日同郡八日市町大字小脇辻村共有文書の村中掟に、「明田・明屋敷之内にて草刈、田の畦ばた鋤堀」の禁がみえる(同上書二二三八頁)。いずれも近世の定書であるが、草刈とともに堀土の規定を載せる点、同趣旨の事柄に関する規定とみられよう。寄土が、畦端の鋤堀とか、土手・畔・道端で土を持つこととかで表現されるものとすると、同じく近世の村法であるが、享保十四年河内石川郡喜志村・新家村村中法度の十四条に「近年大小に不寄、道筋幷堤細ク成申候間、両方之内江切取申事、無隠候」とみえるように(前田正治氏『日本近世村法の研究』村法集五四)、道や堤を削り取って田畠を拡げることや、明和九年(一七七二)美濃養老郡上多度村大字三郷小字田村定に、「近年道筋之土を猥に堀取、居屋敷等へ持運候族も有之、且又江堀之土を任勝手田方え引揚候も有之、道筋及破損、甚不埒之事に候」というように(同上書八二三頁)、土を運搬することなども寄土の内容になろうか。

〔三六〕　本条目に従ってこの年十一月に行なった直し物日記が日吉神社文書の中にあり、条目の実施が具体的にわかる。

直物次第之事

弐貫文	堂頭丑年ニ請取	道善猿衛門太郎
壱貫陸百文	堂頭刁年請取	北之辰法兵衛四郎
壱貫陸百文	堂頭刁年請取	馬五郎入道
壱貫弐百文	堂頭卯年	道音岩福
壱貫弐百文	同卯年	三郎兵衛初衛門太郎
壱貫弐百文	九日卯年	右馬二郎
壱貫文	九日	北刁又太郎
壱貫文	堂頭	木戸脇松
壱貫文	九日	木戸脇初
壱貫文	九日	左近兵衛
壱貫文	堂頭	北駒法
壱貫文	堂頭	卯法
壱貫文	堂頭	猿二郎せう
壱貫文	堂頭	道祐松石左衛門太郎
壱貫文	堂頭	道妙　若法
四百文	ヲトナ成	中坊兵衛太郎
四百文	ヲトナ成	猿二郎
四百文	ヲトナ成	東道金兵衛四郎
参百文	ヲトナ成	東道心之衛門太郎
四百文	ヲトナ成	道音左近太郎
伍百文	ゑほし	太郎兵衛子
五百文	ゑほし	介徳石
伍百文	ゑほし	藪兵衛猿
弐貫文	堂頭	茶や駒石
壱貫文	堂頭	菊太郎衛門子松千代

合永正元年〈申子〉(甲子の誤り)霜月五日

永正元年〈申子〉(甲子の誤り)霜月十日

この注文から堂頭が一年に二人であることがわかる。翌永正二年乙丑の堂頭は筆頭の「道善猿衛門太郎」と最末の前の「茶や駒石」であることが、

直し料の額から判明する。この条目は、来年・再来年の頭請け料を払わせて、予約させたもので、年が先のことであるほど、納付額は逓減している。萩原龍夫氏は永正元年に多額の費用を要することがあって、その調達のため前納を奨励したものであろうと説かれている(『中世祭祀組織の研究』二六三頁)。

神事・ゑほ　「ゑほ」を、萩原龍夫氏は「ゑほ」と読まれ、「神事ゑほという のは、何かの書き誤りとしか思えぬ」といわれ(同上書二六四頁)、金本正之氏は「しほ」と読まれ、塩と解し、本項を「塩の前納には及ばないという意か」と解釈された(「村掟」『歴史と地理』三〇一号、三九頁)。「ゑほ」は烏帽ではなかろうか。烏帽子を烏帽と書くことは平安時代以来日記類に多々見え、「ゑぼうし」は詰めて「ゑぼし」というから、「ゑぼう」を「ゑぼ」と言ったとすれば、説明はつく。そこで「神事ゑほ」であるが、これは神事と烏帽で、ここで神事とは結鎮頭・堂頭・九日頭を請けること、烏帽は烏帽子直しとなる。この推定が正しいとして、「神事・ゑぼハなをすへからず」という規定の解釈は、次項と併せ考えるならば、年内は三頭と烏帽子直しはさせないということになろうか。永正元年の本定文にみえる直物は、おとな・烏帽子・堂頭・九日頭・結鎮頭の五であり、最末項の規定が、年内おとな成はさせるというのであるから、それ以外の三頭と烏帽子直しはさせないと解してもよさそうである。ただこの場合、本定文制定の日以降年内とすると、永正元年霜月五日の直物日記に牴触しそうである。天文廿三年十二月十一日今堀惣分定文の規定に、十二月廿日過の直物停止がみえるから、ここも、一定の日以降年内ということであろうか。

〔三七〕**三日講**　ここでは三日講の料足百七十文を未進して座から追放されたが、過分の未進をしたけれども少額の進納で宥免されたかわり、座の末席に直された例がある。天文十八年(一五四九)のことである(日吉神社文書)。

太郎兵衛三日講ノ料足過分ニおい申候処ニ、少分にて御さしをき候之間、座敷各々のすへニなをり可申候、於向後ニ、一言子細申間敷候、仍為後日之状如件、

天文十八〈己酉〉年十二月十三日　道久之子之　左衛門二郎(花押)

今堀惣分
まいる

〔四六〕　金本正之氏は「村掟」の中で、本規定により、十二月廿日過ぎの直物を悉く廃止したと解説されておられる(『歴史と地理』三〇一号、四一頁)。想像に過ぎないが、この規定を考える場合、永正元年十月十七日直物定文と同じ事例とすると、天文廿三年にも、烏帽子直し・オトナ成・神事の頭の予約を実施し、未来の直物を割引きされた料で納付予約させたのではなかろうか。ただしその予約期限は十二月廿日までとし、以後は受付けないというのが規定の趣旨と考えられないだろうか。惣に資金調達の必要があって、このような予約制を実施したが、臨時の措置であるから、今後先例として用いてはならぬ、今後は今まで通りの方法で直物を行うというのが全文の意味であろうか。

〔六一〕**今度又御けん地**　検地に当って、百姓から起請文を出させているその案文がある(日吉神社文書)。

敬白天罰起請文前書之事

一　こほりさかへ、庄さかい、郷さかいをまきらかし申間敷事、

一　めん〳〵てまへかゝへ分田畠、諸成物一りう一せんのこさす出可申事、

一　けんちの時、礼物、れいせんにて御ようしや之ところ、ありやうに可申上候、同百しやうの内たれ〳〵てまへ之右之御ようしやのところ候共、見かくさす可申上事、

一　御けんちの以後、しんひらき、并うゑ出しの田畠御座候ハヽ、これ又ありやうニ可申上事、

一　上中下をまきらかし、斗代をさけ申間敷事、

一　御給人、同下代となれあい、かくし申間敷候事、

右条々、少もあやまりかくし候儀御座候者、一類けんそく、女子供まて、はた物ニ御あけあるへく候、なをもつていつハり申上ニおいてハ、忝も此起請文御罰をかうふり可申者也、仍前書如件、

天正十二年十月朔日

〔六二〕**分一**　読みが「ぶんいち」であることは、冷泉町記録の天正十三年正月

に始まる大福帳慶長十二年(一六〇七)十一月十一日の記事に「銀子三百八拾目ぶんいち、但、宗甫ノ家ノ」とみえることで知れる。〔七五〕第六条の「門替」も同じものであろう。さて、この条項は、家を売買したとき、家の買手に価格の十分一を町へ納付させる規定であるが、文禄三年(一五九四)本能寺前町では二十分一〔七三〕、同五年鶏鉾町では十分一〔七五〕、慶長十年三条高棚町では十分一〔七八〕であった。この家の売買に際し、第三者がその分一を取るということに関する史料は、古く東寺廿一口方評定引付(東寺百合文書く)応永十二年(一四〇五)八月廿一日条にみえる。これは東寺僧快舜の売却した家屋を、購入者が他所へ移動しようとしたため、廿一口方が抑止したとき、快舜が十分一を納付すればよかろうといったというものである。これに対し廿一口方は、家屋を寺領外に移すことは許さず、また十分一納付というのは、特例として許可した場合のことで、「非常途之儀」(常例ではない)と返答している(『大日本史料』七編之七、六二二頁)。これをもってみると、東寺において、一七世紀初頭、家屋売買に当り領主が売買価格の十分一を徴収するという制度はなかったことが知れる。しかしながらまた領主が罰則的意味をもって、あるいは特別措置に対する謝礼として十分一を徴収したことはあったらしい。この三年後、応永十五年二月十八日の同引付に、左衛門太郎が小屋を他所へ売り、取り壊したため、廿一口方が抑制したところ、買主が知らずに買取った旨陳弁し、十分一を納めるので、平に許されたいと歎願したので「優免」(許可)したとある(同上書、七編之十一、二八八頁)。この二例ではともに売主が法を破って家を他領へ売却したため処罰の対象となっている。十分一を徴収して売買を許可したことは恩恵的処置であったのである。領主にとって、領内の家屋は領主権の対象となるべきものであった。その点でも町掟における町と家屋との関係とは異なる。それにも拘らず、東寺の例にみえる十分一と町掟の分一とには連続性があるように思われる。さて、町の分一に先行する慣行とみられるものが、延徳元年(一四八九)の近江今堀地下掟〔二七〕十六条である。これは買主でなく、売主が百分三を惣へ納入する規定であるが、それはともかく、惣が家屋売買税を賦課している点、町掟と全く同趣旨の規定であろう。

〔六七〕**三条之はし**　擬宝珠の銘文は、

洛陽三条之橋、至後代、化度往還人、盤石之礎、入地五尋切石之柱六十三本、蓋於日域、石柱橋濫觴乎、
天正十八年庚寅正月　日
豊臣初之　御代奉　増田右衛門尉長盛造之

とあり、橋台の石柱は日本での始めと自負している。

〔七二〕**たかうおそむ**　他郷を損ずることが、なぜ惣に対する罪科となるのか。勝俣鎮夫氏の研究で明確にされたことであるが、中世では、個人あるいはその個人が所属する村などの団体が、他の個人や団体から加害されたとき、直接の加害者に限らず、加害者の属する団体の成員や、その動産を質にとる「国質」「郷質」なる報復行為が一般的に行われていた(『戦国法成立史論』三七頁以下)。従ってもし岩倉の成員のなにがしかが他郷を害するならば、加害者のみならず岩倉の村人すべてが報復の対象となって危険にさらされる。その予防、それがこの立法の趣旨ではなかろうか。

〔七六〕　この後、今堀では寛永三年(一六二六)にも、草刈・木葉採取の禁止をしている(日吉神社文書)。

定直(置)目之事
一人之田地之上草かり候ハヽ、くわたい(と脱カ)して、八木壱石出可申候事、
一手おりこのは、是も壱石出可申候事、
一惣林このは手おり草、同前之事、
右之法度お相背人候者、惣中しておいはらい可申候、仍状如件、
寛永三年六月三日惣中

〔七九〕　本定文の翌日、褒美の額などに些少の違いはあるが、同事項についての二通の火誓定文の控えが宇川共有文書の中に残っている。緊迫した事態の下で、何度か火誓裁判に持込む、あるいは持込まれる状勢となり、その都度、定文を改訂して、これに臨む準備を整えていたのであろう。〔八〇〕にみるように、翌年六月なお火誓定をしているところをみると、少くともこの時まではまだ火誓を行なってはいなかったものとみえる。慶長十一年三

月廿八日の二通の定は次の如きものである。まず敵方酒人村から鉄火を取る人を指定してきた場合の定、次にその指定なき場合の定の順に掲げる。

宇治河原領内下川原之儀ニ、酒人村と芝ノ相論ニ付而、火誓取申候人躰ニ褒美相定候事、

一火誓取候人之、敵より人之被指候ハヽ、只今弐拾石、秋米拾石可進之候、其人之家筋そうりやう壱人ハ、永代御免許可進之候、舛ハかなふセ以、おろしに究候、但免ノ入めん、はま下シ、荒川成之儀ハ可仕候事、

一もかり内へ入候共、火誓を取不申候者、手前之拾石之米ハ、可進之候、余之事ハ、可有堪忍候事、

一しやうし屋之まかない者、惣まかないニ可仕候事、付タリ、しやうし屋へ入候ハヽ、拾石可進之候事、

右之通相究候間、我人異儀申間敷候事、

慶長十一年三月廿八日　　　　宇治河原村惣

宇治河原領ノ内下川原之儀ニ、酒人村と芝ノ相論ニ付而、火誓取申候人躰ニ褒美相定候事、

一火誓取候人ニ者、只今拾石可進之候、来秋も拾石可進之候、其人之家筋そうりやう壱人、永代御免許可進之候、舛ハかなふセ以、おろしに究候、但シ免ノ入めん、はま下シ、荒川成之儀ハ可仕候事、

一もかり内へ入候共、火誓を取不申候者、手前之五石之米を可進之候、余之事者、可堪忍候事、

付タリ、しやうし屋へ入候ハヽ、五石分可進之候事、

一しやうし屋之まかない者、惣まかないニ可仕候事、

慶長十一年三月廿八日　　　　宇治河原村惣

なお、この火誓については牧野信之助氏が紹介されている(『武家時代社会の研究』五三三頁)。宇治河原村は慶長十年より数年間に、隣村である宇田・酒人・西内貴と争いを惹起している。牧野氏の説明は三村との係争を混同しているやにみえる節もあるが、大要を知るに便利であろう。

下川原之儀　この相論の元は、野洲川の支流横田川の川原の所属であった。慶長十三年の隣郷人の起請文前書には、川原の利用がやや具体的にみえている(宇川共有文書)。

敬白　天罰霊社起請文前書之事

右之子細者、宇治河原領内下川(原脱ヵ)之儀、往古より日々に、我等山へ罷通候て見来候、其子細者、下川原之内ニ田畠之御座候へ共、小田原御陣之年、大水ニなかれ申候儀一定ニ候、先年より於今ニ、宇治河原衆下川原にて木草をかり、芝をはき、牛馬を放シ被申候間、弥々下川原之儀者、宇治河原領ニ相究候儀歴然にて御座候事、

右之旨、聊以私曲偽無之候、万一私曲偽於申上者、此霊社起請文御罰ヲ、深厚ニ可罷蒙者也、仍霊社起請文前書如件、

慶長拾三〈戊申〉年十二月　　　　隣郷

〔参考七〕　本起請文の六日後の日付で、四十六名連署の契約状がある(成願寺文書)。

真盛上人様江申上候条々之事

一　於此人数之中、自然公事出来之儀在之者、為一家中、任理非可有裁許、縦雖為親子兄弟、不可有贔負(屓)偏頗事、若為対公事、不及分別者、山雄田於神前、可為御鬮、

一　此衆中構非儀、無同心之儀者、放一揆、則敵方可有合力、他家之儀、可為同前、

一　此人数之中、万一致盗賊放埒之儀在之者、為衆中、可有糺明事、

一　此衆中之被官、於他所并小倭庄内、致悪党者、扶持人之方江不及届、則可加誅罰事、

一　於此連衆者、互成水魚思、可存親子兄弟芳契、此衆中於子孫、可守此旨也、

一　雖有可取当質事、就国質無謂方不可取之、本主不然者、可取其在所事、(コノ一行細字補書)

右、此条々違変之仁躰在之者、忝　両宮八幡、別者当所白山妙理権現蒙

御罰、於後生者、可堕無間三悪道、此旨　真盛上人様相叶御内証者、此衆中可開喜悦之眉者也、仍為自今以後、連判之状如件、

明応三年〈甲寅〉九月廿一日

石見入道　尾張入道　越前　備中　福屋　上林　民部　掃部助

三賀野　西山　北　甚右衛門　東　藤二郎　弥三郎　中嶋　甚兵衛　弥二郎　又二郎　岡成　孫二郎　向　蔵地　弥八　多気兵部丞

河原池田　堀池　松岡　今堀　堀内　中務　松尾　彦五郎　孫六

山城二郎　弥大郎　弥五郎　窪田　十郎　入野　巽　又三郎　山城　岡松　田那部　荘

瀬田勝哉氏は「中世末期の在地徳政」の中で、この状が侍身分の人々の一揆契約状であることを指摘され、百姓衆起請文はこの契約状を書いた「一揆衆の意志によって書かされたもの」と断定された(『史学雑誌』七七―九)。

〔参考九〕　宇治河原では、起請文の作成に先だち六月五日上河原芝について の相論の勝利を飯道寺権現・北野天神・大峰に祈禱している(宇川共有文書)。

今度上河原芝事に付而、さうろんの御祈禱、　飯道寺御権現様村参之事、此公事之儀、宇治河原村の御理うん、ゆせきまさかり郡の理非に成共、此公事宇治河原村御理うんに罷成候様に、御まほり被成候て可被下候、

慶長十〈乙巳〉年六月五日　　宇治河原村　惣中

飯道寺

御権現様　進上

今度上河原芝事に付而、さうろんの御禱祈、　北野御てんちん様御かくら被参可申候、此公事宇治河原村の御理うんに、ゆせきまさかり郡の理非に成共、此公事宇治河原村御理うんに罷成候様に、御まほり被成候て可被下候、

慶長十〈乙巳〉年六月五日　　宇治河原村　惣中

御てんちん様　進上

今度上河原しはことに付而、さうろんの御禱祈、　大みね此構之儀、宇治河原村御理うんに、ゆせれに(き)まさかりに郡の理非に成共、此公事宇治河原村のりうんに罷成候様に、御まほり被成候て可被下候、

六月五日　　宇治河原村　惣中

大みね　進上

この上河原相論の相手は、恐らく慶長十年十月十三日宇治河原惣代証状(『甲賀郡志』上巻、三九三頁)に照して、宇治河原村と横田川を隔てて北方に対する宇田村であろう。宇田村は〔七九〕に見える酒人村の東、川上に位し、宇治河原村と酒人村との争いの対象が下河原であったから、右の上河原の争いはこの宇田村に相違ない。

解説

本書の構成について

佐藤進一

中世社会を支えた公家・武家・庶民諸階層の政治社会思想を、出来うる限り、これら諸階層がそれぞれの政治的社会的生活の場において、そして又そのような生活の直接的な手段として作成した、いわば生まの生活記録によって明らかにしたいというのが、『中世政治社会思想』上下二巻の編集に参加した者の共通の願いであった。そこで、武家については、彼ら自身の手に成る思想資料を武家法を中心にまとめて、これを上巻に収め、公家と庶民の思想資料を下巻に収めることとした。

さて本巻、公家思想の部においては、概ね武家における編集方針を踏襲して、公家の法資料を主体とし、これに政治批判文書としての政道奏状を加える。まず公家の法資料について述べれば、律令国家を支える法制的基礎としての律令法は、律令国家の解体にともなって漸次変質して、その間に律令法とは異なる新しい性格の法が生まれた。今日これを公家法とよんでいる。公家法の法源はほぼ成文法、法解釈及び慣習法の三種となろう。この時代の成文法のあり方としては、改めて言うまでもなく、律令に代る法典の編纂は全く見られず、随次発布の法令が成文法の唯一の形式であった。就中、文書形式としては宣旨を用いて、倹約令を主もな内容とする単行法が、平安後期から屢々発布されて、新制・制符などとよばれた。明治四十年、国書刊行会は続々群書類従(法制部)に建久・寛喜・弘長・文永の新制を収めた。ついで新制を多数蒐集紹介して、初めて新制に学問的斧鉞を加えたのが、大正十四・十五年に三浦周行が発表した「新制の研究」(『法学論叢』

十四巻六号―十六巻一号)であった。水戸部正男氏近年の著『公家新制の研究』(昭和三十六年)は、新制史料を一層広汎に精査し、新制の内容と性格を詳論して、公家法に対する学問的関心を喚起すること少なからぬものがあった。鎌倉後期、十四世紀に入る頃から、新制とは別種の裁判法規その他種々の法令が、宣旨の形式を用いることなしに発布されるようになり、これらは単に事書とよばれることが多かった。建武新政政府の発した法令にもこの種のものが少なくない。

公家法の法源として第二に挙げられるのは明法勘文である。明法勘文は個々の裁判において、明法博士、大判事など明法官人とよばれる法律専門家によって作成提出される判決案であって、律令以下の法源を引き、これを解釈適用することに重点がおかれたので、内容的には法曹による法解釈(当時これを法意といった)をうかがうことのできる絶好の史料である。明法勘文にはこのような特定の裁判事案に関するものの外に、公私諸方面より寄せられた法律上の質疑に答えて、明法官人が起草提出したものもある。又、長年月にわたって集積された明法勘文を基として著された法曹至要抄・裁判至要抄以下の法書も、法解釈の記録としては、明法勘文に準ずる資料ということができる。

成文法や法解釈資料が、法思想の積極的な表白であるのに対して、そのような形をとらない法源がある。それは不文の慣行や慣習法であって、律令法の変質に果した役割は、上記の二者に比して、或いはより大きかったのではないかと考えられるが、それが文字の上に残される例は甚だ少なく、たまたま勘文や法書あるいはその他の裁判記録等に先例、行事などとして引用されるだけで、まとまった形で遺されてはいない。

以上のような公家法法源のあり方と遺存状況に照らして、本書には、数種の成文法規及び法解釈(法意)資料としての明法勘文を挙げて、慣習法資料は省略した。成文法では新制の特質を示す好例として建久二年(三月廿二日)と弘長三年の二つの新制を採り、中世的変容をとげた律令制官衙の発布法として、新制と多くの共通点をもつ神祇官下文(弘長三年)をこれに加え、さらに鎌倉中期から新制の殼を破って現れた、新しい性格の発布法の中から、弘安八年・元亨元年・暦応四年の法を採った。これら三つの法令は、それぞれ六乃至二十箇条より成り、その条文の大半もしくは全部が訴訟法規である。ことに暦応度のそれは、題名からして「雑訴条々」とあって、当代すでに暦応雑訴法とよばれた程である。このような訴訟法規の頻出は、公家の政治的関心ともからめて、公家法の性格の変化をうかがわせるものであろう。また、時期的にはこれら三法の中間に位置する建武新政期の発布法は、それの発布主体である新政政府のもつ政治思想及び法思想の特異性に鑑みて、これを一括して建武新政の法と名づけた。

次に明法勘文の部には、個別の訴訟事案に関する判決案の性質をもつ明法勘文の一例として、承元二年のものを採った。いわば明法勘文一般の事例である。これに対して明法条々勘録は、同じく明法官人の法解釈（法意）の開陳とはいっても、作成の事情と文書形式において、明法勘文一般とは全く違った性質のものである。すなわち文永四年作成のこの勘文は奥書にいう如く、時の検非違使庁の庁務徳大寺実基（庁務については後述四〇六頁参照）の諮問に応じて、明法博士中原章澄の勘進するところであって、個別具体的な訴訟事案を対象としてではなく、予め徳大寺実基より示された法律上の疑義に応えたものである。全十六箇条の第三条の事書に「雖二違法養子一、無レ子者可レ聴否事」とあり、第四条の事書に「疎遠養子財、養父可二進退一否事」とあり、第十条の事書に「戸絶子孫財、祖父母々々可二返領一否事」とあり、第十三条の事書に「画指記用否事」とあるなどによると、予め中原章澄に示された諮問事項は、形式内容ともに甚だ具体的であったらしい。全十六条の大部分が相続法関係（終りの一条が田地の質入れ）であって、庁務徳大寺実基がこの勘進を他の明法官人に示したところ、悉く章澄の法解釈に賛同して署判を加えたという（奥書参照）。とまれ、その内容は些か相続法の分野に偏してはいるものの、これ程詳細かつ多面的に法解釈を示したのは、鎌倉初期に成った法曹至要抄・裁判至要抄以来なかったのではないか。法解釈の貴重史料として本書に収めた所以である。なお、この勘録については、唯一の専論として利光三津夫氏の「内閣文庫本『明法条々勘録』の研究」（『律令制とその周辺』所収）があって、勘録全文の翻字、紹介に加えて、著者

(中原章澄)、法理等につき精細な法制史的考察がなされている。勘録を本書に収めて、訓読・注解を施すに当たって、この論文より恩恵を受けること多大であった。

承元二年の勘文はさきに一言したように、形式的には当代の明法勘文一般の一事例にすぎないけれど、取扱われている事案が、財産相続の争訟であって、明法条々勘録と相い参照し相い補うところが少なくないこと、及び相続争いの一方の主張に対して、詐欺律、詐欺取財物条を適用し、准盗論を以て理すべしと論じている点に、時代の変化、社会の現実とのギャップを埋めえない公家法の弱点が露呈されていること、この二点に注目したいと思う。

古代の意見封事によっても知られるように、時の政策や政治情況を批判する政治意見書は、その時代の政治思想をうかがう屈強の史料である。今日の遺存例によれば、中世、政道意見とか奏状とか呼ばれたこの種の政治批判文書には、予め示された諮問内容に対して報答したものと、そのような諮問をまたず、自発的に上奏したものとがあったようである。自発的な奏上は多くの場合、筆者が政治情況の緊迫を感じてなされるものであって、筆者の懐く危機感がおのずから奏状の文辞・内容を激しいものにする。筆者の政治的認識の力量と表現力とによって、奏状内容の客観的正確さは左右されるにしても、少なくとも批判の対象を明確に把えて、これを鮮明に描き出そうとする筆者の意欲そのものは疑いないところであり、また多くの場合、筆者自身の政治思想が粉飾を払って生地のままに表白される。次に、予め設定された諮問に即して報答される場合には、文章表現が刺激的であると否とにかかわりなく、諮問する側、報答する側それぞれの思想的立場及び両者間の思想的な対抗と格闘が報奏ににじみ出るのが一般であって、自発的な上奏文とは趣きのちがった思想資料ということができる。そこで本書には、自発的上奏文の例として北畠顕家のものを、また諮問に応えた例として徳大寺実基・吉田定房両人のものを選んだ。いずれも、時の政治情況の把握が適確で、筆者自身の政治思想が鮮明に表現されていて、政道意見書の傑作たるを失わない。

徳大寺実基の政道奏状は、これに付せられた三月廿日付の、諮問に応じて条々を草して注進(報告)する旨の書状に「円性」と署し、その端裏に「徳大寺入道相国」とあるによって、実基出家後の作(文永三〜九年)であることが判る。この奏状については、全文を翻字、紹介して、実基とその時代の政治思想を論じた多賀宗隼氏「徳大寺実基について」(『歴史学研究』一〇−二、昭和十五年。のち改題して『鎌倉時代の思想と文化』に収む)が唯一の専論であろう。多賀氏の指摘する如く、おびただしい漢籍の引用と、それを通して表出される作者の儒教的政治思想にまず目を奪われるが、その外になお注目すべき点の一、二を挙げれば、この奏状が諮問に応えて起草されたことは既述の通りであるが、奏状の全部が答申なのではなく、諮問事項以外に作者が自発的に論じた部分がある。「雖レ非二勅問之篇目一、以レ事所レ述二鄙懐一也」と記した第四条がそうであり、この奏状を注進する旨の書状に「被二注下一候篇目之外、注二加奥一候」とあるから、最末の第十四条も間違いなくそうであり、第十三条もその疑いが強い。即ちこれら二乃至三ヶ条には作者の強い政治的主張がこめられているはずである。次に、右にあげた自発的な付記条項を除く、諮問に応えた条項の、一体どの部分が諮問なのかという問題である。形式的には、各条の事書がそのまま諮問内容であるかに見えるけれど、恐らく実際には、必らずしもそうではなく、例えば第一条「無二人煩一可レ被レ興二行神事一事」の場合、諮問は恐らく神事興行の具体策如何であったのに、答者は神事興行も「無二人煩一」きことが条件でなければならぬとして、神事興行にブレーキをかけたのではないか。同様のことは第二条についても考えられ、総じて諮問する側の諮問の趣意と、応答する側の主張の力点とを区別して、両者の対抗関係を読みとる必要があるように思われる。もう一つ、奏状の行論中、明法勘文に出てくるような法家の論理が散見し、ことにいわゆる折中の論理を採る(九条)一方で、恣意的な因准の論理を排している(十条)のは、作者が庁務の経歴をもち、法解釈に強い関心を懐いた人であったことと恐らく無関係ではないだろう。

吉田定房奏状は、上奏された正文ではなく、上奏の翌年筆者が再度草したものの伝写本の形で醍醐寺三宝院に伝えられた。柳原家記録、続群書類従(雑部、浄修坊雑日記)に収められたが、文中に作者の記名がなく、何人の作か判らなかったのを、昭和十五年刊、松本周二・村田正志両氏『吉田定房事蹟』が改めてこれの全文を翻字、紹介して、種々傍証を挙げて、作者を吉田定房と推定した。爾来、ほぼこの説が信ぜられて今日に至っている。ただ、これの奏進の年次については、松本・村田両氏著は元徳二年と推定したが、第八条に「革命之今時関東無妖」とあるのと扞格するのではあるまいか。本書では革命の年辛酉の三年後、革令甲子に当たる正中元年と推定した。

次に庶民思想については、庶民自らが書き遺した思想資料は、公家・武家の場合に比べて極めて少ない。庶民自身の手に成る資料だけが庶民思想資料であるわけではなく、支配層の作成した文書・記録の中から庶民思想をとらえることは勿論可能であるけれども、二次資料によらずに、公家・武家・庶民各層自らをして語らしめることを基本方針とした場合、庶民資料の遺存度は至って小さい。それは、公家・武家において、家産文書の継承伝来を可能かつ有効ならしめた物質的条件が、庶民では極めて弱少であったという事情もあるけれども、何よりも決定的なのは、庶民はもともと文筆に馴れず、生活の手段として自ら文筆を用いる条件を十分にもち得なかったこと、又たとえそれができたとしても、自らの信念・主張を容易には表明できないという厳しい社会的制約を負わされていたこと、この二つがもともと庶民から文書・記録作成の機会を奪っていたのである。即ち庶民は二重の意味で無告の民たらざるをえなかったといわねばならぬ。よって本書では、中世庶民において彼らの規範意識と権利意識を表明するそれぞれの形式であった村掟と申状によって、庶民の法思想をうかがうとともに、無告の民である庶民において最も強く要請され頻用された匿名文書を加えることとした。

村掟、町掟、惣掟などとよばれる地縁共同体の内部規律は、一部の地域では鎌倉中期にその萌芽を見ることができるけれど、畿内を中心とする、近世でいう上方地方にそれが盛行するのは十六世紀以降である。今それらを便宜一括して村掟の名でよぶならば、村掟の精髄は一味同心にあるといってよいだろう。何事によらず、村(共同体)を割らないことが大前提であり至上命令であった。従って、村掟では、村の意思の決定方法(例えば、すべて談合＝衆議と多分の義＝多数決によること)を規定したものが多く、これと関連して、村の意思決定への不参加、意思決定をまたず恣意的に行動する(抜懸け)ことへの罰則も見られる。又、村掟による規制の内容を見ると、神事(座・頭役の問題)・葬祭・年中行事から農漁業維持の為めの入会規定や漁場規定、犯罪予防の為めの諸禁制(博奕、傾城宿その他)に及び、共同体成員相互の争いや成員家族内の争訟をも取上げるなど、ほとんど村共同体及びその成員の日常生活万般に亙っており、村と他村他郷との争いにはもとより、支配者に対する共同体の訴訟に一味の誓約を破るべからずとする規定や支配者より科罪された成員の子孫に対する保護の規定まで見られる。

次に申状の名で一括したものには、支配者に対する請願、抗議の文書と、他との争いについて支配者の法廷に提出した訴訟文書とがある。申状の作成提出の主体は、農民などの複数であることが多いが、必ずしも村といった共同体ではない。つまり村共同体が形成される以前の荘園村落の農民から、支配者である荘園本所に提出された申状が少なからずあって、中世前期の農民の意識をうかがうにたる好史料が少なくない。それらの中には、領家代官の非法に対して逃散を以て抵抗するとか、領家に徳政の発令を請うて、きかれなければ耕作を放棄すべしとするなど、農民のもつ最強の武器が何であるかの自覚をうかがわしめるもの、領家の田地没収に対して、年序を経た田地を謂れなく没収される傍例なしとか、没収されても後日未進を弁済すれば返還されるが古今の流例なりとか、傍例・流例を自己の権利の楯として、生活の擁護に縦横の論を展開しているのである。

終りに匿名文書について述べる。自分の氏名・身分を秘匿して、個人の感情・主張を表現する方法は何も庶民の発明でも、庶民だけの専用でもないけれども、庶民に於てその使用が最も強く要請されたであろうことはさきに一言した通りである。寺院内の乱僧を名指しで糺弾した落書以下、同種の落書数点に加えて、中世落書史の傑作、正元・建武の二落書を収めたが、それは必ずしもこの二つの落書が庶民の作品で庶民の思想を表現していると主張するものではなく、二作ともに僧侶身分の下級の者の手に成るらしいことも勘案して、庶民にふさわしい発表形式である落書の部に併せたまでである。また、落書を犯罪者摘発に用いた落書起請、いわば読人知らずの形で謡い出され、その或るものは謡い広められ、また或るものはその場限りで消えていった幾多の小歌の類も、匿名による感情・主張の表出という点で共通のものと見てよいだろう。ここに収めた小歌は古文書の紙背から発見されたもので、中世末の人情の一面をよく把えていると思われる。

夫婦和合祭文・離別祭文と題する二種の祭文は、性差別の社会体制の故に、法的に極めて弱い立場におかれた女性の側からする匿名の願文である。願主の名は書かれるけれども、和合祭文の終りに「不㆑可㆑知㆓他人㆒」とあるように、祭文の形をとることによって、願主名の秘匿が保証されるのである。なお、この二つの祭文は特定個人の願文ではなく雛型である。雛型であるだけに、一層この種の文書に対する要請の強さと広がりを想察することができる。これと関連して思い出されるのは、最近三浦圭一氏によって紹介された暗号式願文である（『日本史研究』二〇七号「河野家文書、同解説」）。この方は願主の名を明記しているけれども、文字の排列をジグザグにして、普通に読んでは文意の通らないように工夫してあって、領主に秘匿しなければならぬ内容が述べられている。この願文は、方法こそ異るけれども、主体の名を秘匿しようとする目的は右の祭文とも落書とも共通であるということができる。

公家法の特質とその背景

佐藤進一

八世紀初頭に成立した律令は、国家の基本法典としての地位を一度として否定されることなく明治に至った。これを全面的に改廃する試みは、少なくとも律令国家及びその後身に関する限り、一度もなかった。しかし、その建前の厳然たる持続とは裏腹に、修正が施され変更が加えられて、律令法は大きく変貌した。そのような律令の実質的な改変過程は、律令の成立直後から平安時代を経て鎌倉時代に及び、その結果すなわち律令を換骨奪胎した形で生まれたのが公家法であった。公家法形成の過程を詳細にたどる作業は、今日のところなお困難であり、また本稿はそのような作業を試みる場でもない。ここにはただ、公家法の成立を促す律令の修正、変更の契機を概括して、次のように言うにとどめよう。まず、初期には格として集成され、平安後期以降は多く新制・制符とよばれた新法の発布が第一であり、平安前期に成った令集解に早くも散見する「時行事」や民間の法慣行などの、公然もしくは暗黙の承認が第二であり、法家(明法官人)による律令の新しい解釈が第三である。以下には本書に収めた明法勘文を主な素材として、律令解釈の展開による律令法の変動、新しい法理の成立を瞥見しよう。

(一) 律令法の准用と折中の法

まず実例について見よう。第一は相続法の分野であって、養老戸令、応分条の義解に、

又問、僧尼嫁娶生レ子、亦既私有二財物一、既僧尼身死、若為処分（いかが処分するや）、答、僧尼嫁娶、及私蓄二財物一、並是破二戒律一、犯二憲章一、其若在生日、即国有二恒典一、然而僧尼其身既死、雖二是違レ法、亦有二妻子一、即所レ有財物、当レ与二其妻子一、

僧尼の嫁娶を破戒違法としながらも、妻帯した僧が死去した場合には、その遺財は妻子に与うべしとする。死去した場合に限ってではあるが、僧の妻帯を法的に認めようというのが、義解の立場である。ところが、この義解の解釈を引いて、僧尼の死去の場合だけでなく、僧尼が還俗した場合にも、その嫁娶を認めてもよいという解釈が現れる。本書に収めた明法条々勘録（十五条）に、「以レ僧為レ夫、可レ聴否事」に対して「准二令義解文一、可レ聴之由、先達判レ之」（一二〇頁参照）とある先達の判すなわち解釈がそれであるが、この場合、僧の妻帯を、本人還俗の場合には認めようという新説を、令義解の解釈に准ずるものと主張している点に注意したい。ここにいう律令法（この場合、義解の説）の准用とは、実は律令法の拡張解釈である。なお、右の先達の判に対して、明法条々勘録の勘者である中原章澄はこれに従わず、「僧尼嫁娶、犯レ法違レ教、典憲不レ容、雖二設還俗一、離レ之、科更無二可レ用レ夫之理一乎」（一二一頁）としており、その限りでは、妻帯僧還俗の場合にこれを認めるか否かは、当時なお法解釈にゆれがあったことにも考慮を払わねばならないけれど、ここでは、新法理の発生が、旧説の著るしい拡張解釈から生まれる一事例を確認しておきたい。

も一つ類似の例を債権法の分野から引けば、田地の質入れを認めるか否かの問題、及びこれと関連して、もし田地質入れを認めた場合、質地を債権者に引渡すか、それとも債務者の側に留めておくかの問題がある。この二つの問題について、まず養老雑令は、「公私以二財物一出挙者、任依《ママ》二私契一、官不レ為レ理」「家資尽者、役身折酬」（財物出挙は当事者の自由契約に任す。質物は債権者に引渡し、債務額がそれを超えた場合は債務者の身柄を以て弁償に充てよ）と規定したが、天平勝宝三年九月四日の格は「出挙財物、以二宅地園圃一為レ質」ことを「自今以後皆悉禁断、若有二先日約契一者、雖レ至二償期一、猶任住居、稍令二酬償一」として、宅地園圃の質入れを一切厳禁し、ただ禁令発布以前に宅地園圃質入れ契約の発生している

分については、質物である宅地園圃を債務者側に留めて（任住居）、償期に至って債務を分割弁済せよという経過措置を定めたのである。従って天平勝宝三年の格を改正しない限り、これがいつまでも現行法として生き続け、宅地園圃の質入れは認められず、ましてや田地質入れの認められる余地は全くなかったのである。しかるに法曹至要抄（中）は「以二田宅一不レ可レ為レ質事」という一項を設けて、右の天平勝宝三年格を引用したあとに、次のような解釈を示す。

按レ之、以二田宅之類一不レ可レ為レ質之旨、格制厳重、是則為レ令二百姓安堵一也、若無レ妨二民業一者、至二于償期一、稍令二酬償一、

結論だけ言えば、これは田宅質入れの容認、すなわち天平勝宝三年格の否定であるが、表面的には一字一句の否定文言を挿入することなしに、旧格否定の新解釈を理由づけて次のように言う。格が田宅質入れを厳禁した趣旨は、もともと百姓をして安堵せしめんが為めである。とすれば、現今もし田宅質入れを認めて民業に妨げなしとすれば、これを認めることこそ格旨に叶う所以ではないか。ただ質地を債権者に引渡すか否かについては、格文（本来経過措置としての規定）を採用して債務者側に留保すべきであると。これは、律令格式に准拠して、これを解釈すると称して、実質的には律令格式の如何なる改変をも可能にする大胆な論理である。

それでは田地質入れを認めるとして、次に質地を初めから債権者に引渡すか、はた又債務者がこれを留保するかについて、法曹至要抄は前記の如く格文を引いて債務者留保説を採るのに対して、明法条々勘録（十六条）は、一旦は法曹至要抄と同じ格文を引いて債務者留保説を妥当としながら、これでは債務の返償が遅怠した場合、債権の保証がなく債権者が著るしく不利になるという理由で、一転して質地引渡説を提示するのだが、論旨の上では右の理由づけは後景に退いて、「准二的此令一（前引雑令「家資尽者役身折酬」）、物主（債権者）暫知二行之一」として、天平勝宝三年格によって否定されたはずの雑令を再び持出してきて、これに「准的」して、質地引渡しを妥当とするのである（本書一二一頁参照）。

一体、平安鎌倉時代の明法家の用いる「准」、「准的」なる概念は、今日の「准拠」などとは余程内容のちがうものであった。「准」の和訓は「ナズラフ」(類聚名義抄・伊呂波字類抄)であったと考えられ、「ナズラフ」の意は「甲でない乙が甲と同格の価値・資格をあらわす。匹敵する。釣り合う」とされるが(岩波古語辞典)、私はとくに「釣り合う」に注目したい。甲でない乙を、甲と対照して釣り合うものとする。つまり乙を甲と比べてみて、甲と釣り合うもの、匹敵するもの、同格のものと価値づけるのが「准」(ナズラフ)の意であって、バランスをとって安定を求めようとする均衡観念にもとづく価値づけなのである。色葉字類抄(古部)に「准的不定事也《コレモアレモ》」とあるが、甲(コレ)に対して乙(アレ)を同格・対等に並べるのが恐らく「准的」の原義(もしくはそれに近い)であって、明法家の用いる「准的」の概念はほぼこれと近いものであったろう。さらに付け加えれば、やはり明法家の用いる「准拠」、「因准」なども類似の概念と見てよいであろう(「准拠」の例は後出)。

明法家が、僧の妻帯を「准二令義解文一」じて容認すべしといい、「准二的此令一(雑令)」して質地を債権者に引渡すべしという場合、彼らの均衡観念、よりはっきり言えば、均衡は正義なりとする法意識が、これら令条の拡張解釈や令の本旨を離れた新解釈を生み出したのだと思う。

以上のようにして明法家は、「准」、「准的」概念を駆使して、かなり自在な法解釈を試みることができた。いや、できたというよりも、そのような試みをせざるをえなかったというべきだろう。およそ律令が彼らにとって建前上は絶対であり、個々の判決の起草に当って律令の正文を引くべしと規定されていた以上、律令条文の拡張解釈から論理のすり換えまで、かなり大はばな律令の修正、変更を行って、律令と現実との間のギャップを埋める努力をしなければ、律令絶対の建前そのものが危くなるであろうことを、彼らは自らの存在理由に引き直して切実に感知していたにちがいないのである。

律令法の修正解釈や変更、歪曲に准的、因准と並んで屢々用いられたのは折中之法(折中之義)であった。例えば法曹至要抄(中)に質物が焼失した場合の処置として、雑律の「水火有レ所ニ損敗一、……誤失者不レ坐不レ償」(水火による物品の損壊は、故意によるのでなければ弁償の要なし、又無罪)を引いて、質取主に賠償責任なしとする一方、「亦可レ負之物不レ可ニ弁補一」として、質置人の借財償還責任を解除し、これによって「彼是無レ損、自叶ニ折中之法一」と結論する。折中之法とは、もと賊盗律、謀反条の疏文の中に「執憲履縄、務従ニ折中一」とある如く、法を執行する場合の姿勢を説いた金句であったが、ここでは質取主・質置人両者の利害のバランスを図ることが折中の精神であるとして、質置人の借財償還責任を解除する。すなわち、律令に何らの典拠もない新法を、専ら折中の精神の要請として提示するのである。

また寡婦が養子を迎えることを認めるか否かの問題について明法条々勘録(十四条)は、律令では戸令に養子の規定があって、女性が養子をとることは認められていないのだが、「僧尼猶以有ニ弟子一、准拠之処、盍レ許ニ養子一哉、執憲履縄、務従ニ折中一之故也」として、寡婦の養子を迎えることを容認する。僧尼が弟子をとることが認められるとすれば、それとの均衡上、寡婦が養子をとることを認めてよいのではないか。そしてそれが同時に折中の義に叶うものであると説いて、准拠と折中の二段構えで、寡婦の子養を容認するのである。宛かも武家の御成敗式目(二十三条)にも、これと実質的に同じ主題である女人養子条があって、法意(律令法)では認められていないけれども、武家では右大将家以来の不易の法であり、都鄙の先例これ多し、と言い切って、女人養子を認めているのだが、明法家の方は同じ結論を出すのに、右のような屈折した論理を用いなければならなかった。ところで、も一度折中の法に戻ると、准拠と折中とは、ここに引いた例でもわかるように、具体的事象に適用した場合に、同じ結果があらわれることはあるにしても、概念的には別個であって、准拠が、均衡こそ法的正義であるとの主張であるのに対して、折中は、両極の中間にこそ法的正義があるとするものであって、いわば律(疏文)に見える金玉の文字として、明法家の間でかなり頻繁に、また恣意的にすら使用されたのであった(なお折中之法については、『月刊百科』一七九号、笠松宏至氏「折中の法」参照)。

(二) 新しい法理の創出

准的や折中が、明法家が律令を修正解釈し、律令法を超えて新しい法を生み出すための、甚だ有効な論理として機能したことは、右に述べた如くであるが、決してそれ自身が律令法を超える新しい法理ではなかった。しかし、明法家の法解釈として今日遺されたさして数多くない明法勘文や、恐らく今日失われた多量の勘文類を基礎にして著わされたにちがいない法書(法曹至要抄・裁判至要抄等)の中で、明法家みずから、明らかに律令法を超える法理と意識し、かつ公然とそれを揚言するものが一つあった。それは、家業のためならば律令を破ることも許されるとする学説である。まず実例を示そう。

a　養子の相続分

法曹至要抄(下)はこの主題について、左の如く記す。

戸令応分条云、女子半分、養子亦同、

案レ之、養子之法、無レ子之人、為レ継二家業一、所二収養一也、然者、其養子可レ総二領養父之遺財一也、若有二嫡庶女子一之時、収養子者、分レ財之日、同二于女子一、可レ与二庶子之半分一也矣、

右の文中、戸令の引用には不正確なところがあり、案文の後半「若」云々の副次的説明についても論ずべき点なしとしないけれど、差当ってここで必要なのは案文の前半に当たる主文である。すなわち、家業継承の目的を以て迎えられた養子は、養父の遺産を単独で相続することが許されるというものである。

b　違法養子の認否

養老戸令、聴養条に「凡無レ子者、聴レ養下四等以上親於二昭穆一合者上」すなわち子(男子)がない場合に、四等以上の親族

の中から昭穆に合《カナ》う者（養子が養父にとって子の世代に属する者）を選んで養子とすることができるという条文があって、これが律令における養子法の基本条文であり、別に三歳以下の小児の遺棄された者は、異姓といえども養うことを聴すという条文が養老戸婚律にあって、養子法の例外規定をなしている。これについて明法条々勘録（三条）は、右の律令条文を明示した上で、「違法養子事、設レ制之条、令典已明、雖レ須二改正一、性命将レ絶故、為レ令レ継二家業一、令二収養一之条、雖二異姓一有二何事一哉」と述べて、家業を継がせるために迎えた養子は、たとえ令条禁ずるところの異姓の者であっても、構わないではないか。違法なりとして、養親子関係を解消させる必要はないと説くのである。しかも、かかる違法養子容認説はこの勘録に始まるわけではなく、過去の学説にもすでにあったことは、勘録の中に「先達或聴レ之」とあるによって知ることができる。

c　同居卑幼の家財私用

養老戸婚律に「同居卑幼、私輙用レ財者、五端笞十、五端加二一等一、罪止杖一百」（但し逸文による）とあって、同居の卑幼が家財を私用することは、法の禁ずるところであったが、明法条々勘録（一条）は次のような注目すべき学説を引用している（本書一〇九頁参照）。

戸婚律同居卑幼私用財条説者云、若為二家業一専用者、無罪、但雖レ為二家業一、父母不レ聴而専用者、科下違二犯教令一罪上云々、

すなわち同居の卑幼が父母の許可を得ずして家財を私用した場合であっても、家業のために用いたのであれば、罪を問わない、というものであって、律の正条を否定する説である。この律条の説者云については、律集解（遅くも延喜初年に成立）よりの引用と見る説、延暦年中に成った律令私記とする説などがあるが、今遅く見て十世紀初頭の成立とすることに、大きな異論はないであろう。（注1） とすれば、家業継承のためならば異姓の養子を認めてもよいとする明法条々勘録（文永四年）、

同じ目的のためには、養子が家産を総領することも認められるとする法曹至要抄（鎌倉初期）よりも遥かに溯った時期に、家財私用の禁法も家業のためならば否定してよいとする学説が成立していたということができる。家業という条件の下では、律令の定めた家族法規の否定が許されるという、家業優先の法理こそ、明法家説にあらわれた公然たる律令法否定の第一声ではなかったか。（注2）

　ところで、令集解は穴記・讃説の次のような所説を載せている。前者は遅くも弘仁・天長期までに、後者は貞観初年までに成立したとされる法学説である。即ち、

職員令集解、典薬寮条の「針師五人掌下療二諸瘡病一及補写上」の部分に、

　穴云、補写子細之義、薬家所レ通耳、

とあり、戸令集解、国遣行条の「好学篤道」の部分に、

　穴云、篤道、謂下身存二五教一人上也、抑合レ問二経家一也、

とあり、同条「不孝悌、悖礼、乱常」の部分に、

　讃案（中略）私案、悖礼者（中略）、乱常者（中略）抑可レ問二経家一也

とあり、継嗣令集解、継嗣条の「四位以下、唯立二嫡子一」云々の部分に、

　讃云、雖レ不レ得二出身一、為レ身承レ家、更立レ嫡、如二庶人一也、問、八位无レ子、但有レ孫、未レ知、得二出身一以不《イカニ》、答、依レ文不レ可レ然、但欲レ養レ子聴、抑合礼家也、（「合」の下、「問」もしくは「聞」を脱するか）

とあり、仮寧令集解、聞喪条の「聞喪挙哀、其仮減半」の部分に、

　穴云、於二番上人一服月已過者、無二追服一、日残者計レ残給耳、不レ給二挙哀之仮一、又不レ依二先説一也（中略）、問、凡職事番上庶人等、過二服月一聞者何、答、只止耳、若有二残月一者、如二上解一、私案、於二番上一然耳、不レ給二挙哀之仮一、故其職事

雖二月已過一、給二挙哀之仮一耳、但於二父母一、全起レ自二聞日一、給二一年一耳、可関礼家（「関」は「聞」の誤写であろう。校訂令集解釈義は「問」と注する）

とあって、薬家・経家・礼家が見えており、(注3)しかも薬家は療術の子細に通じた者として、経家は儒教に関する質疑に応ずべき者として、そして礼家は家の承継や服喪の制について諮問に与かる者として、ここに挙げられているのである。つまり、穴記・讃説の成った九世紀半ば頃にはすでに、特殊な技術や知識を専修する氏族が何家とよばれて、その専修部門について顧問に備わる社会的、法制度的実体が出来つつあった様子を、右の引文より察することができる。とすれば、かかる実体の上に、乃至はかかる実体と表裏して家業優越の法理が形成されたであろうことも、さして理解しがたいことではあるまい。

律令国家変質の問題は、これまで主として地方支配のメカニズムの変化を追究することに、考察の力点がおかれてきた。その成果を一言でいえば、ほぼ九・十世紀の間、地方行政の方式が、中央政府の直接掌握から国司への大幅委任に変り、さらに下級の郡司・郷司の請負制に変って行く。これと関連して、公領が減少の一途を辿り、私領荘園と天皇家の私領が増大するというのである。

それでは国家機構の中枢部ではどうかといえば、九世紀初頭の蔵人所・検非違使の新設を一つの画期として、天皇家の内廷諸機関の再編成を主軸とする律令官制の改革が進められた。右の二機関が嵯峨・平城の争いを直接原因として生まれたように、官制改革は特殊具体的な政治情況の下で為されたものであったにしても、結果として生まれた新機関は律令官庁とは余程性質のちがうものであり、時代の降るとともに、一層その異質性を強めていった。

一体、律令制では、太政官の管下に神祇官、八省以下寮司職等多数の機関があり、それら諸機関の上下統属関係、相互関係及び個別機関の管轄内容が細かく法定され、個々の機関には原則として四等官、雑任等の職員がやはり法定の職務権限と上下統属関係を以て定置されて、それらの規定に従って個別機関が運営されることによって、全機構が有機的に作動するという仕組であった。これに対して、九世紀以降に現れた新機関は、一言でいえば、律令制諸機関のあちらこちらから職務と権限を割き取って自己の内容とし、一つの完結した業務内容を作り上げたのであって、個々の官庁が業務の完結体であった。例えば、弘仁元年に設置された蔵人所は初め、非常事態には衛府の兵力を天皇の親衛軍として機能させ、詔勅の伝宣、訴訟の受理、その他政務人事等の諸機能を天皇が直接掌握することを可能にする、至って政治、軍事的色彩の強い官庁として登場した。しかし九世紀中頃以降、そのような初期の性格が薄れる一方、中務省管下の内蔵寮、宮内省管下の木工寮・主殿寮、太政官直属の修理職等の職員を蔵人に兼任させる形をとって、次第にこれら内廷関係の経済官庁を蔵人所が掌握し、さらに九世紀末、十世紀初頭には滝口《タキグチ》・内竪《ナイジュ》所・校書殿・納殿等の内廷関係小官衙をも蔵人所の支配下に収めて、内廷経済の諸機関諸部局をほぼ統合して、太政官の指揮、制約からほぼ解放された独立、完結の業務運営体となるのである。[注4]

以上に例示した蔵人所に見られるような官庁の新しい形態が、既存の律令官庁に影響を与え、個々の官庁がそれぞれ独立完結した業務を形成することを促す。それとともに個別の官庁に於て特定の氏族が力をもち、やがてはその氏族が当該官庁を独占的に運営する傾向が生まれ、このことが個別官庁の業務完結体への途をいよいよ決定的にする。この点で最もよい例は弁官局の小槻氏であろう。[注5]弁官局の下部機構は左右の大史・小史の集団で構成され、左大史が彼らの最上首として全体を統率するのが律令の建前であったが、算道出身の小槻氏が次第に力を得て、十一世紀の間にほぼ他氏を排して左大史の官を世襲し、また十世紀末には太政官全体の経理部門(官厨家)を握ってこれを家領化し、他方では民部省の主税寮・主計寮の頭・助(長官・次官)を三善氏と共同で握る特権を固めた。このような特権的な左大史の地位を官務とよび、小槻氏を官務家とよぶようになったことはよく知られるところである。

律令官人全体の人事関係事務を管轄した外記局が中原・清原の二氏に握られ、衛府・刑部省・弾正台・京職など律令諸官庁から職務権限を割き取って、京中の治安警察と裁判を司る完結的官庁となった検非違使庁が、坂上・中原の二氏によってその実務を握られた例なども、同じ律令機構再編の所産であった。

蔵人所・検非違使などの新設官庁や既存律令官庁中の特定官衙(弁官局・外記局等)を中心にして、律令官庁の再編が進み、それら中心になる官庁が業務上関連ある他官庁を管下に収め吸収することによって、官庁としての独立性と業務の完結性を高める。その場合本来中務省や宮内省などの管下にあった内廷諸機関、或いは官厨家などは、それぞれに供御人その他の貢納組織を握って、中心官庁の収益源たる役割を担った。従って特定官庁の独占世襲に成功した氏族はかかる収益源の確保も含めて、当該官庁を世襲請負式に運営することとなる。ここに氏族の専業としての家業の観念が成立する。

終りに、官庁業務の家業化から生まれた日本独自の家産概念が、外ならぬ〃職《シキ》〃であり〃務〃であったことを一言しよう。右に縷述したように、九世紀以降或いは急激に或いは緩漫に進行した律令制国家機構の再編成とは、単に令外官の新設とか官庁組織の統廃合、組織がえとかの問題ではなかった。新設と既成とを問わず、中央地方を含めて、すべての官庁機構に於て、律令制的な指揮統属関係が弱まり、大小官庁が個々に分離し、もしくは律令制とは異なる統合を行って、総体的に見れば、個別分離化。独立の傾向が次第に深化したこと、そして個々の官庁に於ては、官職のいわゆる職務体統制が崩壊して、特定氏族の世襲による官庁業務の請負的運営が進行し、また広がっていったことこそが重大である。弁官局における官務家小槻氏にその典型が見られるように、官職は次第に家産化して、特定氏族による個別官庁の運営は、職務の執行であると同時に一定の収益を生み出す営利行為となる。つまり勤務と営利とが表裏一体となったのが、新しい形の官職であって、これこそが〃職〃の原型であったと考える(注6)。そして利益の収取(営利)と一体化した職務の執行(勤務)が

〃職の知行〃(注7)であり〃務〃であった。〃職〃はやがて荘園制下の領家職、下司職、所職などで知られる如く、物権概念へと展開する。そして〃務〃も亦、本来の行為概念より転じて、律令制上の長官に非ずして当該官庁を指揮運営する者、つまりは官庁請負原理の体現者を指称する地位概念となる。官務小槻氏がその典型であり、同族子弟を形式的な国守に推挙して、自ら国を知行する者(いわゆる知行国主)を〃国務〃とよび、同じく子息を恐らく形式的な検非違使別当に据えて、入道前太政大臣の身で使庁を指揮した人物を〃庁務〃とよんだのも、(注8)同じ意味の〃務〃の例証に含めてよいだろう。

(注1)　律条の説者云については、斎川真氏「平安初期律令私記の一研究―いわゆる「説者云」をめぐって―」(法制史研究27)を参照。

(注2)　明法条々勘録に見える家業優先の法理を適確に指摘して、それの社会的背景にまで論及したのは利光三津夫氏の「内閣文庫本『明法条々勘録』の研究」(同氏著『律令制とその周辺』所収)である。本稿はこの論文より多大の示唆を受けた。

(注3)　以上、令集解に於ける薬家・経家・礼家の所見は、早川庄八氏の教示による。

(注4)　蔵人所については、玉井力氏「成立期蔵人所の性格について」(名古屋大学文学部論集、一九七三年)、同「九・十世紀の蔵人所の性格についての一考察―内廷経済の中枢としての側面―」(名古屋大学文学部論集、一九七五年)、菊池京子氏「「所」の成立と展開」(『論集日本歴史3、平安王朝』所収)を参照。

(注5)　小槻氏については、橋本義彦氏「官務家小槻氏の成立」(『平安貴族社会の研究』所収)を参照。

(注6)　職を名のる官庁として、早く律令官制に左右京職、摂津職、中宮職があり、弘仁九年新設の修理職がある。これらの官庁に共通な、職務内容の特殊性(一般化しがたい性質の顕著さ)が、官庁としての自己完結性、独立性に影響を与えて、新しい〃職〃概念の成立を促したと見ることはできないであろうか。

(注7)　「知行」の語が早く職員令集解、左大弁条に見えることは、牧健二氏「知行の原初段階―律令的知行の成立及び本質―」(『封建制と資本制』所収)の指摘するところである。

(注8)　入道前大相国実基は検非違使別当公孝(当時十五歳)の父として、庁務となった(注2の利光氏の論文及び解題四二一頁参照)。

鎌倉後期の公家法について

笠松宏至

飢饉によって延期されていた上洛が再び計画され、十月にはわが子将軍宗尊親王を京都に迎えるばかりとなっていた後嵯峨上皇の朝廷は、この年弘長三年八月、四十一ヶ条に及ぶ長文の新制を公布した。それは明らかに前々年十二月に立法された、御成敗式目を上廻る六十一ヶ条の「関東新制条々」に対応する「京都新制」であり、東西両政権の一応の安定と、相互の蜜月時代を象徴する出来事でもあった。

両「新制」の内容を検討した羽下徳彦氏は、「関東新制条々は『諸国守護地頭らに仰せ海賊山賊等を禁断せしむべき事』なる一条を立てるが、その根拠は御成敗式目に求められている。この諸国治安維持令というべきものは、公家新制では治承二年令を受けて建久I令(建久二年法13条、笠松注)に立条され、寛喜三年令まで継承されたものであった。それが今、弘長元年の武家新制では、公家新制ではなく御成敗式目を根拠として立条され、弘長三年の公家新制はこの条項を欠く」という注目すべき事実を指摘し、これによって新制という形式では公家法を受容しつつも、実質的に「幕府法の優越が表明」されたものとされた(「領主支配と法」岩波講座『日本歴史』中世I)。軍事力に裏づけられた政治権力としての強弱のほかに、法独自の優劣を論ずることの意義や方法についてはここではふれ得ないが、氏の指摘された事実が少くとも、両新制が偶然にその形式を類似させたのではなく、一種の政治的連契のうえに定立されたことを示すことは間違いないだろう。

しかもこの頃、後嵯峨院の治世はすでに二十年にも達し、弘安八年法4条・暦応雑訴法12条・同追1条などが明示するように、後代の公家政権にとって「寛元以後」の後嵯峨治世は、文字通りの「聖代」であり、その間に下された判決や安堵は、改変することの許されない「不易」の事蹟とみなされるに至るが、弘長新制四十一ヶ条も以後の公家法に大きな影響を及ぼした法典であった。この法を中世公家法の一つの基点とみなし、本書収載の諸法を理解するための一つの素材として、公武に共通する当時の主要な政治思想についてふれてみたい。

一

後嵯峨院政後期に強調された特徴的な政治思想の一つは「撫民」である。底辺民衆の救済を意味する撫民は、統治者に要求される超歴史的な政治思想にすぎないが、この時代のそれは、現実の認識、それへの対応の仕方において、前後の時代にない具体的な政策を含んでいた。弘長三年八月法26条が「土民逃脱して田地荒廃す」という地方の実態を、国司代官への規制によって「諸国土民の安堵」を実現しようとし、さらに「土民」の「官底への参訴」を法的に保証することによって、国司の不法な公事徴集をチェックさせようとした同27条など、何れも撫民思想の法的表現であるが(水戸部正男氏『公家新制の研究』二一九頁)、このことの内容と意味を、さらに具体的に知ることのできるのが、これより半年前の、弘長三年四月神祇官下文である。

廿二社(一七頁頭注参照)の一つとして、摂津国内の有力官社であった広田社は、官制上神祇官の管轄下にあった。神祇官の長官たる伯の職は平安後期以後白川家の世襲となり、社家社領はその家産として伝領され、一般の庄園制に倣えば「伯家が領家、社家が預所というべきもの」であったとされている(『西宮市史　一』五二七頁)。したがってこの法を普通の意味での公家法とよぶことは躊躇されるが、律令制官衙の発する法令として、法理の内容そのものを公家法の一つとみなすことは許されるだろう。

この十八ヶ条からなる刑事法典が新たに設定した規範の原則は、1条にみえる「一方訴訟に就きて」の「理不尽沙汰」の停止、3条以下ほとんどの条文に示される「過料」の軽減、この二つであろう。前者は、検断・所務を問わず公家訴訟手続の主流であった「一方向訴訟」、即ち訴陳や証拠を審理することなく一方の申し立てのみによる裁決の否定であり、そのことの意味は大きいが詳しくは後述する。

ところで18条が「土民等過料の軽微たるによりて、猛悪の所行を止めず、ただ寛宥の慈恩に誇りて、限りあるの下知に従は」ざることを案ずるように、この法令は総体的に刑の軽減を主要な立法目的としていた。では軽減の対象とされたより苛酷な旧法は、どんな性格の法であったのか。密通罪を規定した13条をみよう。そこでは「旧例」過料三貫文を減じて二貫文としているが、「夫の欝念散ぜざれば、上裁を経て、旧例に任せて各々三貫これを済すべし」という、中世法中でも他に類のない奇妙な但し書きを附け加えている。もし「旧例」が今度と同じく、神祇官が社家に向けて下した旧法であれば、このような配慮がなされるはずはない。そうではなくて上部権力といえども易々と改変することのできない村落内部の慣習的ルールに根ざす「旧例」だったのではないだろうか。

さらに「夜中に田を苅る」という、これまた類い希れな事がらを対象とする4条ではどうか。この法については別に述べたことがあるので詳細は略すが(「夜討ち」『UP』九八号)、立法者たる神祇官がこの法で罪の対象としたのは、あくまで他人の田を苅るという行為であり、夜間という特殊な限定があるにせよ、それは「窃盗」の一種にすぎなかった。だから「窃盗の事」を定めた「前条に准ずる」ことが可能であり、事実罰則はほとんど「前条」に准じている。にも拘わらずことさら別の一条を立てた理由、それは条文自らが次のように説明している。「夜田を苅る事に至りては、田舎の習、殊にこれを禁ずるか。よつて別段に載せらるるところなり」、即ち「夜田を苅る輩」に対する「田舎の習」(在地の村落法)の苛酷な制裁から救済し、「撫民」の効果をあげるためには、窃盗罪一般の中にすましてしまうことは出来なかったからにほかならない。この「田舎の法」が禁じたのは、「他人の田を、夜中に苅る」ことではなくて、自分の田で あれ他人の田であれ、文字通り「夜中に田を刈る」行為そのものであったと私は想像しているが、それはともかく、「撫民」をスローガンとするこれらの法が直接向い合ったのは、在地の村落社会を残酷に規律している、自らとは全く異質なルールであったことは明らかである。

ここで関東に眼を転ずると、ほぼ同じ頃、同じ様に「撫民」を政策基調の一つに掲げていた北条時頼の幕政にも、共通の問題が見出される。たとえば建長五年の立法にかかる「諸国郡郷庄園の地頭代、且は存知せしめ、且は沙汰致すべき条々」と銘うつ十三ヶ条の検断法規は、「撫民を致すべきこと」をテーマとする一条をもつことに象徴されるように、ほとんど全法令が「撫民」に色どられていた(追加法282〜294)。そしてその「撫民」の対象となった苛政は、「遼遠の地頭猛悪の輩」が「土民」に加えつつある「無道の沙汰」であったが、こうした法規の立法自体、幕府政策の一つの転換を示しているといえよう。何故なら、従来の幕府法は、御家人相互、もしくは御家人と庄園領主の間の紛争を主な対象としてつくられた規範であった。したがって幕府法の中に、「土民」が登場し、彼らに対する地頭の苛政が咎められていたとしても、それはたとえば庄園領主と地頭の間の所務相論を解決するための規範の中に、副次的にあらわれたにすぎないものであった。

これに対し建長の検断法は、明らかに在地領主の「土民」への法的支配そのものを対象とする。しかも幕府の「撫民」が対峙したのは地頭らの単純な「無道の沙汰」ではなかったと私は考える。彼らの「無道」の背後にはそれなりの在地のルールがあり、「無道」は何らかの意味でそれらに根拠をもっていた。たとえば、その中の一条「起請文を書かしむるの時、祭物料と称して、絹布已下の物を責め取」るという地頭の非法は、その法自らが「たとひ先例たりとも」と称するように、実は起請文の原型である祭文を神に捧げるときは、幣帛・穀物・酒等の供物を祭壇に供えるのが通例という民俗的な慣習にその根拠をもっていたのである(上巻七五頁頭注参照)。

治世者の禁欲や道義心に発する「撫民」は何時の世でもあり得た。しかしこの「撫民」は、「法」の名において村落内部に現に通用している諸々のルールに変改を加えようとするものであり、それが「民の竈」流の「撫民」ではなく、中世に固有の「徳政」である理由もそこにあったといえるであろう。

はるかに後世、中世も末の文亀年間、家領日根野庄経営のために現地に下向した九条政基が、蕨粉を盗んだ子供二人とその母までを盗人の故を以て処刑するという「地下の沙汰」を目前にしつつも、自ら庄園の領主でありながら救いの手をさしのべることはできなかった。この一例をもってしても、「田舎の習」を中央の法によって圧倒することの困難さは容易に想像がつく。しかし目ざしたことが実現したか否かに関りはなく、それはやはり「徳政」であったのである。

二

後嵯峨上皇は文永九年に死に、亀山院政が開始される。この頃から京都朝廷が両統迭立の時代に入り、「治天の君」の座をめぐって両派の闘争が延々とつづくのは有名なことであるが、この異常な政局が以後の朝廷の政策決定に思いがけない影響を与えた。既に述べた後嵯峨治世の絶対化などは、両派ともにその正当性の源をそこにおくために、必然的に生じた現象ともいえるだろう。そして今一つは、後嵯峨路線の継承ともいえる「徳政」への一段の傾斜である。「治天の君」の頻々たる交替は、人事はもちろん、制度面でも多くの断続をもたらしたことは明らかであり、またその座の争奪が、関東への工作などごく生ぐさい政争の結果であったことも疑いないが、両派何れがよりよき「徳政」を政策に掲げ実行するか、という別の次元での競争原理が作用したことも事実であった。

このような事態から生れてきたのが、いわゆる「徳政令」であった。本書収載の弘安・元亨の新制を主な素材としながら、簡単にこの問題にふれておこう。

御家人以外の所有に帰している旧御家人領を、本主たる御家人の手に回復させる、これがもっとも簡略な表現を用いた幕府の徳政令だが、これでもわかるように、現にある状態が否定され、本来あった姿に「復古」させること(これを中世では一般に「興行」とよんだ)、それが「徳政令」の原理である。ところで「現にある状態」は何によって出来したかといえば、それは「相伝」であった。相伝は狭義には相続によって生ずる「代々相伝」のみを意味するが、売買・和与なども相伝とよばれ、わずか数年前の買得地が「買得相伝」と称されて何の不思議もなかった。いいかえれば正当な取得原因があって保持しているもの、これはすべて「相伝所領」である。とすれば、「徳政令」が原理的に衝突するものが、中世の相伝観念であったことは当然であり、「徳政令」が徳政の一環であるとすれば(笠松「中世の政治社会思想」『日本中世法史論』所収)、相伝の否定もしくは制限があらわれるのは、所領の問題に限られるはずはない。

たとえば常に徳政項目の一つに掲げられた「任官」について、「譜代の輩」の任官を「襁褓」から「十歳」にまで改めようとした弘長三年八月法16条、「そもそも近来、人々昇進甚だ早速なり。少年の者卿相に昇り顕職を帯ぶ。徳政を興さるるの日、なほ然るべからざるか」とした徳大寺実基政道奏状4条などは、わずかとはいえ、「任官」における「譜代＝相伝」を局限しようと試みたものであることは間違いない。また弘安八年十二月に発布され、その後長くこの道の典拠となった「弘安書札礼」は、それまで個々の出自の家と家の間で慣例的に行われてきた書札礼を、各個人の現任官位のみによって律することを国家的に強制したものであり、これは明らかに「礼」の場における相伝の否定であった。

しかし相伝と最も鋭く衝突せざるを得なかったのは、やはり所領の面に於てである。文永初年から始ったと考えられる公武の徳政令は、弘安年代の後半に一つのピークを迎える。関東では、同八年、売買地の無償本主返付という画期的な徳政令が安達泰盛の一連の施策の中で生れながら、同じ年の十一月、「霜月騒動」によって泰盛は滅び一頓挫する。そしてこの関東騒乱のまさに最中、亀山院政が例のごとく宣旨の名において発布したのが「弘安八年十一月十三日宣旨」であった。

ところで本書所収の建久二年の新制や、あるいは御成敗式目ばかりでなく、この時代の「法典」の多くは、何等かの意味での仏神事興行令をその初頭におくのを例とする。弘安八年のこの法もその例外ではないが、法理の内容には従来にない特徴をもっている。たとえば建久二年法では、その1・2条にみえるように、寺社領は「神社・仏寺の庄園」とか「神社・仏寺……の所領」というように、その総体が一つの対象として扱われ、「庄園」や「所領」の内部にまで法の眼が向けられてはいない。これに対し弘安八年法は、ある寺社領が、他の社寺もしくは「人領」に寄進され「他寺他社の号」をその領に冠することの禁令をその首条に掲げている。これは明らかに、寺社領を現実に知行し、現実に得分を得ている者が寺社の構成者のうちの誰であり、またその権利の移動によって、現実に誰がどのような得をするのか、そうしたことを立法者が明確に認識した上での法規である。その具体的な内容は不明だが、同条が「土風」との齟齬に配慮しているのも、「撫民」が「田舎の習」とかかわったのと同じく、法理の現実性をよく物語っている。

こうした認識をもつ立法者は、次の2条において寺社領を、その内部から侵食してきた「相伝」に正面から挑戦する。

諸社諸寺一旦執務の人、かの領を以て別相伝と称し、不慮の伝領に及ぶ。かくのごときの地、訴訟出来せば、尋ね究められ寺社に返付せらるべき事

短い法文の中に、鎌倉公家徳政令の原則的ことがらがここに示されているといえよう(前掲拙稿)。この当時、寺社領の「顚倒」が外部からの政治的あるいは暴力的な侵害によって引きおこされる可能性はごく小さく、また寺社各々が、その主体性において自己の所領を散失させることも、全くの例外であった。「顚倒」「散失」の圧倒的部分は、本来的には「仏物」「神物」以外の何ものでもなかった寺社の領が、次第に「一旦執務の人」の私物たる「僧物」と化し、やがてそれが「不慮の伝領」によって、寺社の興隆とは全く無縁の「人物」に変る、というコースによってひきおこされた。しかもそれら

の道程は決して社会的に容認されない非法・不法によって進められたのではなく、すでに中世社会の中に市民権を確立していた「相伝」こそがそれを可能にしたのであった。いいかえれば本来「仏物」「神物」の預り人にすぎなかった「一旦執務の人」は、重代相伝という一種の中世的正義の威力によって、それを実質的に「人物」に変えることができた。弘安徳政令は、これらの「人物」、もしくは「人物」と同質化してしまった「僧物」を、本来の「仏物」「神物」に復帰させ、それによって仏神領を「興行」させることにあったのである。

しかし「相伝」が中世社会の一つの「正義」であったとすれば、部分的にもそれを法的に否定する力はどこから得られたのか。それは単なる政治権力としての「力」だけではない、と私は考える。永仁五年の徳政令で幕府が、売買・質入れによって散失した旧御家人領の回復を立法し得たのが、単なる幕府の「力」だけとは考えられない。いうまでもなく個々の売買・譲与・質入れ等はそれぞれに「合法」的であり、それらの総体としての「相伝」も同様であったからである。詳しくは別稿(「仏物・僧物・人物」『思想』六七〇号)を参照していただきたいが、中世では「相伝」によって所属をかえた物に対して、何らかの契機によって本来の所属に復帰する力、即ち「相伝」とは逆の力が作用し始める、と私は考える。そして「相伝」による移動が「仏物」「神物」と「人物」との間の界を越えておこなわれれば、その復元力もより強力であった。永仁五年当時、「御家人領」もそれ以外と区別される「物の界」を社会的に認知されるに至っていたのではないだろうか。要すれば公武の「天下一同の徳政令」は、このような社会的慣例に依拠し、それぞれの政策目的に従って、あるいは仏神領の興行、あるいは御家人領の回復を実現しようとしたものであった。

このほか弘安八年法では、6～10条にみえるように、所領問題で従来の公家新制とは、はっきりその趣を異にする条文を集中的に立法しているのに気づく。なかでも譲与についてのいわゆる前状後状論(五八頁補注「後状を用ゐるべし」、また解説「公家法の特質とその背景」参照)における「時宜」への配慮、売買・譲与に際しての「上奏」の義務づけなどは、立法者が現実の紛争調停の実務者としての立場に立っていることを物語っている。

三

ところでこうした政策を現実に執行しようとすれば、実務的立場からみて何より急がねばならないのが裁判制度の整備拡充である。少くとも平安以来の公家裁判は、「政事」の下に、「雑訴」即ち瑣末な雑事として低く位置づけられ、さらに本質的に「理非の弁別」を放棄した「一方向訴訟」の裁判にすぎなかった。このような矮小化された理念の下で、裁判を担当する部局や手続法の発達があるはずもない。

機構面でいえば、文永はじめまでには既に引付と越訴方の設置によって、ほぼその完成を終えていた幕府裁判制度に比べて、何一つ独立した専門部局をもたない京都のおくれは、余りにも大きかった。また手続法についてみれば、たとえばよくいわれるように中世が「証文の時代」であったとすれば、証拠法上もっとも重視さるべき「謀書」について、法曹至要抄はただ詐偽律を引用するのみで、実質的な規範を何一つ示し得ず、当時の公家法の水準が御成敗式目以下の幕府法に比すべくもなかったことを示している(上巻四三三頁、御成敗式目15条補注参照)。ようやく弘安八年法14条に至って、わずかにその文書の「棄捐」を内容とするのみとはいえ、「謀書」を独立の一項として掲げ、さらに暦応雑訴法7条によって中世法らしい内容を具備するのである。

弘安八年法はまた、「越訴」(15条)、「訴訟年紀」(16条)、「中間狼藉」(18条)、「陳状日限」(19条)等々の、公家法上はじめて中世の裁判に対応する手続き法を定立し、この後、正応五年七月廿七日法、文保元年法(何れも本書不収載)、元亨元年四月十七日法へとうけつがれ、遂に暦応雑訴法として集大成される第一歩となったのである。

これらの手続き法の一々について解説することは出来ないが、鎌倉徳政がその重要篇目の一つとして「雑訴の興行」を目ざすとき、克服しなければならない対象であった寄沙汰の禁止令については一言しておかねばならない。寄沙汰は四二頁補注で解説したように、法廷内においては裁判の公平と法の権威を失墜させ、法廷外においては中央の裁判権力の機能を麻痺させるものであった。寄沙汰やそれに随伴する行為の禁止令はすでに寛喜三年の新制にも含まれているが、弘長三年八月法23条、弘安八年法3条、元亨元年法5・6条などのほか、本書不収載の正応五年七月法では法廷内寄沙汰について「応に公人ならびに諸司被官の輩の寄沙汰狼藉を誡むべきの事」、法廷外のそれについては「応に洛中の宅切狼藉を停止すべきの事」、「応に所所の点定物を停止すべきの事」の条文をもち、総数十二条のうち三条をこれに充てて、その圧殺を試みているのである。その内容もきわめて具体的で、文飾に掩われたかつての「新制」のイメージからは大きく脱皮しているのに気づくのである。

このように「理非の弁別」を目途にして、中世的な裁判の構築に一応の発展をとげた公家訴訟法の中で、もっとも複雑な性格をもつものは、やはり建武政府のそれであろう。中でも建武元年五月の雑訴決断所法規(3条)に私は注目したい。その頭注(八二頁)にも記したが、この条文によると、決断所はこの時以前に「訴陳に及ぶべからざるの由」を定め、それを改めたこの時以後においても「対問のとき、或ひは互に証験を帯び事理を審察すべきの類、或ひは事疑似に渉りかたがた後訴を断ちがたき」場合のみ、「訴陳を召し整へて沙汰あるべ」き事が定められている。要すれば訴陳状の応酬による文書審理を全廃、もしくは限定して、「対問」のみによって事を決しようとするものであり、「入門」(笠松「入門」『日本中世法成立史論』所収)と「入理非」という中世訴訟手続きの、相容れない二つの理念の相克をここにも見出すことが出来るのであるが、総じて建武政府の政策には、単に公家的なもの、武家的なものといった割り切り方では捉えきれない複雑な側面を多くもつ。本書所収の諸法令はそれらの解明のための好箇の史料であることは疑いない。

解題

公家思想

建久二年三月廿二日　宣旨

現存諸本の祖本と推定される陽明文庫本が虫損によって翻展不能のため、その転写本である国会図書館本を底本とした。陽明文庫本は「文永元年甲子八月十九日、於海住山十輪院、結構軸表紙、奉書外題畢　法印宗性」という奥書をもつ、同文庫所蔵宗性上人関係典籍中の一書であり、同性格の寛喜・文永新制と併せて、三代制符とよばれるに至るが、これら諸本の系統等については後藤紀彦氏「『田中本制符』—分類を試みた公家新制の古写本—」(年報中世史研究五号)に詳しい。また僅か数日を経て発布されたいわゆる建久Ⅱ令(三月廿八日法)との相互関係については、Ⅰ令(三月廿二日法)を「朝廷の国家統治の法」、Ⅱ令を「最大の本所たる朝廷の内部規律」とみなし、「かかる内容上の差異を顧慮」した結果両者が分けて制定されたとする羽下徳彦氏の興味ある指摘がある(「領主支配と法」『岩波講座日本歴史』中世1)。

なおこの法を例として、新制の公布伝達の形式について一言しておこう(この点についても既に後藤氏前掲論文中に指摘がある)。東京大学史料編纂所所蔵、三月廿二日付鞍馬寺に充てた「雑事参箇条」と題する太政官牒は、本の十七ヶ条宣旨のうちその3条と2条とを合成して第一条に、10条を第二条に、7条を第三条にしたものであり、寺院関係の条文のみを抽出して同寺に執行したものであることは明らかである。このような通達形式は平安・鎌倉期の新制のほぼ凡てに妥当するものと思われる。

弘長三年四月卅日　神祇官下文

京都大学所蔵狩野亨吉氏蒐集文書中に、「旧記抜書　年号次第不同」と端書し、(1)寿永三年四月廿八日　源頼朝寄進状、(2)十月廿七日　源頼朝書状、(3)建長二年三月廿八日　神祇官下文、(4)弘長三年四月卅日　神祇官下文、の四通を含む文書があり、(4)が本書所収の法令である。四通同筆で書写年代は不明だが室町初期を下ることはないと推定される。(1)(2)は今直接関係はない文書だが、(3)は(4)とその性格をほぼ同じくする法令であるので、その事書のみを次に掲げておく。

一、可令停止伐山木為薪売買事
一、可令早停止以神領田沽却社外甲乙人事
一、可令早停止社内住人博奕事
一、可令全恒例臨時課役所当公事事
一、可専仏神事事

弘長三年八月十三日　宣旨

内閣文庫所蔵本を底本とした。この本は原表紙に

康永三年後二月日

公家新制四十一箇条 弘長三年

法眼和尚位(花押)

その裏に同筆で

施入　別會五師範藝

若雖有取出事、必如本可被返置之

とある本で、本書所収「明法条々勘録」と同じく僧範藝によって大乗院に施入されたものである(「明法条々勘録」解題、後藤紀彦氏前掲論文参照)。

弘安八年十一月十三日　宣旨

大日本古文書石清水文書之一、三一九号文書を底本とした。

元亨元年四月十七日　官宣旨

京都大学所蔵古文書集を底本とした。

建武新政の法

「建武記」に収録されている法令を中心に、諸史料に散見される法令をあわせ、編年順に整理した。

〔一〕　大日本古文書、金剛寺文書(一二九号文書)を底本とした。

〔二〕　大日本古文書、熊谷家文書(三八号文書)を底本とした。

〔三〕〜〔七〕・〔九〕〜〔一一〕・〔一三〕〜〔一六〕　内閣文庫本「建武記」を底本とした。この本の成立については、その末尾に収録された松田性秀を実質上の充名とする建武元年四月七日雑訴決断所牒を根拠とし「あるいは本書の編者と、この牒の伝来所有者とは、何等かの関係があったのかもしれない」とされる上横手雅敬氏の説(『群書解題』第十九)や、「自太田之流相伝類跡也」とする奥書を重視して、「文筆の家として鳴る太田氏出身の道大(時連)が、自家の立場と地位を活用して、建武政権に関する文書・記録を収集し、南北朝初期に本書を編纂した」といわれる森茂暁氏の説(「建武政権の法制」史淵116号)などがあるが、定説はない。本書が「二条河原落書」や前掲決断所牒をのぞけばほぼ年次の順に配列された編纂物であることは一見して明らかで、その点からみてもその冒頭におかれた〔三〕の「建武二年」の年次は不審であるが、建武元年四月の太良庄雑掌申状案(東寺百合文書ゐ)に〔三〕の1条が引用されており、それ以前の立法とみるのが自然であろう。

次に本書では主として法文の形態上の差異から〔三〕と〔四〕を区分して掲載したが、比志島文書には〔三〕の7以下と〔四〕を併せ、末尾に「奉行人、二階堂出羽入道々蘊・富部大舎人頭信連」と注した文書があり、前欠文書のためその本来の形は不明だが、この史料から〔三〕〔四〕を同時一連の立法とみるべきかも知れない。

〔八〕 東洋文庫所蔵香取田所文書を底本とした。ただこの文書中には、

㈠、(1)条と(2)条と併せて一条とし(2)条の事書を欠く)、これに(3)条を加えたいわゆる「海上本」

㈡、(1)条(「買主得分」以下を欠く)と(2)条のみによるいわゆる「神崎本」

の二本があり、この史料を紹介された黒田俊雄氏も指摘されるように(『日本中世の国家と宗教』)、どちらか一方のみを底本とすることは不可能のため、本書では両者を合せて(1)~(3)条として掲載した。

なお神崎本は、(2)条「下文」を「御下文」に、「元弘元年」を「元徳三年」につくるが、これは何れもその文書が鎌倉幕府の正統性を認める立場から書かれたものであることを示すものであり、両本の性格を明らかにする上で一つの手掛りとなると思われる。

〔以上、笠松〕

〔一三〕 青方文書を底本とした。青方氏は肥前国の御家人で、南北朝時代には松浦一族と称していた。

暦応雑訴法

仁和寺文書を底本とし、東洋文庫所蔵本をもって校正した。

明法条々勘録

唯一の伝本である内閣文庫所蔵本を底本とした。この本は、原表紙に左の題号があり、

暦応四年正月　日

明法条々勘録　明法博士中原章澄注進 徳大寺相国実基公于時庁務

法眼和尚位（花押）

又、本文の後に、左のような奥書がある。

（本奥書）

此勘早〔草歟〕者、以章夏朝臣所持本令書写者也、是則父章澄朝臣留案正本也、依右筆不堪能、仮他筆歟、然而染自筆之分故用朱筆了、抑徳大寺相国実基公庁務之時、就被尋下、勘進之云々、以之被下諸官之処、皆悉加一同署云々、恐末（マヽ）代誰人可令違犯哉、

文保元年八月上旬、於鷲尾殿北対屋、終写筆功者也云々

課同宿如浄書写之、不慮感得此本之故也

一交了

以上によればこの本は、勘録の記者である中原章澄が手許にのこした留案の転写本である。そして章澄の留案なるものは、章澄が他筆を雇って書写せしめ、一部自筆で朱書を加えたものという。第一条末尾の「抑章職章国」云々の九行（本書一一一頁三～七行の分）の初行と末行に朱で勾点を加え、第三条末尾の「然而許否可在時宜歟」（本書一一四頁第三行）の右傍に「以下九字朱ニテ入之」と小書きし、第十四条末尾の「執憲履繩務従折中之故也」（本書一二〇頁七行）に朱勾を加えた上に、右傍に「以下朱ニテ書継」と小書きし、本文最末行の「愚意所存太概注進」（本書一二二頁一三行）に同じく朱勾を加えて、右傍に「以下八字朱ニテ書継」と小書きするなどの箇所は、章澄の留案に朱書されていた部分、即ち右奥書を信ずれば章澄が自ら朱筆を加えた部分を示すものであろう。本書ではこれら朱墨の別を省略した。

原表紙の法眼和尚位は範藝なる人物であって、この明法条々勘録の外に、弘長三年の公家新制(「弘長三年八月十三日宣旨」解題参照)、治承五年の興福寺寺辺新制、同じく興福寺の院家評定条々記録などの法史料の写本作成を行っている(後藤紀彦氏前掲論文参照)。なお、底本の奥書最末尾の「課同宿如浄」云々と「一交了」の二行分が原表紙題号の筆蹟と同じであるから、底本の右筆は如浄である。

〔佐藤〕

承元二年四月三日　明法勘文

東寺百合文書イ所収。この文書は「七枚」という奥書をもつが、これは同じくイ所収の

(一)建保四年八月八日　源貞重売券案
(二)正元元年八月廿三日　沙弥妙蓮売券案
(三)建長六年二月十日　沙弥妙蓮売券案
(四)弘安五年七月二日　くわん阿弥陀仏売券案
(五)弘安五年九月廿日　草部氏女売券案
(六)弘安五年九月廿日　草部氏女売券案

と合せて七通の連券をなすことを示している(同め所収「六角油小路地代々本券等目録」参照)。本勘文の判決文書たる別当宣はこの連券の中にも残存していないが、(一)は貞重が「本公券ならびに別当宣・明法勘状・同問注記等」を副えて「相伝私領」たる「六角北油小路西六角面」の地一所を安部友清なる者に沽却した売券であり、本勘文をうけて貞重勝訴の判決が下されたことを推定させる。

〔笠松〕

徳大寺実基政道奏状

東京大学史料編纂所架蔵影写本の伏見宮御記録本を底本とした。底本には題号がなく、端裏書に「徳大寺入道相国」、注進状の差出しに「円性」とあるによって徳大寺実基(法名円性)のものと知られる。今、内容を考えて政道奏状とした(なお、三九一頁に掲げた多賀宗隼氏の論文を参照)。本文には、誤脱の補訂、「—歟」などの傍書が数ヶ所ある外、句読訓点は全く施されていない。なお、三月廿日付、円性の注進状は、本文の前に置かれているが、本書では便宜本文の後に移した。

〔佐　藤〕

吉田定房奏状

醍醐寺所蔵本を底本とした。底本には、原題なく、送仮名、傍訓、返点、連読符及び間々四声点が施されている。その数例を左に示す。

不費《ルサ》民力《ノ》一役《エヘヲ》二事(2条)
伺二天《ソヤ》一縦《ショウノ》之武一運《ヲ》一哉(7条)
兵《ヘイ》馬元《クエン》　帥《ソツノ》之権《クエン》(10条)
暫《ク》俟《マツ》二時運是《レ》大義而已《ナラクノミ》(10条)

この奏状の伝本としては、別に柳原家記録(八十九)に収める柳原本がある。これには本文の前に、

雑日記　蔵在醍醐三宝院　外題曰浄修坊

とあって、底本と祖本を同じくするもののようである。本書では、テキストの作成及び訓読について随時柳原本を参照した。柳原本によって底本を改めた数例を左に示す。

舜于羽二於《スト云ハ》両階一《ニ》是也(底本6条)　舜《舞歟》于羽於両階是也(柳原本)

長永之《エイノ》楽(底本8条)　長夜之楽(柳原本)
奇《キ》酷之《コクノ》刑(底本8条)　苛酷之刑(柳原本)

〔佐　藤〕

北畠顕家奏状
醍醐寺文書23函。底本には送り仮名、振り仮名、返点がほどこされており、本書の訓み下しに当って適宜参照した。

〔笠　松〕

庶民思想

〔掟　書〕

これまでに刊行された村掟集としては、前田正治氏『日本近世村法の研究』附録村法集がある。同書には、文安五年(一四四八)より江戸時代末に至る村掟二一五点を収録している。本書の村掟蒐集にあたっては、同書に負うところが多い。

村掟の主幹となる文書は、滋賀県下の大島奥津島神社文書・日吉神社文書・菅浦文書と、和歌山県下の王子神社文書である。滋賀県下の三文書はそれぞれの地の共有文書であるが、現在滋賀大学経済学部附属史料館に保管されている。

大島奥津島神社文書〔一・二・三・四・六・一八・三一〕　琵琶湖東岸中央部安土の西方にもと半島があった。その中央辺に鎮座する大島奥津島神社には、約一二三〇点の古文書が伝来し、その中には宮座に関する貴重な史料が多い。しかしこの文書中の掟に関していえば、鎌倉時代弘長二年(一二六二)の返忠・悪口禁止の隠規文に始まり、嘉吉元年(一四四一)の徳政令など、村人の政治経済的生活に関する規定が少くないことが注目される。文書の多くが『近江蒲生郡志』の諸所に引用掲載されている。

菅浦文書〔五・七・八・二三〜二六・二八・二九・四九・九四・九五〕　湖の北岸南へ突出した半島にある菅浦は、東西北を山でかこまれ、南は湖水にのぞむ隔絶された小村であった。ここの鎮守須賀神社に伝来した一二五〇通という多量の中世文書は、大正六年(一九一七)に発見されたという(赤松俊秀氏「供御人と惣」『古代中世社会経済史研究』所収)。これらは滋賀大学経済学部史料館編『菅浦文書』二冊として刊行されており、本書で解読の参考とした。

日吉神社文書〔一・一三・一六・一九〜二一・二七・三四・三六・三七・四〇〜四三・四六〜四八・五六・五八・五九・六一・六六・六八・六九・七六・八五・九二・九三・参考五〕　湖東、いまの八日市市を中心とする辺りに存在した延暦寺領得珍保の一郷村今堀の十禅師権現社(日吉神社)に伝来した文書で、宮座および中世商業に関する史料の宝庫である。『近江蒲生郡志』の著述に当った中川泉三氏が大正三年(一九一四)、「中野日吉社の神壇より古翰一篋を発見」した(久米邦武氏の同郡志巻一の序文)。それがこの日吉神社の文書であった。『近江蒲生郡志』に文書の多くが掲載されている。また日吉神社文書刊行会編『今堀日吉神社文書』には五六八点が収録されている。なお金本正之氏「村掟」(『歴史と地理』三〇一号)を参照した。

以上のほか、滋賀県下の文書中、〔五〇〕は『近江神崎郡志稿』上巻の図版(図師氏文書)、**小宮山文書**〔五一〕は『野洲郡史上』の図版を底本とし、**安治区有文書**〔五二・五三・五五〕は宮川満氏『太閤検地論Ⅲ』に拠った。また**玉緒村上大森共有文書**〔六三〕、**市原村一式共有文書**〔八一・八八〕は、いずれも『近江蒲生郡志巻五』所掲のものに拠った。このほか**藤田文書**〔五四・五七〕、**村井直治郎氏所蔵文書**〔六〇〕、**岩倉共有文書**〔六七・七一・七四〕、**山中文書**(現在伊勢の神宮文庫所蔵)〔七〇〕、**田中文書**〔七七〕、**宇川共有文書**〔七九・八〇・参考九〕、**高木共有文書**〔八二〕、**居初庫太氏所蔵文書**〔八四〕、**三津屋共有文書**〔九〇〕などは、東京大学史料編纂所架蔵本に拠った。

王子神社文書〔九・一〇・一二・一五・三〇・三二・三三・三五・三八・三九〕　王子神社は和歌山県那賀郡粉河町にあり、中世には粉河庄の東村の鎮守であり、その宮座は今日なお現存、慣行が守られているという(『和歌山県史中世史料一』解説)。王子神社文書の一部は中田法寿氏により、高野山文書刊行会本『高野山文書巻九』に収載されている。また近年『和歌山県史中世史料一』

に面目を新たにして収録されている。本書では小山靖憲氏の御好意により、写真を借覧して底本を作り、上記二本を参照した。

粉河寺御池坊文書〔一四〕　粉河寺縁起絵巻で著名な粉河寺は、現在天台宗に属する寺院であるが、中世には高野山の支配下にあり、天正の織田信長の高野山攻めにあたって独立、延宝年中天台宗に帰した。御池坊は粉河寺の学頭坊で、同寺の寺務を管掌したという（中田法寿氏、刊行会本『高野山文書巻九』の例言と解説）。しかし小山靖憲氏によれば中世の粉河寺は高野山ではなく、園城寺に属する門跡聖護院の支配下にあったという（『和歌山県史中世史料一』八三六頁）。本書に収めた肥灰に関する掟は、『和歌山県史中世史料一』のものを底本とし、『高野山文書巻九』所収のものをもって校注した。

岡家文書〔八九〕　和歌山県那賀郡桃山町岡秀行氏所蔵で、小山靖憲氏の写真を底本とした。

小嶋巌氏所蔵文書〔四五〕　神奈川県足柄上郡大井町に伝わった唯一の関東における座席定文であるが、関連資料皆無で、村の構成、ここに見える百姓と座とのかかわり方など今のところ全く判らない。『神奈川県史史料編3下』に拠った。

奈良市柳生町地蔵石碑文〔一七〕　拓本の写真を底本とした。

大覚寺文書〔四四〕　兵庫県尼崎にある寺院。墓所の掟は珍らしい。史料編纂所の影写本に拠り、『尼崎市史第四巻』を参照した。

金沢文庫古文書〔参考二〕　神奈川県横浜市にある県立金沢文庫が保管している本来の金沢文庫と金沢称名寺との文書を総称して金沢文庫古文書という。本書に掲げたものは称名寺領関係のもので、県立金沢文庫が刊行した『金沢文庫古文書第七輯所務編』に拠った。

成願寺文書〔参考七〕　三重県一志郡白山町成願寺伝来の文書で、色井秀譲氏『小倭成願寺文化誌』に図版が掲載されている。この図版を底本とし、同書並びに瀬田勝哉氏「中世末期の在地徳政」（『史学雑誌』七七編九号）を参照した。

本書に収載できた町掟は、古いといっても天正を上らず、しかもほとんどが京都の諸町のもので、内容的には同趣旨のものが多い。なかにあって、年代こそ寛永十九年（一六四二）と降るが、その内容・語句とも著しく中世的風格を保っている伊勢山田の主従作法定文は特異である。京都諸町の掟については、京都の自治制度を詳細に追究された秋山国三氏『近世京都町組発達史』（昭和十九年刊『公同沿革史上巻』の新訂版）を参照した。

冷泉町記録〔六三・六五・八三・八六〕　中京区室町通夷川下ルの地にあった冷泉町の記録であるが、文書類は必ずしも、完全な形で引載されているとは限らない。『日本都市生活史料集成一、三都篇一』を参照した。

京都上京文書〔六四〕　上京親八町組・親九町組共有の文書として伝来したもので、史料編纂所架蔵本に拠った。

京鶏鉾町文書〔七五〕と**京三条衣棚南町文書**〔七八〕とは、共に秋山氏前掲書に拠った。鶏鉾町は下京区室町通下ルところに所在した。衣棚町は中京区三条通室町西入ルの地で、三条通を挟んで南北に所在し、南町と北町とに分れていた。

本能寺前町文書〔七一・七三・八七・参考八〕　仲村研氏は本文書を紹介された際、「本能寺前町の位置は寛永十四年の洛中絵図（宮内庁書陵部蔵）によると、寺町姉小路から寺町御池通の六十四間五尺（下本能寺前町）と寺町御池通と同押小路の六十四間一尺（上本能寺前町）で、現在の本能寺の境内と御池通をふくむ京都市役所の地域が本来の本能寺の境内であり、これに面する西側町が本能寺前町であった」と書いておられる（『史朋』九）。本書はこの仲村氏の紹介に拠り、付注にあたっても、仲村論文を参照した。なお吉田恵以氏旧蔵のこの文書は、同志社大学人文科学研究所の所蔵に帰したという（秋山氏、前掲書七四頁）。

古文書集〔九一〕　京都大学が蒐集した古文書に拠った。本書に採用したものは、伊勢豊受大神宮の門前町として栄え、中世以来三方と称する会合衆により町運営が行われていた山田の掟で、中世において町人たちが主従関係をどう考えていたかを語る貴重な資料といえよう。

〔以上、百瀬〕

〔申　状〕

紀伊阿弖河庄百姓等申状

阿弖河庄は紀伊国有田郡東半部を占める、大部分が山地の庄園で、耕地は有田川沿いにあった。鎌倉中期の庄園領主は本所が園城寺の門跡円満院、領家が京都の寂楽寺であり、地頭職は湯浅氏が相承した。弘長元年の申状によると、阿弖河庄は上下庄に分れ、寂楽寺に対してと思われるが、草刈夫二人という夫役(労役)の代りに、材木を進納することになっていたけれども未進が多かった。秋庄官らが上洛し、十月中には材木を納付すると誓約したため、その期限が近くなったころ、材木を買って進納することに決め、三十貫文を購入費に充てようとしたところ、地頭湯浅氏から三十貫文は多過ぎる、十貫か十四貫文程度にするようにと抑止された。百姓等の習性で少しでも少いことを悦び、三十貫文を減じて十四貫文にも及ばない額で材木を調達しようとしたが、相場が上っていて買うことができなかった。そこで進納を来年三月まで延すか、さもなければ、もとの草刈夫を徴収してほしい。申状はそういった内容のものである。庄園領主と地頭の間を、その両者の利害不一致を利用しながら、したたかに生き抜いてゆこうとする百姓等の計算が読み取れよう。そうだとすると、庄園領主と地頭との二重支配による辛苦という評価はもっと具体化した上で行わねばならないのかも知れない。領主対農民といったギリギリの一方的支配関係より二重支配の方がまだしも勝っていることもありえよう。まさに政治力学の問題対象として、より高等な与件となりうる。

建治元年の申状は地頭の非法の告発である。原書はたどたどしい片仮名書で、その内容と併せて百姓の血を吐くような悲惨さが表われている。ところで、この申状について、百姓を指導して申状を書かせたのは領家寂楽寺の雑掌従蓮であるという仲村研氏の注目すべき論文がある(「紀伊国阿氐河荘における片仮名書言上状の成立」『荘園支配構造の研究』所収)。建治元年九月阿弖河庄へ入部した従蓮は上村地頭湯浅宗親、下村地頭同宗氏により上庄から追出された。従蓮は直に地頭非法を六波羅探題へ提訴した。この訴訟審理の過程で、従蓮の主張を正当化する効果を狙って書かせたのが本申状だといわれる。そして氏は、百姓の悲惨さよりも、百姓の地頭に対する闘争の基底を形成する感情と政治的要求、さらにまた惣的結合、組織化を指摘される。百姓の動向が訴訟の動向を決める一因となりうるならば、百姓の領主に対する関係は相対的に上昇するであろう。

若狭太良庄百姓等申状

太良庄はいま福井県小浜市内に包みこまれている。延応二年(一二四〇)東寺(教王護国寺)領となり、尨大な文書が同寺に伝来することとなった。しかし現在はその文書の大部分が京都府立総合資料館の所蔵となっている。網野善彦氏はこの史料を用いて『中世荘園の様相』を著している。百姓の思想は百姓に語らせるのが手取り早い。それには連年とまではゆかぬまでも、領主へ訴え続けた申状を列記するならば、かれらの権利獲得のための並並ならぬ努力、強固な意志、請願内容やそれが達成のための技術の変化などを窺うことができようか。

太良庄申状の当初は名主職に関するものが多い(一〜三)。このことは名主職の権利がいかに基礎薄弱で不安定なものであるかを示している。その不安定性の中から名主層間の連帯感が生まれていることを、これら申状の差出人がいずれも複数であること、「今日は人の上たりといへども、明日はまた身の上たるものか」(三)といった言葉に端的に見取ることが出来よう。けれどもこうした狭い範囲の連帯は、不作時における損免要求の必要性が生じると、そのわくを拡げ、差出書も「百姓等」と変る。損免要求の申状は嘉元二年(一三〇四)に始まるが、他所の例を引いた部分に偶然か些少の変化がみられる。嘉元二年(五)、同三年(六)は「一国平均の大御公損」「国中平均」というのみで、いたって抽象的である。ところが正和元年(一三二二)のもの〔八〕は「一国平均の大損亡たるの間、近隣諸郷保、国富保幷びに松永保百姓等は、三分一損・例損のほか、半損の御免に預り……宮河保・津々見保は、御検見を遂げられ、或ひは半損、或ひは皆損の御免を蒙り」と具体的であり、この文章だけから近隣郷村との連帯が進んだといえぬまでも、少くとも太良庄民の目くばりが広くなったことだけは明かであろう。そして時代は降って長禄四年(一四六〇)のもの〔一九〕に至れば、「平田損免之事者、国中引懸不可有其陰候。親名事候間、今富を本ニ、在々所々ニ申候」と書かれ、親名今富の決定を本として、他所がその決定に準拠して損免を取るようになっている。そして太良でもこの慣習を根拠に損免を請求した。

建武元年の訴訟は、建武政府、後醍醐天皇の寄進により地頭職をも東寺が獲得し、領家地頭両職を併せ一円支配となった太良庄で、百姓らが、東寺の上使友実の年貢公事徴収に関する非法を訴えたものである。申状の始めに「前例に因准せられ」(前例にならって)とあるこの王朝時代風に書き出しに、早くも、太良庄民らが公家による建武新政府の存在の大きさを明敏に捉えた政治感覚の鋭さをみることができる〔九〕。そして当庄は東寺にとっての昔から末代までの寺領であり、「百姓等は末代までの御器なり」と前提をおき、それ故に寺に対し「哀憐」を要求する〔一〇〕。そして末代までの御器である「百姓等の習ひは(年貢の)未進の有無によらず、農月に望みては、勧農の励みを致し、農業を遂げ、御年貢を全うせしめんと欲するもの」と主張する。つまり農業を遂げることが百姓の絶対命令であること、これが妨碍の排除をえて、勇みの思を成さんという〔一〇〕。この論理の確かさは驚くべきものがある。このような領主(庄園)と百姓と一体とみる主張から、「御百姓之あつかい少も緩怠候ハヽ、上様の御大事たるへく候」といった、なかば脅喝的言辞が百姓の政治意識の昂まりに従って、室町時代申状〔三四〕には使われるようになる。

摂津阿理野庄百姓申状

阿理野庄は摂津有馬郡有野(現在神戸市内)に所在した四天王寺領庄園である。残念ながら関連史料は勿論、阿理野庄に関する史料そのものがほとんど無く、本書に掲載した申状六点によりその片鱗を窺うことができる。

この申状群は、訴人(原告)百姓伴則安の訴状三通と論人(被告)源真吉の陳状三通から成る。庄園領主おそらく四天王寺の裁判所に提訴されたのち行われたいわゆる三問三答がこれであるが、判決はわからない。この文書は大日経疏妙印抄口伝と四種護摩の紙背に書かれたもので、四種護摩には、

嘉吉三年乙巳三月廿四日亥尅、於四天王寺施薬院東廊第六間書写了、

一交了、　右筆実遍行才卅四才

賜師主御自筆本書之了、

との識語があるという(高野山金剛峯寺宝亀院蒐集目録四)。掲出文書は高野山宝亀院採訪目録から採ったもので、少々誤字があるらしい。

播磨大部庄百姓申状

大部庄は播磨国賀東郡にあった奈良東大寺領の庄園で、いまの兵庫県小野市の辺りの地にあたる。

平内という百姓が同庄の彦三郎に三石の米を貸したが、債務者が死亡したため、その母に返済を催促したところ、子の負物を親が弁済しなければならぬという法はないと拒否された。その母も死に、彦三郎の遺産を相続した人に催促すると、こんどは彦三郎が質に入れた田は先年平内に耕作させ収得させたからと返答された。しかしその耕作はこの三石とは別に四石の米で買いとり行ったのであって、三石の未済の補塡のため質に入っている田六段を取得したい旨申請したのがこの申状である。子の負物には親の弁済責任がないという主張と、田地の耕作人平内が加地子得分者彦三郎の遺跡相続人から加地子得分をも取得しようとしている点が注目される。

播磨矢野庄例名内是藤名名主実長申状

矢野庄は播磨国赤穂郡にあった東寺(教王護国寺)領庄園で、矢野村・若狭野村・相生市にまたがる地域である(宮川満氏「播磨国矢野庄」『庄園村落の構造』一五頁)。

この申状は実長が大輔房頼金を排除して是藤名名主職を得るため、東寺に訴えたものである。これより先、観応元年(一三五〇)実長の父実円は是藤名を安堵されたが、その後年貢未進をはじめ非法ありとして名主職を没収されてしまった。そこで右両者の競争がおこり、実長が亡父実円の寺に対する功績をうたい上げ、補任を要請した。しかし結果は敗訴となり、康暦元年(一三七九)頼金が補任されている。

丹波大山庄市井谷百姓等申状

大山庄は丹波国多紀郡河内郷にあった東寺領庄園で、今の兵庫県多紀郡丹南町大山の地にあたる。

〔一〕から〔四〕までの百姓等申状は応永二十四年の文書である。同年、寺から上使として公人を下向させ切田方の地を調査したところ、一町一反廿代が隠田となっていた。この田が百姓による隠田か代官稲毛修理亮によるものかという両者の争いに当って、百姓等が東寺へ提出したのがこれらの申状である。この結果、稲毛は二十六年改替された。八月五日申状〔三〕にもみえるように、この時期以降守護夫役は庄民負担の非常に大きな割合を占めてくる。この直接労働力の提供は、年貢などとは違い、ごまかしのきかぬ役形態であるだけに、庄民にとって大負担であった。〔五〕はその陣夫に関する申状である。

山城上久世庄名主百姓等目安

上久世庄は山城国葛野郡にある東寺領庄園で、京都の西、桂川の西岸に存在していた。今の京都市南区上久世町の辺にあたる。本書に掲げた文書は水田に不可欠の灌漑施設修理費である井料を、領主東寺からどれ程獲得できるかを賭けた訴えである。この井料には、必要が生じた際に出すものと、連年の修理の必要を予想し、或いは一時に巨額の井料を支弁することを避けるため毎年定量を支給する場合とがあり、上久世庄は後者である点に特色があると宝月圭吾氏は指摘された(『中世灌漑史の研究』一二九頁)。

上久世庄の定井料は五石三斗であったが、連年の洪水・旱魃により施設修理の必要を生じていた。本申状にみえるところでは、嘉吉二年(一四四二)寺側は井料の追加支給を五石、それも二、三度に分けて出すといい、庄民は拾五石でなければ溝口を掘らぬ、たとい過分の訴訟であろうとも上として扶持あるべきなのに、この訴は溝を掘って無事今年の耕作をしようといっているのであるから精一杯の忠節と思っていると意気込んでいる。

大和惣国百姓等申状

大和は鎌倉時代以来守護不設置の国で、興福寺の支配権が認められていた(永島福太郎氏「大和守護職考」『歴史地理』六八—四・同氏『奈良文化の伝流』)。従って大和惣国の百姓は「南都幷びに官符の御方」に徳政発布を強請したのである。南都は興福寺、官符は官符衆徒といわれるもので、当時興福寺の警察権を執行していた。本申状は年次未詳であるが、惣国意識の形成からみて室町後期のものであろう。高安はもう河内に属するが、追而書の「高安之茶屋」は、この高安へ至る国境高安山辺に設けられていたのであろうか。惣国百姓と河内との関聯を匂わせる。

近江商人・職人等申状

中世の商工人の申状の現存するものは、正文は勿論、写しとしても少い。そうしたわけで滋賀県八日市市の日吉神社文書は数少い商人申状を伝える貴重な史料である(日吉神社文書については四二五頁参照)。これらから商人の慣習・規範等を窺い知ることが出来よう。唐川桶大工申状(五)は近江国伊香郡唐川居住の大工のもので、年を欠くが石田三成が佐和山城に入ったころとすると、文禄四年(一五九五)以降、そう降ったころのものではあるまい。掟書の部〔参考三〕に収めた応永二一年(一三九五）の播磨矢野庄商人の起請文（二四五頁）の商人が売買を本としているから惣庄の噯訴にくみさないといっていたが、ここでは桶大工が、佐和山普請は公事人（主体は一般の百姓であろう）に命じられ、自分らには桶仕事を先々のように仰せ付けられたいと願い、職業をもって一般百姓と差別されようとしている点が注目される。

近江菅浦・大浦両庄申状

琵琶湖北岸に南へ突出する葛籠尾崎にある菅浦とその北崎のつけ根に存在する大浦とは、鎌倉時代以来境相論を行なっていた。ここに収載した文安二年（一四四五）と寛正二年（一四六一）との二度にわたる合戦の記録は他にその類例を見ない。文安六年（一四四九）に書かれた文安二年の合戦の記録〔一〕は菅浦村人の勝利の讃歌ともいえる。ここには予想される将来の戦いに備え、その政治的軍事的戦術、心構えを子孫に伝えようとする意志が明瞭に表われている。自信に満ちている。しかし寛正二年の記録〔二〕はそれとは全く裏腹に哀悼歌である。菅浦は四面楚歌の中で敗北し、三人のいけにえを出して降服した。文安時「自今以後も若此公事出来候ハヽ、如此京都をもつくろい、地下人もけなけニつをくもち候へく候。万一大浦へよする事候ハヽ、……」（三二六頁）と昂然と書置いた村人が、「少々の不足候共かんにん候て、公事の出来候ハぬやうに、末世末代までこれを手本ニしてかんにん候へく候」（三二八頁）と唇をかみしめて記し残した。少い生産物をどう分配するか、それが中世の人々の生死の問題であった。そのことはとりもなおさず生産手段をどう確保するかということにもかかっている。右の史料はそのためのまさに血みどろの戦いの記録である。

寛正四年（一四六三）の大浦下庄百姓と同庄代官松平益親の訴陳〔三〕〔四〕は、上記の大浦・菅浦の闘争の後をうけて、大浦百姓が益親の代官たることを忌避した相論文書で、内容に富んでいる。ことに益親の陳状に、寛正元年（一四六〇）の飢饉で当地でも餓死者が多く「御百姓過半滅少」とみえ、そのため不作地が出たこと、不作地に後年開作したとき「新開」といわれ、しばらく年貢が取れぬことを述べている点は、新開という言葉のもつ感じからのみ論を立てることができぬことを示し、社会経済史の上からも考えられなければならない問題であろう。

〔以上、百瀬〕

〔落書・祭文・盆踊唄〕

正元二年院落書　続群書類従本を底本とした。注解には、三浦周行『鎌倉時代史』、『群書解題』二十一、外村久江氏「五代帝王物語考—正元二年院落書・増鏡との比較—」(肥後先生古稀記念論文集刊行会『日本文化史研究』所収)等を参照した。

二条河原落書　建武記(建武年間記とも)に収めるものの外は知られていない。ここには内閣文庫本「建武記」を底本として、群書類従本「建武年間記」を以て校訂した。建武記については、前出建武新政の法(四一九頁)を参照。この落書は冒頭に「口遊去年八月二条河原落書云々、元年歟」とあって、建武元年八月に成ったものとされている。一部にこの年次を疑う向きもあるが、確たる反証はない。

夫妻和合祭文・離別祭文　元興寺極楽坊より発見されたものが唯一の伝本である。元興寺庶民史料集成に収められたこれの図版を底本とし、図版に付せられた飜字を参照して解読した。底本には、返点、送仮名、音訓の傍書(例、渧にナク〱、原夫にタツヌレハソレ、儷にライトモカラ、肝にカムキモ、慕にシノフシタフ)が施され、片仮名は間々「丨(キ)」「ア(ホ)」「了(マ)」などの古体が用いられている。書風より見て、奥書の康暦三年をさして下るものではあるまい。解読は、明らかな誤りを除いて、概ね底本の訓みに従った。

〔以上、佐藤〕

盆踊唄　内閣文庫所蔵の御状引付所載のものを掲げた。御状引付は、室町幕府政所執事伊勢貞孝の臣で政所代を務めた蜷川親俊が、主として主人貞孝の書状を控えとして記しておいたものである。表題の中央に「御状引付　天文八正　盆のお□□」とみえる。盆踊唄は御状引付の最後に二丁にわたって書かれており、親俊の筆である。

〔百瀬〕

日本思想大系 22
中世政治社会思想 下

1981 年 2 月25日　第 1 刷発行
1988 年 4 月 8 日　第 5 刷発行
1994 年 3 月 7 日　新装版第 1 刷発行
2002 年 1 月10日　新装版第 2 刷発行
2016 年11月10日　オンデマンド版発行

校注者　笠松宏至《かさまつひろし》　佐藤進一《さとうしんいち》　百瀬今朝雄《ももせけさお》

発行者　岡 本　厚

発行所　株式会社 岩波書店
〒 101-8002 東京都千代田区一ツ橋 2-5-5
電話案内 03-5210-4000
http://www.iwanami.co.jp/

印刷／製本・法令印刷

ISBN 978-4-00-730528-3　　Printed in Japan